本著作为国家社会科学基金项目"中国书院文学教育研究"（批准号：08CZW013）的最终成果

Zhongguo Shuyuan Wenxue Jiaoyu Yanjiu

中国书院文学教育研究

程嫩生　著

中国社会科学出版社

图书在版编目（CIP）数据

中国书院文学教育研究/程嫩生著．—北京：中国社会科学
出版社，2014.12
ISBN 978 – 7 – 5161 – 4436 – 7

Ⅰ.①中… Ⅱ.①程… Ⅲ.①书院—教育史—研究—中国
Ⅳ①G649.299

中国版本图书馆 CIP 数据核字（2014）第 134033 号

出 版 人	赵剑英
责任编辑	罗　莉
特约编辑	陈奕玲
责任校对	石春梅
责任印制	戴　宽

出　　版	中国社会科学出版社
社　　址	北京鼓楼西大街甲 158 号（邮编 100720）
网　　址	http://www.csspw.cn
	中文域名：中国社科网　　010 – 64070619
发 行 部	010 – 84083685
门 市 部	010 – 84029450
经　　销	新华书店及其他书店

印　　刷	北京君升印刷有限公司
装　　订	廊坊市广阳区广增装订厂
版　　次	2014 年 12 月第 1 版
印　　次	2014 年 12 月第 1 次印刷

开　　本	710×1000　1/16
印　　张	27.25
插　　页	2
字　　数	456 千字
定　　价	76.00 元

目　录

序

    2013 年 9 月初，我答应为程嫩生博士的书稿《中国书院文学教育研究》撰写序言，很快就收到他发来的书稿全文电子版。当时正赶上新学年伊始，我不得不全力以赴地忙着准备本科生的中国文学史课程教学。在大学讲台上授课，虽然已历二十八个春秋，但是每一次授课，我还是像第一次登上讲台一样，带着几分紧张、几分兴奋，一丝不苟地备课和授课。因为我从来就非常看重本科生的文学教育，一直执着地探索本科生文学教育的性质、目的和方法。2003 年，我曾经在和过常宝博士合作编撰的《中国古代文学史》教材的"后记"里写道："以往的文学史大多定位于成为学生开启学术殿堂的钥匙，而大多数学生真正需要的则是照亮人生旅途的烛光。讲求'知识的考古'，这是学术界的专利；而注重智慧的启迪，这才是教育界的本行。教育的主要成果，不是培养一批一批无所不知的'知者'，而是培养一批一批现实生活的'智者'和'仁者'；而且即使是培养少数的'知者'，也应该首先培养他们秉赋'智者'和'仁者'的品格。多少年以后，当人们回顾自己所受到的教育历程时，他会憬然发现，他在课堂上，从书本中所学到的知识大多已经荡然无存，而他经由学校教育所真正受益并终身享用无穷的，则是智慧的启迪和人格的养成。"（《中国古代文学史》，四川人民出版社 2003 年版）这种对文学教育的性质、目的和方法的思考，既出自于我几十年从事文学教育实践的深切体会，也得益于我对中国古代文学教育传统的继承和发扬。

    中国古代的文学教育源远流长，形成独具特点的优良传统，对中国古代文学的生成、发展及传播，对促进中华民族学术文化的繁荣和发展，激励民族精神的发扬和传承，都起到了重要的作用。但是，多年来，对中国古代文学教育与文学的生成、发展及传播之关系进行专门的、全面的、系统的研究，一直是中国文学史、中国教育史研究中的薄弱环节。因此在 2005 年，我就以"中国古代文学教育与文学的生成、发展及传播"为题，申请国家社会科学基金项目，旨在以文学与教育的互动为视角，以民族精神的养成为核心，分为若干专题，深入研究中国古代文学在文学教育影响下发生、发展及传播的悠久传统和精神内蕴。该课题有幸获得 2005 年度国家社会科学基金重点项目立项。适逢其会，2006 年 7 月，南昌大学中文系副教授程嫩生博士申请进入北京师范大学中国古典文献学专业博士后流动站工作，我是他的合作导师。我们俩经过协商，确定以"中国古代书院的文学教育"作为他的博士后研究课题。幸运的是，经过两年的资料搜集、整理、研究工作，在获得一些前期成果的基础上，2008 年，嫩生博士以"中国书院文学教育研究"为题，申报了国家社科基金年度项目并荣幸地立项。课题的立项，帮助他在完成博士后课题的基础上，进一步深入研究，最终撰写出这部近四十万字的厚重的学术专著。

"中国书院文学教育研究"这一课题的展开，在文献资料搜集方面有着先天不足。毋庸置疑，以"孔门四科"（《论语·先进》）为发端，"文学"教育原本就是中国历代教育中不可缺少的组成部分。如果再考虑到"不学《诗》，无以言"（《论语·季氏》）的"圣训"，我们可以说，缺乏文学教育的"教育"，不仅是畸型的、不完整的，甚至是难以成立的。中国古代教育始终重视"言行合一"或"知行合一"，如果说"不学《礼》，无以立"（《论语·季氏》）侧重于"行"这一端，那么"不学《诗》，无以言"显然说的是"言""知"这一端。譬如车之两轮、鸟之双翼，二者缺一不可。但是，具体落实到中国古代的书院教育，我们却不难发现，虽然相关的文献资料浩如烟海，但是其中大量文献资料与道德养成、科举应试关系密切，而直接涉及文学教育方面的文献资料却颇为贫乏。其实，纵观整个中国古代教育状况，这应该也是普遍存在的历史现象。在中国历代教育文献中，文学教育的面貌犹如浮出水面的冰山一角，它的整体状貌潜藏在水底之下。只有潜入水底，才能发掘有关文学教育的大量文献资料。

嫩生博士就是不畏艰难地"潜入水底"，发掘有关书院文学教育的文献资料的。在翻阅文献资料的过程中，他清楚地认识到，书院教育的研究者首先应该格外关注书院的学规、章程以及书院记等资料，这些资料对包括文学教育在内的书院教育起着重要的导向作用。其次，与书院文学教育关系更为密切的，是书院课艺以及课艺评点资料，这不仅是书院文学教育的重要体现，更是书院文学教育活动形象生动的文字记录。从嫩生博士这部专著中，我欣慰地看到，他对书院教育资料的发掘、采撷和运用，几乎达到信手拈来、左右逢源的境地。这不仅出自于一种学术的眼光，更体现出一种发现的智慧。我想，这种智慧既根基于嫩生博士多年良好的学术训练，也来源于他自身内在的学术潜质。这种学术潜质铸就了嫩生博士独具的学术品格和科研能力。

　　"中国书院文学教育研究"这一课题，实际上是一个多学科交叉的研究课题，涉及文学、史学、文献学、教育学、哲学、伦理学、社会学、艺术学（尤其是音乐学）等多门学科。因此，如果研究者没有开阔的学术视野和丰富的知识储备，就难以游刃有余地展开书院文学教育研究。这一点，在嫩生博士这部书稿的第四章"中国书院活动与文学教育"中，体现得非常鲜明。这一章的字数，占整部书稿总字数的三分之一强，堪称全书的"重头戏"。在这一章中，"藏书活动"和"刻书活动"两节，主要涉及文献学学科，论述了书院集部著作的收藏特点，由图书著录分类观书院施教者的文学认识，社会捐助图书对书院文学教育的重要贡献，以及书院集部著作的刊刻情况和刊刻特点。"雅集创作活动"一节，涉及文学、史学、社会学等学科，分别论述了岳麓书院、石鼓书院、朱阳书院、信江书院等四所书院的雅集创作活动。"歌诗活动"一节，涉及文学与艺术学（尤其是音乐学）学科，从书院歌谱与歌声、书院歌诗的内容、歌诗中的布道思想，以及书院歌诗活动溯源四个方面加以论述。而"课试活动"一节，则涉及文学、史学、教育学等学科，探讨了书院课试的种类、课试禁忌、奖惩措施、课艺评点等论题。

　　在学术研究中，多学科的交叉、渗透、对话，不仅有助于发现全新的研究课题，也有助于深化原有的研究内容。正是这种多学科的交叉、渗透、对话，促使嫩生博士得以在"旧学"与"新知"两方面大大拓宽"中国书院文学教育研究"这一课题。在嫩生博士的书稿中，举凡道德教化与书院文学教育、义利之辨与书院科举文教育、经史根柢与清代书院科举文教育、藏书活动与书院文学教育、刻书活动与书院文学教育、科举背景下的诗赋教育、"清真雅正"与清代书院八股文教育、清代书院的词曲教育，以及清代书院中的论诗、论词、论古文绝句，等等，都是迄今为止学界少有问津的研究课题，它们赋予全书以学术创新的宝贵价值。

嫩生博士在设计和展开"中国书院文学教育研究"这一课题时，并没有局限于考察中国书院文学教育自身的价值，而是以中国书院文学教育同道德、科举的纠葛（即"关系"）为主要线索，将研究内容划分为五个部分，即道德之学与中国书院文学教育、中国书院科举文教育、中国书院活动与文学教育、清代书院文学教育探微、中国书院文学教育影响，从而形成相对完整的研究框架。我觉得，这一研究框架很好地把握了"关系研究"的要义，在学术操作范式上具有典范意义。

在我们获批"中国古代文学教育与文学的生成、发展及传播"国家重点研究项目以后，经过反复思考、论证，根据教育作为一种文化形态的基本构成特征，最后确定了四个研究专题，即教育制度与文学、教育内容与文学、教育活动与文学、教育效果与文学。这四个研究专题有一个共同的特点，即不仅仅是研究文学，也不仅仅是研究教育，而是特别关注文学与教育之"关系"。因此，这一项目最终的研究成果，便以《中国古代文学与教育之关系研究》为名结集成书（北京大学出版社2012年版）。我认为，针对两种不同现象或事物的"关系研究"，具有三大特征：第一是互涉性，即"非此非彼，亦此亦彼"，既正视两种不同现象或事物迥然不同的差异性，更关注两种不同现象或事物不可分割的关联性；第二是互动性，即"由此及彼，由彼及此"，极力探求两种不同现象或事物"双向互动"的功能；第三是中介性，即"出乎其外，在乎其中"，自觉地超越对两种不同现象或事物自身的研究，而侧重于对在两种不同现象或事物之间起居间联系、调解、融合等作用的环节及其演化过程的研究。无论从何种意义上说，这种"关系研究"的"难度系数"都要大大高于对每一种现象或事物的孤立研究。嫩生博士不仅知难而上，而且取得了非常优秀的研究成果。

嫩生博士这部书稿的撰写，从2006年7月搜集整理资料算起，到2013年9月初稿成型，历时七年多。书稿脱稿后，他仍然继续发掘新的研究资料，修改、打磨文稿，直到2014年1月才交付出版社。对学术成果能做到如此精益求精，毫不苟且，这在当今的青年学者中可谓凤毛麟角。在多年的学术交往中，我深深地感受到，嫩生博士是一位质朴

好学的学人，也是一位淡泊明志的达人。对学术的执着和沉潜，不仅是
他的日常生活方式，更是他的内在精神灵魂。我衷心地希望程嫩生博士
在学术的道路上越走越坚实，越走越宽广。

　　是为序。

郭英德

2014 年 2 月 2 日（甲午年初三）

第一章

绪　论

第一节　研究现状述评与研究构思

一　研究现状述评

书院是中国古代重要的教育机构，在人才培养以及文化传播等方面做出了卓越贡献。同道德教育、经史之学教育一样，文学教育也是中国书院教育的组成部分。20 世纪以来，随着国内外学者对中国书院的日益重视，中国书院文学教育的有关问题逐渐被一些学者所关注并加以研究，总括起来，目前学者对中国书院文学教育的研究主要在如下几个方面取得了一些可喜的收获。

第一，李才栋的《江西古代书院研究》（江西教育出版社 1993 年版）、胡青的《书院的社会功能及其文化特色》（湖北教育出版社 1996 年版）、韩国学者金相根的《儒家教育在韩国——实践儒教之实例》（载朱汉民主编的《中国书院》，湖南教育出版社 1997 年版）、美国学者罗伯特·海姆斯的《陆九渊、书院与乡村社团问题》（载朱汉民主编的《中国书院》第二辑，湖南教育出版社 1998 年版）、王炳照的《中国古代书院》（商务印书馆 1998 年版）、陈雯怡的《由官学到书院——从制度与理念的互动看宋代教育的演变》（台湾联经出版社 2004 年版）、李兵的《书院与科举关系研究》（华中师范大学出版社 2005 年版）、张劲松的《论科举与古代书院的起源——以唐代江西家族书院为例》（《大学教育科学》2006年第 1 期）、应方淦的《明代书院举业化探析》（《晋阳学刊》2006 年第 4期）、邓洪波的《明代书院的科举之会与科举之学》[《河北师范大学学报》（教育科学版）2009 年第 7 期]、刘海峰的《书院与科举是一对难兄难弟》[《华南师范大学学报》（社会科学版）2011 年第 6 期] 等论著，对中国书院是否反对科举、历代书院如何对待科举文教育以及中国书院科举文教育对国外书院的影响进行了研究。

第二，盛朗西的《中国书院制度》（上海中华书局1934年版）、丁钢与刘琪的《书院与中国文化》（上海教育出版社1992年版）、李国钧的《中国书院史》（湖南教育出版社1994年版）、美国学者秦博理的《长江下游书院的日记教学法》（载朱汉民主编的《中国书院》，湖南教育出版社1997年版）、陈谷嘉与邓洪波的《中国书院制度研究》（浙江教育出版社1997年版）、詹杭伦的《杜甫诗与清代书院诗赋试题》（《杜甫研究学刊》2002年第1期）、李兵的《书院与科举关系研究》（华中师范大学出版社2005年版）、徐雁平的《清代东南书院与学术及文学》（安徽教育出版社2007年版）、张巍与戴伟华的《〈唐人赋钞〉与粤秀书院》（《学术研究》2008年第7期）、许结的《论清代书院与辞赋创作》［《湖北大学学报》（哲学社会科学版）2009年第5期］、宋巧燕的《诂经精舍与学海堂两书院的文学教育研究》（齐鲁书社2012年版）等论著，对清代书院课试活动、课艺及课艺评点与清代书院文学教育进行了研究。

第三，魏际昌与吴占良的《桐城古文学派与莲池书院》（《文物春秋》1996年第3期）、张维与梁扬的《岭西五大家研究》（江苏古籍出版社2003年版）、曾光光的《桐城派的传承与传统教育》（《清史研究》2005年第3期）、徐雁平的《清代东南书院与学术及文学》（安徽教育出版社2007年版）、柳春蕊的《晚清古文研究——以陈用光、梅曾亮、曾国藩、吴汝纶四大古文圈子为中心》（百花洲文艺出版社2007年版）、王达敏的《姚鼐与乾嘉学派》（学苑出版社2007年版）、刘玉才的《清代书院与学术变迁研究》（北京大学出版社2008年版）、曹虹的《清代常州书院与骈文流衍》［《南京大学学报》（哲学人文社会科学版）2009年第5期］、陈春华的《论莲池书院与桐城文派在河北的兴起》［《江苏教育学院学报》（社会科学版）2010年第9期］、刘小莉与熊贤勇的《论清代科举及书院与姚鼐的为文》（《四川文理学院学报》2011年第6期）、江小角与朱杨的《姚鼐主讲安徽书院述略》［《合肥学院学报》（社会科学版）2012年第6期］等论著，对清代书院文学教育与桐城派古文发展以及与常州派骈文发展之间的关系进行了研究。

此外，陈志扬的《阮元骈文观嬗变及历史意义》（《文学评论》2008年第1期）、刘玉才的《清代书院与学术变迁研究》（北京大学出版社

2008 年版）、於梅舫的《阮元文笔说的发轫与用意》（《学术研究》2010年第 7 期）、宋巧燕的《诂经精舍与学海堂两书院的文学教育研究》（齐鲁书社 2012 年版）等论著，对清代书院尤其是学海堂中的文笔之辨进行了研究。徐雁平的《清代东南书院与学术及文学》（安徽教育出版社 2007年版）、张永刚的《东林书院中诗社活动考》（《阴山学刊》2009 年第 4期）、翁筱曼的《苏轼与岭南文学——由清代学海堂之文学教学谈起》[《汕头大学学报》（人文社会科学版）2009 年第 6 期]、宋巧燕的《诂经精舍与学海堂两书院的文学教育研究》（齐鲁书社 2012 年版）等论著，对明清时期一些书院的雅集创作活动进行了研究。

已有研究既有对历代或某代书院文学教育所作的宏观描绘，又有对某一书院文学教育所作的微观分析，分别从不同的层面、不同的角度展现了中国书院文学教育的面貌，如对诗赋、古文、骈文等各类文学教育所作的研究，对雅集创作活动、课试活动等一些活动所作的研究，对清代书院文学教育与地方文学流派的发展所作的研究，这些研究为我们了解中国书院文学教育打开了方便之门，有着不少可取之处。学者们在研究中也得出了一些重要观点，如李兵指出，在科举制度尚未改革前，清末书院改革只是在实学与科举之间进行调和，各种变通书院的设想难以最终实现，科举制度是影响书院改制进程和改制效果的最大阻碍①。徐雁平指出，桐城派古文与科考时文有着紧密的联系，桐城派作家主讲的一些书院都很重视时文教育，于是作为提高时文写作水准的古文就有了很大的发展空间②。陈志扬指出，阮元在学海堂中倡导骈文教育，为争夺骈文的正统地位做出了重要贡献，由于骈文与汉学遥相呼应，因此骈文正统论成为挽救当时汉学颓势的一种手段③。许结指出，清代有些书院赋作课艺重视基础训练与才学培养，游离于科考律赋之外，对途径狭窄的科考律赋做了重要补救④。宋巧燕指出，诂经精舍与学海堂的文学教育受到学术主旨的影响，有着注重学问的学术性倾向，染上浓厚的考据学色彩⑤。这些观点为今后的中国书

① 李兵：《书院与科举关系研究》，华中师范大学出版社 2005 年版，第 287 页。
② 徐雁平：《清代东南书院与学术及文学》，安徽教育出版社 2007 年版，第 87 页。
③ 陈志扬：《阮元骈文观嬗变及历史意义》，《文学评论》2008 年第 1 期，第 98 页。
④ 许结：《论清代书院与辞赋创作》，《湖北大学学报》（哲学社会科学版）2009 年第 5 期，第 43 页。
⑤ 宋巧燕：《诂经精舍与学海堂两书院的文学教育研究》，齐鲁书社 2012 年版，第 87 页。

院文学教育研究提供了有益的参考价值，今后的研究者应该不会绕开这些观点。

在已有研究中，徐雁平的《清代东南书院与学术及文学》（安徽教育出版社 2007 年版）以及宋巧燕的《诂经精舍与学海堂两书院的文学教育研究》（齐鲁书社 2012 年版）两部著作值得关注。徐雁平的《清代东南书院与学术及文学》是研究清代时期东南一带书院学术教育以及文学教育的著作，对文学教育着墨不少。该作包括上、中、下三编，其中，上编分为清代无锡与徽州书院及其会讲，书院与桐城派传衍，一时学术与一地风教：李兆洛与暨阳书院，诂经精舍的学术与文学：从阮元到俞樾，道光以来金陵书院与文人活动五章；中编分为清代东南书院与文士风气，东南书院与地方人文的营建，课作中的文学与学术三章；下编分为清代东南书院课艺提要，东南重要书院山长考，东南书院文士活动年表三章。宋巧燕的《诂经精舍与学海堂两书院的文学教育研究》是目前唯一一部以书院文学教育为专题进行研究的著作，该作选择对清代时期浙江诂经精舍与广东学海堂两所汉学书院的文学教育展开研究，内容分为两书院的创建与沿革、两书院文学教育概述、阮元的骈文理论与两书院的骈文教育、俞樾掌教时期诂经精舍的文学教育、两书院文学教育对外部世界的现实关注、两书院文学教育中的科举色彩、两书院文学教育对肄业弟子文学活动的影响、清代各类型书院文学教育的地位与影响八章。两位作者在研究途中都阅读了大量的文献资料，对清代书院文学教育中的一些问题如文笔之辨、汉学书院文学教育与科举、书院文学教育与文派发展等进行了深入探讨，论证翔实，创获良多。

已有研究对于推动今后的中国书院文学教育研究有着筚路蓝缕之功，不过也存在着一些不足，归纳起来，主要体现在如下两个方面：第一，已有研究不够全面，中国书院文学教育中的很多内容，如道德教化与书院文学教育，义利之辨与书院科举文教育，藏书活动与书院文学教育，刻书活动与书院文学教育，岳麓书院、石鼓书院、朱阳书院、信江书院的雅集创作活动，钟山书院与经古精舍的课艺评点比较，清真雅正与清代书院八股文教育，清代书院词曲教育，学海堂中的论诗绝句、论词绝句、论古文绝句，虞山书院与江苏地区文学发展，古代书院文学教育对当今学校文学教育的影响，等等，目前学者鲜有问津。由于以文学教育为切入点来对中国书院进行全面而系统的研究尚付阙如，因此在这个方面进行尝试很有意义，也很有价值。第二，已有研究有待于进一步深化或拓展，如有些学者虽对经史之学与清代书院科举文教育做过论述，但忽视从文学的角度加以解释；有少数学者虽对明清书院歌诗活动做过论述，但对歌谱与歌声、歌诗内容、歌诗渊源等诸多内容未作深入挖掘；很多学者在论述书院文学教育的有关问题时，忽视结合教育学观点尤其是西方教育学观点来进行分析，研究视野有待拓展。

二　研究构思

从事中国书院文学教育研究有着多方面的意义：第一，中国书院文学教育是中国书院教育的组成部分，对中国书院文学教育展开研究，有助于揭示中国书院教育的完整性。第二，中国书院历史悠久，类型多样，文学教育问题驳杂，对中国书院文学教育的多样性与复杂性进行解释，本身就是一件很有意义的工作。第三，对中国书院文学教育展开研究，会给当今中国古代文学史研究以及当今学校文学教育提供重要参考，有着重要的学术价值与现实意义①。尽管从事中国书院文学教育研究有着重要意义，不过研究过程困难重重，主要困难在于：一是中国书院文学教育研究涉及面广，牵扯到多门学科，要想把它做好，需要有着丰富的知识储备。二是资料分布很不均匀，虽然明清书院文学教育的资料丰富，但是宋元书院文学教育的资料匮乏，因此要想对中国书院文学教育做出全面而系统的研究，有些棘手。

---

①　郭英德先生认为，中国古代文学教育研究至少可以在三个层面进入中国古代文学史的研究范畴。第一，在文学发生学层面上，文学教育可以从一个独特的角度揭示文学家创作的内在原因，也可以从一个独特的角度揭示一个时代文学现象发生的主体原因，从而使文学创作和文学现象得以在坚实的历史文化语境中展现自身生成的内在逻辑，确认自身的文学史意义。第二，在文学发展学层面上，文学教育研究可以从一个独特的角度揭示一位文学家创作风格演变的内在原因和一个时代文学思潮、文学倾向演进的群体原因，从而在更为切实的意义上追踪文学发展演变的历史轨迹，梳理文学发展演变的来龙去脉。第三，在文学传播学层面上，文学教育研究可以从一个独特的角度揭示特定的文学文本、文学文体与不同的历史文化语境的密切联系，打通文学创作研究与文学接受研究之间的藩篱，在文学创作与文学接受的互动关系中考察文学文本和文学文体的文化特征，评判文学文本和文学文体的文化价值。总之，中国古代文学教育源远流长，形成了生生不息的优良传统，对中国古代文学的生成、发展与传播起到了重大作用。把文学教育研究引入中国文学史研究，有利于弥补文学史研究的缺漏环节，拓展文学史研究的学术空间，将文学史研究进一步引向柳暗花明又一村的新境界。（郭英德：《中国古代文学史研究中的文学教育研究》，《文学遗产》2006 年第 2 期，第 11—14 页）

　　由于完成本研究需要有着丰厚的学养，因此笔者阅读了与本研究有关的大量资料，具体研究时，结合文学、史学、哲学、教育学以及古代音乐学等多门学科，多视觉、多方位地对中国书院文学教育进行立体展现。为了避免泛泛而谈，研究时重视点面结合，在宏观研究中有个案探讨，在微观研究中有背景揭示或系联分析，点面结合的方法可使宏论而不泛、微论而不拘。中国书院文学教育同道德、科举密切联系①，针对这一重要现象，本研究不再局限于中国书院文学教育的价值本身考察，而是以中国书院文学教育同道德、科举的纠葛为线索，围绕着中国书院文学教育同道德、科举之间的纠葛问题展开论述。既然本研究的对象是中国书院文学教育，具体论述时就要顾及历代书院文学教育，可以说，如果研究内容不覆盖历代书院文学教育，所作的研究就会名不副实，不过研究途中还要根据实际情况做些调整，既能全面覆盖，又能重点突出。由于明清书院文学教育的资料丰富，因此本研究在全面论述历代书院文学教育的同时，重点突出明清书院文学教育。依据这样的思路，将本研究内容划分为五个部分：道德之学与中国书院文学教育、中国书院科举文教育、中国书院活动与文学教育、清代书院文学教育探微、中国书院文学教育影响，其中，第一、第二、第三、第五部分的内容都会涉及历代书院文学教育（对明清书院文学教育有所偏重）。鉴于清代书院文学教育生机勃勃，加之清代书院文学教育的资料翔实，因此安排第四部分内容专门探讨清代书院文学教育。本研究五个部分内容的详细情况如下。

　　道德之学与中国书院文学教育包括书院崇道德的教育理念、书院文学教育的道德烙印、由文道关系观书院文学教育三个方面的内容。其中，书院崇道德的教育理念是从书院学规、祭祀、藏书、命名中的道德教化四个方面加以论述，书院文学教育的道德烙印是从书院崇道德抑文学的思想意识、书院文学教育的道德体现、文学教育的道德烙印在书院楹联中的凸显三个方面加以论述，由文道关系观书院文学教育是通过梳理中西方文学与道德之间的关系来对道德教化主宰书院文学教育的原因进行解释。

---

　　①　除了中国书院文学教育外，中国古代其他类型的文学教育也往往与道德、科举密切联系，付琼考察中国古代家塾文学教育时，就紧紧围绕载道语境、科举语境以及宗派语境三种语境加以论述。（付琼：《文学教育视角下的文学选本研究——以家塾文学选本为中心》，江西人民出版社 2010 年版，第 9—74 页）

中国书院科举文教育包括书院道德教育与科举文教育的纠葛、清代书院科举文教育两个方面的内容。其中，书院道德教育与科举文教育的纠葛是从书院科举文教育中的批判意识、义利之辨与书院科举文教育、书院科举文教育中的有关问题探讨三个方面加以论述，清代书院科举文教育是从清代书院科举文教育盛况、清代书院科举文教育矫枉、经史之学与清代书院科举文教育三个方面加以论述。

中国书院活动与文学教育包括藏书活动、刻书活动、雅集创作活动、歌诗活动、课试活动五个方面的内容。其中，藏书活动是从书院集部著作的收藏特点、由图书著录分类观书院施教者的文学认识、社会捐助图书对书院文学教育的重要贡献三个方面加以论述，刻书活动是分析书院集部著作的刊刻情况以及总结书院集部著作的刊刻特点，雅集创作活动是对岳麓书院、石鼓书院、朱阳书院、信江书院等四所书院的雅集创作活动展开论述，歌诗活动是从书院歌谱与歌声透视、书院歌诗内容剖析、书院歌诗中的布道思想探究、书院歌诗活动溯源四个方面加以论述，课试活动是从书院课试种类、课试禁忌、奖惩措施、课艺评点四个方面加以论述。

清代书院文学教育探微包括清代书院诗赋教育、古文教育、八股文教育、词曲教育四个方面的内容。其中，清代书院诗赋教育是从科举背景下的诗赋教育、汉学书院（这类书院重视汉代学者训诂考证的学术理念）诗赋教育、学海堂论诗绝句三个方面加以论述，清代书院古文教育是从以古文为时文教育、学海堂论古文绝句两个方面加以论述，清代书院八股文教育是从清真雅正与八股文教育、章学诚与八股文教育两个方面加以论述，清代书院词曲教育是从词曲教育中的抑曲倾向、学海堂论词绝句、词曲教育与道德教化三个方面加以论述。

中国书院文学教育影响包括促进生徒文学素养的形成、推动地方文学的发展、助长文派思想的传播、惠泽当今一些学校的文学教育四个方面的内容。其中，促进生徒文学素养的形成是从白鹿洞书院生徒文学素养的形成、嵩阳书院生徒文学素养的形成两个方面加以论述，推动地方文学的发展是从虞山书院与江苏地区文学发展、学海堂与广东地区文学发展两个方面加以论述，助长文派思想的传播是对清代书院文学教育与桐城派古文思想的传播问题加以论述，惠泽当今一些学校的文学教育是从素质培养融入当今一些学校的文学教育以及当今一些学校的文学教育方法多元化两个方面加以论述。

为了不让研究脱缰而逸，就要在资料的选择上大加斟酌，只有所选的资料具有很强的针对性，论证结果才会令人信服。笔者认为，书院教育的研究者必须紧紧把握如下两种资料，所作的论述方为不失：一是书院学规、章程以及书院记。书院学规、章程以及书院记对书院教育起着重要的导向作用，书院教育的研究者若对这些资料置若罔闻，所作的研究只会舍本逐末。二是书院课艺以及课艺评点。课艺及评点是书院文学教育的重要体现，只有重视这些原生态的教育资料，所作的研究方中肯綮。有鉴于此，笔者在具体研究时充分利用这两种资料。

第二节　研究内容界定

不以规矩，难成方圆。本研究选题较大，为了避免论述时出现天马行空的现象，有必要对研究内容进行界定，本研究需要界定的内容主要是书院以及文学教育。

一　书院界定

书院之名肇始于唐代，在唐玄宗时期，就已经出现了丽正书院与集贤书院，不过这两所书院为修书之地，并非讲学场所，清代诗人袁枚指出："书院之名起唐玄宗时，丽正书院、集贤书院皆建于朝省，为修书之地，非士子肄业之所也。"[①] 中唐以后出现了具有教育功能的书院，当时江西桂岩书院、福建松洲书院、河南龙门书院等一些书院具有教育功能[②]。北宋初期，朝廷鼓励私人办学，书院得以发展。为了满足莘莘学子的读书愿望以及为国家培养更多的人才，宋仁宗庆历年间（1041—1048）、神宗熙宁至元丰年间（1068—1085）、徽宗崇宁年间（1102—1106），朝廷分别发起了三次兴学运动，结果是，官学得以发展而书院发展受到了一定的限制。逮及南宋，官学有名无实，学风败坏，多为声利场所，北宋官学具有的育才与取才两项功能彻底瓦解。在官学弊端丛生之际，南宋理学家们应

---

① 袁枚：《随园随笔》卷十四，嘉庆十三年小仓山房刻本，第 16 页。

② 关于书院的起源，众说纷纭，主要有起源于唐代、五代、北宋三种观点。持起源于唐代观点的学者主要有：宋代朱熹，元代吴澄，清代王昶，今人李才栋、王炳照、邓洪波、李兵；持起源于五代观点的学者主要有：今人周予同、盛朗西、章柳泉；持起源于北宋观点的学者主要有：宋代洪迈，清代王夫之。

运而起，他们对病入膏肓的官学大张挞伐，纷纷创建或修复书院，将书院作为传道授学的重要阵地，在他们的共同努力下，南宋书院的发展呈现出生机勃勃的繁荣景象。元代是少数民族统治中国的朝代，元代建立后，统治者面临的重要问题是如何使绝大多数的汉人归顺朝廷。教育是安邦定国的法宝，为了有效地掌控教育，元代统治者支持书院建设，让书院发展官学化①，书院在学规制定、经费管理、课程设置、山长及师儒聘任（早期书院多建于山林之地，因此用"山长"来命名书院最高领导，山长有时也有主讲、洞主等不同的称呼）、生徒招收等诸多问题上都会受到官府的影响与制约。书院官学化后，会将教学目标指向科举，为国家培养科举人才。明代初期，朝廷采取崇官学抑书院的政策，官学振兴而书院沉寂，不过随着官学的日益颓败，成化（1465—1487）以后，书院再度兴起，很多学者通过书院传道授学。在此期间，湛若水、王阳明等人借助书院传播学术、扩大影响，顾宪成、高攀龙等人借助书院针砭时弊、评论朝政，他们的讲学思想或与正统的程朱理学不相吻合，或触犯了当权者的利益，嘉靖年间（1522—1566）、万历年间（1573—1620）以及天启年间（1621—1627），朝廷屡次发起禁毁书院的运动，书院遭受了严重的毁坏②。清代初期，朝廷由于顾及会讲议政风气的不良影响而对书院有所压制，不过后来随着政权的日趋稳固，清代帝王对待书院的观念发生了转变，康熙皇帝曾向多所书院进行过赐额与赐书活动，雍正十一年（1733），朝廷明令在各省建立省会书院，各赐帑金千两为营建之费。清廷也很重视山长的聘请工作，位于省城的大书院一般由总督、巡抚会同学政聘请，位于府、州、县的各地书院一般由地方官员聘请。乾隆皇帝还要求对山长定期考核，对有佳绩者实施褒奖。在清廷的大力支持与严加钳制下，清代书院官学化增强。清代末期，甲午战争的爆发以及《马关条约》的签订对书院教育产生了直接的影响，一些书院将西方实学纳入教育的范畴，通过学习实学来达到救国的目的，书院教育由此打上鲜明的时代烙印。自中唐以迄清季，中国书院教育延续了一千余年，书院为中国古代教育做出了重要贡献，成

---

① 受官府影响与制约的书院有官学化书院与官办书院两种命名，笔者认为，官学化书院要比官办书院更为贴切。

② 邓洪波在《中国书院史》中对明代嘉靖、万历、天启年间三次禁毁书院的运动作了详细的介绍。（邓洪波：《中国书院史》，东方出版中心2006年版，第363—403页）

为古代官学的有益补充。尽管历代都会有不少书院重视科举文教育，甚至一些书院在利禄的驱动下惟科举文教育是从，不过就整体而言，书院比官学更为重视传道授学。在官学弊端丛生之际，书院力矫官学之弊，承担起匡救官学不逮的重要角色，书院与官学既有相融的一面，又有匡补的一面。

中国书院鳞次栉比，驳杂多样。在教育层次上，有招收童生这种低层次教育的书院，也有招收举人这种高层次教育的书院；在教育性质上，有私学性质的书院，也有受官府影响而官学化的书院。书院在中国古代社会广泛存在，意义重大，与主要以少数官员子弟作为教育对象的官学不同，书院主要以众多平民子弟作为教育对象，它打破了古代社会上层阶级垄断文化教育权力这一不平等的现象，使芸芸众生都可以获得接受教育、汲取知识的宝贵机会，真正践履了孔子有教无类的教育理念，成为中国古代教育园地中的一道靓景。

中国书院数量繁多，类型多样，在研究之前，需要将有名无实的书院以及无名有实的书院区分开来。有些建筑虽贴上书院的标签，但若只是祭祀场所或个人读书之地，不具有教育功能，就不纳入研究的范畴。明清时期的两种书院与中国传统书院有别，也不纳入研究的范畴：一是明代藩府书院。徽藩崇德书院、沈藩勉学书院、晋府养德书院、鲁府敏学书院等虽都冠以书院之名，但其性质难以界定。严佐之认为，这些与藩府相连的书院，不知是藩王的私塾书堂，还是受他们资助的书院①。有些学者在讨论明代刻书时，将藩府书院的刻本与书院本区分开来，如程千帆与徐有富先生将明代官刻本分为监本、经厂本、藩府本、书帕本、内府本、殿本、局本、书院本等②，他们在具体归类时，将藩府书院的刻书纳入藩府本的范畴，可见藩府书院与传统书院有别。由于藩府书院的性质不好界定，因此抱着谨慎的态度，笔者不将这些书院纳入研究的范畴。二是清代教会书院。清代末期，西方列强用军舰大炮敲开了中国的大门，除了实行军事侵略外，西方列强还实行文化侵略，如外国传教士在中国各地兴办教会书院作为传教之所，北京汇文书院、上海圣约翰书院、浙江育英书院、江苏宏

---

① 严佐之：《论书院刻书的历史传统》，湖南大学岳麓书院文化研究所编：《岳麓书院一千零一十周年纪念文集》第一辑，湖南人民出版社 1986 年版，第 406—407 页。

② 程千帆、徐有富：《校雠广义·版本编》，齐鲁书社 1991 年版，第 222—230 页。

育书院、福建格致书院、山东广德书院、江西南伟烈书院、湖南湖滨书院、湖北博文书院、香港英华书院等都是教会书院（有些是传教士主办，有些是传教士与中方人士合办），它们虽都名以书院，但办学性质、教学内容与中国传统书院有别，因此笔者也不将这些书院纳入研究的范畴①。有些建筑虽冠以精舍、书舍、讲舍、草堂、堂等名，但若具有教育功能，就纳入研究的范畴，如浙江诂经精舍、浙江灵峰精舍、江苏经古精舍、安徽水西精舍、广东菊坡精舍、福建沧洲精舍、江苏惜阴书舍（后来改名为惜阴书院）、浙江东城讲舍、广东万木草堂、广东学海堂、福建致用堂、江西丽泽堂等都是具有教育功能的书院②，因此笔者将这些无名有实的书院纳入研究的范畴。

二　文学教育界定

中国文学历史悠久，文学一语最早见于《论语·先进》篇所述的孔门四科：德行、言语、政事、文学，不过，此处的文学是一个极为宽泛的文化概念。先秦时期以后，文学与经学、史学、子学保持着若即若离的发展态势。汉代时期出现了文学、文章、文辞等语，其中，文学仍然包罗万象，而文章、文辞已经具有了狭义上的文学意味。魏晋南北朝时期是中国文学发展的自觉时期，文学认识有了新的突破，文学观念有了质的发展，

---

① 陈元晖、尹德新、王炳照等人认为，这类书院与近代学校大致雷同，或者说是由书院到学校的过渡形态。（陈元晖、尹德新、王炳照：《中国古代的书院制度》，上海教育出版社1981年版，第107—108页）丁钢、刘琪认为，教会书院虽名作书院，但与中国旧有的书院不可同日而语。（丁钢、刘琪：《书院与中国文化》，上海教育出版社1992年版，第135页）樊克政认为，这类书院名为书院，实则教会学校，与中国传统的书院并不是一回事。（樊克政：《书院史话》，中国大百科全书出版社2000年版，第124页）

② 以"精舍"来命名书院，此举是受到汉代精舍的影响，不过，后代以"精舍"来命名的书院与汉代精舍有别。李才栋指出："藏书是书院的重要特点，书院中师生的活动大都围绕着书来展开的。大师讲书、著书，书院藏书、刻书，士子读书、传书，这就带来了书院在教学方面的许多特点。这是先秦私学和汉代'精舍'所不曾具备的。""尽管宋、元、明、清时都有人把自己创办的书院称之为'精舍'，然而，这种'精舍'已有书院的时代特征，而非汉代的原型。"（李才栋：《江西古代书院研究》，江西教育出版社1993年版，第12页）王炳照也指出："汉魏以来的精舍或精庐，大师私人讲学皆由口授，尚不具备藏书条件。因而，精舍或精庐还不是书院教育，尽管宋以后有些典型的书院也有以精舍命名者，那只是表明后世学者对前世传统的崇尚或追慕，而不能证明精舍或精庐已经是书院教育本身了。"（王炳照：《中国古代书院》，商务印书馆1998年版，第18页）

一些作家对文学功用、文学体裁、创作方法、创作风格等问题进行过有益的探讨，曹丕的《典论·论文》、陆机的《文赋》、刘勰的《文心雕龙》、钟嵘的《诗品》是这个时期文学理论作品的重要代表。在此阶段，一些帝王、学者、作家重视将文学从泛文化的范畴中摆脱出来，让文学成为一门独立的学科。元嘉十五年（438），南朝宋文帝诏令建立儒学馆、玄学馆、史学馆、文学馆，分别授徒教学。荀勖在《中经新簿》中将著作分为甲部、乙部、丙部、丁部等四部，其中，诗赋属于丁部。萧统编纂《文选》时重视以能文为本的原则，反对将经部、史部、子部作品阑入其中（他认为，史书中的某些文体文学性强，可以收录《文选》中，"若其赞论之综辑辞采，序述之错比文华，事出于沈思，义归乎翰藻，故与夫篇什，杂而集之"①）。唐代中期，韩愈、柳宗元高举复古旗帜，倡导学习先秦两汉时期清新自然的散文，重视文以明道。韩愈与柳宗元的文学复古运动对后代文学产生了重大影响，踵事增华者代不乏人，宋代欧阳修、王安石、曾巩、苏洵、苏轼、苏辙等古文家，明代以李梦阳、何景明为首的前七子以及以李攀龙、王世贞为首的后七子，明代以王慎中、唐顺之、茅坤、归有光为代表的唐宋派作家，清代以方苞、刘大櫆、姚鼐为代表的桐城派作家，都在为文学复古运动推波助澜。复古是中国古代文学发展的重要特征，钱穆论及中国文学与西方文学的区别时指出："西方文学尚创新，而中国文学尚传统。西方文学常奔放，而中国文学常矜持。"② 虽然以"尚创新"与"尚传统"为标准来区分西方文学与中国文学有其商榷之处（西方文学也有"尚传统"的一面，如文艺复兴以及古典主义时期的一些作家推崇古希腊、罗马的文学作品），但是用"尚传统"一语来对中国文学的特征进行归纳，有其合理之处，中国历代文学复古运动正是中国文学"尚传统"的典型反映。尽管魏晋南北朝时期的一些作家试图将文学从经学、史学、子学中剥离开来，赋予文学独立性的地位，不过后来频繁的复古运动又使得文学与经学、史学、子学纠葛不清。现代作家老舍论及中国文学时指出，中国文学有三潮：一是正潮。在先秦时期，没有文学主义的标树，甚至连文学的认识还不清楚，不过此时的创作者都能发表

---

① 萧统编，李善等注：《六臣注文选》序，《四部丛刊》初编，上海商务印书馆1922年版，第5页。

② 钱穆：《中国文学论丛》，生活·读书·新知三联书店2002年版，第17页。

心中所蕴，不相因袭。二是退潮。在秦汉直至清末这种长而不猛的潮中，文学只是复古，没有多少新的建设，文以载道渐成天经地义。三是暗潮。词曲、小说在复古的潮下暗自活动，这类文学虽然非常娇好，但是终居妾位①。在中国文学的发展征途中，复古与载道是两大显著特征，抓住这两大特征，方得中国古代文学的神髓。由于词曲、小说这些文学不古雅，且内容有时与传统道德相悖，因此地位卑微，不受重视，甚至成为一些学者大肆攻击的对象。

在中国古代文学史上，科举文算得上是一种特殊的文学。科举文是指中国古代科举考试采用的各种文体，包括策、论、试帖诗、律赋、经义、八股文、诏、诰、表、判等。科举文是由一般文体加以改造而成，与一般文学创作相较，科举文写作多为文造情，内容有些空洞，历代很多学者、作家对之并不看好。不少人认为，道德为本，文学为末，而科举文为末中之末。正由于此，目前科举研究多倾向于制度层面，科举文层面的研究不容乐观。尽管科举文价值有限，但它毕竟作为一种文学现象长期存在，难以忽略，也难以抹杀。中国古代有些文集就收录科举文，给予科举文一定的地位，如《文苑英华》收录试帖诗，《宋文鉴》《文体明辨》收录律赋。在中国书院文学教育中，科举文教育扮演着重要角色，研究中国书院文学教育就不能撇开科举文教育研究，郭英德先生论述中国古代文学史研究的一番话对笔者研究颇有启发，他认为："20 世纪以来新建构的'中国文学史'，大量淘汰或有意拒斥历代创作的实用性文体和说理性文体，这种'文学史写作'与中国古代的'文学史事实'是颇相扞格的。作为持'纯文学观'的现代人对古代文学史构成的价值评判，这种做法固然无可非议。但是，倘若要切合实际地描述中国古代的'文学史事实'，我们就必须重新调整我们的文学观念。"② 这番话虽是针对中国古代文学史研究而发，但它对于中国书院文学教育研究同样有着重要的借鉴价值，若要描述中国书院文学教育的事实，我们也必须调整文学观念。在中国书院教育的大量资料中，充斥眼帘的多为科举字眼，若撇开科举文教育研究，中国书院文学教育研究就会变得黯淡无光。如何处理科举文教育是中国书院面临的重要问题，它纠缠着一代又一代的书院施教者们。尽管科举文作为文

①　老舍：《文学概论讲义》，复旦大学出版社 2004 年版，第 93—95 页。
②　郭英德：《中国古代文体学论稿》，北京大学出版社 2005 年版，第 114—115 页。

而言没有多大的价值，但是这并不影响笔者对中国书院科举文教育的考察，因为本研究的目的并非要揭示科举文的价值所在，而是要剖析历代书院如何处理科举文教育的问题，并由此对其背后的思想动机进行探求。只有将科举文教育纳入书院文学教育的范畴，中国书院文学教育研究才会变得完整。

文学范围广大，具体研究时，有必要对文学教育的研究范畴进行界定。鉴于本研究是以书院文学教育同道德、科举的纠葛为线索，因此重点考察与道德紧密联系的古文、与利禄紧密联系的科举文以及重视审美功能的诗赋词曲三类文学的教育。需要说明的是，这三类文学并非完全对立而是有着相融之处。科举文本身就是一个包罗万象的大杂烩，如科考策、论是由古文策、论演变而来，科考中的试帖诗、律赋是由古诗赋演变而来（笔者在第五章第一节"清代书院诗赋教育"中，就将试帖诗、律赋教育纳入诗赋教育的范畴进行考察）。有些科举文也与道德紧密联系，如八股文写作需要代古圣贤立言，很重视道德教化。

除了对文学教育的研究范畴进行界定外，还要对文学教育的施教者与受教者进行界定。书院文学教育的受教者一般是指生徒（有时也对当地百姓有着化育之功），而施教者较为复杂，除了书院山长、师儒外，对书院教育直接产生影响的当地或外地的一些官员、学者、作家等也可纳入施教者的队伍中来。中国历代很多书院邀请当地或外地的一些官员、学者、作家等前来讲学，或请他们撰写学规、章程、书院记，这些官员、学者、作家等在陶铸人才方面功不可没，理应成为书院教育的施教者。就以江西白鹿洞书院而言，该院就受到历代很多官员、学者、作家等的惠泽。宋代时期，与朱熹、张栻并称为"东南三贤"的吕祖谦为白鹿洞书院作记，心学大师陆九渊应朱熹邀请前来讲学，江东提举、著名诗人尤袤也来该院视察并对其建设深表支持。元代时期，著名学者、诗人虞集造访白鹿洞书院并留有诗文，南康路判官高若凤也来访该院并为生徒学习提供指导。明代时期，江西提学副使、前七子领袖李梦阳屡次来白鹿洞书院讲学并负责编纂《白鹿洞书院新志》，江西提学副使高贲亨前来讲学并撰写《洞学十戒》，湛若水、罗洪先等人也来访并留有诗文。清代时期，江西提学冀霖重修白鹿洞书院并为之作记，星子知县毛德琦协理院事并重修《白鹿洞书院志》，查慎行、洪亮吉等人也来访并留有诗文。可以说，白鹿洞书院的声誉之所以经久不衰，除了书院山长、师儒教导有方外，还与当地或外地的众多官员、学者、作家等来访讲学有关，是众人教育合力的结果，因此这些官员、学者、作家等也是白鹿洞书院的施教者。清代书院往往有官课与师课之分，官课是指当地官员主持的课试，师课是指书院山长主持的课试，可见当地官员直接掌管当地书院的教育。广东粤秀书院监院梁廷枏在编纂《粤秀书院志》时就专门设立长官表，以示表彰当地官员对粤秀书院的教育贡献，该院自康熙至道光年间（1662—1850）受到当地官员惠泽的具体情况为：总督五十四人，巡抚五十四人，学政六十九人，藩使七十四人，粮道六十八人，广州通判三十九人①，粤秀书院的教育辉煌与这些官员的默默奉献密不可分。综而言之，中国书院文学教育主要通过两种方式：就内部而言，是指书院山长、师儒对生徒的言传身教；就外部而言，是指当地或外地的一些官员、学者、作家等对生徒的谆谆教导。当然，中国书院文学教育以内部为主，此毋庸置疑。

---

① 梁廷枏编：《粤秀书院志》卷八，道光二十七年刻本，第1页。

第二章

道德教化与中国书院文学教育

在中国古代教育中，道德教育占据着首要地位。若随意打开一部古代教育典籍稍作翻阅，明伦、载道、为仁、崇正、乐善、思贤等一些布道词语就会很快映入我们的眼帘。中国古代教育往往是以道德教育为轴心，围绕着道德教育展开，其他一些教育对于道德教育而言犹如众星拱北辰，与道德教育紧密偎依。

第一节　书院崇道德的教育理念

中国书院崇道德的教育理念源于中国古代社会对道德教育的重视。中国远古时期，尧、舜、禹、汤、文王、武王等一些部落首领或帝王都具有圣德贤能，在化育民生、造福百姓方面堪称典范，因此深受后人景仰。春秋时期，儒家学派创始人孔子传承以及发扬这些圣贤的道德之学，倡导仁义礼让等思想主张。战国时期，孟子提出仁政的思想，将孔子学说向前推进了一步。春秋战国时期是一个礼崩乐坏、政治混乱的时期，尤其是战国时期，国君大多忙于战事，他们关注的焦点不是如何推崇仁义道德来获取民心，而是如何利用各种手段来争夺霸权。逮及汉代，在董仲舒等人的建议下，汉武帝罢黜百家而独尊儒术，儒学地位得以显升，孔子思想得以推崇，经书作为儒家经典著作而被神圣化。于是，"孔子为万世师表，《六经》即万世教科书"①，这种思想一直牢牢地支配着后来中国的政治与文化。万世道统之所传即万世治统之所系，汉代以后的很多帝王都很重视用儒家道统来治理天下，在帝王们的倡导与推广下，历代很多士子都以弘道

---

① 皮锡瑞：《经学历史》，中华书局 2008 年版，第 26 页。

作为重要使命，士希贤、贤希圣、圣希天成为士子在道德追求中需要实现的一步步目标。中国古代社会有立德、立功、立言三不朽，而以立德为上。即使立德之人无功或无言，也会流芳千古；即使无德之人立功或立言，也往往得不到推崇。

社会由低级向高级发展，由野蛮向文明进化。在社会发展与社会进步的征途中，教育扮演着重要角色，教育是推动社会发展与社会进步的重要动力。古希腊教育家亚里士多德认为，"人类所不同于其它动物的特性，就在他对善恶和是否合乎正义以及其它类似观念的辨认"①，捷克教育家夸美纽斯认为，"只有受过恰当教育之后，人才能成为一个人"②。由于教育对于人而言有着扬善救失的功效，因此，要想化民成俗，要想社会稳定，要想和谐安康，就必须重视教育。要重视教育，就必须兴办学校。中国远古时期就已经有了学校，如周朝时期存在着官学与私学之分，出现了家有塾、党有庠、术有序、国有学等各种类型的学校。在后代社会，官学与私学也一直并存。在中国古代教育中，科举的作用不容忽视，自隋炀帝实行进士科考试以后，历代朝廷都重视以科举作为抢才大典。官学往往受科举的驱使，多重视科举文教育而忽视道德教育，不少官学有教养之名而无教养之实，在培育人才方面形同虚设。书院是中国古代重要的教育机构，历代很多书院重视道德教育，时常充当匡救官学不逮的重要角色。书院重视道德教育，这从书院学规、祭祀、藏书、命名中有着鲜明的体现。

一　学规与道德教化

学规有着教育指南的功效，对书院教育起着重要的导向作用。火车运行需要借助铁轨，书院运行需要借助学规。书院要想在正常有序的轨道上运行，就必须有合理得当的学规作为依托。书院学规制定者主要是山长，当地或外地的一些官员、学者、作家等也曾为各地书院制定过学规。在中国书院学规中，道德教育是一根主线。

南宋理学巨擘朱熹毕生关注教育事业，淳熙六年（1179），朱熹知南康军，在此期间修复白鹿洞书院，翌年（1180）三月竣工。白鹿洞书院修复之后，朱熹亲自主持洞事，倾心规划教育蓝图。为了引导生徒合理的

---

① ［古希腊］亚里士多德：《政治学》，吴寿彭译，商务印书馆1965年版，第8页。
② ［捷克］夸美纽斯：《大教学论》，傅任敢译，人民教育出版社1984年版，第39页。

研习，促进健康学风的形成，他为该院制定了学规一篇（这篇学规在后来有《白鹿洞书院学规》《白鹿洞书院揭示》《白鹿洞书院教条》等多种名称），内容如下：

> 父子有亲，君臣有义，夫妇有别，长幼有序，朋友有信。
> 右五教之目。
> 尧舜使契为司徒，敬敷五教，即此是也，学者学此而已。其所以学之序亦有五焉，具列如左：
> 博学之，审问之，慎思之，明辨之，笃行之。
> 右为学之序。
> 学、问、思、辨四者，所以穷理也。若夫笃行之事，则自修身以至于处事接物，亦各有要，具列如左：
> 言忠信，行笃敬。惩忿窒欲，迁善改过。
> 右修身之要。
> 正其谊不谋其利，明其道不计其功。
> 右处事之要。
> 己所不欲，勿施于人。行有不得，反求诸己。
> 右接物之要。
> 熹窃观古昔圣贤所以教人为学之意，莫非讲明义理以修其身，然后推己及人，非徒欲其务记览为词章以钓声名取利禄而已，今之为学者既反是矣。然圣贤所以教人之法俱存于经，有志之士固当熟读而问辨之，苟知理之当然而责其身以必然，则夫规矩禁防之具岂待他人设之而后有所持循哉？近世于学有规，其待学者为已浅矣，而其为法又未必古人之意也，故今不复施于此堂，而特取凡圣贤所以教人为学之大端条列如左而揭之楣间。诸君其相与讲明遵守而责之于身焉，则夫思虑云为之际，其所以戒谨恐惧必有严于彼者矣。其有不然，而或出于禁妨之外，则彼所谓规者必将取之，固不得而略也，诸君其念之哉！①

朱熹对古人明理修身的做法给予肯定，而对今人追名逐利之举进行批判，

---

① 朱熹：《白鹿洞书院学规》，毛德琦、周兆兰编：《白鹿洞书院志》卷六，宣统二年刻本，第1—2页。

他从五教、为学、修身、处事、接物等方面对生徒展开教育，使生徒在日常生活中有所持循。朱熹是著名的理学家，也是杰出的教育家，《白鹿洞书院学规》是他教育贡献的重要体现，此学规虽为白鹿洞书院而设，但对后代书院教育也产生了巨大影响，后代很多书院师之所教、生之所学，都不出此藩篱。明清很多学者编写书院志时就将《白鹿洞书院学规》收录其中，如聂良杞的《百泉书院志》、岳和声的《共学书院志》、何载图的《关中书院志》、严毅的《东林书院志》、周在炽的《玉潭书院志》、董桂敷的《紫阳书院志略》、周瑞松的《宁乡云山书院志》、吕永辉的《明道书院志》等，都将《白鹿洞书院学规》编入其中，以此作为书院教育的不二法门，其中，有些书院志还将《白鹿洞书院学规》置于学规之首。《白鹿洞书院学规》不仅对中国书院教育产生了重要影响，而且对国外书院教育也产生了重要影响，如朝鲜西岳书院、道基书院、紫云书院、深谷书院、考岩书院、石室书院以及日本江户时代的鹤山书院、藤树书院、怀德书院等，都很重视《白鹿洞书院学规》，不少书院将它悬挂在讲堂之中，以勉励学子锐意向学、德性充盈。为了让学子真正理解《白鹿洞书院学规》的内容，日本很多学者撰写了《白鹿洞书院学规》的研究之作①。从《白鹿洞书院揭示》对朝鲜、日本等国的深远影响中可知，中国传统文化价值巨大，因此当今国人有必要也有信心继承与发扬中国传统文化，勇于开创中国文化的复兴之路。

元代刘鹗在泰定二年（1325）以后掌教各地的一些书院，在书院教育方面积累了很多宝贵的经验。泰定三年（1326），他制定《齐安、河南

---

① 日本学者山崎暗斋在1650年11月所写的《白鹿洞学规集注》《白鹿洞学规集注序》是日本有关《白鹿洞书院揭示》著述的嚆矢，之后，其门人浅见絅斋又著《白鹿洞书院揭示考证》，由此，《白鹿洞书院揭示》的研究与传播呈现出迅速扩展的局面。昔日日本学者对《白鹿洞书院揭示》的研究作品流传下来的有不少，如佐藤坦的《白鹿洞学规集注》、堤它山的《白鹿洞学规发挥》、川岛某的《白鹿洞揭示口义》、久米订斋的《白鹿洞揭示口义》、浅见絅斋的《白鹿洞揭示师说》、岩本复的《白鹿洞揭示图解》、川崎履的《白鹿洞揭示答书》、稻叶默斋的《白鹿洞揭示笔记》、三宅尚斋的《白鹿洞揭示笔记》、长野子成的《白鹿洞揭示副译》、泽田眉山的《白鹿洞揭示略解》、中村兰林的《白鹿洞讲说》、佐藤一斋的《白鹿洞书院揭示解》、山口春水的《白鹿洞揭示说》、阪谷朗庐的《白鹿洞揭示说》、唐崎彦明的《白鹿洞学规讲义》、山下秋堂的《白鹿洞书院揭示译解》、山下秋堂的《白鹿洞书院揭示释义》等，日本学者平板谦二（或写作平坂谦二）对这些作品做过说明。（［日］平板谦二：《日本的兴让馆——〈白鹿洞书院揭示〉还活在日本》，熊庆年译，《江西教育学院学报》1997年第1期，第60页）

三书院训士约》用来指导生徒研习，内容如下：

　　一、德行之宜崇也。《周礼·师氏》："以三德教国子：一曰至德，以为道本；二曰敏德，以为言本；三曰孝德，以知逆恶。"至德者，诚意正心、端本澄源之事；敏德者，强志力行、崇德广业之事；孝德者，尊祖爱亲、不忘本始之事。此先王之教所以精粗两尽、本末相资，而不倚于一偏者也。朱子曰："圣人教人有定本，五常也，四勿也。"自昔圣贤教人之法莫不以此，多士勖诸。

　　一、士习之宜端也。自古周南之化，先及江汉。王仁所被，其流风余韵，虽百世而遥犹能望古而兴怀，勿谓楚无风也。多士一步一趋，当以圣贤为法，谨毋竞佻达而薄检绳、尚浮华而贱恓恓，则品行端而正学明矣。

　　一、实学之宜重也。何谓实学？凡有资于经济、达于政事者是也。夫士学以待用，因待用而学，而学又皆无用，可谓知务乎？古之学者，三年而通一经。此经一明，推之不可胜用也。昔左史倚相能读八索九丘之书，此时称为贤辅。今日岂乏异材，学者不可不求实效也。

　　一、文体之宜正也。程夫子云："立言之道，不使知德者厌、无德者惑。"孟氏亦云："言近而指远者，善言也。"盖其言不近则众人亦惑，其旨不远则君子易厌，此圣贤立言之法，万世操觚者所必宗焉者也。试看《论语》《孟子》，其言何等平易，其意何等精深，使人观之显然、味之无极矣。

　　一、会课之宜勤也。以文会友，原是圣贤成法，尔辈随便立会，不拘人数，宜遵白鹿洞教规，恒以实心敦砺。质疑问难，相与开发心胸；显示默规，相与砥砺名节。不矜不伐，下拜昌言；若无若有，近思良友。虞廷孔孟，相授之益可想而知也。求友辅仁，亦在志士之自奋耳。

　　一、浮伪之宜禁也。国家设学造士，欲求真才实能共理天下尔。士子披青衿入黉宫，以远大自期。周子曰："士希贤，贤希圣，圣希天。"希天一事旷世不谈，即希圣希贤姑亦未论耳。诸生且先希士，士志于道，不耻衣食之恶，无恒产而有恒心，自能爱养廉节，砥砺末俗矣。①

放眼望去，浓厚的道德教化气息在"德行之宜崇也""士习之宜端也""实学之宜重也""浮伪之宜禁也"四个标题中迎面扑来，而"文体之宜正也""会课之宜勤也"两个标题虽不含有明显的道德教化意味，但若稍览每一标题后的内容，"圣贤立言""砥砺名节""不矜不伐""求友辅仁"等一些说教术语也会马上进入我们的视线。该学规中的"宜遵白鹿洞教规，恒以实心敦砺"一语表明，刘鹗重视传承朱熹的教育薪火，重视用道德教育的方法来提升生徒的道德素养，使生徒的行为合乎道德规范。

江苏东林书院是北宋理学家杨时创建而成，之后，该院屡废屡兴。明代万历年间（1573—1620），顾宪成、高攀龙在旧址重建东林书院，聚众讲学，针砭时弊。由于东林书院学者的讲学旨趣相同且在当时很有影响，因此有"东林党"之称。东林书院重建之后，顾宪成撰写《东林会约》。顾宪成尊奉朱熹学术，他在《东林会约》中指出，《白鹿洞书院学规》是从性学的角度阐发道德之学，见正、守确、虑远、防豫②。《东林会约》是由《白鹿洞书院学规》引发而来，内容包括饬四要、破二惑、崇九益、屏九损四个方面，道德教化的色彩浓厚，如顾宪成在屏九损中指出，士子应祛除鄙、僻、贼、浮、妄、怙、悍、满、莽九种恶习，这九种恶习的表现如下：

> 比昵狎玩，鄙也；党同伐异，僻也；假公行私，贼也；或评有司短长，或议乡井曲直，或诉自己不平，浮也；或谈暧昧不明及琐屑不雅、怪诞不经之事，妄也；己有过，贵在速闻速改，而或恶人之言，巧为文饰，怙也；人有过，贵在委曲密移，而或对众指切，致其难堪，悍也；问答之间，意见偶殊，答者宜徐察问者之指若何，明白开示，而或遽为沮抑，使之有怀而不展，问者宜细绎答者之指若何，从容呈请，而或遽为执辨，至于有激而不平，满也；人是亦是，人非亦

① 刘鹗：《齐安、河南三书院训士约》，刘鹗：《惟实集》卷二，《文渊阁四库全书》第1206册，台湾商务印书馆1986年版，第10—12页。

② 顾宪成：《东林会约》，严瑴编：《东林书院志》卷下，康熙年间刻本，第36—38页。

非，道听途说，略不反求，莽也。①

顾宪成由此告诫士子，要在言行举止上多加注意，防微杜渐，促进道德素养的形成。顾宪成所言屏九损发人深省，不仅对当时东林士子起着警戒的作用，而且对东林后学有着深远的影响。崇祯年间（1628—1644），东林书院山长吴桂森撰写《东林会约》时又加以重申："先生九损中已先点破，今宜更加谨毖，以息风波，是为今日第一禁戒也。"② 可见道德教育的薪火相传在东林书院得到有力的体现。

河南之地历史悠久，人文鼎盛。宋代时期，程颢、程颐兄弟二人创立了洛学这一重要学派。为表景仰之情，后人在河南开封建立二程书院，用来祭祀二程及其弟子。清代光绪二十年（1894），河南学政邵松年修建二程书院，并改名为明道书院，聘请黄舒昺为山长。黄舒昺重视道德教育，他效仿北宋吕大钧的《吕氏乡约》以及南宋朱熹的《白鹿洞书院学规》，为明道书院制定了学规一篇，内容包括劝善与规过两大方面。劝善内容包括治身之善、处家之善、处乡之善、服教之善、畏法之善五个方面，其中，治身之善的具体要求为：见善必行、闻过必改、能惩忿怒、能寡私欲、能主忠信、能持恭敬、能守廉介、能崇节俭、能行四礼、能不溺俗；处家之善的具体要求为：能孝父母、能和兄弟、能敬尊长、能教妻子、能御家众、能理家务、能尊师道、能笃友谊；处乡之善的具体要求为：能睦族邻、能厚戚党、能恤孤寡、能周贫乏、能受寄托、能救患难、能解争斗、能成事务、能劝人善、能规人过；服教之善的具体要求为：能遵圣教、能行小学、能熟经书、能通鉴史、能娴掌故、能储经济、能守程朱、能辟异端；畏法之善的具体要求为：敬畏官长、耻入公门。规过内容包括犯义之过、不修之过两个方面，其中，犯义之过的具体要求为：饮食无节、衣服过侈、戏博妨业、吃烟损己、交游不慎、视听不谨、言不忠信、行不恭逊、贪财营私、溺俗违礼、逞忿凌人；不修之过的具体要求为：执事不敬、与人不忠、游戏失仪、怠惰废学、见善不为、闻过不改③。此学规从修身、齐家以及睦邻的角度出发，对生徒的言行举止做了仔细规定，

① 严毅编：《东林书院志》卷下，康熙年间刻本，第48—49页。
② 同上书，第55页。
③ 吕永辉编：《明道书院志》卷五"学规"，光绪二十六年刻本，第1—4页。

在劝善规过方面可谓面面俱到。只有积善，方能成德。只有防微杜渐，方能不入歧途。生徒应将日常行为与学规内容一一比照，与学规合者要永远保留，与学规悖者要及时祛除。明道书院的这篇学规有助于规范生徒的言行，也有助于促进健康民风的形成。

唐代时期，禅宗五祖弘忍为了挑选衣钵传人，令门人各作一偈，其中，神秀所作的偈为："身是菩提树，心如明镜台，时时勤拂拭，莫使有尘埃。"慧能所作的偈为："菩提本无树，明镜亦非台，佛性常清静，何处有尘埃！"① 尽管神秀在领悟佛法上没有慧能通透而失去了继承弘忍衣钵的宝贵机会，不过神秀的"时时勤拂拭，莫使有尘埃"用于儒家道德修养，可谓至理名言。书院是代表着儒家思想的重要教育机构，历代很多书院的施教者都通过制定学规要求生徒，不断净化自身思想，采取"时时勤拂拭，莫使有尘埃"的方式来达到道德修养上的圆成。

二　祭祀、藏书与道德教化

祭祀是中国古代社会的一种重要习俗，这种习俗一直延续到当代社会。汉代语言学家许慎解释"祭"字时指出："祭祀也。从示，以手持肉。"其中，"示"字义为，"天垂象见吉凶，所以示人也。从二（'二'，古文'上'字），三垂，日、月、星也。观乎天文以察时变，示神事也"。② 从中可知，祭祀是指人们以祭品（主要是食物）为媒介来侍奉神灵，祈求得到神灵的庇护。"君子之教也，必由其本。顺之至也，祭其是与？故曰：'祭者，教之本也已。'"③ 在中国古代社会，祭祀与教化密切相连。"凡治人之道，莫急于礼；礼有五经，莫急于祭。"④ 中国古代社会讲究礼制，祭祀在诸礼中又倍显重要。祭祀在中国书院广泛存在，历代很多书院重视祭祀，有些书院就是为了祭祀先贤而作。历代书院通过祭祀景仰仪型，彰明学统，表明教育取向。由于先贤在传道方面成效卓著，因此书院通过祭祀达到崇先贤掖后俊的目的，由此对生徒展开道德教育。书院祭祀的形式主要有释奠与释菜两种，祭祀对象主要是历代儒

① 慧能著，郭朋校释：《坛经校释》，中华书局1983年版，第12、16页。
② 许慎：《说文解字》一篇上，中华书局1963年版，第2—3页。
③ 郑玄注，孔颖达等正义：《礼记正义》卷四十九，《十三经注疏》，中华书局1980年版，第376页下。
④ 同上书，第374页下。

学大师、著名学者或对书院建设有着重要贡献的官员，其中，祭祀历代儒学大师、著名学者极为普遍，如宋代时期，福建延平书院祭祀孔子、周敦颐、程颢、程颐、杨时、罗从彦、李侗、朱熹，元代时期，奉元路鲁斋书院祭祀张载、许衡，明代时期，江西临汝书院祭祀陆九渊、吴澄、吴与弼，清代时期，河南明道书院祭祀孔子、孟子、邵雍、周敦颐、张载、程颢、程颐、朱熹、黄榦、真德秀、胡居仁。有些书院还设立多所祠堂用来祭祀不同类别的先贤，如江西白鹭洲书院设立宋大儒六君子祠、江公祠、四公祠、贤侯祠，其中，宋大儒六君子祠祭祀邵雍、周敦颐、张载、程颢、程颐、朱熹，江公祠祭祀白鹭洲书院的创建者江万里，四公祠祭祀元明时期四位修建者吉安路总管李珏、吉安路达鲁花赤纳速儿丁、吉安知府黄宗明、吉安知府汪可受，贤侯祠祭祀宋代江西泰和知县黄庭坚以及明代四位吉安知府陈本深、张本、伍文定、张振之。

为了加深理解，有些书院还对祭祀对象做出具体的说明。清代时期，窦大任、窦克勤父子在河南柘城东郊创建朱阳书院，当地乡绅请求在该院先儒祠内祭祀周敦颐、张载、程颢、程颐、朱熹、许衡、薛瑄七贤，在正学祠内祭祀曹端、吕坤、窦筠峰、耿介、汤斌五儒。他们对为何选定七贤、五儒作为祭祀对象做出了说明："就书院而论，必得羽翼孔子之道者立为标准，始知希圣法天道归一代传人。就中州之书院而论，又必得中州羽翼孔子之道者奉为典型，乃见尊闻行知学衍两河正派。""此七贤者，或得不传之秘，或表六经之绪，或集成于诸儒，或力肩夫道脉，皆宜特祀书院，以示远有所宗。""此五儒者，或藉师席而表人伦之模，或历中外而致网纪之肃，或守洛闽而抱遗经以终老，或同时地而倡斯道以及时，亦宜特祀书院，以示近有所守。"① 可见他们是以羽翼孔子之道的七位古代贤哲作为七贤，以羽翼孔子之道的五位中州硕儒作为五儒，七贤与五儒在传播道德之学方面各自有着不同的特点，七贤与五儒的确立分别反映了朱阳书院在儒家道脉上远有所宗、近有所守。有些施教者还给祭祀的先贤画出宗像，并加以说明，如明代张溥为江苏虞山书院宗像志作序时指出，为先贤画像很有必要，"像，思也，思其面目而像之"。"圣贤不作久矣，即令眉目逼真，叩之不能下一语，可谓觌面乎？然而古人不废也。有精神行

---

① 窦克勤编：《朱阳书院志》卷二，雍正年间刻本，第4—5页。

乎面目之间，面目不可为精神，而在我之精神则然，人人自现其精神，即圣贤之真面目呈矣。且圣人之经诸贤人论述，读之者谁不幾一见也。即此幾见之心，面目已征其七八，而又俨然图画若亲面焉。亲面而向之，读者愈真，亦犹之乎亲受记尔。"① 可见给先贤画像是为了加深认识、拉近距离，有着亲炙教诲的真切感觉。虞山书院施教者曾给伏羲、尧、舜、文王、孔子、颜回、曾参、子游、子思、孟子、董仲舒、邵雍、周敦颐、张载、程颢、程颐、朱熹、陆九渊、薛瑄、陈献章、胡居仁、王阳明等先贤画过像，这些先贤实际上构成了一幅中国古代道统的传承谱系图：孔子上绍远古圣贤之道，并将道传给弟子以及众多后学者。

　　书院与藏书密不可分，这是由于：第一，书院一词是由书作为构词语素，书院与书本身就存在着先天性的联系。第二，书院是中国古代教育机构，而教育需要借助图书文本这一形式，因此藏书对书院教育而言不可或缺。藏书是反映书院教育状况的重要外现，一所书院要想取得良好的教学效果，就必须具有一定的藏书规模。盛朗西论及书院教育时指出，"书院有三大事业：一、藏书，二、供祀，三、讲学"②，可见藏书对书院教育至关重要。四书五经是儒家经典著作，汇聚了古人的嘉言懿行，研读四书五经有助于修身养性，有助于传播道德文化，因此历代很多书院重视收藏此方面的著作。宋代时期，朝廷屡次向一些书院进行过赐书活动，所赐书籍多为经学著作，如朝廷应江州知州周述之请，将国子监刊印的九经赐给白鹿洞书院，潭州知州李允则请求朝廷给岳麓书院赐予国子监经籍。元代时期，浙江西湖书院藏有《易古注》《易注疏》《易程氏传》《易复斋说》《书古注》《书注疏》《诗古注》《诗注疏》《周礼古注》《周礼注疏》《仪礼古注》《仪礼注疏》《仪礼经传》《仪礼集说》《礼记古注》《礼记注疏》《春秋左传注》《春秋左传疏》《公羊古注》《公羊注疏》《穀梁古注》《穀梁注疏》《春秋高氏解》《论语古注》《论语注疏》《论语讲义》《孟子古注》《孟子注疏》《语孟集注》《四书集注》③。宋元时期，江西临汝书院、湖南岳麓书院、湖北南阳书院等一些书院在藏书楼中设有尊经阁，可见这些书院对经书的重视。明代

① 张肃：《宗像志序》，孙慎行编：《虞山书院志》卷三，万历年间刻本，第1页。
② 盛朗西：《中国书院制度》，上海中华书局1934年版，第47页。
③ 丁申：《武林藏书录》卷上，古典文学出版社1957年版，第7—8页。

时期，江西白鹿洞书院藏有《易经正义》《书经正义》《诗经集注》《周礼注疏》《仪礼集说》《礼记集说》《春秋注疏》《论语注疏》《孟子注疏》《四书集注》《四书大全》①，福建共学书院藏有《易经注疏》《易经疑问》《书经注疏》《书经疑问》《诗经注疏》《诗经疑问》《周礼注疏》《仪礼注疏》《礼记注疏》《左传注疏》《公羊注疏》《穀梁注疏》《春秋疑问》《论语注疏》《孟子注疏》②。清代时期，湖南岳麓书院藏有《钦定周易述义》《周易传义》《钦定周礼义疏》《钦定仪礼义疏》《仪礼节略》《钦定礼记义疏》《礼记纂言》《钦定春秋传说汇纂》《钦定春秋直解》《御制日讲四书解义》《四书说约》③，河南豫南书院藏有《周易本义》《书经集注》《诗经集注》《周礼郑注》《仪礼郑注》《仪礼古今疏义》《礼记集说》《礼记训纂》《左传旧疏考正》《春秋公羊传》《春秋穀梁传》《四书集注》④。大量四书五经的收藏，既为书院教育提供了文本依据，又为道德教化提供了重要保障。

藏书的目的在于研读，而不是作为摆设。一些书院在重视收藏四书五经类著作的同时，要求生徒认真研习这些著作，从中体会道德之学，提升道德修养。康熙三十年（1691），河南南阳书院山长李来章为该院制定学规一篇，内容包括为学次序与读书次序两个方面，他在读书次序中列举了生徒应该研读的一些经典书目，涉及四书、五经以及理学、文学等方面的一些著作。为了交代著作内容以及研读意义，李来章为这些著作撰写了叙录，此处选摘三则四书五经类著作的叙录来作说明：

> 《礼记注疏》《礼记大全》《礼记疏意》。礼也者，所以消匪僻之心、惰慢之气，固肌肤之会、筋骸之束，吾人日用须臾不可离者也，故横渠张子平日教人以学礼为先。记中如《曲礼》《檀弓》《学记》《表记》《乐记》《儒行》等篇，皆圣人纯粹精微之语，固宜熟读潜玩。
>
> 《春秋归义》，获嘉贺景瞻先生仲轼著。自制举法行，学者多习

---

① 李应昇编：《白鹿书院志》卷十五，天启二年刻本，第3—7页。
② 岳和声编：《共学书院志》卷上，万历年间刻本，第58—60页。
③ 丁善庆编：《长沙岳麓书院续志》卷终，同治六年刻本，第12—27页。
④ 朱寿镛编：《创建豫南书院考略》，光绪十七年刻本，第27—37页。

为揣摩之术，以希速售，其治《春秋》尤为疏陋。斯编发挥《春秋》大旨确切洞达，最有益于世道人心，其与胡传不同者，要以实有所见，不得不质之天下，非好逞己辨也。《春秋》，圣人之权衡也，于穷理之学最为切要，然必大中《语》《孟》诸书，精透融贯，自己胸中既有主宰，方可于一笔一削仰窥圣人之心法，不然，未有不失于穿凿者。

《四书疑思录》，长安冯恭定公从吾著。《四书因问》，高陵吕文简公柟著。《四书近指》，苏门孙夏峰先生奇逢著。此三书发挥书义平实正大，一洗举业拘泥之弊，学者读之，最有裨于身心。近时知者甚少，正学之不明，盖有由矣。①

从上述叙录中的"消匪僻之心、惰慢之气""最有益于世道人心""最有裨于身心"等语可知，李来章有着寓德育于研读的思想主张。康熙四十七年（1708），李来章任广东连山知县期间创建连山书院，并负责编纂书院志，他在该志中安排有为学次序与读书次序等内容，其中，在读书次序中也罗列了一些经典书目并为之撰写叙录，与《南阳书院学规》中的叙录内容基本相同。由此可见，李来章执掌各地书院期间，都把传道授学置于首位。像李来章这样的施教者在中国历代书院俯拾皆是，历代很多书院的施教者都要求生徒通过研读获取知识、塑造品质，进而达到人性上的升华。

三　命名与道德教化

名称在生活中无处不在，万事万物都要以名称之。有了名称，人们认识事物可以循名责实，给生活带来诸多方便。先秦时期，人们就已认识到名、实之间关系密切，并对之进行过说明，如《墨子·经说上》云："告以文名，举彼实也。"②《荀子·正名》云："名闻而实喻，名之用也。"③从事物的命名中就能知道其所指，这是名的用途所在。需要说明的是，就

---

① 李来章：《南阳书院学规》卷二，康熙年间刻本，第6—12页。
② 孙诒让著，孙启治点校：《墨子间诂》卷十，中华书局2001年版，第338页。
③ 王先谦著，沈啸寰、王星贤点校：《荀子集解》卷十六，中华书局1988年版，第422页。

语言学角度而言，名、实（即名所表达的义）之间的联系本来是任意性的，一旦约定俗成后，二者之间便存在着紧密的联系（瑞士语言学家费尔迪南·德·索绪尔对此问题做过详细的论述①），于是人们可以从事物的命名中直接感受其实。中国历代书院都以名冠之，从命名中也可以感受书院教育之实。中国历代很多书院重视道德教育，这从书院的命名中不难知晓，此处选摘部分书院的命名来作说明：

表 2—1

朝代	书院名称	书院地址	创建时间	创建者
宋代	圣泽书院	山东汶上	元祐四年（1089）	知县周师中
	德成书院	福建古田	乾道年间（1165—1173）	创建者不详
	乐善书院	江西高安	嘉泰年间（1201—1204）	知州王淹
	崇正书院	江苏无锡	宝祐年间（1253—1258）	知县王从为
	明正书院	浙江衢州	咸淳年间（1265—1274）	知州赵孟奎
	义斋书院	广东顺德	咸淳年间（1265—1274）	制置使黎宏
元代	性善书院	山东藤县	延祐元年（1314）	御史任居敬
	乐道书院	河南嵩县	延祐三年（1316）	勔实戴
	正德书院	江西上高	延祐年间（1314—1320）	银场提举侯学兰溪
	崇仁书院	福建光泽	至正二十三年（1363）	龚永同
	广德书院	湖南会同	时间不详（1271—1368）	粟朝仪
	居善书院	陕西临潼	时间不详（1271—1368）	工部尚书赵公谅
明代	忠孝书院	江苏淮安	正德十四年（1519）	巡抚成英
	志道书院	湖南宁远	嘉靖三十八年（1559）	知县向世征
	为仁书院	贵州思南	嘉靖年间（1522—1566）	知府田稔

---

　①　费尔迪南·德·索绪尔认为，符号有能指与所指之分，能指表示音响形象（即音），所指表示概念（即义），"能指和所指的联系是任意的，或者，因为我们所说的符号是指能指和所指相联结所产生的整体，我们可以更简单地说：语言符号是任意的"。他认为，在社会性的作用下，能指和所指又紧紧地联系在一起，"能指对它所表示的观念来说，看来是自由选择的，相反，对使用它的语言社会来说，却不是自由的，而是强制的"。"人们什么时候把名称分派给事物，就在概念和音响形象之间订立了一种契约——这种行为是可以设想的，但是从来没有得到证实。"（［瑞士］费尔迪南·德·索绪尔：《普通语言学教程》，高名凯译，岑麒祥、叶蜚声校注，商务印书馆 2004 年版，第 102—108 页）

续表

朝代	书院名称	书院地址	创建时间	创建者
明代	明德书院	浙江东阳	嘉靖年间（1522—1566）	陈亨同
	喻义书院	安徽泾县	隆庆元年（1567）	知县刘世亨
	体仁书院	山西晋城	万历年间（1573—1620）	知州王所用
清代	兴贤书院	江西临川	顺治十四年（1657）	知县纪振边
	求诚书院	河南沈丘	康熙二十四年（1685）	知县郭金壁
	讲道书院	四川广汉	雍正十一年（1733）	知州鲍成龙
	多贤书院	陕西扶风	乾隆二年（1737）	知县张素
	载道书院	云南蒙自	乾隆五十八年（1793）	士绅合建
	养正书院	吉林长春	光绪十年（1884）	通判李金镛①

顾名思义，圣、德、善、正、义、道、仁、忠、孝、贤、诚等字眼，都有着道德教化的寓意，以圣泽、德成、正德、广德、明德、乐善、性善、居善、崇正、明正、养正、义斋、喻义、乐道、志道、讲道、载道、崇仁、为仁、体仁、忠孝、兴贤、多贤、求诚等语命名的书院，都会重视道德教育。中国古代书院寓德育于命名之举对国外书院有所影响，日本、韩国也有以道、德、善、忠、贤、修等语命名的书院，如日本江户时代有弘道书院、崇德书院、尚德书院、怀德书院、止善书院，韩国有四忠书院、忠贤书院、绍修书院（1542 年创建时名为白云洞书院，1549 年易名为绍修书院，有远绍中国白鹿洞书院教育之意），日本学者平坂谦二、韩国学者金相根分别对日本与韩国的这些书院进行过介绍②。

南宋朱熹倾情于教育事业，为官期间不仅创建或修复了很多书院，而且经常到各地的一些书院讲学，他倡导的传道授学思想对后代书院教育产生了重大影响，可以说，一提及书院，人们就会自然而然地联想起南宋书院，一提及南宋书院，人们又会自然而然地联想起朱熹。朱熹别号紫阳，为表景仰之情，历代很多地方建有紫阳书院，其中，部分紫阳书院的简况

---

①　本表内容依据李国钧主编，王炳照、李才栋副主编《中国书院史》（湖南教育出版社 1994 年版，第 1008—1187 页）整理制作而成。

②　［日］平坂谦二：《被称作书院的日本学校》，朱汉民主编：《中国书院》，湖南教育出版社 1997 年版，第 260—277 页；［韩］金相根：《儒家教育在韩国——实践儒教之实例》，朱汉民主编：《中国书院》，湖南教育出版社 1997 年版，第 296—298 页。

可见表2—2。

表2—2

朝代	书院名称	书院地址	创建时间	创建者
宋代	紫阳书院	安徽歙县	淳祐六年（1246）	知州韩补
	紫阳书院	湖南武冈	时间不详（960—1279）	知州何季羽
元代	紫阳书院	江西婺源	至元二十四年（1287）	县尹汪元奎
	紫阳书院	陕西大荔	时间不详（1271—1368）	杨奂
明代	紫阳书院	福建德化	嘉靖七年（1528）	知县许仁
	紫阳书院	贵州镇远	嘉靖九年（1530）	知府李希英
	紫阳书院	江西南丰	嘉靖二十一年（1542）	知县向稿
	紫阳书院	浙江丽水	嘉靖二十四年（1545）	知府高超
	紫阳书院	浙江黄岩	嘉靖三十五年（1556）	知县汪汝达
	紫阳书院	福建安溪	嘉靖年间（1522—1566）	提学副使邹锐
	紫阳书院	湖南靖县	隆庆三年（1569）	知州黄镆
	紫阳书院	浙江舟山	隆庆年间（1567—1572）	参将梅魁
	紫阳书院	江西南城	崇祯十二年（1639）	知县王恒京
	紫阳书院	安徽铜陵	时间不详（1368—1644）	创建者不详
清代	紫阳书院	河南柘城	康熙三十年（1691）	知县史鉴
	紫阳书院	福建连江	康熙三十七年（1698）	知府迟维城
	紫阳书院	浙江杭州	康熙四十二年（1703）	盐运使高熊征
	紫阳书院	河南临颍	康熙四十九年（1710）	知县沈近思
	紫阳书院	江苏苏州	康熙五十三年（1714）	巡抚张伯行
	紫阳书院	湖北汉川	康熙六十年（1721）	知县钟襕
	紫阳书院	福建光泽	乾隆二年（1737）	知县李光祚
	紫阳书院	湖南东安	乾隆十二年（1747）	吴德润
	紫阳书院	福建长汀	乾隆十四年（1749）	知府鲁日瑛
	紫阳书院	浙江松阳	乾隆十九年（1754）	知县黄槐①

从历代各地建有紫阳书院这一现象中可知，朱熹的教育思想在众多书院深

---

① 本表内容依据李国钧主编，王炳照、李才栋副主编《中国书院史》（湖南教育出版社1994年版，第1013—1142页）整理制作而成。

深扎下了根基，这些书院在实际的教学中定会重视道德教育，继承以及弘扬道德之学，为道德之学的发展与壮大发挥着重要作用。

由于重视道德教育，很多书院的建筑命名笼罩上了一层道德的灵光，这从殿宇、祠堂、室斋、亭台、楼阁、池桥等建筑命名中便可知晓，如江西白鹿洞书院建有礼圣殿、宗儒祠、忠节祠、明伦堂、成德堂、友善堂、希贤堂、摄仪堂、希圣室、观德亭、喻义亭、思贤亭、自洁亭、贯道桥、洗心桥、流芳桥，湖南群玉书院建有敏德堂、明道斋、存诚斋、敬业斋、乐群斋、亲师斋、温柔斋、敦厚斋、易良斋、洁净斋、恭俭斋，河南嵩阳书院建有先圣殿、先贤祠、诸贤祠、崇儒祠、道统祠、观善堂、丽泽堂、敬义斋、三益斋、四勿斋、辅仁居、仁智亭、君子亭，江苏明道书院建有主敬堂、尚志斋、明善斋、敏行斋、成德斋、省身斋。从这些建筑的命名中可知，书院施教者在道德教化上用心良苦。"箴铭类者，三代以来有其体矣。圣贤所以自戒警之义，其辞尤质，而意尤深。"① 有些施教者还给书院中的一些建筑撰写铭文，进而对生徒的言行举止进行指导，也能起到戒警生徒的积极作用，如湖南玉潭书院建有正谊斋、明道斋、主敬斋、存诚斋、进德斋、居业斋，六斋铭文可见表2—3。

表 2—3

斋名	铭文
正谊斋	义之不正，而利是骛。大本已失，其何以树。 匪习斯乖，繄志斯误。董子是言，示我大路
明道斋	道无不在，繄岂远人。衽席饮食，天命攸陈。 蚀于异学，蔀于心尘。何以明之，夙夜惟寅
主敬斋	载理者心，欲以为宅。斯由不敬，得寸失尺。 静严尔宰，动绝尔僻。凛哉训辞，主一无适
存诚斋	性即理也，岂不完成。心一出腔，何体何行。 待己接物，事亲从兄。小心翼翼，以存其诚
进德斋	储德有要，心为之基。不后其获，而本已亏。 不先其难，而分已卑。我怀古人，日有孜孜
居业斋	凡厥生民，莫不有业。曾予小子，徒事枝叶。 义以为程，仁以为极。简编所登，匪供渔猎②

① 姚鼐编：《古文辞类纂》序目，光绪二十七年求要堂刻本，第13页。

② 本表内容依据周在炽编《玉潭书院志》（卷二，乾隆三十二年刻本，第1—2页）整理制作而成。

上述铭文分别是对斋名所作的推衍之语，道德教化的思想蕴含其中。与书院学规重在直接戒律不同，书院命名贵于间接熏陶。唐代诗人杜甫寓居四川期间作有诗篇《春夜喜雨》，其诗句"随风潜入夜，润物细无声"表明，春雨润泽万物悄然无声，而一些书院的建筑命名也表明，书院陶铸生徒潜移默化。

要而言之，中国历代很多书院重视道德教育，这从书院学规、祭祀、藏书、命名中得到鲜明的体现。书院中的一亭一台、一楼一阁，乃至一草一木、一花一叶，往往都是作为道德教育的素材，蕴含有道德价值的取向。书院在进行道德教育时，仁义、礼节、忠信、孝悌是基本要求，生徒在日常生活中需要谨言慎行，防微杜渐，使行为合乎道德规范。浇花需浇根，育人应育心。书院通过道德教育来净化生徒的心灵，使生徒笃于道德之府，进于圣贤之域。道德教育是历代很多书院教育网络中的一根主线，将其他各类教育贯穿起来，其他各类教育往往由道德教育引发开来，文学教育便是如此。道德教育对于很多书院的文学教育而言，犹如舟之舵、马之衔，为这些书院的文学教育紧紧把持着方向。

第二节　书院文学教育的道德烙印

中国历代很多书院重视道德教育，书院文学教育由此打上鲜明的道德烙印。中国书院文学教育的道德烙印，可从书院崇道德抑文学的思想意识、书院文学教育的道德体现、文学教育的道德烙印在书院楹联中的凸显三个方面加以理解。

一　书院崇道德抑文学的思想意识

中国历代很多书院力挺道德之学，文学往往作为无用之学而受到抑制，崇道德抑文学的思想意识在历代很多书院的教育中根深蒂固。

北宋古文家苏洵年轻时热衷于科举，后来认为科举不足为学，于是焚毁昔日所作之文，键户研读圣贤之书。久之，下笔为文，颇有精妙之处。南宋朱熹在《沧洲精舍谕学者》一文中指出，苏洵用功读书的精神值得肯定，其成就非常人所能及，唐代古文家韩愈、柳宗元也都用心读书，他们的古文创作建立在学殖丰厚的坚实基础之上，不过可惜的是，韩愈、柳宗元、苏洵等人只是耗费精力作好文章令人欣赏而已，生徒应重视研习道德之学而非满足于作好文章①。江苏明道书院是一所祭祀理学家程颢的书院（程颢曾任江宁上元主簿），宋代淳祐至景定年间（1241—1264），吴坚、胡崇、朱貔孙、赵汝训、潘骥、周应合、张显、胡立本等人分别出任该院山长，他们重视阐发四书五经的大义，崇道德抑文学的思想在他们的讲学内容中多有体现，如周应合讲解《论语》时指出，学贵知效，效所当效为学之正，效非所当效为学之误，当时有两种效非所当效，"效虚无寂灭以相高者，为异端之学；效记问辞章以相夸者，为世俗之学"。张显讲解《中庸》时指出："博学、审问、慎思、明辨，具见于真履实践之中而非徇于空言虚文之末。"② 宋代名相文天祥知瑞州期间，曾参加当地西涧书院的祭祀活动并撰有《西涧书院释菜讲义》一文。他在文中指出，考察一个人时应重视德而非辞（包括言辞与文辞两个方面），若仅仅考察辞就会失之片面，这是由于有些伪君子道貌岸然、表里不一，文与行大相脱节，"外头如此，中心不如此，其实则是脱空诳谩，先儒谓这样无缘做得好人，为其无为善之地也"。③ 明代时期，江西提学副使高贲亨为白鹿洞书院制定学规时指出，要戒立志卑下，不能"只以工文词、博记诵为能"，要戒作无益之事，"谓如博弈之类，至于诗文，虽学者事，然非今日所急，亦宜戒之"，要戒观无益之书，"谓如老庄仙佛之书及《战国策》诸家小说、各文集，但无关于圣人之道者皆是"。④ 山西文清书院（祭祀当地学者薛瑄，薛瑄，谥号文清）的修建者苏继欧为该院作记时指出，薛瑄督学山东时尊奉《白鹿洞书院学规》，先德行而后文艺，士习丕变，深受时人爱戴，皆以薛夫子目之⑤。清代时期，广东端溪书院山长刘朴石认为，书院教育应先德行而后文艺，品行不端者即使倚马千言，也不足

① 朱熹：《沧洲精舍谕学者》，朱熹：《晦庵先生朱文公文集》卷七十四，《四部丛刊》初编，上海商务印书馆1922年版，第24页。

② 周应合：《景定建康志》卷二十九，《文渊阁四库全书》第489册，台湾商务印书馆1986年版，第32、39页。

③ 文天祥：《西涧书院释菜讲义》，文天祥：《文天祥全集》卷十一，中国书店1985年版，第264页。

④ 高贲亨：《洞学十戒》，毛德琦、周兆兰编：《白鹿洞书院志》卷八，宣统二年刻本，第10—11页。

⑤ 苏继欧：《重修文清书院记》，郑大进编：《正定府志》卷四十六，乾隆二十七年刻本，第68—69页。

贵。生徒应研读圣贤之书，言行当知所效，纵然不能入贤关窥圣域，亦必循蹈规矩①。河北莲池书院山长黄彭年认为，文之实在行，行之实在心，心术端而行谊立，文虽不工，也称善人②。上述施教者论及文道问题时，或阐述道实文虚的观点，或表达重行轻文的主张，或对先道德而后文艺的学者赞誉有加，或对古文家满足作文而忽视求道的行为深表惋惜，或对重文轻道的浮风提出批判，无论采取何种表述方式，崇道德抑文学的思想在这些施教者的身上有着鲜明的体现。由此可见，这些书院教育的重要目的不是提升生徒的文学素养，而是提升生徒的道德素养以及推动道德之学的发展。

除了表达先德行而后文艺的思想外，一些施教者论及古代作家时，往往凸显作家的道德品质而非阐扬作家的文学成就，将评价重心由为文转移到为人上来。陶渊明是魏晋时期田园诗派的开创者，对后来田园诗歌的创作产生了重要影响。元代黄溍在《送东川书院陈山长序》中指出，陶渊明是东川先师，因此东川书院将陶渊明作为祭祀对象，东川士子不可不学，不过学习陶渊明时并非要研读《五柳先生传》《桃花源记》《归去来兮辞》这些文学作品，而是要研习陶渊明的知道精神。不仅如此，汉代严子陵、三国诸葛亮、东晋王羲之、唐代白居易等人言谈不关性命之学，他们的存世之文也不值得研读③。陈子昂是初唐时期的重要诗人，力倡风雅传统与汉魏风骨。陈子昂年轻时就读于四川射洪金华，为了祭祀这位先贤，元代时期当地建有金华书院，文礼恺为之作记。文礼恺在记中对陈子昂不畏艰险、勇于进谏的道德情怀进行了表彰，他认为，武则天掌政时为了剪除异己滥杀无辜，陈子昂在当时黑暗的背景下，冒着生命危险上书进谏，就教育以及休养生息等问题提出了一些宝贵的意见，陈子昂与狄仁杰都是唐代谏臣，后代评史者多厚狄薄陈，实属不该，陈子昂谏说成效不敌狄仁杰的原因并非谏说不当，而是时势不同：陈子昂言于武则天淫虐方炽之时，其势甚难；狄仁杰言于武则天衰老悔悟之际，其势甚易。裁断谏臣

---

① 刘朴石：《端溪书院学规》，傅维森编：《端溪书院志》卷四，光绪二十六年刻本，第18页。

② 黄彭年：《莲池书院课艺序》，黄彭年：《陶楼文钞》卷九，《续修四库全书》第1553册，上海古籍出版社2002年版，第49页。

③ 黄溍：《送东川书院陈山长序》，黄溍：《黄文献公集》卷五，中华书局1985年版，第197页。

成就，不要以成败为依据，而要原其心，陈子昂与狄仁杰虽然谏说结果有
别，但是心忧民生实同，在肯定狄仁杰的谏说成就时，不可抹杀陈子昂的
谏说贡献。他在记中也述及陈子昂的文学成就，不过他认为，陈子昂是以
忠厚之心、恻怛之意陈救时谆切之言，以正大高明之学著雄深雅健之文，
生徒要秉承陈子昂的传道思想，不能辜负朝廷与书院创建者的期望①。李
白、杜甫是唐代诗坛两颗璀璨的明珠，他们创作中的浪漫主义与现实主义
诗风给后代诗歌创作产生了巨大影响。两位诗人都与四川有着不解之缘，
李白五岁左右徙居四川绵州，杜甫流寓四川时间漫长，并在成都建立草堂
作为寓所。清代时期，潼川知府沈清任将当地文峰书院易名为草堂书院，
并在讲堂后悬挂杜甫的画像用来祭祀，之后，潼川知府张松孙又课试生徒
于草堂书院。鉴于李白、杜甫既是艺术劲敌，又是生活好友，为了展示二
位生平樽酒论诗的雅致以及表达对二位的景仰之情，张松孙在讲堂后的一
块隙地建立祠堂三楹，雕塑二人之像合祀于堂中。张松孙认为，李白、杜
甫的伟大之处并非在于诗歌，而是在于忧国忧民、积极入世的高尚情怀，
他列举二位的生平事迹加以说明，如李白给荆州长史韩朝宗投出干谒之作
以冀举荐，李白在宫廷中发现唐玄宗只是青睐自己的文才便夷然不屑，杜
甫在安史之乱后独自投奔唐肃宗以示效忠，杜甫创作《北征》等一些忠
君爱国的诗篇。张松孙对李白、杜甫的多舛命运深表同情："（李白）由
是而放还，而夜郎，而江南，辗轲终身。""（杜甫）由成都而梓阆，而夔
巫，而荆襄，遂至穷饿以殁。"他认为，李白、杜甫品德高尚，大节彰
彰，不愧为圣人之徒②。韩愈、柳宗元是唐代古文运动的代表者，对后代
古文运动影响巨大。元代揭傒斯为湖南广德书院作记时论及了二位，不过
他强调的是韩愈对潮州以及柳宗元对柳州的化育之功，"至于文翁之在
蜀，韩、柳之潮与柳，皆能一旦变文身椎结之俗"，而对二位的古文避而
不谈③。陶渊明、陈子昂、李白、杜甫、韩愈、柳宗元六人都是中国古代
伟大的作家，在中国古代文学史上享有盛誉，上述施教者评价这些作家

　　①　文礼恺：《金华书院记》，常明编：《四川通志》卷八十，嘉庆二十一年刻本，第26—27
页。
　　②　张松孙：《补建草堂合祀李杜两先生记》，陈谷嘉、邓洪波主编：《中国书院史资料》中
册，浙江教育出版社1998年版，第1742页。
　　③　揭傒斯：《靖州广德书院记》，揭傒斯著，李梦生标校：《揭傒斯全集》卷六，上海古籍
出版社1985年版，第341页。

时，都将评价的话语纳入道德语境之中，其评价的重心并非要凸显这些作家的文学成就，而是要表彰他们的道德情怀，有着一定的崇道德抑文学的思想，有些施教者甚至有抹杀文学的极端思想，如黄潜认为陶渊明等人作品不值得一读，这种思想虽然有助于生徒道德素养的形成，但是不利于生徒文学素养的形成以及中国文学的发展。

言为心声，文如其人，人品既端，文品自正。一些施教者在评论古代作家时，重视表彰作家的道德情怀，将文学成就的高低与道德素养的深浅联系起来，将文品与人品统一起来①。他们往往认为，道德高尚的作家，其文学方能不朽，道德败坏的作家，其文学不值得一提。像陈子昂、李白、杜甫等人这样文学因道德而荣的事例在书院教育中习见不鲜，反之，文学因道德而损的事例在书院教育中也层出不穷。清代时期，河南登封知县叶封漫步于当地嵩阳书院，见西南十余步有一碑文，"文章丽秀、字画精警，未尝不可爱玩"，当他得知是唐代奸相李林甫所作颂述唐玄宗丹成之辞时，"则诋嗤随之，亦未始不可为吾党戒也"。② 江苏钟山书院山长杨绳武也以初唐四杰不一见许为例告诫生徒，务必重视端正言行，"王、杨、卢、骆号称四杰，不一见许，况其才远不逮此者乎？且四子犹是文士浮华之习，若等而下之，平时不知植品，临事必至贬节。青史所载，立身

---

① 关于文品与人品是否相符的问题，主要有两种观点：其一，文品与人品相符。刘勰认为："世远莫见其面，觇文辄见其心。"（刘勰著，范文澜注：《文心雕龙注》卷十，人民文学出版社 1958 年版，第 715 页）刘熙载认为："诗品出于人品。"（刘熙载：《艺概》卷二，上海古籍出版社 1978 年版，第 82 页）朱光潜认为："屈原的忠贞耿介，陶潜的冲虚高远，李白的徜徉自恣，杜甫的每饭不忘君国，都表现在他们的作品里面。他们之所以伟大，就因为他们的一篇一什都不仅为某一时会即景生情偶然兴到的成就，而是整个人格的表现。不了解他们的人格，就决不能彻底了解他们的文艺。"（朱光潜：《谈文学》，安徽教育出版社 2006 年版，第 13 页）其二，文品与人品不尽相符。萧纲认为："立身之道与文章异，立身先须谨重，文章且须放荡。"（萧纲：《诫当阳公大心书》，严可均辑：《全上古三代秦汉三国六朝文·全梁文》卷十一，中华书局 1958 年版，第 1 页）元好问认为："心画心声总失真，文章仍复见为人。"（元好问：《遗山先生文集》卷十一，《四部丛刊》初编，上海商务印书馆 1922 年版，第 4 页）陈廷焯认为："诗词原可观人品，而亦不尽然。诗中之谢灵运、杨武人，人品皆不足取，而诗品甚高。""蒋竹山，至元大德间臧陆辈交荐其才，卒不肯起，词不必足法，人品却高绝。冯正中《蝶恋花》四章，忠爱缠绵，已臻绝顶，然其人亦殊无足取。"（陈廷焯：《白雨斋词话》卷五，光绪二十年刻本，第 26—27 页）在文品与人品之辨中，第一种观点占据主要地位。由于书院敦崇道德之学，因此很多施教者认为文品与人品相符。

② 叶封：《重建嵩阳书院碑记》，陆继萼、洪亮吉编：《登封县志》卷十七，乾隆五十二年刻本，第 292 页。

一败，万事瓦裂者甚众，大可惧也"。① 从上述施教者对古代作家的评论中可知，语言文字关乎人品，要想作鸿文，必须炼高品，否则，文品再高，也不足为道。古代不同品德的作家对书院生徒起到正反两个方面的教育作用，能增强生徒明辨是非的能力，提高生徒在日常行为中的防范意识，使生徒日后在卫道与违道二者之间能做出正确的选择。

由于与文品相比，人品至关重要，因此一些书院聘请山长、堂长或学长时，极为重视人品考察，候选者要想成功应聘，就必须过人品考察这道关。宋代时期，朱熹友人王炎任潭州教授时，士子周愚应聘当地岳麓书院的堂长，由于王炎只是听说周愚颇能为诗而不知其学问的深浅以及为人的优劣，因此建议对周愚考察后再议，不能草率行事②。明代时期，吕柟为山西王宫书院作记时指出，书院应重视道德教育，由于山长在道德教育中起着引领的作用，因此选择山长需要格外的慎重③。清代时期，广东学海堂不立山长，而是设立八位学长同司课事。学海堂规定，学长聘任需要公举，固推文学，尤重乡评，保举学长时，先求素行而后论人才，永不变更④。为了便于施教与管理，书院在招生时需要保持谨慎的态度，应择其佼佼者入院研习，不可让害群之马混入院中，一些书院在录取生徒时就格外重视品行考察，如山东任城书院规定，甄选生徒时要录取文行兼优者，摒弃有文无行者⑤。福建鳌峰书院规定，甄选生徒时要先访学行而后考文

---

①　杨绳武：《钟山书院规约》，陈谷嘉、邓洪波主编：《中国书院史资料》中册，浙江教育出版社 1998 年版，第 1491 页。除了杨绳武外，清代还有一些施教者将初唐四杰作为反面教材来教育生徒，如江西兴贤书院学规指出："诚看唐初王、杨、卢、骆文章，何尝不工？而傅奕谓杨子稍静得一令长，余皆不得善终，后皆如其言。无他，浮而不实也。"（程含章：《兴贤书院教条十则》，孟庆云、杨重雅编：《德兴县志》卷四，同治十一年刻本，第 3 页）河南河朔书院学规指出："试思王、杨、卢、骆才藻何如，尚为裴行俭所讥，况今不如远甚，顾自满耶？"（李棠阶：《河朔书院劝士条约》，邓洪波主编：《中国书院学规集成》第二卷，中西书局 2011 年版，第 915 页）

②　王炎：《论请岳麓书院堂长》，王炎：《双溪类稿》卷二十二，《文渊阁四库全书》第 1155 册，台湾商务印书馆 1986 年版，第 15—16 页。

③　吕柟：《新建王宫书院记》，徐贯之、李无逸编：《虞乡县新志》卷九"金石考下"，民国 9 年印本，第 16 页。

④　林伯桐、陈澧编：《学海堂志》文楼，光绪年间刻本，第 4 页。

⑤　陆耀：《任城书院训约》，邓洪波主编：《中国书院学规集成》第二卷，中西书局 2011 年版，第 805 页。

艺，避免出现榛兰并植之患①。像上述事例这样在山长、堂长或学长的聘任以及生徒的甄选问题上重人轻文的现象在中国书院屡见不鲜，这些在山长、堂长或学长的聘任以及生徒的甄选问题上锱铢必较的书院在实际的教学中定会重视道德教育，不被利禄左右，为社会培养出品学兼备的优秀人才。

二　书院文学教育的道德体现

由于重视道德教育，因此道德之学在一些书院文学教育中得以体现，文以明道的思想在一些书院文学教育的土壤中得以滋长。

唐代韩愈倡导古文运动，重视文以明道，宋代初期，柳开受其影响。柳开认为："吾之道，孔子、孟轲、扬雄、韩愈之道；吾之文，孔子、孟轲、扬雄、韩愈之文也。"②柳开以继承文统与道统为职志，为古文的发展做出了重要努力。柳开曾任广西全州知州，为表景仰之情，宋代全州知州林岊在柳开读书之地建立学馆，后易名为清湘书院，程珌为之作记。程珌在记中指出，道以文而名，文以道而古，柳开上绍韩愈以及下启尹洙、穆修、欧阳修等人的传道贡献值得肯定，生徒要继承柳开的思想，提升修养，扩充学识，发之而为文艺③。唐代韩愈因反对唐宪宗拜迎佛骨而被贬为潮州刺史，宋代潮州知州王涤在当地创建韩山书院，用来祭祀韩愈，之后，潮州通判林式之重建该院，林希逸为之作记。林希逸在记中引用苏轼在《潮州韩文公庙碑》中评价韩愈之语："文起八代之衰，而道济天下之溺；忠犯人主之怒，而勇夺三军之帅"，告诫生徒要从文、道、忠、勇四个方面学习韩愈④。元代时期，吴澄为韩山书院作记时指出，孟子以后鲜有知道者，西汉贾谊、司马迁等人文虽近古，但其言辞只不过是韩非子、商鞅、张仪、苏秦等人言论的绪余，与道之间的联系不够紧密。逮及东汉，不仅道丧，文亦弊。唐代韩愈上绍儒家道统，追踪西汉之文以合于三

---

①　陈寿祺：《拟定鳌峰书院事宜》，陈寿祺：《左海文集》卷十，清刻本，第53页。

②　柳开：《应责》，柳开：《河东先生集》卷一，《四部丛刊》初编，上海商务印书馆1922年版，第11页。

③　程珌：《赐名清湘书院记》，程珌：《洺水集》卷七，《文渊阁四库全书》第1171册，台湾商务印书馆1986年版，第14—15页。

④　林希逸：《潮州重修韩山书院记》，林希逸：《竹溪鬳斋十一藁续集》卷十一，《文渊阁四库全书》第1185册，台湾商务印书馆1986年版，第10—11页。

代，其《原道》诸作因文见道，三代以下文人莫有能及。生徒应学习韩愈文以明道的思想，提升道德之境①。明代时期，甘雨为江西白鹭洲书院课艺作序时指出，当时社会上存在着一些不良文风：高者饤饾僻语诘曲聱牙，令人不可句读以为奇；卑者拾其残响而鼓吹之，甚至离经叛道之语窜入其中。他认为，文应明道，不明道之文不能称之为文②。周诏为《石鼓书院志》作序时指出，要在道德上效仿朱熹与张栻，"道德如朱、张则足以继濂洛而溯洙泗"，在文学上效仿韩愈，"文章如昌黎则足以镇群哇而压辈嚣"，重视用文以明道的思想指导写作，"文章为道德之寓，而道德实吾性中之所固有，非弥高极远而不可致者也"。③清代时期，郑之侨为江西鹅湖书院制定学规时指出，生徒在日常生活中需要体会道，重视道德履践，发之为文，才会言之有物，有雍容大雅之风，本此事君则为贤臣，本此交友则为良友④。吴熊光为广东越华书院作记时指出，道德是文学的根源，文学要反映道德，生徒若蓄道德而能文章，"恃源而往者也"，若由文辞进于道，"循流而得源者也"⑤。上述施教者论及文道问题时，没有刻意流露出崇道德抑文学的思想意识，而是通过文以明道教育来提升生徒的写作水准，加深生徒的道德认知。有些施教者还从文行的角度讨论文道关系，重视文行兼修，主张为社会培养健康的经世实才。文以明道与崇道抑文虽然都是重视道德之学，不过二者相比，前者给文学释放了较大的发展空间，有利于书院文学教育工作的开展以及中国文学的发展。

　　课艺评点是清代书院文学教育的重要方式，为我们研究清代书院文学教育提供了方便。清代时期，陕西关中书院对一些生徒的优秀课艺进行了刊刻，包括八股文、诗、赋、论、议、说、序、赞、解、辨、考、算法等多种类型的课艺，施教者在进行课艺评点时对一些道德教化色彩浓厚的课艺深表赞赏，此处选摘部分课艺评点来作说明：

---

　　① 吴澄：《潮州路韩山书院记》，吴澄：《吴文正集》卷三十七，《文渊阁四库全书》第1197册，台湾商务印书馆1986年版，第9页。
　　② 甘雨：《白鹭洲书院课士录序》，刘绎编：《白鹭洲书院志》卷七，同治十年刻本，第4页。
　　③ 周诏：《石鼓书院志序》，李安仁、王大韶编：《石鼓书院志》序，万历十七年刻本，第11页。
　　④ 郑之侨：《鹅湖学规说》，郑之侨编：《鹅湖讲学会编》卷九，乾隆九年刻本，第12页。
　　⑤ 吴熊光：《重修越华书院碑记》，梁鼎芬、丁仁长编：《番禺县续志》卷三十七，民国20年刻本，第27页。

表 2—4

题目	作者	科名	所得评点
《一则以喜，一则以惧》	赵玺	举人	以至性发为至文，如读《蓼莪》一诗，令人涕陨，此蔼然仁孝之言也
《如有周公之才之美，使骄且吝》	崔志远	拔贡	古今骄且吝者，皆小有才者也。此节原为若辈痛下针砭，非以不足观弃之，正望其回头猛省耳。此文中比能见及此，且将骄吝二字写得穷形尽相，堪为恃才者暮鼓晨钟，颇不负题旨
《信乎朋友有道，不顺乎亲矣》	柴守职	增生	此真可为当头棒喝，凡为人子者可勿惕
《若民则无恒产》	袁效安	廪生	豪情盛气，直鼓而前，后二比尤将题情痛切言之，足令残刻者惊心动魄，真有功世道之文
《仰不愧于天，俯不怍于人，二乐也》	王寿祺	附生	以诚字诂题，树义既坚，摛词无懦
《史阁部论》	李岳瑞	进士	措词得体，凄怆悲怀，令人一读一击节
《王猛论》	萧钟秀	廪生	文气纡徐，绰有余妍，自是作者本身，论猛之事秦，尤有功于世道人心
《刘晏、桑宏羊优劣论》	贺象贤	廪生	以保民为生财之本，一语破的。其二人优劣，不烦言而解。篇内设喻、以浅形深是文家惯用之法
《民团利害说》	董涛	举人	利害了澈，笔意亦沉郁顿挫。欲兴办民团者，当取以为鉴戒
《岳忠武前后〈出师表〉墨迹歌》	宫炳南	举人	淋漓感慨，读之令人气旺神怆①

上述评点，或揭示课艺内容的道德教化思想（如"以诚字诂题""论猛之事秦，尤有功于世道人心""以保民为生财之本，一语破的"），或彰显课艺内容的道德感染力（如"令人涕陨，此蔼然仁孝之言也""凄怆悲怀，令人一读一击节""淋漓感慨，读之令人气旺神怆"），或表达课艺内容对世人的警戒作用（如"此真可为当头棒喝，凡为人子者可勿惕""足令残

---

① 本表内容依据柏景伟编《关中书院课艺》（光绪十四年刻本，四书文与五经文中的第 54、74、126、142、196 页，论、说、诗中的第 22、30、34、52、143 页）整理制作而成。

刻者惊心动魄，真有功世道之文"），进而对课艺成就给予肯定。此举会激发生徒在道德认知以及道德履践的征途中勇往直前，完成书院文学教育的终极目标。

简言之，中国书院施教者讨论文道关系的思想实质在于：第一，力求文与道的统一。施教者主张文学反映道德，通过创作阐发道德，将道德之学凸显出来。施教者从文学创作的角度探讨道德之学，有利于丰富以及发展道德理论。第二，力求为文与为人的统一。施教者要求生徒在日常生活中践履道德之学，将文学与道德的联系落到实处。只有重视道德履践，才会对道德有着深切的体会，所作之文才会实而不虚，所育之人才会实而有用。施教者将道德之学指向日常生活，使得文道关系的探讨具有很强的实践性。

由于理学家力挺道德之学，与书院传道授学的教育宗旨相契合，因此理学家受到一些书院的重视。施教者论及文学时，往往将古文家古文与理学家之文相提并论，这种现象在清代书院中习见不鲜，如广东端溪书院山长全祖望指出，生徒要研读唐宋八大家文集以及朱熹文集，纠正时文研习中的不当之处，使所作的时文归于醇雅①。江西铅山知县郑之侨为当地鹅湖书院课艺作序时指出，远古时期文道合一，之后，文道逐渐分离，不过后来一些学者、作家为恢复文道关系做出了重要努力，如唐代韩愈、宋代欧阳修等古文家重视文以明道，宋代濂、洛、关、闽各派理学家重视文以载道，"其文粹然出于至正，周似经，程、张似子，朱集其成，皆后人相窥本源之论"。② 尽管古文家古文与理学家之文在书院教育中都深受重视，不过二者相比，施教者往往更为看重理学家之文，他们认为理学家之文要比古文家古文醇厚，而宋代理学巨擘朱熹之文就备受推崇，如河南学政汤右曾在当地朱阳书院讲学时指出，唐宋古文笔法多样、精彩纷呈，或转折顿挫，或典丽高华，或古劲峭拔，或汪洋浩瀚，都有可观之处，不过唐宋古文家在为文上没有宋代理学家朱熹独到，唐宋古文要比宋代朱熹之文稍逊一筹，"独紫阳之文见理明确，意到笔随，无意为文，

---

① 全祖望：《端溪书院讲堂条约》，傅维森编：《端溪书院志》卷四，光绪二十六年刻本，第5页。

② 郑之侨：《鹅湖学规说》，郑之侨编：《鹅湖讲学会编》卷十一，乾隆九年刻本，第18页。

写来自臻佳境，总由经史贯熟，道理融洽，故有味乎其言"。"韩苏诸公文字，犹先立格局，若文公朱子，随笔所至，皆写其胸中所欲言，而自成千古不磨之文。"① 汤右曾既对朱熹文中的道理融洽进行了表彰，又对朱熹独抒胸臆而信手为文的写作风格进行了推崇。河南大梁书院山长桑调元也指出，朱熹学深养邃，其著述符合先圣心得，"所作《传注》如日月经天、江河行地矣。《纲目》一书上续《麟经》，皆天地间之大文，而旁通博览，于书无所不精勘，所作诗古文辞卓然为南宋大家，皆学力深邃、远有师承，非由臆作"。尽管韩愈、欧阳修、曾巩等人古文为大醇之作，不过朱熹之文要比他们的古文更为醇厚②。浙江东明书院的一首劝学诗内容为："唐宋文章健且雄，韩潮尤足压群公。那知平淡程朱理，气息深醇更不同。"③ 从中可知，韩愈虽在创作上技压群雄，但其古文没有朱熹之文深醇。清初文学家朱彝尊关注教育事业，曾为浙江敷文书院撰联一幅："入则孝，出则弟，守先王之道，以待后学；颂其诗，读其书，友天下之士，尚论古人。"④ 该联内容告诫生徒，需要崇道尚古。朱彝尊论及唐宋文学时也指出，宋文要比唐文醇厚，宋文中又数朱熹之文最醇，"文章之坏，至唐始反其正，至宋而始醇。宋人之文，亦犹唐人之诗，学者舍是，不能得师也。北宋之文，惟苏明允杂出乎纵横之说，故其文在诸家中为最下。南宋之文，惟朱元晦以穷理尽性之学出之，故其文在诸家中最醇"。⑤ 古文家与理学家都重视道德之学，在道的讲求与文的训练方面，理学家往往重视前者而忽视后者，古文家往往重视二者兼顾。尽管古文家与理学家都重视道的讲求，不过相比较而言，理学家要比古文家更能得道，因此书院施教者反复强调，理学家之文胜出古文家古文。福建学政车鼎晋为《南溪书院志》作序时就指出，读书习文要以大发明于道者为上，合于道者次之，无关于道以及害道者则必攘之。载道之文莫备于朱熹之

---

①　窦克勤编：《朱阳书院志》卷三"记录"，雍正年间刻本，第2—4页。

②　桑调元：《大梁书院学规》，陈谷嘉、邓洪波主编：《中国书院史资料》中册，浙江教育出版社1998年版，第1457—1458页。

③　郑只恺编：《东明书院志》劝学诗，赵所生、薛正兴主编：《中国历代书院志》第九册，江苏教育出版社1995年版，第36页。

④　邓洪波编：《书院楹联》，湖南大学出版社2004年版，第41页。

⑤　朱彝尊：《与李武曾论文书》，朱彝尊：《曝书亭集》卷三十一，康熙五十三年刻本，第1页。

文，为政习文都要尊崇朱熹。习文不尊朱熹，必为儒道蟊贼；为政不尊朱熹，必为吏道蟊贼①。由于朱熹大发明于道，所作之文为载道之文，因此朱熹其人其文备受车鼎晋的重视，以至于车鼎晋要以朱熹之文作为律令士子为文乃至为政的标本。

质言之，历代很多书院重视道德之学，施教者论及道德之文时，往往将古文家古文与理学家之文相提并论。尽管古文家与理学家都重视道德之学的阐发，不过古文家在得道方面不及理学家，古文家古文在醇厚方面不及理学家之文，因此施教者更为看重理学家之文，而作为宋代理学集大成者的朱熹，也就名正言顺地成为施教者顶礼膜拜的偶像，朱熹之文也就自然而然地成为施教者交口称誉的鸿文，书院文学教育由此具有浓厚的理学色彩，打上鲜明的理学烙印。其结果是，既使道德之学在书院文学教育中深深扎下了根基，又有力促进了理学的发展与传播。

理学家往往有着崇道德抑文学的思想，不过他们对文道关系的表述不尽吻合，如周敦颐主张的文以载道与程颐主张的作文害道在思想上存在着些许偏差。尽管文以载道是建立在重道轻文的基础之上，不过周敦颐还是给予了文学一定的地位，而程颐的作文害道则从根本上抹杀了文学，对文学的发展尤为不利。清代时期，很多书院重视科举文教育，为了不与科举文教育相抵触，有些施教者对程颐的这种极端观点做了另一番解读，如河南明道书院的施教者指出，不可由于程颐的作文害道而将古今文学置之高阁，科举是以文取士，书院从事科举文教育理所当然，不过，"方为学道之人，须深味'行有余力则以学文'之言与程朱论科举诸说，酌立课程，以期文行并进"②。可见，在科举力量的强大攻势下，只有肯定道德之学而又不抹杀文学，方能杜绝作文害道所带来的负面影响。

三　文学教育的道德烙印在书院楹联中的凸显

楹联，又名对联，是指写在纸上或刻在木石等材料上的对偶语句，楹联的特点是短小精悍、言简义丰，深受百姓欢迎。每逢春节，举国上下每家每户都会张贴喜气洋洋的春联，或祈祷风调雨顺，或祝愿国泰民

---

① 车鼎晋：《南溪书院志序》，杨毓健编：《南溪书院志》序，同治九年刻本，第2页。
② 吕永辉编：《明道书院志》卷六，光绪二十六年刻本，第3页。

安。中国书院的一些建筑物上有时也会刻上楹联，或彰显办学理念，或宣扬价值取向。明清时期，很多书院的楹联述及文道关系，楹联是反映明清书院教育的一个重要缩影，要研究明清书院教育，楹联不容忽视。本着这样的意图，笔者选择对明清时期各地书院述及文道关系的楹联资料进行了整理，以图展现明清书院文学教育的重要一面，具体情况可见表2—5。

表2—5

朝代	作者	书院名称	楹联位置	楹联内容
明	胡慎	江苏东林书院	丽泽堂联	一堂聚四海明贤，气节文章俱自身心着力； 多士食百年旧德，读书尚友须从伦物立根
明	耿橘	江苏虞山书院	游艺门联	道德仁为艺之体，明了道德仁即明了艺； 志据依为艺之用，不能志据依必不能游
明	车大任	浙江仁文书院	仁文堂联	性道文章，未有天人深浅异； 江湖廊庙，谁将忧乐后先同
明	陈祖绶	安徽还古书院	归仁堂联	道之将行也； 文不在兹乎
明	杨继盛	甘肃超然书院	位置不详	铁肩担道义； 辣手著文章
清	莫绍慎	河北海阳书院	位置不详	遵鹅湖鹿洞条规，先德行，次文章，俱是作人雅化； 萃涞水横山贤俊，朝讨论，夜服习，无非为国储材
清	张集馨	山西玉林书院	讲堂联	灵秀蕴山川，看此间岭复溪回，定生人物； 科名关德行，愿多士金贞玉粹，不仅文章
清	徐润第	山西崇实书院	门柱联	学以明人伦也，若为功名富贵而来，发足便已错了； 道在求放心耳，徒工语言文字之末，到头成个什么
清	陈澧	江苏钟山书院	位置不详	山水崖谷，有以自老； 道德文章，多从之游
清	佚名	江苏钟山书院	讲堂联	倚钟山而辟贤关，奉御书四字，昭哉重实学薄虚声，砥砺无亏，庶几世号名才，身持名教； 兴书院以培道岸，遵广训万言，必也后文章先德行，陶镕勿怠，由是处为良士，出作良臣

续表

朝代	作者	书院名称	楹联位置	楹联内容
清	班联	江苏东坡书院	讲堂联	气节如山，千秋仰止宫墙近； 文章似海，百代渊源俎豆馨
清	马新贻	浙江诂经精舍	位置不详	六经皆载道之书，莫骛词章矜博览； 两浙为人文所萃，益从根底下工夫
清	陈鲁	浙江东城讲舍	位置不详	胜地托青门，爱此间水锁虹桥，相期沿流溯源，汉学津梁追许郑； 遗基捐白社，聚多士坛开燕厦，惟愿因文悟道，宋贤堂奥绍朱程
清	墨尔振图	浙江梅青书院	位置不详	说诗书，教礼乐，名将本出名儒，矧今兹花普菁莪，愿诸生功修共砺； 先器识，后文艺，立言尤宜立德，得此地材储桢干，卜他年经济宏宣
清	薛福成	浙江郒山书院	屏门联	艺乃道之余，愿诸生学行兼修，勉晞贤哲； 风追元以上，看此日人文蔚起，增重湖山
清	王同曾	浙江五峰书院	丽泽祠联	石室千余年，博厚高明悠久； 金华三大担，事功道德文章
清	佚名	浙江会文书院	讲堂联	历观文囿，泛览词林，此地读书寻旧躅； 伏处蓬茅，系怀民物，几人学道继前贤
清	杨欲仁	安徽巢湖书院	位置不详	凭山脊以为堂，士品宜从高处立； 借湖光而作鉴，文风须向上流争
清	佚名	安徽南湖书院	会文阁联	真学问从五伦做起； 大文章自六经得来
清	乾隆皇帝	福建鳌峰书院	鉴亭联	材拟圭璋方特达； 文归雅正薄艰深
清	钱稼秋	福建兴文书院	位置不详	制艺阐圣贤底蕴，文章性道本孔门一贯心传，休错认炫异矜奇便称佳士； 读书察伦物机缄，诚正修齐乃大学全篇旨趣，须做到体明用达才算真儒
清	佚名	台湾文石书院	位置不详	文章阐道德； 石宝蕴光辉

续表

朝代	作者	书院名称	楹联位置	楹联内容
清	佚名	江西友教书院	位置不详	志于道据于德依于仁，而后游于艺； 修其身齐其家治其国，必先正其心
清	朱一深	江西凝秀书院	琢玉堂联	本末虽同揆，重文章先重道德，秀峰山北敬业乐群，望诸生共励曾三颜四； 行藏止一理，有经济乃有事功，紫浍城南读书求志，愿多士毋忘禹寸陶分
清	史致昌	河南彝山书院	讲堂联	藏修息游，须念贤公卿之缔造； 文章道义，勉循古濂洛之渊源
清	骆文光	河南正义书院	位置不详	有本而后有文，喜此邦古处独教，愿导士民兴礼让； 立功必先立德，际今日妖氛未靖，好将俎豆戢干戈
清	吴睿	湖北紫阳书院	位置不详	白鹿山房，著述文章皆妙道； 紫阳理学，东南邹鲁得真传
清	郭嵩焘	湖南岳麓书院	船山祠联	训诂笺注，六经于易尤专，探羲文周礼之精，汉宋诸儒齐退听； 节义文章，终身以道为准，继濂洛关闽而起，元明两代一先生
清	王龙文	湖南箴言书院	大门联	以文为友； 举善为师
清	萧玉铨	湖南渌江书院	靖兴寺联	讲学追前哲，求放心，致良知，义利必严，愿同堂省察克治，率兹往训； 培才冀大成，先器识，后文艺，明新有本，统异日功名事业，裕此匡居
清	秦瀛	广东粤秀书院	大堂联	诵六经圣人之书，因文见道； 萃五岭俊乂之选，主善为师
清	叶衍兰	广东越华书院	位置不详	吾亦潇荡人，常时不肯入官府； 名岂文章著，诸君何以答升平
清	龙为霖	广东韩山书院	原道堂联	多士讲习斯堂，当思文起衰、道济溺，体具用周，方信韩山有地； 大儒温饱非志，与其月赏钱、岁靡禄，名存实亡，何如橡本无花

续表

朝代	作者	书院名称	楹联位置	楹联内容
清	刘尚伦	海南东坡书院	位置不详	羡公岂在文章，八百年遗爱犹存，愿淑清标依笠屐； 愧我未宏德教，十五日轻车暂驻，默期风化普弦歌
清	王云清	海南东坡书院	位置不详	东鲁衍真传，诸生励志潜修，学问文章，只要追踪上哲； 坡仙留胜概，多士闻风兴起，励名节义，切勿让美前人
清	吕月沧	广西秀峰书院	讲堂联	先有本而后有文，读三代两汉之书，养其根，俟其实； 舍希贤莫由希圣，守先正大儒之说，尊所闻，行所知
清	佚名	广西凤山书院	位置不详	诸君到此何为，岂徒学问文章，擅一艺微长，便算读书种子； 在我励求亦恕，不过子臣弟友，尽五伦本分，共成名教中人
清	李彦章	广西阳明书院	位置不详	七万人相庆更生，计农桑教化兵防，名世允推儒作将； 十五卷共尊遗集，兼道学文章经济，此邦尤愿士希贤
清	李彦章	广西阳明书院	位置不详	志于道，据于德，依于仁，游于艺； 昼有为，宵有得，瞬有养，息有存
清	敬华南	四川锦江书院	训课所联	国家需桢干之才，不徒词赋夸扬马； 圣贤重道义之学，幸际昌明启魏张
清	敬华南	四川锦江书院	训课所联	萃巴蜀奇英，能诗能赋能文艺，须养立朝气节； 沐朴裁雅化，为孝为忠为贤良，难宽尔室功修
清	于德培	四川锦江书院	训课所联	有补于天地曰功，有益于世教曰名，有精神之谓富，有廉耻之谓贵； 不涉鄙陋斯为文，不入暧昧斯为章，溯乎始之谓道，信乎己之谓德
清	蒋攸铦	四川锦江书院	讲堂联	辟正路于礼门，由义居仁，自昔文章先器识； 逢作人于寿考，贡珠论玉，行看藻采发山川
清	奇成	四川锦江书院	讲堂联	艺不徒游，当循志道据德依仁之序； 友何以尚，必待诵诗读书论世之功

续表

朝代	作者	书院名称	楹联位置	楹联内容
清	聂铣敏	四川锦江书院	讲堂联	做秀才砥砺廉隅，便存宰辅规模，异日释褐登朝，自可立名臣事业； 为时艺蓄畲经训，不失儒先法度，从兹因文见道，方能窥圣学渊源
清	李彬然	四川锦江书院	讲堂联	百行首彝伦，孝友无亏，须使初心如赤子； 六经崇实学，文章有价，自然平步入青云
清	聂铣敏	四川墨池书院	讲堂联	出词精，入理必精，文因工夫而制； 始进苟，终身必苟，士以品行为先
清	钱伯瑜	贵州维风书院	位置不详	格致诚正修齐，知所先则近道； 孝弟谨言亲爱，行有余以学文
清	李元春	陕西华原书院	位置不详	学当志大人，须信修齐治平，皆吾辈当前事业； 儒必为君子，要知文章道德，从此间实下功夫
清	佚名	甘肃糁得书院	位置不详	探六经中道理，说出乃是真学问； 从五伦上功夫，做来此为大文章①

上述楹联，或表达崇道抑文的思想，如浙江梅青书院的"说诗书，敦礼乐，名将本出名儒，矧今兹花普菁莪，愿诸生功修共砺；先器识，后文艺，立言尤宜立德，得此地材储桢干，卜他年经济宏宣"，江西友教书院的"志于道据于德依于仁，而后游于艺；修其身齐其家治其国，必先正其心"，四川墨池书院的"出词精，入理必精，文因工夫而制；始进苟，终身必苟，士以品行为先"，贵州维风书院的"格致诚正修齐，知所先则近道；孝弟谨言亲爱，行有余以学文"。或阐发文以明道的主张，如安徽还古书院的"道之将行也；文不在兹乎"，台湾文石书院的"文章阐道德；石宝蕴光辉"，广东粤秀书院的"诵六经圣人之书，因文见道；萃五岭俊乂之选，主善为师"，四川锦江书院的"做秀才砥砺廉隅，便存宰辅规模，异日释褐登朝，自可立名臣事业；为时艺蓄畲经训，不失儒先法度，从兹因文见道，方能窥圣学渊源"。或将文道相提

---

① 本表内容依据邓洪波编《中国书院楹联》（湖南大学出版社 2004 年版，第 26—341 页）整理制作而成。

并论，如甘肃超然书院的"铁肩担道义；辣手著文章"，江苏钟山书院的"山水崖谷，有以自老；道德文章，多从之游"，浙江五峰书院的"石室千余年，博厚高明悠久；金华三大担，事功道德文章"，陕西华原书院的"学当志大人，须信修齐治平，皆吾辈当前事业；儒必为君子，要知文章道德，从此间实下功夫"。不管在文道关系上采取何种表达方式，道德都是这些书院文学教育中的重要内容，在文学教育中占据着重要地位。

清代书院官学化增强，很多书院重视科举文教育，有些书院甚至在利禄的驱动下惟科举文教育是从。从上述楹联中可知，清代仍有一些书院坚守传道授学，重视道德教育，将道德之学植入文学教育中，此举有利于提升生徒的道德素养，有利于矫正不良学风，也有利于古代和谐社会的构建。

第三节　由文道关系观书院文学教育

文道关系问题是中西方文学发展史上的重要问题，被古今中外很多学者、作家所关注。具体考察文道关系，有助于加深我们对中国书院文学教育的理解。

一　文学的道德功用

在中国历史上，很多学者、作家重视文学的道德功用，将文学与道德紧密地联系起来。春秋时期，孔子认为《诗经》可用"思无邪"一语蔽之，学诗有利于维护社会纲常，"迩之事父，远之事君"。[1] 汉代学者王充认为，文学具有劝善惩恶的功效，"天文人文，文岂徒调墨弄笔为美丽之观哉？载人之行、传人之名也。善人愿载，思勉为善；邪人恶载，力自禁裁。然则文人之笔，劝善惩恶也"。[2] 唐代初期，魏徵等人编纂《隋书》时对文学的教化功用给予了肯定，"文之为用，其大矣哉！上所以敷德教于下，下所以达情志于上，大则经纬天地，作训垂范，次则风谣歌颂，匡

---

[1]　何晏注、邢昺疏：《论语注疏》卷十七，《十三经注疏》，中华书局 1980 年版，第 69 页中。

[2]　王充：《论衡》卷二十，民国年间上海中华书局印本，第 8 页。

主和民"。① 唐代中期，韩愈、柳宗元倡导古文运动，重视文学的明道功能。韩愈认为，通辞与明道不可或缺，通辞的目的在于明道，"愈之为古文，岂独取其句读不类于今者邪？思古文而不得见，学古道则欲兼通其辞。通其辞者，本志乎古道者也"。② 柳宗元学习作文也经历了一个由工辞到明道的过程，他自述学文时指出："始吾幼且少，为文章，以辞为工。及长，乃知文者以明道，是固不苟为炳炳烺烺，务采色、夸声音而以为能也。"③ 宋代理学家在讨论文道关系时力挺道德之学，如周敦颐认为，文是载道工具，"文所以载道也。轮辕饰而人弗庸，徒饰也，况虚车乎？文所以载道，犹车所以载物"。④ 朱熹认为，文与道密不可分，"道者，文之根本；文者，道之枝叶。惟其根本乎道，所以发之于文，皆道也"。⑤ 真德秀在编纂《文章真宗》时，让刘克庄负责纂辑诗歌部分的内容，他嘱咐刘克庄，"以世教民彝为主，如仙释、闺情、宫怨之类，皆勿取"。⑥ 元代戏曲家高明以宋代戏文《赵贞女蔡二郎》为蓝本来创作《琵琶记》，不过他将该戏文中负心弃义的蔡二郎重塑为重情重义的正直书生，由于改写后的《琵琶记》有裨世教，深得朱元璋的赞许，朱元璋评价该作时指出："《五经》《四书》如五谷，家家不可缺。高明此记如珍羞百味，富贵家岂可缺耶？"⑦ 明末清初思想家顾炎武认为，经世教化为文学首务，"文之不可绝于天地间者，曰明道也，纪政事也，察民隐也，乐道人之善也，若此者，有益于天下，有益于将来，多一篇多一篇之益矣。若夫怪力乱神之事、无稽之言、剿袭之说、谀佞之文，若此者，有损于己，无益于人，多一篇多一篇之损矣"。⑧ 清代文史学家章学诚主张，学问所以经世而文章期于明道，他以弓矢、舟车为喻说明文应明道，"文，虚器也；道，实

---

① 魏徵等：《隋书》卷七十六，中华书局 1973 年版，第 1729 页。

② 韩愈：《题哀辞后》，韩愈：《韩昌黎全集》卷二十二，宣统二年扫叶山房印本，第 2 页。

③ 柳宗元：《答韦中立论师道书》，柳宗元：《柳宗元集》卷三十四，中华书局 1979 年版，第 873 页。

④ 周敦颐：《周濂溪集》卷六，中华书局 1985 年版，第 117 页。

⑤ 黎靖德编：《朱子语类》卷一百三十九，中华书局 1986 年版，第 3319 页。

⑥ 刘克庄：《后村诗话·前集》卷一，中华书局 1983 年版，第 4 页。

⑦ 蒋瑞藻：《小说考证》卷一，上海古籍出版社 1984 年版，第 27 页。

⑧ 顾炎武：《文须有益于天下》，顾炎武著，黄汝成集释：《日知录集释》卷十九，同治十一年刻本，第 1 页。

指也。文欲其工，犹弓矢欲其良也。弓矢可以御寇，亦可以为寇，非关弓矢之良与不良也；文可以明道，亦可以叛道，非关文之工与不工也"。"然则徒善文辞，而无当于道，譬彼舟车之良，洵便于乘者矣，适燕与粤，未可知也。"① 现代作家吴宓认为，文学有十大功用：涵养心性、培植道德、通晓人情、谙悉世事、表现国民性、增长爱国心、确定政策、转移风俗、造成大同世界、促进真正文明②，在这十大功用中，道德教化是主要内容。综上可知，在中国文学的发展征途中，明道往往是文学创作的重要内容。尽管历代学者、作家所论文以明道中的道反映的内容时有变化（有些学者、作家认为，道不仅指仁义道德，也指事物规律，如苏轼认为，日与水居之人，"必将有得于水之道者"③，章学诚认为，"道者，万事万物之所以然，而非万事万物之当然也"④），不过道德教化不失为文学创作的主旋律。作家不仅要通过咀嚼典籍来加深道德认知，而且要通过文学创作来弘扬道德之学，使广大读者、芸芸众生能够在作品的阅读中接受道德洗礼，提升道德素养，最终达到净化社会风气的目的，道德贯穿于作家创作与读者阅读的整个过程中。

在西方国家中，一些学者、作家也很重视文学的道德功用，将文学与道德紧密地联系起来。由于诗人容易陶醉在美丽的花丛中，沉浸在名利的喜悦里，在表象美的诱惑下忘却世界的真与善，因此古希腊哲学家柏拉图主张，将诗人赶出理想国⑤。古罗马诗人贺拉斯指出，诗歌创作要重视以善感人，戏剧创作也要重视寓教于乐，"如果是一出毫无益处的戏剧，长老的'百人连'就会把它驱下舞台；如果这出戏毫无趣味，高傲的青年骑士便会掉头不顾。寓教于乐，既劝谕读者，又使他喜爱，才能符合众望"。⑥ 意大利著名诗人但丁在《神曲》中通过构筑地狱、炼狱、天堂三界，表达不断洗刷罪恶来实施灵魂救赎的思想，他致信斯加拉亲王时指

---

① 章学诚：《言公中》，章学诚：《章学诚遗书》卷四，文物出版社 1985 年版，第 31 页上。
② 吴宓：《公民教育与文学：文学之功用》，吴宓：《文学与人生》，清华大学出版社 1993 年版，第 59—68 页。
③ 苏轼：《日喻》，苏轼：《苏轼文集》卷六十四，中华书局 1986 年版，第 1981 页。
④ 章学诚：《原道上》，章学诚：《章学诚遗书》卷二，文物出版社 1985 年版，第 10 页上。
⑤ ［古希腊］柏拉图：《柏拉图文艺对话集》，朱光潜译，人民文学出版社 1997 年版，第 56 页。
⑥ ［古罗马］贺拉斯：《诗艺》，杨周翰译，人民文学出版社 1962 年版，第 155 页。

出："全书的主题，仅就字面意义来说，不外是'灵魂在死后的情况'，因为整部作品是针对着和围绕着这点而予以发挥的。但是，如果从讽喻方面来了解这部作品，它的主题便是'人，由他自由意志的选择，照其功或过，应该得到正义的赏或罚。'"① 英国戏剧家莎士比亚借助笔下人物哈姆雷特之口，道出了戏剧的道德教化功用，"自有戏剧以来，它的目的始终是反映人生，显示善恶的本来面目，给它的时代看一看它自己演变发展的模型"。② 英国浪漫主义诗人雪莱认为，诗歌与道德有着紧密的联系，"诗灵之来，仿佛是一种更神圣的本质渗透于我们自己的本质中，但它的步武却像拂过海面的微风，风平浪静了，它便无踪无影，只留下一些痕迹在它经过的满是皱纹的沙滩上。这些以及类似的情景，唯有感受性最细致和想象力最博大的人们才可以体味得到，而由此产生的心境却与一切卑鄙的欲望不能相容。道义、爱情、爱国、友谊等的热忱，在本质上是与此等情绪连结起来的"。③ 法国人道主义作家雨果主张仁慈、宽容、博爱，认为作家在创作时需要寄予道德关怀，"表现老年永远是伟大的以引起对老年的尊敬；表现妇女永远是软弱的以引起对她们的同情；表现自从亚当与夏娃以来世界借以建立的两种伟大的感情，即父爱与母爱之中的一些崇高、神圣和美德的东西以引起对自然之爱的信仰。最后，他还要处处指出人类的尊严，让大家看到不论人是如何绝望和堕落，上帝还是在他的深处埋下了火种，从天上吹来的一口灵气总能使它复燃，灰烬总不能把它埋葬，污泥总不能使它窒息——这就是灵魂"。④ 雨果在代表作《悲惨世界》中通过描写主人公冉阿让的悲惨命运对资本主义制度的腐朽罪恶进行批判，对下层劳动人民的困苦生活给予同情，他主张用道德感化的力量来拯救以及改造社会。俄国伟大的作家车尔尼雪夫斯基通过比较艺术与科学后得出：科学为人类谋幸福，因此值得感激。如果艺术

---

① ［意大利］但丁：《致斯加拉亲王书——论〈神曲·天国篇〉》，章安祺编订：《缪灵珠美学译文集》第一卷，中国人民大学出版社 1998 年版，第 309 页。

② ［英］莎士比亚：《莎士比亚戏剧集》第四册，朱生豪译，作家出版社 1954 年版，第 209 页。

③ ［英］雪莱：《诗之辩护》，章安祺编订：《缪灵珠美学译文集》第三卷，中国人民大学出版社 1998 年版，第 160 页。

④ ［法］雨果：《〈光与影集〉序》，［法］雨果：《雨果论文学》，上海译文出版社 1980 年版，第 120—121 页。

造福人类，也应值得感激。艺术带给人类许多幸福，艺术作品就是生活的教科书，"这本教科书是所有的人都乐于使用的，甚至那些不知道或者不喜欢其他教科书的人都乐意使用。艺术应当以其对人的崇高、美、有益的作用而自豪"。① 从西方诸多学者、作家的言辞中可知，文学作品需要寄予道德诉求，表现道德情怀，反映美丑，显示善恶，净化人的灵魂，陶冶人的情操，为社会传递正能量。

文学与道德密切联系，是中西方文学创作的重要特征。作家在创作时往往受制于道德这一前理解，文学作品的价值如何，与是否明道多有联系。文学需要劝善，也讲求审美，其实美善相融而不悖，古今中外的一些学者、作家对此观点表示认同，如汉代语言学家许慎解释"美"字时指出："美，甘也，从羊从大。羊在六畜，主给膳也。美与善同意。"② 清代语言学家段玉裁又对许慎的说解做了进一步阐发，"甘者，五味之一，而五味之美皆曰甘，引伸之，凡好皆谓之美"，"羊者，祥也，故美从羊"。③ 中国现代作家梁实秋认为："凡是伟大的文学必是美的，而同时也必是道德的。"④ 古希腊思想家普洛提诺斯认为："丑与恶本来是一回事，正如善与美，或者说善行与美质是一回事，所以美与善、丑与恶可以用同一方法研究。"⑤ 德国美学家康德认为："美是道德的象征。"⑥ 从上述言辞中可知，文学作品可以集美与善于一身。中国诗歌极为发达，优秀诗人层出不穷，关心民生疾苦、誓死报效国家的诗句也层出不穷，如曹植的"捐躯赴国难，视死忽如归"，杜甫的"朱门酒肉臭，路有冻死骨"，白居易的"可怜身上衣正单，心忧炭贱愿天寒"，李绅的"谁知盘中餐，粒粒皆辛苦"，林则徐的"苟利国家生死以，岂因祸福避趋之"，秋瑾的"拼将十万头颅血，须把乾坤力挽回"，从这些诗句身上，我们既能体会到诗人的一颗仁善心，也能感受到诗作的一种内在美。需要说明的

---

① ［俄］车尔尼雪夫斯基：《艺术对现实的审美关系（作者自评）》，［俄］车尔尼雪夫斯基：《车尔尼雪夫斯基文学论文选》，辛未艾译，上海译文出版社 1998 年版，第 185—186 页。

② 许慎：《说文解字》四篇上，中华书局 1963 年版，第 17 页。

③ 许慎著，段玉裁注：《说文解字注》四篇上，上海古籍出版社 1988 年版，第 35 页。

④ 梁实秋：《文学的美》，梁实秋著，徐静波编：《梁实秋批评文集》，珠海出版社 1998 年版，第 209 页。

⑤ ［古希腊］普洛提诺斯：《论美》，章安祺编订：《缪灵珠美学译文集》第 1 卷，中国人民大学出版社 1998 年版，第 241 页。

⑥ ［德］康德：《判断力批判》上卷，宗白华译，商务印书馆 1964 年版，第 201 页。

是，虽然文学需要道德呵护，不过文学作品与道德律令有所不同，道德力量感染读者贵在潜移默化，如果文学作品刻意地宣扬道德，那么读者不仅难以获得艺术美感，反而会产生厌恶之情，作品的价值也就因此大打折扣。

除了文学外，其他艺术也往往重视道德挂帅。就以书画而言，很多评论家认为，书品、画品与人品唇齿相依，人品不佳，用墨无法，要想作高艺，首先做好人。清人刘熙载论及书法时指出："书，如也，如其学，如其才，如其志，总之曰如其人而已。"① 现代画家傅抱石也重视人品与修养，他把人品、学问、天才看作是研究中国绘画的三大要素②。由于一个人的书画作品同其学识、才情、人品等各个方面有所关联，因此评价一个人的书画成就时，不仅要联系作品这种外在形式，还要联系作者的学识、才情、人品等一些内在因素。具体权衡时，人品往往置于首位。品德高尚的书画家，其作品往往受到推崇，品德败坏的书画家，其作品往往遭受贬损。中唐书法家颜真卿素以忠义著称，其书法备受后人青睐，晚唐书法家柳公权的笔谏故事深为世人称道，其书法对海内外产生了重要影响，北宋奸臣蔡京虽然书法造诣颇深，但不被世人看好（据说北宋书法四大家"苏、黄、米、蔡"中的"蔡"本指蔡京，后人恶其人品卑劣，改为耿直清廉的蔡襄），南宋书画家赵孟頫仕于元朝有损气节，其书画不被后代一些人重视（如清代傅山、张庚等人认为其书画媚俗）。从这些典型的事例中我们可知，艺术与道德密切相关，在艺术的天平上，道德是左右艺术成就评判的一块重要砝码。需要指出的是，尽管将艺术审美与道德评价作划一处理有些过于简单化，不利于艺术的发展，但是将道德与艺术胶合在一起有利于净化艺术之风。对于古代品德高尚的艺术家而言，后人在认真研习他们艺术的同时，又能真切感受他们的美德，能够在艺术与道德两个方面兼收并蓄。

二　文道关系的复杂性

尽管在中西方文学史上，很多学者、作家重视文学的道德功用，不过也有一些作家重视发掘文学的审美功能，有着淡化道德说教的思想倾向。

---

① 刘熙载：《艺概》卷五，上海古籍出版社1978年版，第170页。
② 傅抱石：《中国绘画变迁史纲》，上海古籍出版社1998年版，第10—11页。

魏晋南北朝时期，不少作家重视从辞藻或抒情性等审美因素来认识诗赋，如曹丕认为："盖奏议宜雅，书论宜理，铭诔尚实，诗赋欲丽。"① 陆机认为："诗缘情而绮靡，赋体物而浏亮。碑披文以相质，诔缠绵而凄怆。铭博约而温润，箴顿挫而清壮。颂优游以彬蔚，论精微而朗畅。奏平彻以闲雅，说炜晔而谲诳。"② 二人论及各种文体时，都对诗赋的审美功能进行了揭示。又如刘勰认为："缀文者情动而辞发，观文者披文以入情。"③ 可见情感是作家创作的重要依据，也是读者解读的重要依据。明清时期，一些作家对传统道德中的消极因素如禁欲主义有所不满，他们要求文学抒发情感，试图消解传统道德力量对文学的影响，如明代李贽主张以童心说指导创作，"夫童心者，绝假纯真，最初一念之本心也。若失缺童心，便失缺真心；失缺真心，便失缺真人"。他认为，天下至文未有不出于童心而作者，"苟童心常存，则道理不行，闻见不立，无时不文，无人不文，无一样创制体格文字而非文者"。④ 清代袁枚认为，三代时期圣人之道与后来文士所言之道并非相合，"三代后，圣人不生，文之与道离也久矣，然文人学士必有所挟持以占地步，故一则曰明道，再则曰明道，直是文章家习气如此，而推究作者之心，都是道其所道，未必果文王、周公、孔子之道也"。⑤ 袁枚推崇性情，他主张，"提笔先须问性情"⑥，"有必不可解之情，而后有必不可朽之诗"。⑦ 袁枚重视情欲，敢于写一些表达男女情欲方面的诗作，且尺度大胆。尽管这些作家都不会从根本上抹杀文学的道德功用，如曹丕认为，文章为经国之大业，具有经世教化的功效，刘勰认为，文要原道与征圣（刘勰所言之道是包括自然之道在内的一个宽泛的概念），但是他们注重文学审美功能的思想主张，给沉闷的中国古代文学带来了不少新鲜的活力。

---

① 曹丕：《典论·论文》，萧统编，李善等注：《六臣注文选》卷五十二，《四部丛刊》初编，上海商务印书馆1922年版，第9页。

② 陆机著，张少康集释：《文赋集释》，人民文学出版社2002年版，第99页。

③ 刘勰著，范文澜注：《文心雕龙注》卷十，人民文学出版社1958年版，第715页。

④ 李贽：《童心说》，李贽：《焚书》卷三，中华书局1974年版，第273、276页。

⑤ 袁枚：《答友人论文第二书》，袁枚：《小仓山房文集》卷十九，乾隆年间刻本，第16页。

⑥ 袁枚：《答曾南村论诗》，袁枚：《小仓山房诗集》卷四，乾隆年间刻本，第14页。

⑦ 袁枚：《答蕺园论诗书》，袁枚：《小仓山房文集》卷三十，乾隆年间刻本，第4页。

　　西方有些作家也重视文学的审美功能，主张将文道剥离开来。意大利美学家克罗齐认为，艺术审美应具有独立性，不被道德所左右，"把人们引向善良，使人们憎恨邪恶，纠正或改善风俗习惯等等，都是道德学说的派生物；在对下层阶级的教育中要求艺术家给予合作，去加强人民的民族性、战斗性，去传播勤劳朴素的生活理想，这也是道德学说的派生物。这些事情是艺术所做不到的"。① 英国唯美主义倡导者王尔德提出为艺术而艺术，主张艺术不受道德的约束，反对艺术的功利性。他认为，若以理性评判艺术，就会破坏艺术的纯洁，作家在创作时要对外物采取漠然的态度，不要将价值判断羼入作品中来，"艺术家没有伦理上的好恶，艺术家如在伦理上有所臧否，那是不可原谅的矫揉造作"。② 尽管克罗齐与王尔德都未能冲破道德的藩篱（如克罗齐又认为，艺术家要敢于承担责任，"艺术家既是在道德王国里，那么他只要是人，就不能逃避做人的责任，就必须把艺术本身——现在和将来都不是道德——看作是一项要执行的使命，一个教士的职责"③，王尔德在创作中也会涉及伦理道德的价值判断，其创作理论与创作实践不尽吻合，美国评论家雷纳·韦勒克认为，王尔德的唯美主义代表作《道连·格雷的画像》展现了一幅道德败坏遂遭惩罚的寓意画，并非为审美生活所作的辩护④)，但是他们力推从艺术审美的角度来认识文学以及捍卫文学独立性的思想主张，在当时有着不小的反响，也对后来一些国家的文学创作产生了一定的影响，如周作人、林语堂、沈泽民、朱维基等中国现代作家就曾研究以及传播过王尔德的唯美主义理论。

　　值得说明的是，道德并非一成不变，而是具有时代性、阶级性，随着社会的发展而发展。中国古代社会一直被以仁义、忠孝、礼节为主干的旧道德所笼罩，道德的嬗变基于对旧道德的批判。五四时期，随着西

---

　　① ［意大利］克罗齐：《美学原理　美学纲要》，朱光潜等译，人民文学出版社 1983 年版，第 176 页。

　　② ［英］王尔德：《王尔德全集》小说童话卷，荣如德等译，中国文学出版社 2000 年版，第 3—4 页。

　　③ ［意大利］克罗齐：《美学原理　美学纲要》，朱光潜等译，人民文学出版社 1983 年版，第 177 页。

　　④ ［美］雷纳·韦勒克：《近代文学批评史》第四卷，杨自伍译，上海译文出版社 1997 年版，第 482 页。

方民主思想的引入，中国社会掀起了一场轰轰烈烈的新文化运动。新文化运动的一些领袖对旧道德大张挞伐，他们在批判旧道德的同时，要求建立以自由、平等、民主、博爱为核心的新道德，如陈独秀指出："近世西洋之道德政治，乃以自由、平等、独立之说为大原，与阶级制度极端相反。此东西文明之一大分水岭也。"① "旧社会之道德不适今世者，莫如尊上抑下，尊长抑幼，尊男抑女。旧社会之所谓不道德者，乃不尊其所尊，抑其所抑者耳，未必有何罪恶可言（如妇人再醮之类）。吾人今日所应尊行之真理，即在废弃此不平等不道德之尊抑，而以个人人格之自觉及人群利害互助之自觉为新道德，为真道德。"② 鲁迅指出："道德这事，必须普遍，人人应做，人人能行，又于自他两利，才有存在的价值。"③ 鲁迅、郭沫若、郁达夫、茅盾、沈从文、巴金、田汉、曹禺等现代一些作家通过创作批判旧道德，揭露封建礼教摧人肉体、锢人精神的罪恶，他们在重建新道德时，将目光投向对下层百姓的关怀以及对人性的关注。由于旧道德只是有利于统治者而不利于被统治者，因此现代作家对于重建新道德的探讨，既为文学革新贡献了力量，又为道德祛魅铺平了道路。当然，重建新道德并非意味着完全抛开旧道德，旧道德虽然存在着诸多不足，不过并非一无是处，它对于新道德的重建会提供一些有益的借鉴。在对待旧道德方面，只有取其精华、去其糟粕，方为不失。

自20世纪70年代末实行改革开放以来，中国发生了翻天覆地的变化。随着改革开放的深入，传统思想观念时时受到新思想、新观念的冲击。在社会转型时期的历史背景下，文学发展趋向于多元化。除了一些作家坚守道德的壁垒外，还有一些作家冲破道德的藩篱，创作出一些与道德相违背的作品，他们歌颂以及美化低级趣味甚至龌龊肮脏的行为。20世纪90年代以来，宣扬色情暴力、贪图享乐、拜金主义、流氓主义等各种思想的作品屡屡出现，这类作品满足了不少读者的感官欲望，拥

---

① 陈独秀：《吾人最后之觉悟》，陈独秀：《陈独秀文章选编》上册，生活·读书·新知三联书店1984年版，第108页。

② 陈独秀：《答I·T·M（社会道德）》，陈独秀：《陈独秀文章选编》上册，生活·读书·新知三联书店1984年版，第204页。

③ 鲁迅：《我之节烈观》，鲁迅：《鲁迅全集》第1卷，人民文学出版社1981年版，第119页。

有了可观的读者市场，在社会大潮中时时泛起波澜。由于这类作品只是
关注感官刺激、身体享受等各种物质欲望而不是关注社会道德，反道德
的叛逆思想时或充斥其间，因此它们不会给社会带来益处，只会把读者
引向堕落（尽管五四时期现代作家与当代这些作家对道德都持有激进的
思想主张，但是二者本质有别，前者是反对旧道德而建立新道德，有助
于推动社会的进步，后者是发泄欲望而漠视道德，在文明的社会开历史
的倒车）。在这类作品的身上，我们看到的是道德力量的消解，是一些
作家由于灵魂肮脏而导致的文艺堕落。出于道德拯救的目的，不少伸张
正义的学者、作家对这类作品深表担忧，并时时给予反击。由此可见，
回归道德关怀仍然是当今文学创作的重要任务，守望道德家园依旧是当
今作家关注的重要话题。

　　以上对文道关系所作的简要梳理，有助于我们深入理解中国书院文
学教育。汉代以后，很多统治者推崇儒学，儒家的道德教化思想对后代
社会产生了重要影响。书院是代表着儒家思想的重要教育机构，历代很
多书院重视道德教育，通过教育培养道德人才，为造福乡间服务，为安
邦定国服务。在中国文学史上，文学多与道德相连，成为"经夫妇、成
孝敬、厚人伦、美教化、移风俗"①的布道工具，文学的载道性特点也
为道德之学在书院文学教育中的渗透提供了有利条件，书院施教者在进
行文学教育时往往不厌其烦地谈道论德，书院文学教育由此打上鲜明的
道德烙印。即使有些书院在进行文学教育时淡化道德说教，这些书院一
般也不会出现反道德的叛逆思想。书院是由儒家学者来执掌，书院施教
者在表达道德观念上往往与朝廷律令保持一致，而书院的官学化又进一
步加剧了书院道德教育与朝廷律令的一致性，书院道德教育由此具有鲜
明的政治色彩。刘伯骥论及书院教育时指出，中国古代社会政教合一，
统治者都很重视儒家道德教育，由于书院既是协调政治的机构，又是士
子修心的场所以及参政的阶梯，因此才会长期存在，只不过到了明代，
一些书院讲学与当时的政治有了冲突，方才遭受禁毁②。从明代朝廷禁
毁书院的事件中可知，书院教育只有与政治紧密保持一致，书院才能得到

---

①　毛亨传，郑玄笺，孔颖达等正义：《毛诗正义》卷一，《十三经注疏》，中华书局1980年
版，第2页下。

②　刘伯骥：《广东书院制度》，台湾中华丛书编审委员会1978年版，第7—8页。

稳定而持久的发展。清代初期,朝廷顾及会讲议政风气的不良影响而对书院有所压制,后来随着政权的稳固,逐渐支持书院建设,让书院发展官学化,使得书院教育与政治紧密保持一致。

第 三 章

中国书院科举文教育

在对中国书院科举文教育进行研究之前，有必要对科举文作简要说明。在中国历代科考中，策、论、试帖诗、律赋、经义、八股文是主要文体。策在汉代就已成为考试文体，论在唐代成为科举文体，策、论主要考察士子的经世能力与思辨能力。试帖诗与律赋肇始于唐代，试帖诗是在格律诗的基础上形成的，律赋是在汉赋的基础上形成的。经义在宋代成为科举文体，主要考察士子对经书大义的理解能力①。八股文是明清科考主要文体，又名八比文、四书文、制艺、时艺等，由经义演变而来，包括破题、承题、起讲、入题、起股、中股、后股、束股、收结等内容。此外，诏、诰、表、判等一些应用性文体也被吸收到中国古代科举中。书院施教者对科举文的表述多用辞章之学、记诵之学、无根之文、虚文等语，为了便于理解，笔者论述时主要采用科举文一语。

第一节　书院道德教育与科举文教育的纠葛

道德教育与科举文教育的纠葛问题一直出现在历代书院文学教育之

---

①　经义之所以名之为文，这是由于，"试（经）义者须通经有文采，乃为中格，不但如明经墨义粗解章句而已"，"以文解释（经义），不必全记注疏"。（马端临：《文献通考》卷三十一，中华书局1986年版，第293页上一中）祝尚书论述宋代科举文时，对经义中的冒子、原题、大讲、馀意、原经、结尾六个部分内容做了详细的说明。（祝尚书：《宋代科举与文学考论》，大象出版社2006年版，第226—227页）在中国古代科考中，帖经、墨义、口义也重在测试士子对经书的掌握或理解能力，不过这几种科考内容不是以文的形式出现，与经义文有别，不能纳入科举文范畴，汪小洋、孔庆茂对经义文与帖经、墨义、口义的区别有过说明。（汪小洋、孔庆茂：《科举文体研究》，天津古籍出版社2005年版，第6页）

中，成为历代书院文学教育的重要问题。要研究中国书院文学教育，就应分析道德教育与科举文教育的纠葛问题。若对这种纠葛问题置之不理，中国书院文学教育也就无从谈起。

一 书院科举文教育中的批判意识

书院是中国古代重要的教育机构，科举是士子实现理想的重要渠道，历代书院都会面临着如何对待以及如何处理科举文教育的问题。

从零零星星的资料记载中可知，中唐至五代时期，一些书院重视科举文教育。唐代国子监祭酒幸南容在家乡江西高安创建桂岩书院，为本族子弟提供读书仕进的机会。后人幸元龙继承其志，修复该院讲学其中，临终前嘱咐族人，凡事不要与人竞争，专心读书以求功名。江西华林书院也重视科举文教育，培养出了几位科举佼佼者，其中，"登进士第者二人，授助教者一人"。①

宋代初期，朝廷鼓励私人办学，出现了一些私人创建的书院。为了满足莘莘学子的读书愿望，北宋朝廷实施了三次兴学运动。第一次兴学运动是由范仲淹主导。庆历三年（1043），参知政事范仲淹向宋仁宗陈上《答手诏条陈十事疏》，内容包括明黜陟、抑侥幸、精贡举、择官长、均公田、厚农桑、修武备、减徭役、覃恩信、重命令十条改革主张，其中，精贡举是针对教育改革而发。范仲淹的改革方案得到了宋仁宗的允可，庆历四年（1044），宋仁宗诏令兴学，要求在各州县建立官学，士子要在官学读书三百日后方可应举，以前应考过的士子也要在官学读书百日。第二次兴学运动是由王安石主导。熙宁二年（1069），参知政事王安石推行新法，要求兴办学校。熙宁四年（1071），王安石实行太学三舍法，具体做法是：将太学生划分为外舍生、内舍生、上舍生三种，通过课试，外舍生中的佼佼者升为内舍生，内舍生中的佼佼者升为上舍生，上舍生中的佼佼者可以获得官职。太学三舍法是通过逐层晋升的方式取代科举，大大提高了官学的地位，达到取才于养的目的。第三次兴学运动是由蔡京主导。崇宁元年（1102）开始推行，包括兴办各地学校、增加学生名额以及在全

---

① 王禹偁：《诸朝贤寄题洪州义门胡氏华林书斋序》，王禹偁：《小畜集》卷十九，《文渊阁四库全书》第1086册，台湾商务印书馆1986年版，第21页。

国学校推广三舍法等内容①。北宋三次兴学运动力改科举重取才轻育才的弊病，将育才与取才两项功能一起纳入官学教育的范畴。三次兴学运动有利于振兴文教，有利于推动官学的发展。在官学得到发展的同时，书院发展受到了一定的限制。

北宋三次兴学运动有力推动了官学的发展，不过北宋时期的官学存在着一些弊端，北宋熙宁以后，"所谓太学者，但为声利之场，而掌其教事者，不过取其善为科举之文而尝得隽于场屋者耳。士之有志于义理者，既无所求于学。其奔趋辐凑而来者，不过为解额之滥、舍选之私而已。师生相视漠然如行路之人，间相与言，亦未尝开之以德行道艺之实"。② 太学三舍法在实施期间也经常出现请托的现象，"真正老成之人，多不得太学就试"。③ 逮及南宋，官学学风败坏的现象愈演愈烈，官学多为声利场所，在教育上有名无实，彻底失去了为国家造就实才的本意。在官学弊端丛生之际，南宋理学家们应运而起，他们对病入膏肓的官学大张挞伐，而朱熹对当时官学中的腐败现象进行了强烈批判：

> 古之学者，八岁而入小学，学六甲五方书计之事，十五而入大学，学先圣之礼乐焉。非独教之，固将有以养之也。盖理义以养其心，声音以养其耳，采色以养其目，舞蹈降登疾徐俯仰以养其血脉，以至于左右起居盘盂几杖有铭有戒，其所以养之之具，可谓备至尔矣。夫如是故，学者有成材而庠序有实用，此先王之教所以为盛也。自学绝而道丧，至今千有余年，学校之官有教养之名而无教之养之之实。学者挟策而相与嬉其间，其杰然者乃知以干禄蹈利为事，至于语圣贤之余旨、究学问之本原，则固乎莫知所以其用心者，其规为动息

---

① 如湖南潭州官员就以三舍法来实施教育，据《宋史·尹谷传》记载："初，潭士以居学肄业为重，州学生月试积分高等，升湘西岳麓书院生，又积分高等，升岳麓精舍生，潭人号为'三学生'。"（脱脱等：《宋史》卷四百五十，中华书局1977年版，第13257页）其中，尹谷，字耕叟，湖南长沙人，"宋以词赋取士，季年，惟闽、浙赋擅四方，（尹）谷与同郡邢天荣、董景舒、欧阳逢泰诸人为赋，体裁务为典雅，每一篇出，士争学之，由是湘赋与闽、浙颉颃"。（脱脱等：《宋史》卷四百五十，中华书局1977年版，第13256—13257页）当元兵即将攻破长沙之际，尹谷率全家纵火自焚以明不屈之志，潭州"三学生"闻之，悲痛不已。

② 朱熹：《学校贡举私议》，朱熹：《晦庵先生朱文公文集》卷六十九，《四部丛刊》初编，上海商务印书馆1922年版，第27页。

③ 黎靖德编：《朱子语类》卷一百零九，中华书局1986年版，第2703页。

举无以异于凡民而有甚者焉。呜呼！此教者过也，而岂学者之罪哉？①

朱熹通过古今之学的对比揭示出，古代学校教先圣礼乐，重视教养，而当时学校有教养之名而无教养之实，因此他建议将道德之学纳入教育的范畴。朱熹知南康军期间修复白鹿洞书院，亲主洞事，在此期间他告诫生徒，国家是通过科举笼络品学兼优的实才，士子应重视修身以待上之选，不可依靠记诵科举成文来获取功名，满足愿望②。淳熙十四年（1187），湖南石鼓书院重修厕事，朱熹为之作记，朱熹在记中对当时官学重科举轻道德的不良风气进行了批判，并对当地官员修建书院传道授学之举给予了肯定③。除了朱熹外，南宋时期对惟科举文教育是从这一现象进行批判的施教者还有不少，如楼钥为福建紫芝书院作记时指出，要以该院四斋名（志道、据德、依仁、游艺）的含义自勉，重视道德素养，不可专心于科举文研习④。黄榦为江西白鹿洞书院作记时指出，要以道德教育为重任，若将目标转向科举而对修身漫不加意，就会丧失教育本旨⑤。欧阳守道为广东青云峰书院作记时指出，曲江之地有古人遗风，可惜当地也有一些士子沉迷于科举文而对圣贤之学置若罔闻。他要求学圣贤之书，求圣贤之心，培育德性，不可倾情于科举文⑥。南宋时期，很多施教者力挺道德之学，对惟科举是从的浮风进行了批判，在他们的共同努力下，南宋书院的发展才会生机勃勃，南宋书院才会成为中国书院教育史上的一座里程碑，引起后人翘首瞻仰。

---

①　朱熹：《谕诸生》，朱熹：《晦庵先生朱文公文集》卷七十四，《四部丛刊》初编，上海商务印书馆1922年版，第2页。

②　朱熹：《招举人入书院状》，毛德琦、周兆兰编：《白鹿洞书院志》卷二，宣统二年刻本，第10—11页。

③　朱熹：《石鼓书院记》，李安仁、王大韶编：《石鼓书院志》卷下，万历十七年刻本，第74—75页。

④　楼钥：《建宁府紫芝书院记》，楼钥：《攻媿集》卷五十四，《四部丛刊》初编，上海商务印书馆1922年版，第21页。

⑤　黄榦：《南康军新修白鹿书院记》，黄榦：《黄勉斋先生文集》卷五，中华书局1985年版，第111页。

⑥　欧阳守道：《青云峰书院记》，欧阳守道：《巽斋文集》卷十六，《文渊阁四库全书》第1183册，台湾商务印书馆1986年版，第14—15页。

中国古代选举有荐举与科举等方式，选举历史悠久，早在三代时期就已出现了乡选里举这种以贤能取士的荐举方式。自科举诞生后①，荐举还出现在后代社会，成为科举的辅助方式。荐举的长处是重德重用，南宋书院施教者在批判惟科举文教育是从的浮风时，又进而揭露当时科举之弊，并对古代的荐举方式进行了表彰，如吕祖谦为浙江丽泽书院制定学规时指出，古代国子既有德行教育，又有国政教育，以期他日显达后施之于用。后代科举重文而不重用，培养出来的多是一些没有实用价值的庸才②。包恢在《盱山书院记》中通过比较古今选举方式而对当时的科举弊病进行了揭示：

> 抑今之以乡贡而进者曰得举，盍亦思古之乡里选举者以道艺也，吾岂容不求进夫道艺之可举乎？以奏名而高者曰及第，盍亦思昔有表古今人物者凡九等也，吾岂容不希及乎上上之等第乎？今志在科名者，岂不曰名甲天下之为美也？然孔孟之门各有四科，文学下矣，事君人者非矣。未达而在下，则颜子甲四科而德行为第一；已达而在上，则大人甲四科而正己为第一。如能试入此科也，其高尚有过此者乎？由此其选，则仁义忠信之天爵既修，而公卿大夫之人爵皆将从之。不然，则有莘躬耕之野固自有尧舜君民之大业，陋巷箪瓢之中又自有四代礼乐之盛典，何慊乎哉？读书而圣贤之道如此，然后见书之功用实而非虚也。徒以一日之长一时之文擢高科登显仕，而幼之所学曾不见于壮之所行，书中经纶之道略不得其一二以施诸用，则非予之所敢知也。③

包恢对重视以文取士的科举有所不满，而对古代荐举方式赞赏有加。像吕

---

① 关于科举的起源，众说纷纭，主要有肇始于汉代、南北朝、隋代、唐代等多种观点。刘海峰认为，科举有广义与狭义之分，"广义的科举指分科举人，即西汉以后分科目察举或制诏甄试人才任予官职的制度，狭义的科举指进士科举，即隋代设立进士科以后用考试来选拔人才任予官职的制度。科举一词的内涵在一千多年间也有所变化，宋以前科举（或称贡举）多指广义科举，明清以后直至现在通常用狭义科举的概念"。（刘海峰：《科举制与"科举学"》，贵州教育出版社 2004 年版，第 6 页）

② 黄宗羲辑，全祖望订补：《宋元学案》卷五十一，道光二十六年刻本，第 6 页。

③ 包恢：《盱山书院记》，包恢：《敝帚藁略》卷三，《文渊阁四库全书》第 1178 册，台湾商务印书馆 1986 年版，第 18—19 页。

祖谦、包恢这样揭示科举之弊以及有着改革科举主张的学者在后代书院时有涌现①，需要说明的是，以贤能取士虽为选举良法，但不易操作（刘海峰对古代以贤能取士的消极意义做过深入的研究②）。汉代时期采取察举的方法来选拔贤能方正之士，实施伊始有所成效，不过后来弊端丛生，名不副实之事时有发生。魏晋时期采用九品中正制来选拔人才，由于这种选拔多被门阀出身的中正官员所操纵，因此当时社会出现了"上品无寒门，下品无势族"的失衡现象。科举的最大优点是取才不论世家，为社会各层人士提供了公平竞争的机会，历代社会都出现寒士借科举跃龙门的大量事例。科举之所以能在中国古代社会长期存在，本身有着合理的一面（虽然古代社会屡次出现科举存废之争，但是科举取士方式一直保存到清末），正由于此，中国科举制度对西方文官制度产生了重要影响。近代民主主义革命的先驱者孙中山论及中西方考试制度时指出："考试制度在英国实行最早，美国实行考试不过是二三十年，现在各国的考试制度，差不多都是学英国的。穷流溯源，英国的考试制度，原来还是从我们中国学过去的。所以中国的考试制度，就是世界中最古最好的制度。"③ 科举有着不少可圈可点之处，不过也有不足，主要的不足是重文而不重德、不重用，因此一些施教者对科举的这种缺陷屡作揭示，进而要求恢复荐举取士方式。

在对传统教育的态度上，中世纪欧洲大学与南宋书院颇为相似。中世纪前期，教育权利掌握在教会学校手中。之后，大学逐渐冲破教会统治的牢笼，得以发展与壮大。中世纪欧洲大学的产生始于一些学者对基督教义

---

① 清代时期，就有一些施教者对科举重文不重用的弊端进行了揭示，如张伯行在《紫阳书院示诸生》中指出，当时士风令人担忧，不少士子在时文以外茫然无知，中第为官之后，对兵刑、钱谷、农桑、水利等民生日用之务毫无定见，只能听命于奸胥猾吏。（张伯行：《正谊堂文集》卷十二，中华书局1985年版，第159页）刘光贲在《崇实书院学规》中指出，中国的弊病在于，科举取士重文不重事，士子只求能文而不求能事，一旦进入仕途，每遇一事茫然无措。（陈谷嘉、邓洪波主编：《中国书院史资料》下册，浙江教育出版社1998年版，第2301页）清代时期，也有一些施教者提出改革科举的主张，如程廷祚在《上李穆堂先生论书院书》中指出："其考试之法参稽于督抚藩司，其取之之法不必入于乡举，略仿唐人进士宏词之制。九载而后，有司岁拔其尤者数人贡于太学，视举人。太学又拔其尤者，视贡士。以待天子之廷试而与以出身。如此则人皆勉于实行、勤于实学，而朝廷收得人之效矣。以此与科举之法相辅而行，似为有益。"（程廷祚：《青溪集》卷九，民国4年蒋氏慎修书屋校印本，第11页）

② 刘海峰：《科举考试的教育视角》，湖北教育出版社1996年版，第267—273页。

③ 孙中山：《五权宪法》，孙中山：《孙中山选集》，人民出版社1956年版，第585页。

的怀疑，他们同基督教徒进行过多次论辩，由于基督教义存在着很多罅漏，因此论辩结果削弱了基督教的理论根基，使得一些反基督教义的学者凝聚起来，他们纷纷创建讲学机构宣传学术主张，为欧洲大学的产生夯实了基础。南宋时期，理学家们对弊端丛生的官学大张挞伐，纷纷创建或修复书院，将书院作为传道授学的重要场所，他们对忽视道德教育而惟科举文教育是从的浮风进行了批评，南宋书院施教者的这种批判意识对后代书院教育产生了重大影响。元代时期，程钜夫为河南洛西书院作记时指出，生徒要以堂名（彝训）以及四斋名（好德、遵道、叙伦、明义）的含义自勉，重视道德之学研习，不可惟科举文研习是从①。吴澄为瑞州路正德书院作记时指出，当时社会上存在着四种不良学风：最下者追随时好以苟利禄，稍上者采撷华藻以工辞章，又稍上者记览群书以资博洽，最上者剽掠先儒绪论以谈义理。正德书院既然冠以正德之名，就应名副其实，重视道德教育，不要受到浮风的影响②。明代时期，胡居仁为江西丽泽堂制定学约时指出，学以德行为先，才能次之，诗文为末，生徒应尚节行敦信义，毋习虚诞之文以干利禄，毋作草率之诗以取时宠③。章潢为江西白鹿洞书院制定学规时以树要有根、水要有源为喻说明，人要有志向，生徒应志向于道德而非科举④。清代时期，吕崇谧为山西凤山书院作记时指出，书院非博浮名饰观美之地，也非猎取富贵利达之地，而是传道授学的场所，重视明体达用之学教育⑤。李葆贞为河北圣泉书院作记时指出，书院缔造甚难，往往不久辄废，以功名为富贵阶梯是书院废弃的一个重要原因，只有敦崇道德，书院方可经久不废⑥。莫为之后，虽盛不传。由于后

---

① 程钜夫：《洛西书院碑》，程钜夫：《雪楼集》卷二十二，《文渊阁四库全书》第 1202 册，台湾商务印书馆 1986 年版，第 3 页。

② 吴澄：《瑞州路正德书院记》，吴澄：《吴文正集》卷三十七，《文渊阁四库全书》第 1197 册，台湾商务印书馆 1986 年版，第 5—6 页。

③ 胡居仁：《丽泽堂学约并序》，胡居仁：《胡敬斋集》卷二，中华书局 1985 年版，第 72 页。

④ 章潢：《为学次第》，毛德琦、周兆兰编：《白鹿洞书院志》卷六，宣统二年刻本，第 9 页。

⑤ 吕崇谧：《凤山书院碑记》，郭晋、管粤秀编：《太谷县志》卷六，乾隆六十年刻本，第 14—15 页。

⑥ 李葆贞：《创建圣泉书院记》，曹凤来编：《无极县续志》卷十，光绪十九年刻本，第 8—9 页。

代很多书院继承以及弘扬南宋书院的传道授学思想，南宋书院的教育精神才会永不磨灭。由于后代很多书院充当传道授学的接力棒角色，中国书院的教育特色才会得以彰显。南宋书院的传道授学思想不仅对中国后代很多书院有着重大影响，也对国外一些书院有着重大影响，如朝鲜川谷书院要求，生徒应重视学行，不必计较于科举得失①，朝鲜德谷书斋要求，生徒不可沉湎于科举文，还应重视古圣贤之学②。由此可见，中外一些施教者在书院应重视传道授学而非以培养科举人才为能事方面达成了共识，科举文教育与道德之学教育相结合成为这些书院运行的重要航标。

法古思想在中国古代社会习见不鲜，古代学术要比后代学术高深，古代文学要比后代文学高雅，不法古之人必俗，不法古之学必靡，不法古之文必卑。法古影响到了为人、为学以及为文等各个方面，成为历代士子共同的精神诉求，也成为中国古代文化的显著特征。中国书院施教者有时也通过比较古学与今学后得出，古学多关注圣人之道，今学多关注功名富贵，生徒应研习古学提高道德修养，不要受到功名富贵的牵绊。元代时期，许有壬为湖南庆州书院作记时，以孔子"古之学者为己，今之学者为人"一语告诫生徒，为己之学重在修身，要做到居而孝悌、出而忠信，若能理解为己之学的含义，就会看淡功名得失，不因应举挠其志③。明代时期，邵庶为安徽还古书院作记时指出，古学淳而今学漓，今学不如古学，不过当时士子大多关注功名而忽视古学。还古书院的命名既然是有感学术隆替而发，就应力挺古学，重视德育④。清代时期，程含章为广东龙溪书院作记时，对士子不读圣贤之书而倾情于科举文的不良现象进行了批判，他认为，学习莫先于立志，立志莫要于法古，法古莫要于读圣贤之书⑤。施教者论及古学与今学时，都从端正士习、净化士风的思想出发，

---

① ［朝鲜］佚名：《川谷书院院规》，邓洪波主编：《中国书院学规集成》第三卷，中西书局2011年版，第1818页。

② ［朝鲜］安鼎福：《德谷书斋月朔讲会约》，邓洪波主编：《中国书院学规集成》第三卷，中西书局2011年版，第1789页。

③ 许有壬：《庆州书院记》，许有壬：《至正集》卷三十六，《文渊阁四库全书》第1211册，台湾商务印书馆1986年版，第12页。

④ 邵庶：《还古书院碑记》，廖腾煃、汪晋征编：《休宁县志》卷七，康熙三十三年刻本，第57页。

⑤ 程含章：《增修龙溪书院碑记》，陈伯陶编：《东莞县志》卷十七，民国10年刻本，第16页。

倡导以研习古学来矫今学之偏，重视道德素质的培养，将探讨的话语延伸到对惟科举是从这种不良现象的批判上来。在明清时期的科考中，八股文是主要文体，由于八股文源于宋代经义，与经学紧密联系，因此写作八股文时不可忽视经学研习。明清时期一些学者主张，重视八股文这一今学的研习而忽视经学这一古学的研习是舍本逐末之举，不足为道，更不值得效仿，如邹元标为江西白鹭洲书院课艺作序时指出，六经为圣人明道之书，由于天下有不尽知圣人之心，因此只得寄之于言，不过后人在诠释时离圣人之心渐行渐远，"乃降为训诂注疏，其去圣人已远；又降为制艺，其去注疏又远；制艺流于今日，其去国初时又远，而圣人之道益荒"。① 可见，要了解圣人之心，还得认真研读经书。

祭祀是书院重要的教育活动，也是书院重要的法古活动，书院通过祭祀古贤哲明其学统，彰显道德，抵制不良学风。历代很多书院的施教者以祭祀对象为例告诫生徒，应重视研习的是道德之学而非科举文。宋代时期，南剑知州徐元杰经常赴书院讲学，他以延平书院祭祀古贤哲为例勉励生徒，重视道德，文行兼修②。宋代末年，经略使朱禩在广西临桂创建宣成书院，用来祭祀张栻、吕祖谦。元代时期，光祖为该院作记，他在记中指出，要景仰两位贤哲，做有功圣门之事，不可倾情于科举文③。明代时期，陕西苑马寺卿冯时雍闲居故里河北交河期间，创建董子书院，用来祭祀董仲舒，龚用卿为该院作记时指出，要景仰先哲之训，重视道德履践，不可徒尚虚文④。清代时期，王岐瑞为江西白鹭洲书院作记时指出，书院要以传道授学为首务，不以科举文教育为鹄的，生徒应景仰该院所祭祀的邵雍、周敦颐、张载、程颢、程颐、朱熹六位贤哲，不牵于利，不役于名，不流于偏，居敬以立本，克己以祛私，复礼以践实⑤。就书院教育功效而言，祭祀活动不亚于讲学活动，中国历代书院就是通过频繁的祭祀活动来强化生徒的道德认同意识，涤荡生徒心灵深处的污泥浊水，使生徒在

① 邹元标：《白鹭洲会课序》，刘绎编：《白鹭洲书院志》卷六，同治十年刻本，第23页。
② 徐元杰：《延平郡学及书院诸学榜》，徐元杰：《梅野集》卷十一，《文渊阁四库全书》第1181册，台湾商务印书馆1986年版，第27页。
③ 光祖：《重修宣成书院记》，蔡呈韶、胡虔编：《临桂县志》卷十四，光绪六年刻本，第16页。
④ 龚用卿：《董子书院记》，高步青、苗毓芳编：《交河县志》卷三，民国5年刻本，第26页。
⑤ 王岐瑞：《白鹭洲书院记》，刘绎编：《白鹭洲书院志》卷七，同治十年刻本，第13页。

一次次的洗礼中净化灵魂、提升修养，可谓善莫大焉。由于祭祀对书院教育有着重要贡献，因此当今一些学者论及书院教育时，将祭祀与藏书、讲学相提并论。

需要说明的是，我们在肯定书院传道授学的贡献时，不能抹杀书院从事科举文教育的意义。尽管历代很多施教者对惟科举文教育是从的现象进行了批判，不过书院从事科举文教育还是有着不少积极的意义，它不仅可以满足生徒读书入仕的愿望，还可以减轻朝廷或地方官府办学所带来的诸多压力。科举文教育本身没有好坏之分，不过，对之所做的不同处理将会导致两种截然不同的后果：若积极引导、合理把握，则对士子、对国家都会大有裨益；若态度不当、惟之是从，则徒增浮靡之风，不仅会腐蚀士子，导致士子畸形发展，而且会祸害国家，使国家难以羁縻实才。历代书院施教者对惟科举文教育是从的现象屡作批判，既有利于净化学风，又有利于社会发展。

科举是士子谋生的手段，士子通过科举考试来获取职业。道德是属于素质的范畴，士子通过道德研习来提升素养。中国书院中的道德教育与科举文教育的纠葛在西方国家的一些学校中也有类似的反映，西方学校的表现形式主要是普通教育（即素质教育）与职业教育之间的论争。随着工业化的发展，工厂日益增多，职业分工愈细。西方国家的很多学校通过各种职业技术教育为学生就业提供保障，其中，有些学校由于倾心于职业教育而将普通教育束之高阁，此举虽然有利于学生就业，但是不利于学生成长，培养出来的多是一些只懂得专业技术的畸形人才。为了改变这种不良的现象，矫正惟职业教育是从的浮风，美国很多教育家主张，应重视普通教育，不要被职业蒙住双眼。罗伯特·梅纳德·赫钦斯认为，职业教育主义对大学而言是有害的，对引导学生理解学科是灾难性的，它剥夺了大学惟一的生存理由，即在不受功利的压力牵制下为追求真理提供一个天堂。学校应重视普通教育，普通教育是面向每个人的教育，它对上大学的人有用，对不上大学的人也同样有用。对不上大学的人而言，普通教育尽管不能帮他赚钱或出人头地，也不能帮他适应环境，但是能帮他养成理智的美德①。亨利·罗索夫斯基认为，普通教育是指一个人在职业培训以外的全

---

① ［美］罗伯特·梅纳德·赫钦斯：《美国高等教育》，汪利兵译，浙江教育出版社2001年版，第22—37页。

面发展，也就是对学生实行通才教育，这种教育力求让学生做到：应该能清晰明白地书写，应该对宇宙、社会以及自身具有判断鉴别的能力，应该不是一个狭隘无知的人，应该在某种程度上懂得并思考过伦理道德的问题，应该在某些知识领域拥有较高的成就。普通教育是专业实践的先决条件，医生应该在科学和疾病方面拥有丰富的知识，律师应该对案件与法律程序有着深刻的了解，学者应该精通学科发展的现状，然而只有这些还是不够，职业的理想境界不应局限于成为一个合格的技术专家，而是要追求专业精通同谦逊、仁慈、幽默的结合，这些品质对于专业人员而言至关重要①。科南特认为，大学在进行职业教育时不能忽视普通教育，应将普通教育与职业教育结合起来，大学普通教育应该是广博的文理科目学术性教育，包括文学、史学、政治学、数学、地理学、艺术学等各门课程，为了便于实施普通教育，教师需要提高自身的综合素养，如果教师仅仅懂得本专业的知识而对其他领域的知识一无所知，那将会贻害匪浅②。哈佛大学在普通教育方面做出了表率，该校曾开设文学和艺术、科学、历史研究、社会分析、外国文化、道德理性六门基础课程，目的是让每位学生受到广泛的教育，在各门知识领域都能得到更大的收获。重视普通教育的主张已经得到世界很多国家的认可，当今各国的一些学校都重视将普通教育与职业教育结合起来，通过这样的复合教育培养出既专又博的通才，使社会沿着健康有序的轨道稳步运行。

二　义利之辨与书院科举文教育

一些书院施教者论及科举文教育时，从义利之辨的角度加以阐述。对书院义利之辨的问题展开论述，有助于加深我们对书院科举文教育的理解。

义为公而利为私，一般而言，义指道义而利指利禄。南宋时期，不少书院施教者从事过义利之辨，他们在书院应重视道义教育而非追逐利禄方面达成了共识。朱熹重视义利之辨，他认为："义利之说乃儒者第一义，

---

① ［美］亨利·罗索夫斯基：《美国校园文化——学生·教授·管理》，谢宗仙等译，山东人民出版社1996年版，第86—97页。

② ［美］科南特：《科南特教育论著选》，陈友松主译，人民教育出版社1988年版，第248—250页。

平时岂不讲论及此?"① "事无大小，皆有义利。"② 朱熹在《白鹿洞书院学规》中对古圣贤的崇义之举进行了肯定，而对时人追逐利禄之风进行了批判，"古昔圣贤所以教人为学之意，莫非讲明义理以修其身，然后推己及人，非徒欲其务记览为词章以钓声名取利禄而已，今之为学者既反是矣"。③ 为了开阔生徒眼界，淳熙八年（1181）二月，朱熹邀请学术劲敌陆九渊前来讲学④，当时听众除了朱熹以及僚友外，还有诸多生徒，场面很大，声势颇盛。陆九渊以孔子所言"君子喻于义，小人喻于利"（语出《论语·里仁》）为题进行演讲，内容如下：

> 子曰："君子喻于义，小人喻于利。"此章以义利判君子小人，辞旨晓白，然读之者苟不切己观省，亦恐未能有益也。某平日读此不无所感，窃谓学者于此当辨其志，人之所喻由其所习，所习由其所志。志乎义，则所习者必在于义，所习在义，斯喻于义矣。志乎利则所习在利，所习在利，斯喻乎利矣。故学者之志不可不辨也。科举取士久矣，名儒巨公皆由此出，今为士者固不能免此，然场屋之得失，顾其技与有司好恶何如耳，非所以为君子小人之辨也。而今世以此相尚，使汩没于此而不能自拔，则终日从事者虽曰圣贤之书，而要其志之所向，则有与圣贤背而驰者矣。推而上之，则又惟官资崇卑、禄廪厚薄是计，岂能悉心力于国事民隐以无负于任使者哉？从事其间，更历之多、讲习之熟，安得不有所喻？顾恐不在于义耳。诚能深思是身，不可为小人之归，其于利欲之习，怛焉为之痛心疾首，专志乎义而日勉焉。博学、审问、慎思、明辨而笃行之，由是而进于场屋，其文必皆道其平日之学、胸中之蕴，必不诡于圣人。由是而仕，必皆共

---

①　朱熹：《与延平李先生书》，朱熹：《晦庵先生朱文公文集》卷二十四，《四部丛刊》初编，上海商务印书馆1922年版，第10页。

②　黎靖德编：《朱子语类》卷十三，中华书局1986年版，第227页。

③　朱熹：《白鹿洞书院学规》，毛德琦、周兆兰编：《白鹿洞书院志》卷六，宣统二年刻本，第2页。

④　在此之前，朱熹与陆九渊曾在江西信州的鹅湖寺进行过学术论辩，史称鹅湖之会。由于二人学术分歧很大，论辩时又都不肯让步，结果弄得很不愉快。六年后，朱熹诚邀陆九渊来白鹿洞书院讲学的原因在于，二人虽在学术志趣上有异，但在学习目的以及科举态度上相同，美国学者罗伯特·海姆斯对此问题有过论述。（［美］罗伯特·海姆斯：《陆九渊、书院与乡村社团问题》，朱汉民主编：《中国书院》第二辑，湖南教育出版社1998年版，第63页）

其职勤其事、心乎国心乎民而不为身计，其得不谓之君子乎？①

陆九渊认为，科举是国家取士的重要渠道，名儒巨公皆由此出，士子应举理所当然，不过要抱以正确的心态，不能逐利背义，不可惟利是从。重利轻义之人为官后，只会关注升官发财。重义轻利之人为官后，才会关注国计民生，不存私欲杂念。陆九渊演讲言简义丰、字字珠玑，由于内容针砭时弊，发人深省，当时听众为之动容，"至其所以发明敷畅则又恳到明白，而皆有以切中学者隐微深痼之病，盖听者莫不竦然动心焉"。② 为了防止久而忘之，朱熹又请陆九渊书之于简，要求生徒对照内容进行反省与感悟，不要在道义上迷失方向。除了朱熹、陆九渊外，南宋时期还有一些施教者进行过义利之辨。张栻认为："学者潜心孔孟，必得其门而入，愚以为莫先于义利之辨。"③ 乾道元年（1165），湖南安抚使刘珙重建岳麓书院，张栻主院教事，并为之作记。张栻对刘珙所做的剔蠹夷奸、修葺学校以及访问儒雅之举进行了颂扬，告诫生徒体会刘珙的一片苦心，以传播道义为重任，不可追逐利禄④。嘉定三年（1210），魏了翁在故里四川蒲江创立的鹤山书院落成，由于当地众多应举士子没有研习场所，因此暂借鹤山书院一用。当年科举结果喜人，一时成为美谈，不过魏了翁对此事不以为然。他认为，这只不过是记诵文词以取利禄，为了纠正崇利之风，他结交友人在此砥砺问学，传播道义⑤。陈文蔚在江西白鹿洞书院讲学时指出，当时很多士子忽视道义而重视利禄，士风败坏，仁义不明，他勉励生徒重视道义，不可惟利是图⑥。梁启超认为，中国有四大时代思潮，分别是汉代经学、隋唐佛学、宋明理学以及清代考证学，有思潮的时代是文化

---

① 陆九渊：《书堂讲义》，毛德琦、周兆兰编：《白鹿洞书院志》卷七，宣统二年刻本，第1—2页。

② 朱熹：《书堂讲义跋语》，毛德琦、周兆兰编：《白鹿洞书院志》卷七，宣统二年刻本，第3页。

③ 张栻：《孟子讲义序》，张栻：《南轩集》卷十四，《文渊阁四库全书》第1167册，台湾商务印书馆1986年版，第7页。

④ 张栻：《岳麓书院记》，赵宁编：《长沙府岳麓志》卷七，康熙二十六年刻本，第37页。

⑤ 魏了翁：《书鹤山书院始末》，魏了翁：《重校鹤山先生大全文集》卷四十一，开庆元年刻本，第7—8页。

⑥ 陈文蔚：《白鹿洞讲义》，陈文蔚：《陈克斋集》卷三，中华书局1985年版，第56页。

昂进的时代①。宋代是理学兴盛的时代，南宋书院的勃兴（据白新良统计，北宋书院有一百所左右而南宋书院在五百所以上②），得力于理学家们的讲学。可以说，官学的式微、科举制度的颓败以及理学家们的加盟等诸多因素成就了南宋书院（北宋时期也有一些理学家如周敦颐、程颢、程颐等人讲学于书院，不过当时缺少引发书院勃兴的其他因素，陈元晖、尹德新、王炳照等人对南宋书院的勃兴原因做过全面的分析③）。南宋理学家们对书院的发展有着巨大的推动作用，书院又对南宋理学有着重要的反哺作用——促进了理学理论的丰富以及理学阵营的壮大，南宋理学的兴盛与南宋书院的繁荣二者之间存在着紧密的互动关系。

南宋时期，很多理学家重视传道授学，倡导书院以传播道义为重任，不可堕入利数。南宋书院崇义抑利的思想对后代书院产生了重大影响，书院教育的薪火相传在义利之辨的延续上得以彰显。元代时期，吴澄为湖南岳麓书院作记时指出，南宋书院的兴起与纠正当时官学重视利禄之失有关，张栻主讲岳麓书院期间进行过义利之辨，生徒应秉承张栻遗志，重视传播道义④。程端学为浙江东湖书院作记时指出，义利不明，为人为己莫辨，就难以成才，生徒要洗陋图新，研习朱熹等人的学术，以传播道义为己任⑤。明代时期，欧阳德为江西白鹭洲书院的集义堂作记时指出，性为心之良知，义为动不拂性，集义堂的含义是要勉励生徒崇义抑利⑥。周怡为安徽水西精舍作记时指出，古今学术之辨在于义利二字，书院应重视义利之辨，为义者出于心之正，劝义者也出于心之正，生徒要以传播道义为重任，不要辜负施教者的厚望⑦。清代时期，许完寅为安徽桐乡书院作记时指出，南宋朱熹、陆九渊、张栻等人义利之辨意义重大，生徒要秉承先

①　梁启超：《清代学术概论》，上海古籍出版社 1998 年版，第 1 页。

②　白新良：《中国古代书院发展史》，天津大学出版社 1995 年版，第 4—10 页。

③　陈元晖、尹德新、王炳照等人认为，理学的发展、官学的衰落、科举的腐败、名儒的讲学、印刷业的发展、统治集团的派别斗争等诸多因素导致了南宋书院的兴起。（陈元晖、尹德新、王炳照：《中国古代的书院制度》，上海教育出版社 1981 年版，第 38—45 页）

④　吴澄：《建岳麓书院记》，赵宁编：《长沙府岳麓志》卷七，康熙二十六年刻本，第 40 页。

⑤　程端学：《东湖书院记》，程端学：《积斋集》卷四，《文渊阁四库全书》第 1212 册，台湾商务印书馆 1986 年版，第 2 页。

⑥　欧阳德：《集义堂记》，刘绎编：《白鹭洲书院志》卷五，同治十年刻本，第 13—15 页。

⑦　周怡：《水西精舍堂门碑记》，李德淦、洪亮吉编：《泾县志》卷八，民国 3 年印本，第 6 页。

贤遗训，无诱于功名利禄，相与究孔孟之遗①。史兆熊为陕西味经书院制定学规时指出，为学当辨义利，利禄心极强者不足为道，未得功名则功名之念急，既得功名则仕宦之心热，最终于事无补。生徒应重视传播道义，看淡功名利禄②。由于朱熹、陆九渊、张栻等人是南宋时期重要的理学家，他们的义利之辨具有很强的说服力，因此后代施教者在从事义利之辨时往往援引他们的观点。同朱熹、陆九渊、张栻等人一样，后代施教者也为传播道义做出了重要努力，也为端正士习做出了重要贡献。

"天下熙熙，皆为利来；天下攘攘，皆为利往。"③ 既然利在社会各行各业中习见不鲜，那么书院施教者为何反复强调不要追逐利禄？这是由于，士业谋利与其他行业谋利有别。清代鳌峰书院山长陈寿祺就对士业谋利深表担忧，他认为，农工商贾业中的谋利有利于国，"顾其所利者，犹皆以利天下之日用而不自私，是亦未尝不挟义以偕行者也"，而士业谋利不仅不利于国，反而祸国匪浅，"其人皆国家所待之兴贤兴能以收股肱耳目之用者也，而自束发受经以迄筮仕谬曰'求名'，而终日皇皇鲜不为利而忘义，安望成德达材与？夫气节功名有裨于世哉？且挟其聪明材力竭谋利之术什倍于农工商贾，而其患中于家国天下，则家国天下大不利"。④士在中国古代社会虽然地位不高，但是作用重大。士为民之表率，民有表率，礼义方兴，民风方淳。由于士在敦崇礼义、净化民风上成就卓然，因此不重视士的社会是一个不健全的社会。元代与清代都是少数民族统治汉族的朝代，后人在评价这两个朝代时往往持有褒清抑元的思想意识，这与元代朝廷忽视文教、忽视养士不无关系（元代有"九儒十丐"之说）。重视养士就需要关注士风，谋利若在士业中蔚然成风，结果不堪设想，就微观而言，是将士子引入歧途，就宏观而言，是有损国家根基。基于士子健康成长以及国家长治久安两点因素，很多施教者重视端正士习，防微杜渐。

鉴于追逐利禄于己于国有害无益，因此书院施教者主张，士子若趋义

① 许完寅：《桐乡书院记》，佚名编：《桐乡书院志》卷六，清刻本，第5页。

② 刘光贲编：《味经书院志》教法上，陕西通志馆印《关中丛书》本1936年版，第9页。

③ 司马迁著，裴骃集解，司马贞索隐，张守节正义：《史记》卷一百二十九，中华书局1959年版，第3256页。

④ 陈寿祺：《示鳌峰书院诸生》，游光绎编：《鳌峰书院志》卷十一，道光年间刻本，第48页。

避利，以一颗平常心来对待科举，那么中第后定会造福于社稷，落第后也会有益于身心，无论中第与否，都会成为社会有用之人。元代时期，张养浩在《奉元路鲁斋书院三先生祠堂记》中指出：

> 此平章赵公所以肖像立祠，率一方士子岁时瞻仰奉奠者，其意岂不曰"他时诸生达而在上，则当视三先生（指张载、杨云复、许衡三人）之事君；穷而在下，则当视三先生之处己。"若乃于焉不务，惟事虚文以为规取仕进之计，是则三先生之罪人也。①

明代时期，时偕行在《明德书院记》中指出：

> 诸士群居于讲院，将讲之以口耳乎？讲之以身心乎？如讲之以口耳也，分题而构，挟策而书，今世记诵词章之学是矣。如讲之以身心也，舍明明德奚适哉？尧舜之精一，孔子之博约，《中庸》之明善诚身，皆明明德之说也。德明而全其天地万物一体之仁，则尽性、至命、经纶、参赞一以贯之矣。诸士全此明德，出则为名臣，而一夫不获，若纳沟中；处则为醇儒，而饬躬砥行，以型范后俊，风及齐民，亦知乡慕遵道。②

清代时期，饶拱辰在《巴东信陵书院记》中指出：

> 诸生既有会学之所，有切磋琢磨之益，将惟是习文艺取科第为富贵资邪？抑将读圣贤之书讲明义理修身慎行使毋为君子之弃而小人之归也？夫工文艺以博取科第固今之学者所不废，然使无讲明义理修身慎行之素，毋论文艺未必工、科第未必得，工矣得矣，其不为士林诟病、生民患苦者几何？而讲明义理修身慎行之君子，其文艺必能卓然自树立于流俗之外，得科第将有益于世，不得科第亦能为乡党所倚赖

---

① 张养浩：《奉元路鲁斋书院三先生祠堂记》，张养浩：《归田类稿》卷五，《文渊阁四库全书》第 1192 册，台湾商务印书馆 1986 年版，第 2 页。

② 时偕行：《明德书院记》，韩浚、张应武编：《嘉定县志》卷三，万历三十三年刻本，第 30—31 页。

而矜式。①

钱鎔在《重修潜川书院记》中指出：

> 登斯堂者，当力矫俗学之弊，经经纬史，讲求根柢之学。一朝释褐，将致君于尧舜，登民于衽席，酬知有具，自宏远大之模。若使功名不遂，韦布终身，其读书既彻，见理自明，意象胥融，怨尤悉泯，天爵之贵又何殊于人爵之荣也哉！②

《庄子·天下》篇有"内圣外王"一语，表示在内要具有圣人修养，对外要推行王道，内圣外王是士子修行以及从政的远大目标。由于庄子所言内圣外王与儒家追求的目标相符合，因此内圣外王后来又被引入儒家思想中，成为儒家道德教化的重要内容。中国儒家学者力挺内圣外王的思想，上述施教者表达的出为名臣、处为醇儒的言辞（如"他时诸生达而在上，则当视三先生之事君；穷而在下，则当视三先生之处己""诸士全此明德，出则为名臣，而一夫不获，若纳沟中；处则为醇儒，而饬躬砥行，以型范后俊，风及齐民，亦知乡慕遵道""而讲明义理修身慎行之君子，其文艺必能卓然自树立于流俗之外，得科第将有益于世，不得科第亦能为乡党所倚赖而矜式""一朝释褐，将致君于尧舜，登民于衽席，酬知有具，自宏远大之模。若使功名不遂，韦布终身，其读书既彻，见理自明，意象胥融，怨尤悉泯"），可视为对内圣外王所作的阐释，是孟子"穷则独善其身，达则兼善天下"③ 以及荀子"儒者在本朝则美政，在下位则美俗"④ 思想的延续。值得注意的是，上文钱鎔为安徽潜川书院作记时谈到了天爵与人爵。关于天爵与人爵的问题，书院施教者多有述及，如清人程廷祚论及书院教育时也指出："今操化民成俗之权将蒸陶一世与三代同

---

① 饶拱辰：《巴东信陵书院记》，廖恩树、萧佩声编：《巴东县志》卷十五，光绪六年刻本，第13—14页。

② 钱鎔：《重修潜川书院记》，钱鎔、卢钰编：《庐江县志》卷十四，光绪十一年刻本，第77页。

③ 赵岐注：孙奭疏：《孟子注疏》卷十三上，《十三经注疏》，中华书局1980年版，第101页上。

④ 王先谦著，沈啸寰、王星贤点校：《荀子集解》卷四，中华书局1988年版，第120页。

风，使天下之士修其天爵而不知有人爵之荣，则其上也。"① 天爵与人爵语出《孟子·告子上》："孟子曰：'有天爵者，有人爵者。仁义忠信，乐善不倦，此天爵也。公卿大夫，此人爵也。古之人，修其天爵而人爵从之。今之人，修其天爵以要人爵。既得人爵而弃其天爵，则惑之甚者也，终亦必亡而已矣。'"② 从孟子的表述中可知，天爵指德（道德修养）而人爵指禄（官职俸禄），由于古人重视天爵而今人重视人爵，因此孟子劝诫士子效仿古人，重视天爵，培育德性。钱镠、程廷祚等人述及天爵与人爵的问题时，都深受孟子思想的惠泽。

书院是中国古代教育园地中的一道靓景，它与官学、私学时有不同，李兵论及书院教育时指出，书院与官学、私学的不同之处在于，书院往往充当着科举教育的承担者与矫正者双重角色③。书院承担科举教育的矫正角色，是指用道德学术教育来矫正惟科举文教育之枉，用道义这剂良药来医治利欲痼疾。由于历代士子迷恋利禄如蚁附膻，因此书院施教者崇义抑利不惮其烦。通览书院义利之辨可知，对惟利禄是图这一歪风的矫正在历代书院的教育中屡见不鲜，几乎与书院教育相始终。矫正角色是历代书院教育价值的重要体现，不过可惜的是，历代也会有一些书院被利禄所侵蚀，这些被利禄侵蚀过的书院所承担的矫正作用就会黯而不彰。

义利之辨发轫于先秦时期，如《左传·昭公十年》云："义，利之本也，蕴利生孽。"④《论语·里仁》云："君子喻于义，小人喻于利。""放于利而行，多怨。"⑤《左传》《论语》等典籍记载的义利之辨并非否定利，而是要求利以义为先。战国时期，孟子又将利以义为先的思想推进了一步。孟子与梁惠王进行过义利之辨，孟子对梁惠王重利不重义的观点进行了批驳，他认为崇义抑利对于国君而言至关重要，"王曰'何以利吾国'，大夫曰'何以利吾家'，士庶人曰'何以利吾身'，上下交征利而国

---

① 程廷祚：《与陈东皋论书院书》，程廷祚：《青溪集》卷九，民国 4 年蒋氏慎修书屋校印本，第 7 页。

② 赵岐注，孙奭疏：《孟子注疏》卷十一下，《十三经注疏》，中华书局 1980 年版，第 89 页中。

③ 李兵：《书院：科举应试教育的承担者与矫正者》，《寻根》2006 年第 2 期，第 16 页。

④ 杜预注，孔颖达等正义：《春秋左传正义》卷四十五，《十三经注疏》，中华书局 1980 年版，第 357 页上。

⑤ 何晏注，邢昺疏：《论语注疏》卷四，《十三经注疏》，中华书局 1980 年版，第 15 页下。

危矣。万乘之国，弑其君者，必千乘之家；千乘之国，弑其君者，必百乘之家。万取千焉，千取百焉，不为不多矣。苟为后义而先利，不夺不餍。未有仁而遗其亲者也，未有义而后其君者也"。① 春秋战国时期是一个思想解放的时期，出现了百家争鸣的热闹场面，各个学派会在一些问题上进行思想上的碰撞，碰撞后摩擦出的火花绚丽多姿。在春秋战国时期，众多学派对义利之辨的问题进行了多元化的解读，除了崇义抑利外，还出现有抑义崇利（如杨朱的"为我"）、义利并重（如墨子的"兼相爱，交相利"）等多种思想主张。

在中国历史上，春秋战国时期既是一个思想解放、百花齐放的时期，又是一个大动荡、大变革的时期，出现了礼崩乐坏、诸侯争霸的紧张局面，尤其是战国时期，国君关注的焦点不是如何推崇仁义道德来获取民心，而是如何利用各种手段来争夺霸权，因此崇义抑利的孔孟思想未被重用。汉代以后，很多统治者推崇儒学，儒家思想长盛不衰，于是，孔孟的义利观在后代社会受到重视。汉代时期，董仲舒论及义利时指出："夫仁人者，正其谊（谊即义）不谋其利，明其道不计其功。"② 可见董仲舒有着崇义抑利的思想主张。宋明时期的理学家在阐述义利问题时，也持如此观，如朱熹认为："义如利刀相似，胸中许多劳劳攘攘，到此一齐割断了。"③ "君子只知得个当做与不当做，当做处便是合当如此。小人则只计较利害，如此则利，如此则害。君子则更不顾利害，只看天理当如何。"④ 王阳明认为："须是平日好色、好利、好名等项一应私心扫除荡涤，无复纤毫留滞，而此心全体廓然，纯是天理，方可谓之喜怒哀乐未发之中，方是天下之大本。"⑤ 与先贤前哲相较，宋明理学家的崇义抑利思想有些过于偏激。宋明时期，也有一些学者充分肯定利欲的合理性，与崇义抑利的思想立异，如李觏的"人非利不生"⑥，陈亮的"义利双行、王霸并

---

① 赵岐注，孙奭疏：《孟子注疏》卷一上，《十三经注疏》，中华书局 1980 年版，第 1 页上一中。

② 班固：《汉书》卷五十六，中华书局 1962 年版，第 2524 页。

③ 黎靖德编：《朱子语类》卷六，中华书局 1986 年版，第 120 页。

④ 黎靖德编：《朱子语类》卷二十七，中华书局 1986 年版，第 701 页。

⑤ 王守仁著，吴光、钱明、董平、姚延福编校：《王阳明全集》卷一，上海古籍出版社 1992 年版，第 23 页。

⑥ 李觏：《原文》，李觏：《李觏集》卷二十九，中华书局 1981 年版，第 326 页。

用"①，叶适的"崇义以养利"②，何心隐的"育欲"③，李贽的"人必有私而后其心乃见"④。在当时禁欲思想的笼罩下，这些充分肯定利欲的观点有着振聋发聩之效。有些学者还同崇义抑利者进行了较量，如南宋永康学派代表陈亮对崇义抑利的思想深有不满，当朱熹要求陈亮改变主张，"而从事于惩忿窒欲、迁善改过之事，粹然以醇儒之道自律"⑤，陈亮不仅坚持己见，而且对朱熹冷嘲热讽，"今世之儒士自以为得正心诚意之学者，皆风痹不知痛痒之人也"。⑥ 永嘉学派代表叶适也竭力抨击董仲舒的崇义抑利观，"'仁人正谊不谋利，明道不计功'，此语初看极好，细看全疏阔。古人以利与人而不自居其功，故道义光明。后世儒者行仲舒之论，既无功利，则道义者乃无用之虚语尔"。⑦ 像陈亮、叶适这样充分肯定利欲的学者为中国社会的思想解放做出了重要贡献，不过有的学者也为此付出了惨痛代价，如明代官府对当时有"异端之尤"之称的李贽进行了迫害，已近耄耋之年的李贽自尽于囹圄之中。如果说肯定利欲思想是针对禁欲而发，是对禁欲主义的矫正，那么崇义抑利思想是针对纵欲而发，是对私欲膨胀的遏制。这两种思想分别源于不同的背景，也都有着存在的意义。

　　书院是传播儒家思想的重要场所，自从南宋书院掀起传道授学的热潮后，后代很多书院重视传道授学，始终坚守在传道授学这座神圣的精神堡垒上，传道授学由此成为书院教育的一面旗帜。陈谷嘉、邓洪波论及书院教育时指出："书院坚持和发挥了'儒'作为文化典章的掌握者和宣传者的原初本义，把追求知识和道义并以学术和文化的研究和传布作为儒生的重要使命，因此，'儒生'与利禄之间没有必然联系。书院关于士与利禄相分离的思想贯彻于教育实践中具有划时代的意义，这为平民学者的出

①　陈亮：《又甲辰秋书》，陈亮：《陈亮集》卷二十，中华书局1974年版，第280页。

②　叶适：《士学上》，叶适：《叶适集·别集》卷三，中华书局1961年版，第674页。

③　何心隐：《聚和老老文》，何心隐著，容肇祖整理：《何心隐集》卷三，中华书局1960年版，第72页。

④　李贽：《德业儒臣后论》，李贽：《藏书》卷三十二，中华书局1974年版，第1827页。

⑤　朱熹：《与陈同甫》，朱熹：《晦庵先生朱文公文集》卷三十六，《四部丛刊》初编，上海商务印书馆1922年版，第20—21页。

⑥　陈亮：《上孝宗皇帝第一书》，陈亮：《陈亮集》卷一，中华书局1974年版，第8页。何俊先生对陈亮与朱熹之间的学术论辩（包括义利之辨）进行过全面而深入的研究。（何俊：《南宋儒学建构》，上海人民出版社2004年版，第211—245页）

⑦　叶适：《习学记言序目》，中华书局1977年版，第324页。

现，从士阶层中分离出与知识相依为命和以学术和文化教育为职业的知识分子开辟了道路。"① 由于重视道德学术教育，因此历代很多书院对士子的价值评判由政治地位定位向道德素质定位进行了转移。在道德学术的主导下，历代很多书院造就出了一批批以传播道德学术为职志的士人，为道德学术发展以及精神文明建设做出了重要贡献。同中流砥柱的朝廷要员一样，这些士人也是支撑中国社会发展以及社会进步的一块重要柱石，尽管他们中的绝大多数人默默无闻。

中国书院义利之辨中的崇义抑利思想不仅对昔日书院教育有着巨大贡献，而且对当今学校教育有着重要启示。当今教育目标是由应试教育转变到素质教育上来，而素质教育的首要问题是塑造学生具有高尚的情怀。尽管今天不会也没有必要恢复昔日羞于言利的思想，不过在物欲横流的当今社会，如何做到不让利欲熏心，私欲膨胀，如何做到在对待利欲问题上保持一颗清醒的头脑，拥有一种恬然的心态，这就需要学校尤其是初等学校经常开展道德素质教育。让学生在教育中树立正确的价值观，使学生在日常生活中能够处理好个人利益与他人利益、集体利益以及国家利益之间的关系，不至于将利己行为建立在损害他人、集体乃至国家利益的基础上，最终沦为国家以及人民的罪人。

三　书院科举文教育中的有关问题探讨

中国书院科举文教育纷繁复杂，有不少问题值得深究，此处选择对四个主要的问题进行探讨。

第一，历代一些书院的施教者对惟科举文教育是从的现象进行批判，是否意味着他们反对科举文教育或反对科举文研习？②

历代一些书院的施教者对惟科举文教育是从的现象进行批判时言辞激烈，往往给人造成一种错觉——这些书院是作为科举文教育的对立面而存在。如果稍作思考不难得出，这些施教者不会也没有必要与科举文教育或

---

① 陈谷嘉、邓洪波：《中国书院制度研究》，浙江教育出版社1997年版，第473—474页。

② 胡青、陈雯怡以及李兵等人对此问题进行过探讨（胡青：《书院的社会功能及其文化特色》，湖北教育出版社1996年版，第50—74页；陈雯怡：《由官学到书院——从制度与理念的互动看宋代教育的演变》，台湾联经出版社2004年版，第197—233页；李兵：《书院与科举关系研究》，华中师范大学出版社2005年版，第87—90页），笔者在已有研究的基础上做进一步的论述。

科举文研习为敌，理由有二：一是儒家倡导入世主义，读书应举是入世主义的重要表现。在影响士子的所有事件中，科举至关重要，士子通过科举获取功名，实现抱负，获得较高的社会地位。科举得意者，易于得到社会的认可；科举失败者，即使才高八斗，有时也难招惊鸿一瞥。科举的诱惑力巨大，自从科举诞生后，后代社会都会出现百舸争流的紧张局面，也都会出现类似范进中举的闹剧事件。科举像幽灵一样纠缠着历代士子，尤其是死死纠缠那些屡战屡败者，令他们求之不得而又欲罢不能，深深陷入两难的境地。二是书院施教者都是从科举中磨炼过来的，不少施教者获得了较高的科名，如在上文论述的一些施教者中，朱熹是绍兴十八年（1148）进士，陆九渊是乾道八年（1172）进士，魏了翁是庆元五年（1199）进士，徐元杰是绍定五年（1232）进士，欧阳守道是淳祐元年（1241）进士，吴澄是咸淳六年（1270）举人，许有壬是延祐二年（1315）进士，冯时雍是弘治十八年（1505）进士，龚用卿是嘉靖五年（1526）进士（状元），周怡是嘉靖十七年（1538）进士，邹元标是万历五年（1577）进士，程含章是乾隆五十七年（1792）举人，陈寿祺是嘉庆四年（1799）进士，饶拱辰是道光十二年（1832）进士。由于这些施教者应举并获得了科名，因此他们没有理由反对生徒从事科举文研习。

很多施教者并非反对科举文教育，而是要求书院重视道德学术教育，与道德学术教育相比，科举文教育处于等而次之的地位。朱熹论及科举与读书之间的关系时指出："士人先要分别科举与读书两件，孰轻孰重。若读书上有七分志，科举上有三分，犹自可；若科举七分，读书三分，将来必被他胜却，况此志全是科举。"[1] 显而易见，朱熹并非反对科举，而是要求士子在对待科举与读书的态度上有轻重之别。朱熹的思想在中国古代社会具有代表性，尽管有些施教者不重视科举文教育，但是他们并非反对科举文教育或反对科举文研习（虽然有少数施教者主张书院不从事科举文教育，不过他们并非反对生徒从事科举文研习[2]），他们所反对的只是

---

① 黎靖德编：《朱子语类》卷十三，中华书局 1986 年版，第 243 页。

② 如程廷祚在《与陈东皋论书院书》中指出："制举之文，士之所当自谋，非国家之所当代谋也。"（程廷祚：《青溪集》卷九，民国 4 年蒋氏慎修书屋校印本，第 7 页）四川学政张之洞要求当地尊经书院不从事科举文教育，不过他并非反对生徒研习科举文，他在《创建尊经书院记》中指出："或自为之可也，或应他书院课为之可也，岂禁之哉？"（张之洞：《张文襄公全集》卷二百十三，中国书店 1990 年版，第 28 页）

惟科举文教育是从这种浮风。如果反对科举文教育或反对科举文研习，那么很多书院举步维艰。南宋时期，有些施教者不仅不反对科举文教育，而且对科举文教育给予了很高的评价，如南宋状元姚勉在《正谊书院祭魁星》中就以"科第当作状元，仕宦当作宰相，学术当至圣人"① 一语勉励生徒，可见科举、仕宦、学术在姚勉的眼里是相融而非相悖。朱熹论及科举时，有着如下一番感慨：

> 非是科举累人，自是人累科举。若高见远识之士，读圣贤之书，据吾所见而为文以应之，得失利害置之度外，虽日日应举，亦不累也。居今之世，使孔子复生，也不免应举，然岂能累孔子邪！自有天资不累于物，不须多用力以治之者。某于科举，自小便见得轻，初亦非有所见而轻之也。正如人天资有不好啖酒者，见酒自恶，非知酒之为害如何也。又人有天资不好色者，亦非是有见如何，自是他天资上看见那物事无紧要。若此者，省得工夫去治此一项。今或未能如此，须用力胜治方可。②

朱熹通过频繁使用"累"字揭示出，科举虽然有着存在的意义，不过应举士子要将得失置之度外，只有淡泊名利，方为不累。朱熹还以先贤应举为例说明，对待科举不要存得失之心，"举业亦不害为学，前辈何尝不应举？只缘今人把心不定，所以有害。才以得失为心，理会文字，意思都别了"。③ 朱熹的应举观影响深远，成为后代很多士子的应举至言，明代学者查铎在《楚中会条》中也有如下一番感慨：

> 吾人日用，自有定业。若农之于耕、工之于器，举业皆吾本等业次。古之人有从鱼盐版筑中做出圣人来，何尝舍其业次？舍其业次，何从安生？至于吾人举业，尤便于学问。今之学者，多以举业为累，不知举业亦只一艺。艺不工无以见售，则举业不精何以应举？纵用心

---

① 姚勉：《正谊书院祭魁星》，姚勉：《雪坡集》卷四十七，《文渊阁四库全书》第 1184 册，台湾商务印书馆 1986 年版，第 1 页。
② 黎靖德编：《朱子语类》卷十三，中华书局 1986 年版，第 246—247 页。
③ 同上书，第 246 页。

求精亦无妨，但须将一切求进取时心肠不可上念。程子所谓"不患妨功，惟患夺志也"。至于精神亦不可太逐，太逐反无进，惟优游厌饫，有超然言外之意，始得。此习举业中功夫也。①

查铎认为，同农民耕地、工人铸器一样，举业也是士子谋生的手段，士子不要舍弃举业，应在举业上精益求精，不过，在举业上精益求精并非意味着一门心思地挂念着举业，精神"太逐"不仅无益，反而有害。此处查铎所言之"逐"与上文朱熹所言之"累"相呼应，二者之间存在着紧密的联系："逐"是"累"的原因，"累"是"逐"的结果。明代时期，江苏虞山书院学规也指出，应举士子要淡泊名利，若一操笔便生胜负之念，就会导致私意障碍心灵，俗肠堵塞天机，其文必不佳②。清代时期，河南嵩阳书院学规也指出，要重视朱熹的"非是科举累人，自是人累科举"的思想，以释然的心态面对科举，不可惟利禄是图③。由此看来，应举时需要把握好心态并非小事。就心理学角度而言，心态扭曲的中第者是心理不健全的畸形人，这种人为官后，定会关注私利而不关心民瘼，要么成为无用的庸才，要么成为国家的蠹虫；心态端正的落第者是心理健全的正常人，这种人即使不能释褐为官，也定会造福乡闾、惠泽一方，对社会有益无害。因此，与其歆羡一位心态扭曲的中第者，倒不如钦佩一位心态端正的落第者。在中国书院教育中，朱熹的地位不可或缺，他倡导道德教育的思想影响着一批又一批书院，他提出释然心态的应举观左右着一代又一代士子，我们可以说，朱熹既是一位伟大的教育家，又是一位杰出的心理学家。

第二，经义、八股文等科举文与经学有着密切联系，认真研习这些科举文会有助于提升道德学术素养，为何一些施教者对惟科举文教育是从的现象屡作批判？

经义是宋代科考重要文体，八股文是明清科考主要文体，这两种文体都与经学紧密偎依，其中，经义重在阐发经书大义，八股文题目源自四书

① 查铎：《楚中会条》，中华书局1985年版，第3—4页。
② 孙慎行编：《虞山书院志》卷四，万历年间刻本，第5页。
③ 耿介：《嵩阳书院会业序》，耿介编：《嵩阳书院志》卷二"序"，康熙二十三年刻本，第2页。

五经，因此写好经义与写好八股文都需要认真研读经书。朝廷设置科举的
目的是要选拔为国效用的实才，从科举安排有经义、八股文等文体可知，
朝廷希望在科举中脱颖而出者能够在道德学术上有所成就，只有在道德学
术上有所成就，方能造福于社稷民生（宋代科举存在着经义与诗赋之争，
往往实行经义、诗赋两科取士，即使是以诗赋科取士，朝廷也希望网罗一
些有着道德素养而非道德败坏的才子，此不言而喻）。按道理说，倾情于
经义、八股文研习会有助于提升道德素养，不过实际情况并非如此的简
单。这是由于，历代很多士子不愿意在研读经书上花费大量的时间，他们
往往寻求捷径，追求速效，背诵经义成文或八股成文，重视写作技巧训练
而忽视经书研读（这种现象多与庸师的不当指导有关，安徽学政汪廷珍
批判这种现象时指出，“为之师者本从此途而来，舍此无以为教耳”①）。
于是，朝廷的科举目的与士子的应举意图出现了错位，很多施教者对这种
错位现象进行过揭示。朱熹在《学校贡举私议》中指出，当时一些士子
为了走科举捷径，只是背诵科举成文而不研读经书，甚至为了便于行文而
窜改经义，名为治经而实为经学之贼，号为作文而实为文字之妖②。朱熹
弟子陈文蔚为江西龙山书院制定学约时指出，朝廷的科举目的与士子的应
举意图不尽一致，士子研习经义时只是记诵成文而不明经学之旨，结果
是，国家难以羁縻实才，士子难以承担重任③。明代时期，王阳明为浙江
万松书院作记时，对明代官学教育的错位现象进行揭示：

　　惟我皇明，自国都至于郡邑，咸建庙学，群士之秀，专官列职而
教育之，其于学校之制可谓详且备矣。而名区胜地往往复有书院之
设，何者？所以匡翼夫学校之不逮也。夫三代之学皆所以明人伦，今
之学官皆以明伦名堂，则其所以立学者固未尝非三代意也。然自科举
之业盛，士皆驰骛于记诵辞章，而功利得丧分惑其心，于是师之所
教、弟之所学者遂不复知有明伦之意矣。怀世道之忧者思勉而复之，
卒亦未知所措其力。譬之兵事，当玩弛偷惰之余，则必选将阅伍，更

---

① 汪廷珍：《学约五则》，陈谷嘉、邓洪波主编：《中国书院史资料》中册，浙江教育出版
社 1998 年版，第 1688 页。

② 朱熹：《学校贡举私议》，朱熹：《晦庵先生朱文公文集》卷六十九，《四部丛刊》初编，
上海商务印书馆 1922 年版，第 24 页。

③ 陈文蔚：《龙山书院讲义》，陈文蔚：《陈克斋集》卷三，中华书局 1985 年版，第 50 页。

其号令旌旗，悬逾格之赏以倡勇敢，然后士气可得而振也。今书院之设，其亦此类也欤？士之来集于此者，其必相与思之曰："既进我于学校矣，而复优我于是，何为乎？宁独以精吾之举业而已乎？便吾之进取而已乎？"则学校之中，未尝不可以精吾之业。而进取之心自吾所汲汲，非有待于人之从而趋之也。是必有进于是者矣，是固期我以古圣贤之学也。①

王阳明主要表明两个观点：其一，明代官学与三代之学在明人伦这一办学目的上相同，只不过是明代官学受利禄的驱使，沉湎于科举中，不复知明人伦之意，明代官学在明人伦这一办学目的与惟利禄是图这一教学实践上出现了错位。其二，书院要匡救官学不逮，更改官学的号令旌旗，将教学目标锁定圣贤之学而非科举文。上以是求而下不以是应的错位现象不仅出现在官学教育中，也出现在书院教育中，书院施教者论及这种错位现象时，往往将批判的触角伸向官学、书院乃至社会各类的一些教育中来。清代时期，安徽桐乡书院学规指出，自科举之法行，士子在父兄厚望与社会舆论等诸多压力下，无暇顾及经学而是孜孜于科举文，师不以是教，弟不以是学，有悖国家取士本意，当时湛深经术、明体达用的学者颇为罕见，熟悉训诂章句、名物典章者也不多得②。河南紫云书院学规指出，国家以八股文取士，本为合经学、理学、举业三者为一体，用意深远，可惜当时很多士子学无源头，胸无定见，只是剽窃摹拟，追求速效，文既不工，心术也不正③。台湾海东书院学规指出，举业代古圣贤立言，只有心和气平、见解宏通之人，方能作出佳文，历代科举出现一些腐烂不堪之文是末流之失所致，与国家取士本意无关④。从这些施教者的批判言辞中可知，朝廷的科举目的与士子的应举意图所出现的错位现象在中国古代社会普遍存在。尽管如此，历代都会有一些书院坚守传道授学，要求生徒重视经书研读，重视道德学术素质的培养，力求士子的应举意图与朝廷的科举目的

① 魏颂唐编：《敷文书院志略》纪述，赵所生、薛正兴主编：《中国历代书院志》第八册，江苏教育出版社1995年版，第1页。
② 戴钧衡：《桐乡书院四议》，佚名编：《桐乡书院志》卷六，清刻本，第18页。
③ 李来章、李琇璞编：《敕赐紫云书院志》学规，乾隆年间刻本，第8页。
④ 觉罗四明：《勘定海东书院学规》，邓洪波主编：《中国书院学规集成》第三卷，中西书局2011年版，第1745页。

相吻合，在上以是求与下以是应上保持一致，这样既有力促进了健康学风的形成，又有力促进了良好社会风气的形成。

第三，研习学术是否有碍应举？

科举诞生后，研习学术是否有碍应举这一问题被历代士子所关注，成为历代士子探讨的重要问题。不少人认为，研习学术有碍应举，应举者不必研习学术。也有一些人认为，研习学术不碍应举，应举者需要研习学术，如明代时期，海南玉阳书院学规对此问题做了详细的说明：

> 人多以讲学妨举业，不知讲学未尝妨举业也。盖讲学以明六经、《语》《孟》之旨，而会之于心性，体之于躬行，至于有得，则万理无不融贯。以其所融贯者发为文章，撼性灵，泄心得，其与涉猎剿袭者迥自不同。是讲学实举业之资，而未尝妨也。谓之妨者，特推脱之词耳。人情大率悠悠，因循滋事，其以俗事杂虑妨者多矣，未闻以学妨之。且举业以取青紫为期，人人习举业，未必人人得青紫，岂皆以讲学妨乎？得青紫而不闻道，亦为虚过；不得青紫又不闻道，终身究竟作何结果？所谓浪度浮生，坠落沉沦，亦大可思而惧也已。[1]

明代时期，湖南石鼓书院学规也指出，国家设置科举是为了使士子习圣贤之学、究圣贤之道，可惜很多士子认为研习学术有碍应举，只是记诵科举成文而对圣贤之学、圣贤之道置若罔闻[2]。清代时期，河南明道书院学规也指出，朝廷以制艺取士，即其言觇其识。研习学术有助于应举，不可仅仅为了应举而将学术置之度外[3]。一些施教者对当时应举士子忽视学识培养的不良现象进行了批判，他们主张研习学术不碍应举，循循善诱将士子引入学识培养中来，实现学识培养与应举训练的统一。

研习学术是否有碍应举？针对这一问题，笔者以为，具体情况具体对待，不可划一。士子若能合理地把握研习学术与应举之间的关系，研习学

---

① 佚名：《玉阳书院会条》，邓洪波主编：《中国书院学规集成》第三卷，中西书局2011年版，第1410页。

② 黄希宪：《石鼓书院训义》，李安仁、王大韶编：《石鼓书院志》卷上，万历十七年刻本，第82页。

③ 邵松年：《学程书院示诸生十六则》，吕永辉编：《明道书院志》卷五"学程"，光绪二十六年刻本，第6—7页。

术会有助于应举，不过研习学术对应举的作用不可高估，研习学术并非打开举业的万能钥匙，历代都会出现饱学之士屡试不售的现象，如清代大学者戴震四十岁才中举人，而后会试六次终告失败①。在应举途中，科举文写作训练这一环节不可偏废，若重视研习学术而忽视写作训练，不利于应举。明代时期，江苏虞山书院学规指出："讲学与举业非分二事，昔有从阳明讲学者，其父以废举业为忧，其人曰'无忧，譬之打蛇，今得七寸矣'，明年果中解元。"② 这位中解元的士子虽在为学后废止了举业训练，但之前应该有着良好的举业基础，否则难中解元。中国历代都有一些书院重视道德学术教育而忽视写作训练教育，其实这种教育对于应举而言并不占优势，尽管重视道德学术教育而忽视写作训练教育的书院会造就出一批批品学兼优的生徒，不过在科举方面要逊色于对道德学术教育与写作训练教育兼重的书院，因为科举文属于文学范畴，各种科举文都有着一套自身的写作规范与写作技巧，认真研习写作规范与写作技巧对于士子应举而言很有必要。重视道德学术教育而忽视写作训练教育的书院，其教育目标并非举业而是道德学术，通过道德学术教育为社会输送品学兼优的有用人才。有些施教者还以自己不应举为例告诫生徒，需要重视道德学术研习，如明代学者陈献章为江西龙冈书院作记指出，自己少时无师友，学不得其方，长期汩没于声利，年近三十始弃举业，从事于圣贤之学研习③。尽管龙冈书院从事科举文教育，不过陈献章的此番言论对于生徒而言犹如醍醐灌顶，能让生徒以正确的心态面对科举，不至于仅仅为了功名而将圣贤之学抛之脑外。

第四，传道授学能否作为区分书院与官学的一道分界线？

自从南宋朱熹等人掀起传道授学的热潮后，传道授学的思想对后来的一些书院教育产生了重大影响。不少施教者主张，书院应承担匡救官学不逮的重要角色，以传道授学为重任，若只是从事科举文教育，书院就丧失

① 乾隆三十八年，在纪昀、裘曰修的引荐下，举人出身的戴震有幸进入四库馆，成为四库馆臣。为了旌表戴震的学术贡献，以让戴震潜心于纂修工作，乾隆四十年，戴震在第六次会试不第后，乾隆皇帝特地要求他与中第后的贡士们一起参加殿试，并赐予他同进士出身，授翰林院庶吉士。

② 耿橘：《虞山书院会约》，孙慎行编：《虞山书院志》卷四，万历年间刻本，第7页。

③ 陈献章：《龙冈书院记》，陈献章：《白沙子》卷一，《四部丛刊》三编，上海商务印书馆1936年版，第39页。

了存在的价值。南宋时期,真德秀为江西龙山书院作记时指出,当地士子黄维直创建该院的目的并非科举考试,而是传道授学,郡县各学从事科举文教育已经足够,若再创建书院从事科举文教育,就会显得有些多余①。元代时期,程钜夫为山东东庵书院作记时指出,书院在办学上有着各种有利的条件,书院教育应具有独立性,不被利禄左右,教者要用其明,学者要保其聪②。明代时期,杨继盛在《辞陕西巡抚刘取书院再上辞帖》中指出,古代书院是传道授学的场所,而当时不少书院是利禄渊薮、功名筌蹄,即使没有这些书院亦可③。叶向高为京城首善书院作记时指出,为了抵制利禄的侵蚀,当时有不少贤者修建书院传道授学:

> 自孔门之学兴于洙泗,始言心、言性、言道德仁义,而其指归不出于孝弟。自庠序学校废,而贤人君子之有志学者,始欲得圣贤为之依归,以共维世教于不坠,其上下之相为补救如此。汉唐以来,以杂途词章取士,至德行伦常于不讲。至宋而濂洛关闽之儒乃复诸邹鲁之微言,转相授受,鹿洞、鹅湖始有书院以聚徒讲学,亦杏坛之遗意也。明兴,设科罗才虽取词章,而学官功令载在卧碑者,一本于德行,至以明伦颜其堂,其大指与三代同。而末流之弊,逐功利而迷本真,乃反甚于汉唐,贤士大夫欲起而维之,不得不复修濂洛关闽之余业,使人知所向往,于是通都大邑所在皆有书院。④

清代时期,桂霖为云南敷文书院作记时指出,书院应重视传道授学,若只是关心科举文教育,那么士子只要到书肆购买一些科举成文反复揣摩就可以了,书院就没有存在的必要⑤。尽管很多施教者认为书院要以传道授

---

① 真德秀:《龙山书院记》,真德秀:《真西山先生集》卷二,中华书局 1985 年版,第 27 页。

② 程钜夫:《东庵书院记》,程钜夫:《雪楼集》卷十三,《文渊阁四库全书》第 1202 册,台湾商务印书馆 1986 年版,第 28—29 页。

③ 杨继盛:《辞陕西巡按刘取书院再上辞帖》,呼延华国编:《狄道州志》卷四,乾隆二十八年刻本,第 10 页。

④ 叶向高:《首善书院记》,陈谷嘉、邓洪波主编:《中国书院史资料》上册,浙江教育出版社 1998 年版,第 813 页。

⑤ 桂霖:《新建敷文书院碑记》,张培爵、周宗麟编:《大理县志稿》卷十八,民国 5 年印本,第 14 页。

学为重任，不可惟科举文教育是从，但是为了谨慎起见，我们还是不能以传道授学作为区别书院与官学的分水岭，原因有二：其一，历代书院驳杂多样，虽然历代都有一些书院重视传道授学，不过历代也有一些书院重视科举文教育而忽视传道授学。其二，并非所有的官学重视科举文教育而忽视传道授学，有些官学在朝廷的积极引导下（如清廷屡次将道德教育写入谕旨）或在一些硕儒官员的有效掌管下，也重视传道授学。在教育方面，书院与官学有着不少区别，但也存在着一些共性，并非格格不入，只不过相比较而言，书院比官学更为看重传道授学，在官学弊端丛生之际，书院往往能弥补官学教育的缺失。因此，传道授学虽为书院教育的重要特点，但不可以此为标准将书院与官学完全割裂开来。以传道授学为标准来区分书院与官学会犯以偏概全之误，不利于我们对书院与官学的正确理解。

第二节　清代书院科举文教育

与前代书院相比，清代书院在科举文教育方面有过之而无不及。清代很多帝王重视文化教育事业，士子归心翰墨成为当时社会的风尚。清代官学数量有限，书院得以兴起。清代书院数量繁多，据白新良统计，清代书院共有 4365 所①。清代书院类型多样，据陈元晖等人分析，清代书院主要有四种类型：或以理学教育为主，或以汉学教育为主，或以科举文教育为主，或以实学教育为主②，而以科举文教育为主的书院独占鳌头。由于清代书院数量繁多，类型多样，科举文教育驳杂多变，因此有必要对清代书院科举文教育做重点研究。

一　清代书院科举文教育盛况

历史上，大凡文化落后的民族统治文化先进的民族，一定不会对先进民族的文化置若罔闻，他们定会重视并继而研习先进民族的文化，尽管文化落后的民族执政后可能会制定一些民族歧视的政策。中国历史上几次出

---

① 白新良：《中国古代书院发展史》，天津大学出版社 1995 年版，第 271 页。
② 陈元晖、尹德新、王炳照：《中国古代的书院制度》，上海教育出版社 1981 年版，第101—108 页。

现少数民族统治汉族的朝代，由于汉族有着丰厚的文化积淀，因此少数民族统治中国后，都会受到汉族文化的影响，在汉族文化与少数民族文化的相融过程中，以夏变夷往往处于优胜地位。书院是唐代以后宣传汉族文化的重要教育机构，虽然清廷初期顾及会讲议政风气的不良影响而对书院有所压制，如顺治九年（1652），朝廷规定不许别创书院，不过随着政权的稳固，清代帝王对待书院的观念发生了转变。为了表达对书院教育的支持，康熙皇帝曾向江西白鹿洞书院、湖南岳麓书院、福建鳌峰书院、浙江敷文书院等多所书院进行过赐书或赐额活动。雍正十一年（1733），朝廷明令在各省建立省会书院，各赐帑金千两为营建之费，"择其省文行兼优之士读书其中，使之朝夕讲诵，整躬励行，有所成就，俾远近士子观感奋发，亦兴贤育才之一道也"。① 乾隆皇帝也很重视书院建设，对一些书院进行过赐书或赐额活动。清廷对书院山长的聘请工作颇为重视，位于省城的大书院一般由总督、巡抚会同学政聘请，位于府、州、县的各地书院一般由地方官员聘请。乾隆皇帝还要求对山长进行定期考核，对有佳绩者实施褒奖。鉴于山长的名称欠妥，乾隆三十一年（1766）谕旨要求，将山长之名易为院长。

在清廷的大力支持与严加钳制下，清代书院官学化增强，很多书院重视科举文教育，为国家培养科举人才。一些书院制定学规，要求生徒认真对待科举，专心研习科举文，如江西白鹿洞书院学规指出，读书当思科第，举业为当前要务，生徒如遇课期，须如孤军逢敌，拼力一战，不可草草放过②。湖南玉潭书院学规指出，科举为士子进身之阶，舍此无以求伸，书院应重视科举文教育，生徒应重视科举文研习③。为了期待获得理想的科考结果，有些施教者在书院的命名或风水上费尽心思，如广东应元书院是广东布政使王凯泰在同治八年（1869）建立的专课举人的书院，"应元"一名寄托了肄业举人会试为会元、殿试为状元的厚望，同治十年

① 崑冈、刘启端编：《钦定大清会典事例》卷三百九十五，《续修四库全书》第804册，上海古籍出版社2002年版，第303页。

② 王绫：《白鹿洞书院戒勉》，毛德琦、周兆兰编：《白鹿洞书院志》卷八，宣统二年刻本，第15页。

③ 周在炽：《玉潭书院条约》，周在炽编：《玉潭书院志》卷三，乾隆三十二年刻本，第10页。

（1871），生徒梁燿枢不负众望，喜中状元①。湖南石鼓书院的大门原本北向，嘉庆末年改为东南向后科第衰替，为了恢复昔日科第之兴，光绪四年（1878），又将大门恢复北向，光绪五年（1879），生徒谭莹喜中解元，光绪六年（1880），生徒祝松云、谭鑫振、杨依斗、陈鼎喜中进士，而谭鑫振在殿试中点探花②。清代书院重视科举文教育，也从书院楹联中有所显示，清代不少书院将应举关怀或中第愿望写入楹联，如云南玉屏书院的讲堂联为："何事关心，二月杏花八月桂；是谁催我，黄昏灯火五更鸡。"③浙江鄞山书院的厅柱联为："五百年故址荆榛，喜此间结构新成定许风流追曩哲；三千士同堂弦诵，愿今后科名蔚起敢操月旦辨真才。"④ 其中，"二月杏花八月桂"是指清代二月会试、八月乡试（雍正皇帝与乾隆皇帝曾将二月会试改为三月会试），可见玉屏书院对科举的高度关注。从学规、命名、风水、楹联等诸多内容中可知，清代一些书院重视科举文教育，在科举文教育方面做出了重要努力。其中，白鹿洞书院与石鼓书院在宋代时期由于力挺道德之学而闻名一时，这两所书院在清代都很重视科举文教育，其他书院对科举文教育的重视程度便可想而知。

治政之本，教化为先。清代很多官员为官一方后，兴复书院振兴文教，推动当地举业的发展，引导士子纷纷走向科举之路。乾隆三十五年（1770），贵州遵义知府于方柱鉴于当地湘川书院与育才书院的租谷有限而导致很多童子辍学，于是将这两所书院合并，督学孙士毅给合并后的书院命名为启秀书院。启秀书院未建之前，童子所作之文，"杂糅而失次、庖湢而无异位也，使者瞿如怒如而不能以安"，建成之后，童子所作之文，"蒸蒸遂遂，饫醇而哜载，其于道也几矣"。⑤乾隆三年（1738），姚立德知定州期间在当地创建定武书院，之后，沈鸣皋修复该院。乾隆四十三年（1778），孙景曾为该院作记时指出，十余年前在沈鸣皋的大力

① 王凯泰编：《应元书院志略》题名录，同治九年刻本，第1页。
② 李扬华编：《国朝石鼓志》卷一，光绪六年刻本，第17—18页。
③ 邓洪波编：《中国书院楹联》，湖南大学出版社2004年版，第326页。
④ 佚名编：《鄞山书院志》额联，赵所生、薛正兴主编：《中国历代书院志》第九册，江苏教育出版社1995年版，第1页。
⑤ 孙士毅：《启秀书院记》，平翰、郑珍编：《遵义府志》卷二十四，道光二十一年刻本，第30页。

整顿下，该院科名鹊起、甲第蝉联，而十余年后面目全非。他目睹此惨状后，振兴文教的迫切思绪油然于中①。贵州平越地处偏僻，文教不隆。乾隆五十年（1785），平越知府唐乐宇鉴于当地童子所作之文不值得一哂，于是谋诸僚友创建墨香书院，用来振兴当地文教②。由于地方官员在文教上有了强烈的担当意识，因此地方书院才会陆续得以修建，这些修建后的书院为各地培养了众多科举人才，为各地举业做出了重要贡献。

为了激励生徒认真研习科举文，从而提高科考命中率，扩大自身影响，清代很多书院在科举文教育方面做出了重要努力。有些书院给不同的应举者提供不等的经济援助，如浙江东明书院规定，生员岁考，每名给路费银五钱，贡监生员科考，每名给路费银五钱，贡监生员乡试，每名给路费银八两，举人会试，每名给路费银十两③。有些书院给不同的中第生徒实施不等的奖励，如湖南洞溪书院规定，科岁之时，在院肄业者，奖钱六串，中乡试者，奖钱十串，中进士者，奖钱二十串，点词林者，奖钱五十串，授主事者，奖钱三十串④。为了多培养几位进士，有些书院给乡试中第的生徒奖励数目不菲的会试费用，如四川锦江书院规定，每逢恩科、正科乡试之年，生徒无论中式多少名，每名发给会试路费银五十两⑤。除了物质奖励外，有些书院还给中第生徒实施精神奖励，如福建致用堂规定，在堂中置立总匾，凡是在乡试与会试中第的生徒以及获得拔贡、优贡资格的生徒，监院都要在匾中给他们题名⑥。有些书院每逢岁试、科试年时，招收一批生徒肄业院中，以让更多的生徒鏖战科场，如河南彝山书院在道光年间（1821—1850）每逢岁试、科试年时招收生徒的名额可见表3—1。

① 孙景曾：《重修定武书院碑记》，王榕吉编：《定州续志》卷四，咸丰十年刻本，第7页。

② 唐乐宇：《建修墨香书院碑记》，陈谷嘉、邓洪波主编：《中国书院史资料》中册，浙江教育出版社1998年版，第1223页。

③ 郑只恺编：《东明书院志》章程，赵所生、薛正兴主编：《中国历代书院志》第九册，江苏教育出版社1995年版，第102页。

④ 李临编：《浏东洞溪书院志》卷上"章程"，光绪二十六年刻本，第6页。

⑤ 李承熙编：《锦江书院纪略》卷中，咸丰八年刻本，第25页。

⑥ 王凯泰编：《致用堂志略》章程，同治十二年刻本，第21页。

表 3—1

类别	时间	录取名额（名）
岁试	道光九年（1829）	19
	道光十二年（1832）	14
	道光十五年（1835）	17
	道光十八年（1838）	16
	道光二十一年（1841）	31
	道光二十四年（1844）	26
科试	道光十年（1830）	19
	道光十三年（1833）	16
	道光十七年（1837）	16
	道光十九年（1839）	12
	道光二十三年（1843）	33
	道光二十五年（1845）	24[①]

有些书院每逢乡试或科试年时增加正课生名额（正课生是级别最高的生徒，所得的膏火最多），进而激励生徒认真研习，如广东粤秀书院在嘉庆年间（1796—1820），每逢乡试年时增加四十名正课生，在光绪年间（1875—1908），每逢科试年时将前十名附课生升为正课生[②]。总之，清代很多书院通过各种途径、各种手段确保生徒积极地备战科场，为国家输送更多的人才，也为书院赢得更多的荣誉。

师之所教，弟之所率。山长科名如何对引导书院科举文教育有着一定的影响，为了对生徒科举文研习进行有效地指导，清代一些书院聘请山长时重视科名。一些著名书院的山长往往有着很高的科名，如《端溪书院志》记载的三十位山长中，有二十六位进士，该院山长以及科名的具体情况可见表 3—2。

---

① 本表数字依据史致昌编《彝山书院志》（道光二十六年刻本，第 16—19 页）统计而成。

② 傅维森编：《端溪书院志》卷二，光绪二十六年刻本，第 1 页。

表 3—2

山长	籍贯	科名	主院始年
刘斯组	江西新建	举博学鸿词	乾隆初年（1736—1752）
沈廷芳	浙江仁和	举博学鸿词	乾隆初年（1736—1752）
吴延熙	浙江归安	进士	乾隆初年（1736—1752）
全祖望	浙江鄞县	进士	乾隆十七年（1752）
何梦瑶	广东南海	进士	乾隆十八年（1753）
陆嘉颖	浙江仁和	进士	乾隆二十七年（1762）
马俊良	浙江石门	进士	乾隆四十六年（1781）
饶庆捷	广东大埔	进士	乾隆五十二年（1787）
冯敏昌	广东钦州	进士	嘉庆四年（1799）
聂肇奎	湖南衡山	举人	嘉庆九年（1804）
刘彬华	广东番禺	进士	嘉庆十一年（1806）
吴诒澧	安徽桐城	进士	嘉庆十五年（1810）
谢兰生	广东南海	进士	嘉庆十八年（1813）
聂镜敏	湖南衡山	拔贡	嘉庆十九年（1814）
张岳崧	广东定安	进士（探花）	嘉庆二十年（1815）
赵敬襄	江西奉新	进士	嘉庆二十一年（1816）
胡森	江西南城	进士	道光元年（1821）
林召棠	广东吴川	进士（状元）	道光十三年（1833）
蔡锦泉	广东顺德	进士	道光二十八年（1848）
吴家懋	广东番禺	进士	道光二十九年（1849）
史澄	广东番禺	进士	咸丰七年（1857）
苏廷魁	广东高要	进士	咸丰九年（1859）
李光廷	广东番禺	进士	同治元年（1862）
易学清	广东鹤山	进士	光绪六年（1880）
梁鼎芬	广东番禺	进士	光绪十三年（1887）
朱一新	浙江义乌	进士	光绪十四年（1888）
林绍年	福建闽县	进士	光绪十六年（1890）
何荣阶	广东番禺	进士	光绪十八年（1892）
林国赓	广东番禺	进士	光绪二十一年（1895）
傅维森	广东番禺	进士	光绪二十四年（1898）①

① 本表内容依据傅维森编《端溪书院志》（卷五，光绪二十六年刻本，第1—4页）整理制作而成。

一般性书院的山长也往往有着一定的科名，如《浏东狮山书院志》记载的十六位山长中，有十五位举人，该院山长以及科名的具体情况可见表3—3。

表3—3

山长	籍贯	科名	主院始年
彭舒英	湖南长沙	副贡	道光二十四年（1844）
程人炽	湖南宁乡	举人	道光二十五年（1845）
李传敏	湖南平江	举人	道光二十六年（1846）
曹光汉	湖南长沙	举人	道光二十九年（1849）
吴敏树	湖南巴陵	举人	道光三十年（1850）
许如骏	湖南善化	举人	咸丰元年（1851）
柳先赓	湖南长沙	举人	咸丰二年（1852）
陈伊鼎	安徽青阳	举人	同治三年（1864）
袁懋森	湖南长沙	举人	同治四年（1865）
程椿寿	湖南宁乡	举人	同治七年（1868）
左宜	湖南长沙	举人	同治八年（1869）
胡钧学	湖南长沙	举人	同治十一年（1872）
但复旦	湖南善化	举人	同治十三年（1874）
宁辉钺	湖南善化	举人	光绪元年（1875）
王介祺	湖南安化	举人	光绪二年（1876）
文德基	湖南宁乡	举人	光绪三年（1877）①

在诸多努力下，清代不少书院在科举上喜结硕果，造就出了很多科举人才。有些书院就以拥有较高的科考命中率为荣，如江苏宝晋书院在科举文教育方面成效卓著，《宝晋书院志》卷三称："润州代有伟人，事业文章卓卓可纪，溯其始，大都有所砥砺而后成。自改建宝晋书院以来，诸君子讲习于其中。揽江山之胜概，追苏米之芳踪。茹古涵今，扬风挖雅。百余

---

① 本表内容依据萧振声编《浏东狮山书院志》（卷三，光绪四年刻本，第10—13页）整理制作而成。

年间掇科名者，踵相接也。特载之以为后来者劝。"① 该院在乾隆至光绪年间（1736—1908）培养出进士八十名，举人三百四十九名，副榜五十六名，拔贡三十名，优贡八名，具体情况可见表3—4。

表3—4

科名	时间	人数（名）
进士	乾隆年间（1736—1795）	20
	嘉庆年间（1796—1820）	13
	道光年间（1821—1850）	20
	咸丰年间（1851—1861）	5
	同治年间（1862—1874）	6
	光绪年间（1875—1908）	16
举人	乾隆年间（1736—1795）	62
	嘉庆年间（1796—1820）	71
	道光年间（1821—1850）	88
	咸丰年间（1851—1861）	22
	同治年间（1862—1874）	58
	光绪年间（1875—1908）	48
副榜	乾隆年间（1736—1795）	12
	嘉庆年间（1796—1820）	7
	道光年间（1821—1850）	15
	咸丰年间（1851—1861）	1
	同治年间（1862—1874）	6
	光绪年间（1875—1908）	15
拔贡	乾隆年间（1736—1795）	6
	嘉庆年间（1796—1820）	5
	道光年间（1821—1850）	9
	咸丰年间（1851—1861）	3
	同治年间（1862—1874）	4
	光绪年间（1875—1908）	3

① 贲中孚、赵佑宸编：《宝晋书院志》卷三，光绪年间刻本，第30页。

续表

科名	时间	人数（名）
优贡	乾隆年间（1736—1795）	0
	嘉庆年间（1796—1820）	0
	道光年间（1821—1850）	2
	咸丰年间（1851—1861）	0
	同治年间（1862—1874）	3
	光绪年间（1875—1908）	3①

其中，生徒张潮普、张深、颜保庸、张培寿分别是乾隆三十五年（1770）、嘉庆十五年（1810）、嘉庆二十四年（1819）、道光五年（1825）的解元，李承霖是道光二十年（1840）的状元。母以子贵，不难想象，这对于宝晋书院而言是何等的荣耀，宝晋书院的声誉会随着这些金凤凰的一次次飞出而蒸蒸日上。

清代很多书院重视科举文教育，科举文教育达到了如火如荼的地步。虽然清代以前各个朝代也有不少书院重视科举文教育，不过其重视程度很难与清代书院相颉颃，清代末科探花商衍鎏论及历代书院教育时指出："宋元独尚讲学，明代间兼会文，清则讲学者鲜，后且以考课为主，而与科举之关系特深。"② 从言辞中可知，清代书院与科举之间的关系极为密切。清代时期，有些书院甚至将目标紧紧锁定科举与利禄，四川石柱同知王萦绪为当地南宾书院作记时指出，当时已有不少书院病入膏肓，"凡省会暨府、州、县当事者皆设书院于城廓，延师教境内俊秀，当不下千百所，而师弟子之授受不过帖括声律，其身心要务出处实学不及焉，已非先师为己之义矣！且人心日偷，甚至师所希在束脩，弟所谋在膏火"。③ 有些生徒甚至为了获取微薄的膏火，即使头垂垂白，也不肯离开书院④。这

---

① 本表数字依据贵中孚、赵佑宸编《宝晋书院志》（卷三，光绪年间刻本，第30—46页）统计而成。

② 商衍鎏：《清代科举考试述录及有关著作》，百花文艺出版社2004年版，第234页。

③ 王萦绪：《南宾书院记》，常明编：《四川通志》卷八十，嘉庆二十一年刻本，第33页。

④ 不过，也有少数好学者虽至耄耋之年仍进入书院研习，与一些贪图微末的膏火者有别，如乾隆年间，生员梁锦八十余岁尚在粤秀书院研习，孜孜不倦。广东巡抚闻知后，特地赐予他米一石、肉十斤，以示表彰。（梁廷枏编：《粤秀书院志》卷七，道光二十七年刻本，第26—27页）

些书院不再是传道授学的教育机构，而是变为利禄渊薮，匡救官学不逮的教育精神在这些书院身上发生了蜕变。丁钢与刘琪论及书院教育时指出："尽管我们不能说书院从来就是科举的附庸，但科举化的隐患的确从一开始就隐伏着，并伴随着书院官学化程度的不断提高，而成为书院蜕变的一个重要方面。"① 清代书院官学化增强，科举化的隐患日益暴露出来，结果使一些书院脱离了传道授学的教育轨道。

二　清代书院科举文教育矫枉

在利禄的驱动下，清代一些书院以科举文教育为鹄的，这种不良学风在清代社会愈演愈烈。为了将书院引入正轨，促进生徒健康成长，一些施教者对当时出现的不良学风进行了矫正。清代书院科举文教育矫枉有着种种表现，主要体现在三个方面：第一，一些施教者主张改变山长聘任方式来医治科举文教育的弊病。第二，一些施教者通过创办汉学书院来力矫科举文教育的歪风。第三，一些施教者重视将西方实学植入书院来削弱科举文教育的力量。

山长是书院教育的领头羊，书院的教育方向与山长引导息息相关。山长地位重要，待遇不菲。一些重要书院的山长待遇丰厚，有束脩银、膳金银、节敬银、聘金银等各种名目的福利，此处以河南、河北、江苏、福建、广东、湖南、江西等地十一所书院的山长待遇为例来作说明：

表3—5

书院名称	山长待遇
河南彝山书院	束脩银二百两，膳金银八十两，节敬银十八两，聘金银四两
河南豫南书院	束脩银一百六十两，膳金银二百四十两，节敬银二十四两
河南明道书院	束脩银三百两，膳金银一百两，节敬银三十两，聘金银十两
河北海阳书院	束脩银二百两，薪水银六十两，车费旅费银二十两，节敬银二十两
江苏钟山书院	束脩银三百两，每月膳金银十两，节敬银十八两
福建鳌峰书院	束脩银四百两（嘉庆十五年增为六百两），伙食银一百二十两（遇闰年增银十两），节敬银三十两，年节代席银六两，初到送下马席银三两，初到应供三日银三两，山长及其父母生日银共三十两，辞馆回籍程仪银二十四两

---

① 丁钢、刘琪：《书院与中国文化》，上海教育出版社1992年版，第91页。

续表

书院名称	山长待遇
福建致用堂	束脩银六百两，膳金银一百二十两（遇闰年增银十两），节敬银六十两，聘金银二十两
广东端溪书院	束脩银五百两，蔬薪银二百四十两，赞仪银二百四十两，节敬银十两，每月三课饭银二两四钱
广东应元书院	束脩银六百两，膳金银一百二十两，节敬银六十两，聘金银二十两
湖南校经书院	束脩银五百两，膳金银一百二十两，节敬银一百二十两，聘金银四十两，程仪银二十两，酒席银五两
江西鹅湖书院	束脩银二百四十两，膳金银八十两，节敬银十八两，聘金银十两，迎送盘费银十二两①

在上述书院中，山长年俸禄少则三四百银两（如河南彝山书院、河北海阳书院、江苏钟山书院、江西鹅湖书院），多则七八百以上银两（如福建致用堂、广东端溪书院、广东应元书院、湖南校经书院），可见一些重要书院的山长职位诱惑不小，尤其是年俸禄七八百以上银两的山长职位。

清代一些书院的教育出现蜕变现象，与山长选聘一事直接关联。清代时期，山长多由地方官员选聘，制度实施初期效果明显，能够聘请到一些德高望重、学术精湛的鸿彦硕儒，不过后来弊端重重。由于一些山长的俸禄可观，因此选聘山长时的请托现象司空见惯。不少人冲着丰厚的脩金而来，有些山长不学无术，甚至只拿脩金而不执教。戴钧衡在《书院杂议四首》中对当时一些书院选聘山长时的请托、山长任期中的遥课以及书院惟科举文教育是从等各种不良现象进行了批判：

---

① 本表内容依据下列资料整理制作而成：史致昌：《彝山书院志》，道光二十六年刻本，第8页；朱寿镛编：《创建豫南书院考略》，光绪十七年刻本，第12页；吕永辉编：《明道书院志》卷七，光绪二十六年刻本，第5页；杨文鼎、王大本编：《滦州志》卷十二，光绪二十四年刻本，第79页；汤椿年编：《钟山书院志》卷六，雍正年间刻本，第14页；游光绎编：《鳌峰书院志》卷十五，道光年间刻本，第9页；王凯泰：《致用堂志略》章程，同治十二年刻本，第16—17页；傅维森编：《端溪书院志》卷二，光绪二十六年刻本，第8页；王凯泰编：《应元书院志略》章程，同治九年刻本，第20页；张亨嘉：《校经书院志略》，光绪十七年刻本，第16页；王赓言、吴嵩梁编：《鹅湖书田志》卷五，嘉庆十八年刻本，第15页。

　　山长之名始于宋，元时与学正、教谕并列为官，选于礼部及行省宣慰司。近世则不然，省会书院大府主之，散府书院太守主之，择聘贤有德者以为山长。世风之敝也，以科第相高，以声气相结，其所聘为山长者，不必尽贤有德之士类，与主之者为通家故旧，或转因通家故旧之请托，然犹有山长之实也。降而州县书院，则牧令不能自主，其山长悉由大吏推荐，往往终岁弗得见，以束脩奉之上官而已。夫为子弟延师，必将使朝夕与居，亲承讲画，瞻仰其容止起居，以资效法，而顾令远隔数百里不相闻问，以是为教，虽孔子不能得之于七十子也。桐乡书院近以费绌未克专延山长，窃谓山长必不可无，而所以举其人者尤不可忽。择一人为童子师，尚必审其学行可宗与否，矧以书院之重、士类之繁，将合数百十人奉为矩范，苟非道德文章足以冠众而愧世，则人岂乐从之游？今天下山长所以教士者可慨矣！津津焉于科举文章，揣摩得失，剿窃影响，而罕有反而求之于实学者。①

山长选聘工作带来的一系列问题屡次引起朝廷的重视，这从乾隆、嘉庆、道光年间朝廷颁布的一些谕旨中可以知晓，其中，乾隆元年（1736）谕旨的部分内容为：

　　书院之制，所以导进人才、广学校之不及。我世宗宪皇帝命设之省会，发帑金以资膏火，恩意至渥也。古者乡学之秀，始升于国，然其时诸侯之国皆有学。今府州县学并建而无递升之法，国子监虽设于京师而道里辽远，四方之士不能胥会，则书院即古侯国之学也。居讲席者固宜老成宿望，而从游之士亦必立品勤学，争自濯磨，俾相观而善，庶人材成就，足备朝廷任使，不负教育之意。若仅攻举业，已为儒者末务，况藉为声气之资、游扬之具，内无益于身心，外无裨于民物，即降而求文章成名足希古之立言者，亦不多得，宁养士之初旨耶？该部即行文各省督抚学政，凡书院之长，必选经明行修、足为多士模范者，以礼聘请。负笈生徒，必择乡里秀异、沉潜学问者，肄业

---

① 戴钧衡：《书院杂议四首》，佚名编：《桐乡书院志》卷六，清刻本，第13—14页。

其中。①

嘉庆二十二年（1817）谕旨的部分内容为：

> 各省教官废弃旧业，懒于月课。书院义学，夤缘推荐，滥膺讲席，并有索取束脩身不到馆者，殊失慎选师资之义。着该督抚学政等务延经明行修之士讲习讨论，如有学品庸陋之人滥竽充数者，立即斥退，以励师儒而端教术。②

道光二年（1822）谕旨的部分内容为：

> 各省府厅州县分设书院，原与学校相辅而行。近日废弛者多，整顿者少，如所称院长并不到馆，及令教职兼充，且有并非科举出身之人觍居是席，流品更为冒滥，实去名存，于教化有何裨益？着通谕各直省督抚于所属书院务须认真稽查，延请品学兼优绅士住院训课。其向不到馆支取干俸之弊，永行禁止。至各属教职，俱有本任课士之责，嗣后亦不得兼充，以专责成。③

从"该部即行文各省督抚学政，凡书院之长，必选经明行修、足为多士模范者，以礼聘请""着该督抚学政等务延经明行修之士讲习讨论，如有学品庸陋之人滥竽充数者，立即斥退""着通谕各直省督抚于所属书院务须认真稽查，延请品学兼优绅士住院训课"等语可知，乾隆、嘉庆以及道光皇帝都很重视山长聘请的问题，要求以道德学术作为选聘山长的重要条件。朝廷谕旨虽对山长选聘工作起到一定的指导作用，但各地山长选聘工作中的违规之举时有发生。南宋时期，一些山长的选聘权掌握在乡绅手中，这种方法要比地方官员聘请显得合理。清代时期，有些施教者也主张，将选聘山长的权力从地方官府中释放出来，重新回到乡绅的手中，如

---

① 崑冈、刘启端编：《钦定大清会典事例》卷三百九十五，《续修四库全书》第 804 册，上海古籍出版社 2002 年版，第 303—304 页。

② 同上书，第 306 页。

③ 同上书，第 307 页。

河北龙冈书院要求，每年八、九月间，由总理以及董事会同乡绅公择科甲出身、学行素著、诗文兼长者担任山长①。福建诗山书院要求，每年十一月时，由士绅、董事公举品学兼优者担任山长②。戴钧衡在《书院杂议四首》中指出，由董事以及诸生议请经明行修、老成硕德者担任山长，不由官员推荐③。聘请本地有识之士担任山长有时会出现请托现象，为了杜绝这种现象的发生，有些施教者主张，要从外地选择贤良之士担任山长，如河北敬义书院要求，山长是由士绅、董事延访外省、府、州、县的进士或举人担任，山长须品学兼优且长住书院④。为了凸显道德学术教育，有些书院聘请山长时格外重视考量品学而非讲求科名，如江西象山书院要求，山长为生徒表率，延聘山长时要重视品端学裕。经明行修者，即使是布衣，也可聘为山长；经不明行不修者，即使是举人、进士，也不能聘为山长⑤。从言辞中可知，品学兼优的布衣要比品学欠缺的举人甚至进士显得可靠。这些在山长聘请问题上深思熟虑的书院，定能有效地开展教育工作，合理地把握义利关系，为抵制当时社会上出现的不正学风发挥着重要作用。

　　为了矫正惟科举文教育是从这种愈演愈烈的浮风，清代一些施教者在教育行动中做出了巨大努力，阮元就是其中的一员骁将。嘉庆二年（1797）任浙江学政期间，阮元召集当地一些学者编纂《经籍籑诂》，在杭州西湖孤山边建屋五十间作为修书场所。嘉庆三年（1798），阮元赴京城任兵部侍郎，嘉庆五年（1800），任浙江巡抚。阮元任浙江巡抚期间，在原修书之地创建诂经精舍，选拔一些高才生肄业其中。阮元对惟科举文教育是从的现象深恶痛绝，当时杭州之地的敷文书院、崇文书院、紫阳书院专课科举文，而阮元一洗旧习，规定诂经精舍从事经史、诗赋以及文笔等教育，不课试科举文。为了表明教育取向，该院奉汉代著名学者许慎、郑玄作为祭祀对象。道光四年（1824）任两广总督期间，阮元在粤秀山创建学海堂。学海堂也是当时著名的汉学书院，教育内容同诂经精舍相类

　　① 桂超万编：《栾城县志》卷六，道光二十六年刻本，第8页。
　　② 戴凤仪编：《诗山书院志》卷三，光绪三十一年刻本，第10页。
　　③ 戴钧衡：《书院杂议四首》，佚名编：《桐乡书院志》卷六，清刻本，第15页。
　　④ 方宗诚编：《枣强敬义书院志》章程，光绪五年刻本，第1页。
　　⑤ 佚名：《象山书院章程》，赵所生、薛正兴主编：《中国历代书院志》第十一册，江苏教育出版社1995年版，第1—2页。

似。鉴于当时书院滥荐山长以及山长一人不能兼赅众长等诸多因素，道光六年（1826）赴任云贵总督之际，阮元为学海堂制定章程八则，要求学海堂不立山长，也不允许推荐山长，而是设立八位学长同司课事。除了浙江诂经精舍、广东学海堂外，清代还有广东菊坡精舍、江苏惜阴书舍、四川尊经书院、江西经训书院、湖北经心书院、陕西味经书院等诸多汉学书院，有些汉学书院深受阮元思想的影响，不从事科举文教育。书院若抛开科举文教育，会对生徒科举有所影响，不过，一些不课试科举文的汉学书院所招生徒有着良好的科举文研习基础，如"（学海堂）为课通省举贡生监经解、诗古之所"，其课试内容，"仍以经史为主，期为有用之文，赋或拟古赋或出新题，俱用汉魏六朝唐人诸体，诗题不用试帖，以场屋之文士子无不肄习也"。① "（菊坡精舍）为专课通省举贡生监经史、诗赋之所，仿照学海堂章程，童生不得与试。"② "（惜阴书舍）专课经解、诗、古文词，举人与试焉。"③ 这些汉学书院虽不从事科举文教育，但在科举中不会处于明显的劣势。

在科举之风炽热的情形下，若重视汉学教育而抛开科举文教育，会处于尴尬的境地。汉学家卢文弨主讲钟山书院期间，绝大多数生徒深陷科举文研习的泥淖，卢文弨在当时情形下，"不得已而看时文、讲时文，实非性之所乐"。④ 四川学政张之洞在成都创建尊经书院时，仿照诂经精舍与学海堂的教育方式，从事古学教育而不课试科举文，当有人问及不课试科举文的原因时，他回答道："若四书文，大小场用之，各郡县书院课之，诸生无不习者，今复课之，赘也。且日增四书文一课，时日精力不能胜也。"当有人问及从事古学研究是否有碍应举时，他回答道："根柢深而不工词章者鲜矣，工一切诗古文辞而不能为举业者抑又稀矣，其于时文有相资也，无相害也。"⑤ 尽管张之洞要求尊经书院重视古学教育，但是他

---

① 林伯桐、陈澧编：《学海堂志》文橄，光绪年间刻本，第1—4页。

② 佚名：《广州菊坡精舍章程》，邓洪波主编：《中国书院学规集成》第三卷，中西书局2011年版，第1302页。

③ 甘熙：《惜阴书舍记》，陈谷嘉、邓洪波主编：《中国书院史资料》中册，浙江教育出版社1998年版，第1382页。

④ 卢文弨：《答彭允初书》，卢文弨：《抱经堂文集》卷十八，乾隆六十年刻本，第17—18页。

⑤ 张之洞：《创建尊经书院记》，张之洞：《张文襄公全集》卷二百十三，中国书店1990年版，第28页。

也清楚地意识到，在科举文教育风靡一时的情形下，研习古学阻力重重，"忌者谤之，俗浅者讥之，专利禄求捷获者笑之，挟私见者攻之，不为摇夺者鲜矣"。① 由此可见，要冲破科举文教育的牢笼，突破惟利禄是图的格局，并非易事。汉学教育与科举文教育携手并进，方为汉学书院的理想出路②。

在家长厚望、生徒需要等诸多压力下，清代很多书院（包括一些汉学书院）对道德学术教育与科举文教育二者兼顾，对道德学术教育与科举文教育进行了调和。清代颜李学派创始人颜元主讲河北漳南书院之际（河北肥乡义学学师郝文灿屡次托人请求颜元主持漳南书院教事，颜元最终被其真诚所感动），建立文事、武备、经史、艺能、理学、帖括六斋进行教学，其中，帖括斋从事科举文教育，颜元虽然认为理学与帖括为"吾道之敌对，非周、孔本学"，但是"暂收之以示吾道之广"。③ 江苏扬州府同知刘重选主持梅花书院课试时仿照旧例，先让生徒从事科举文研习，然后以道德学术来开导生徒，促进生徒健康成长④。四川威远知县李南晖为当地青峰书院作记时指出，当时省会以及地方不少书院重视科举文教育而丢失了讲学宗旨，为了改变这种局面，他调整了教育方式，从诸生中选取可造之士数人，聘请一位师儒为之讲授科举文，他在公务之暇对这些生徒进行道德学术教育⑤。陕西味经书院要求生徒阅读经史、古文以及科举文等著作，山长刘光蕡认为，科举文教育有其意义所在，"选举废，科目兴，束身庠序，非是莫由为世用"。⑥ 该院在光绪年间（1875—1908）培养出了不少科举人才，具体情况可见表3—6。

① 张之洞：《创建尊经书院记》，张之洞：《张文襄公全集》卷二百十三，中国书店1990年版，第23页。

② 李兵对道光以后一些汉学书院兼课科举文的问题做过详细的论述。（李兵：《书院与科举关系研究》，华中师范大学出版社2005年版，第255—266页）

③ 颜元：《漳南书院记》，颜元：《习斋记余》卷二，《丛书集成》初编，上海商务印书馆1936年版，第17—18页。

④ 吴锐：《梅花书院碑记》，徐成敊编：《增修甘泉县志》卷六，光绪七年刻本，第35页。

⑤ 李南晖：《青峰书院记》，常明编：《四川通志》卷八十，嘉庆二十一年刻本，第22页。

⑥ 刘光蕡编：《味经书院志》教法下，陕西通志馆印《关中丛书》本1936年版，第6页。

表 3—6

科名	时间	人数（名）
进士	光绪丙子恩科	1
	光绪癸未科	1
	光绪丙戌科	3
	光绪己丑科	3
	光绪庚寅恩科	5
	光绪壬辰科	2
	光绪甲午恩科	2
举人	光绪乙亥恩科	4
	光绪己卯科	9
	光绪壬午科	9
	光绪乙酉科	8
	光绪戊子科	11
	光绪己丑恩科	6
	光绪辛卯科	12
	光绪癸巳恩科	8
	光绪甲午科	15
副贡	光绪己卯科	3
	光绪戊子科	1
	光绪辛卯科	1
	光绪癸巳恩科	1
	光绪甲午科	3
拔贡	光绪乙酉科	12
优贡	光绪辛卯科	1①

清代一些书院在具体施教时，或采取先道德学术教育后科举文教育，或采取先科举文教育后道德学术教育，或采取道德学术教育与科举文教育同时进行，无论采取何种方式，这些书院都对道德学术教育与科举文教育二者兼顾。这种做法有时虽是不得已而为之，不过此举既能提升生徒的道德学

---

① 本表数字依据刘光蕡编《味经书院志》（教法下，陕西通志馆印《关中丛书》本 1936 年版，第 6—10 页）统计而成。

术素养，又能增强生徒的应举能力，可使生徒读书入仕的夙愿得偿，因此这些书院在办学上就会减少一些不必要的摩擦，其教育工作得以正常运行。

在清代书院科举文教育问题上，西方实学对清末书院科举文教育的冲击值得一提。与重视汉学的施教者利用汉学教育来对不良学风进行矫正相类似，重视实学的施教者是利用实学教育来对不良学风进行矫正。

清代末期，祖国母亲多灾多难。道光二十年（1840），英国挑起鸦片战争。鸦片战争以前，中国属于主权独立、领土完整的封建社会，此后逐渐沦为半殖民地半封建社会，饱受西方列强的凌辱，中国这条勇猛矫健的巨龙由此变成了一只任人宰割的羔羊。鸦片战争爆发以后，中国很多仁人志士寻找救国救民之路，他们在摸索中将目光投向西方实学，主张学习西方实学来振兴国运。19世纪60年代，以恭亲王奕䜣以及曾国藩、李鸿章、张之洞等朝廷要员发起的洋务运动，是西方实学嫁接到中国工商业中的产物。清代末期，一些书院教育也受到西方实学的影响，光绪二十年（1894）中日甲午战争的爆发以及翌年（1895）《马关条约》的签订，是西方实学对清末书院产生直接影响并促其改革的重要诱因。

甲午战争的爆发以及《马关条约》的签订刺激了国人神经，不少官员主张通过教育改革来为国家培养实才，试图为危如累卵的清王朝添上一份稳固的根基。光绪二十二年（1896）五月刑部侍郎李端棻的《请推广学校疏》、光绪二十二年（1896）六月山西巡抚胡聘之的《请变通书院章程疏》以及光绪二十二年（1896）八月翰林院侍讲学士秦绶章的《请整顿各省书院疏》等奏折，影响较大。李端棻指出，当时各省以及府、州、县的一些书院多从事科文教育，积弊日深，难育异才。他建议，每省每县各改其一书院，增广功课，变通章程，在课程的设置上，要对经史之学与实学二者兼顾①。胡聘之指出，当时书院存在着不少弊病，或空谈讲学，或溺志词章，皆无裨于实用。他建议，酌量减去每月诗文等课，重视经史，参考时务，兼习算学②。秦绶章对书院整顿提出了定课程、重师道、核经费三点建议，主张将书院课程分为经学、史学、掌故之学、舆地之学、算学、译

---

① 李端棻：《请推广学校疏》，王延熙、王树敏编：《皇清道咸同光奏议》卷七，光绪二十八年上海久敬斋印本，第6页。

② 胡聘之：《请变通书院章程疏》，王延熙、王树敏编：《皇清道咸同光奏议》卷七，光绪二十八年上海久敬斋印本，第24页。

学六科，生徒或专攻一艺，或兼习数艺，每处只是保留一所书院从事科举文教育①。三份奏折都要求变通书院课程，增加实学而削弱科举文教育，从当年礼部《议覆秦绶章请整顿各省书院疏》的内容中可知，朝廷对这三份奏折都很重视，其中，胡聘之的奏折奉旨允准，经礼部通行各省在案，李端棻的奏折经总理衙门议准在案，秦绶章的奏折也得到了礼部的一些认可，如礼部要求，"各省督抚学政，参酌采取，以扩旧规而收实效"②。

李端棻、胡聘之、秦绶章等人要求变通书院课程，增加实学而削弱科举文教育，他们的教育改革思想对当时各地的一些书院有所影响，有些书院甚至取消科举文教育。光绪二十三年（1897），湖南沅州知府连培基修复当地校经书院后，对该院课程进行了修订。该院原有课程分为经学、史学、理学、算学、时务、词章六科，修订后分为经学、史学、算学、掌故之学、舆地之学、译学六科③。具体做法为：将经学与理学二科合并，将时务改为掌故之学，增加舆地之学与译学二科，裁去词章一科。连培基认为词章没有什么实用价值，他对唐宋以来科举引发的士子迷恋利禄的畸形现象进行了批判，取消词章一科，与他对当时不良学风的深恶痛疾有着密切联系。光绪二十三年（1897），湖南岳麓书院山长王先谦对该院进行了改章。王先谦认为，时事多艰，培才为急，应讲求实学而非拘囿科举。他参照秦绶章的奏折，将岳麓书院课程分为经学、史学、掌故之学、算学、译学五科，其中，经学、史学、掌故之学由院长自行督课，算学别立斋长，译学延请教习，科举文教育只是存在于每月的官课中④。光绪二十四年（1898），湖广总督张之洞对湖北经心书院、两湖书院的课程进行了变通，经心书院分为外政、天文、格致、制造四科，两湖书院分为经学、史学、地舆学、算学四科，这两所书院在课程的设置上一洗帖括词章之学，惟以造真才济时用为要归⑤。

---

① 礼部：《议覆秦绶章请整顿各省书院疏》，王延熙、王树敏编：《皇清道咸同光奏议》卷七，光绪二十八年上海久敬斋印本，第 25 页。

② 同上。

③ 陈谷嘉、邓洪波主编：《中国书院史资料》下册，浙江教育出版社 1998 年版，第 2003—2005 页。

④ 同上书，第 2015 页。

⑤ 张之洞：《两湖、经心两书院改照学堂办法片》，张之洞：《张文襄公全集》卷四十七，中国书店 1990 年版，第 21 页。

　　实学为清末书院教育植入了新鲜血液，给已趋枯朽的清末书院增添了
生机与活力。在实学浪潮的激荡下，清末一些书院对课程进行了变通，不
过无论如何变通，科举文教育仍是很多书院的重要教育内容。尽管科举文
是无用之文，惨遭诸多学者的挞伐，不过在利禄的驱动下，很多书院还是
难以潇洒地抛弃这个令无数士子为之神往的精神家园。光绪十七年
（1891），康有为在广州创建万木草堂，作为聚徒讲学之地。康有为有着
废除科举的激进思想，受其影响，万木草堂生徒多关注时务而不肯应举。
生徒与科举的划席之举令很多家长焦炙不安，当时不少人视万木草堂师生
为异端怪物，万木草堂教育随之陷入了被动。不过后来万木草堂中发生的
康有为中举一事改变了不少人的陈见，人们开始意识到，康有为主张废除
科举并非由于自己昧于八股文。在当时诸多压力下，康有为以自己中举为
例说服生徒，勉励他们从事科举文研习，以慰藉父兄之心。在康有为的言
传身教下，万木草堂这朵晚开之花也终于结出了硕果，培养出了一些秀才
与举人，于是，以前社会上的种种敌见逐渐消解①。光绪二十三年
（1897），江苏华阳书院章程要求，每月初三以及十三日课试科举文，二
十三日课试经史、时务之学，该院重视科举文教育的意图在于，"愿诸生
弋取科名，为他日蜚声艺院张本"。② 光绪年间（1875—1908），河南明道
书院增加了经济、天文、舆地等实学课程，不过科举文写作训练依旧是该
院的重要课程，该院每日功课的时间、内容以及目的可见表3—7。

表3—7

时间	功课内容	目的
黎明即起	读小学、大学、四书、五经、性理、近思录	以明体
早饭后	读纲史、礼乐、天文、舆地，讲武备，习书算	以达用
午饭后	读古文渊鉴、文醇、文选、古诗源、诗醇、别裁	以载道为宗
灯下	读科举之文、时务、策论、文艺、诗赋	以达道为主③

---

　　① 梁启勋：《"万木草堂"回忆》，陈谷嘉、邓洪波主编：《中国书院史资料》下册，浙江
教育出版社1998年版，第2384页。

　　② 邓炬：《华阳书院章程》，张绍棠、萧穆编：《续纂句容县志》卷三下，光绪三十年刻
本，第22页。

　　③ 本表内容依据吕永辉编《明道书院志》（卷五"学规"，光绪二十六年刻本，第24页）
整理制作而成。

为了鼓励实学研究，清末有些官员请求朝廷在科举上优待实学研习者。光绪十三年（1887），御史陈琇莹奏请给予算学研习者科甲出身，礼部会同总理各国事务的部门商议后的方案为：

> 试士之例未容轻议变更，而求才之格似可量为推广。拟令各省学臣于岁科试时，生监中有报考算学者，除正场仍试以四书经文、诗策外，其考试经古场内另出算学题目。果能通晓算法，即将原卷咨送总理各国事务衙门覆勘注册，俟乡试之年，按册咨取，赴总理衙门，试以格物测算及机器制造、水陆军法、船炮水雷或公法条约、各国史事诸题。其明通者录送顺天乡试，不分满合贝皿等字号，如人数在二十名以上，统于卷面加印"算学"字样，与通场士子一同试以时文策问，比照大省官卷定律，每二十名于额外取中一名。但文理精通，即为合试。卷数虽多，亦不得过三名，以示限制。①

礼部会同总理各国事务的部门商议后，主要得出了两点：一是对算学研习者进行算学与科举文两个方面的考核。二是每次最多录取三名报考者，并且满二十名才能录取一名。这套方案虽对研习算学者有所优待，但实施的结果并不理想，因素主要有二：其一，肄业者不过会制造、测绘等技能，不读诗书，未谙功令，虽观其有志，但就试乏人。其二，报考算学者要满二十名才能录取一名，如果不满二十名，即使有兼通科举文与算学的俊才，也难以中第。该方案由于条件苛刻而名存实亡（后来只是录取了一位算学举人）。光绪二十二年（1896），秦绶章在《请整顿各省书院疏》中也建议对实学研习者予以优待，礼部与各部门对秦绶章奏折的商议结果同九年前对陈琇莹奏折的商议结果基本相同，所不同的只是做了点隔靴搔痒性的调整——取消每次最多录取三名报考者的规定以及对首场科举文的考核要求略有放松②。由于朝廷并未从根本上为实学研习者开启方便之门，因此学习实学有何切身益处这种现实性的问题会经常浮现在生徒的脑中，即使施教者强调实学是如何的重要，生徒也会视之为象牙塔中的学

---

①　礼部：《议覆秦绶章请整顿各省书院疏》，王延熙、王树敏编：《皇清道咸同光奏议》卷七，光绪二十八年上海久敬斋印本，第25页。

②　同上。

问，而科举才是真正的务实之举。清末虽有一些书院从事教育改革，但为数不多，刘少雪指出，到 20 世纪初书院改制诏令颁布的一个世纪内，所有参与教育改革的书院总数在七十所左右，占当时书院总量的 3.9%，绝大多数书院沉浸在与时势毫不相关的科举文教育中①。即使是一些从事教育改革的书院，其改革结果也不容乐观，李兵指出，在科举制度尚未改革前，清末书院改革只是在实学与科举之间进行调和，各种变通书院的设想难以最终实现，科举制度是影响书院改制进程和改制效果的最大阻碍②。

要而言之，清代末期，随着西方实学的引入，一些书院施教者主张增加实学教育来对科举文教育的歪风进行矫正，重视将西方实学植入书院，从而削弱科举文教育的力量。在他们的共同努力下，西方实学浪潮对清末书院科举文教育有所冲击，不过，由于朝廷并未从根本上为实学研习者开启方便之门，因此在科举尚未废止的情形下，实学对清末书院科举文教育的冲击程度有限。只有到光绪三十一年（1905）废止科举之后，实学在中国的教育地位才会得以彰显。

三　经史之学与清代书院科举文教育

清代书院官学化增强，很多书院重视科举文教育。一些施教者主张，书院在从事科举文教育时，还应重视经史之学。将科举文教育与经史之学教育结合起来是清代一些书院教育的重要现象。

历代书院在从事科举文教育时，都会面临着是否重视经史之学的问题，清代书院也不例外。科举与利禄紧密联系，清代有些书院在利禄的驱动下，只是顾及科举文教育而将经史之学抛之脑外，不过也有一些书院对科举文教育持有理性的态度，重视科举文教育但又不唯之是从，将科举文教育与经史之学教育结合起来。课试是清代书院的主要教育活动，由于重视科举，清代很多书院课试科举文，除了科举文外，有些书院还课试经史之学，并对佼佼者给予奖励，如福建鳌峰书院自道光三年（1823）起，"每月十六日院长馆课，始于时文、律诗外兼试古学经解、史论、杂体诗

---

① 刘少雪：《清末书院内部改革状况分析》，朱汉民主编：《中国书院》第二辑，湖南教育出版社 1998 年版，第 145 页。

② 李兵：《书院与科举关系研究》，华中师范大学出版社 2005 年版，第 287 页。

赋，每课领给银二两"。① 安徽桐乡书院规定："经解、诗赋最为士子要务，每月必请师于文题外更发此题，各士子务宜留心讲习。此于文卷外另行甄别甲乙，录取者，另给奖赏。"② 在课试之余，一些施教者要求生徒每日阅读经史著作，力求坚持不懈，以便生徒在经史之学研习上循序渐进。为了督促生徒认真研习，一些书院设立日程簿，要求生徒将每日研读的内容填入簿内，其中，经史著作研读情况如何是日记簿中的一项重要内容。为了加强学术训练，有些书院要求生徒撰写经史之学方面的读书心得（此方面的内容在本书第四章第五节"课试活动"中有所论述）。为了显示对经史之学的重视，一些书院还将经史之学写入楹联，如广东花峰书院的楹联有："事业有源头，端厥志励厥功，追圣轶贤，只在伦常做起；文章无止境，登其堂入其室，倚天拔地，都从经史得来。"③ 甘肃蓼泉书院的楹联有："尧舜之道唯孝悌；经史而外无文章。"④ 由此可见，基于经史之文方为鸿文，脱离经史之文不算真文。从施教者将经史与"伦常""尧舜之道"相提并论又可知，经史与道德对这些书院教育而言犹如车之两轮、鸟之双翼，扮演着重要角色。

为了激励生徒孜孜于经史之学研习，沐浴于经史之学膏腴，有些施教者还通过算时间账的方式告诫生徒，沉湎于科举文不如倾心于经史之学。清代文史学家章学诚担任河北清漳书院山长伊始，发现生徒深受利禄毒害，根柢肤浅，他主讲该院期间敦崇经史之学，循循善诱将生徒引到经史之学的研习征途中来。章学诚离别清漳书院之际，作有《清漳书院留别条训》一文，他在文中援用宋人郑耕老计字课功的做法鼓励生徒研习经学（章学诚在十三经外增加《大戴礼记》与《国语》二作，名之为十五经，由于《国语》是史学著作，因此章学诚所言十五经实际上涵盖经史之作）：

　　　　学者工夫，贵于铢积寸累，涓涓不息，终至江河。郑耕老以计字课功，大小九经统计四十九万余言，再加《公羊》《穀梁》《仪礼》

① 来锡蕃编：《鳌峰书院纪略》章程，清道光十八年刻本，第 110 页。
② 佚名编：《桐乡书院志》卷三，清刻本，第 11 页。
③ 邓洪波编：《中国书院楹联》，湖南大学出版社 2004 年版，第 253 页。
④ 同上书，第 342 页。

《尔雅》《大戴》《国语》，亦只六十四万言而已。中人之资，日课三百言，不过七年可毕。或遇人事蹉跎，资禀稍钝，再加倍差，亦不过十年可毕。况诸生所习本经及《论语》《孟子》已入四书，又省去数万言。今之学者，疲精劳神于浮薄诗文，计其用力，奚翅十年？毕竟游谈无根，精华易竭。若移无用之力而为有本之学，则膏沃者光未有不明，本深者叶未有不茂，事半功倍，孰大于此？诸生于此，幸致思焉！①

章学诚通过将研习经学与研习科举文所花的时间进行比较让生徒明白：研习经学并不需要花费很多时间，没有必要望而生畏，如果不研习经学而只是研习科举文，那么即使花费很多时间，也不会有多大收获。福建鳌峰书院山长张惕庵也通过将研习经学与研习科举文所花的时间进行比较告诫生徒，研习经学并不可怕。张惕庵的这番言辞被鳌峰书院后来的山长陈寿祺所强调，陈寿祺在《鳌峰崇正讲堂规约八则》中引用张惕庵此说并有所发挥：

> 吾乡张惕庵先生云："今除《论语》《孟子》人人童而习之外，再益以《仪礼》、《尔雅》、《公羊》《穀梁》二传，亦不过五十余万字。以时文每篇七百字计之，七百余篇已有七十余万字，以彼易此，孰得孰失？孰优孰劣？愚者皆知之。然而卒鲜以彼易此者，何也？病在欲速化而不暇为耳！"不知五十年前墨卷盛行，举子胸累千篇时文而卒困于场屋者，不可胜数。其能研究经史文章卓然自立而竟为时命所厄者，千百中亦未有一二，则多学之与浅学，胜负较然明矣。况不学面墙圣人所戒，徒守讲章八比以弋取科名，纵掇巍科登仕版，亦不免于伏猎金银之诮，又焉能安身以崇德、经义以入神耶？元程畏斋《读书分年日程》以看读百篇、倍读百篇为率，以为即收放心之一法。昌黎韩子自云："非三代两汉之书不敢观。"又云："口不绝吟于六艺之文，手不停披于百家之篇。"其专且勤如此，安得不垂辉千

---

① 章学诚：《清漳书院留别条训》，章学诚：《章学诚遗书》佚篇，文物出版社 1985 年版，第 663 页。

载？故为学在勤，不分敏钝。①

张惕庵从计算作品的字数上说明，与研习科举文相比，研习经学并不需要花费很多时间。陈寿祺在引用张惕庵之说后进一步指出，多学者与浅学者在立身安命上有所不同，浅学者即使中第为官，也不会关注道德学术。当姚鼐弟子陈用光盛赞鳌峰书院以前的山长、古文家朱仕琇时，陈寿祺不以为然。他认为，朱仕琇娴于古文而阙于学识，"梅崖（朱仕琇，号梅崖）之古文，娴于周秦西汉诸子及唐宋元明诸作家，功候最深至，可以抗古人于千载之上而与之颉颃，惜其于经史均无所得，故虽有杰出数百年之才，而终不能笼罩群雄为一代冠者"。②从陈寿祺对朱仕琇的评判中可知，古文家要想在古文上大有建树，需要枕经葄史，在学识上有所造诣，学识阙失的古文家并不值得推许。陈寿祺的此番言论虽是针对朱仕琇而发，但对后来的古文家同样有所警省，尤其是对那些只埋头于创作而忽视学识培养的古文家。

　　书院与书籍密不可分，藏书是书院教育的坚强后盾，藏书情况如何对书院教育有着直接的影响。为了保障经史之学教育，清代一些书院在从事科举文教育时，还重视收藏大量的经史著作，如湖南箴言书院藏有经部四百零九部六千二百三十九卷，重本三十五部七百零九卷，史部二百一十九部一万二千一百一十七卷，重本四十部四千二百卷③，福建鳌峰书院藏有经部二百七十七部四千二百二十七卷（内三部无卷数），重本十三部三百二十三卷，史部一百七十一部七千二百四十七卷（内五部无卷数），重本十七部一千六百二十卷④。丰富的经史著作收藏既为生徒研习经史之学提供了方便，也为书院从事经史之学教育提供了方便。有些书院虽然藏书贫乏，不过掌管书院教育的当地官员会想方设法地为生徒营造阅读氛围，如四川草堂书院藏书贫乏，潼川知府沈清任将官学所藏的经史著作暂时借给

---

　　① 陈寿祺：《鳌峰崇正讲堂规约八则》，陈寿祺：《左海文集》卷十，清刻本，第59—60页。

　　② 陈寿祺：《与陈石士书》，陈寿祺：《左海文集》卷四下，清刻本，第32页。

　　③ 胡林翼编：《箴言书院志》卷中，同治五年刻本，第1—43页。

　　④ 游光绎编：《鳌峰书院志》卷七，道光年间刻本，第21页；游光绎编：《鳌峰书院志》卷八，道光年间刻本，第14页。

该院，并建议生徒家中若有藏书者，也不妨借给其他生徒阅读①。有些主持课试的官员在审阅课艺后发现生徒的根柢肤浅，努力为书院购置经史著作以供生徒阅读，如黄璟主持甘肃仙堤书院的课试后发现，虽然气象渊雅、文字清醇者很多，但是气局不廓、议论不深者也不少，由于不读群经百家不能撑肠拄腹，因此黄璟为该院购置了一些经史著作②。河北巨鹿知县赵映辰审阅当地广泽书院的课卷后发现，虽然才情发越、格律谨严者不乏其人，但是阐明义理、淹贯古今、自成机杼者并不多见，这是由于重视科举文训练而忽视学识培养所致。为了使生徒博览群书，赵映辰同乡绅徐成德等人筹资为该院购置了一些经史著作③。一些官员为当地书院图书建设做出了重要贡献，为当地书院教育事业做出了重要贡献。有了官员们的及时发现，当地书院才会纠正以往教育之偏，重新调整教育目标，从而造就出一批批品学兼优的科举人才。

清代一些书院重视科举文教育与经史之学教育携手并进，此举上溯于中国古代社会重视经史之学的优良传统。中国学术首推经史，经史之学被誉为根柢之学，其中，经学尤为尊贵。自从汉武帝罢黜百家、独尊儒术后，经学作为儒家思想的代表光芒四射，对后代学术文化产生了巨大影响。中国历史上虽然出现了佛教、道教等各种宗派，但由于很多统治者都很重视儒教，因此经学地位至关重要。经学作用巨大，验之于身而为道德，笔之于书而为文章。士为民之楷模，民风敦厚源于士习端正，士习端正源于经学研习，因此通经为士子要务，成为士子功课的重要内容。经书载道而史籍征事，史学的作用也毋容忽视。史书记载的治乱、兴衰以及得失之事对后代统治有着重要的借鉴价值，读史有审治乱、辨奸贤、考制度、晰物理等功效，可以提高人的判别能力以及经世才能，最终达到致用的目的。由于经史之学作用巨大，因此清廷极力推崇，乾隆皇帝就屡次要求将经史之学纳入书院教育的范畴，如乾隆元年（1736）谕旨规定："书院中酌仿朱子《白鹿洞规条》，立之仪节，以检束其身心；仿《分年读

---

① 沈清任：《草堂书院遵循规格》，陈谷嘉、邓洪波主编：《中国书院史资料》中册，浙江教育出版社 1998 年版，第 1657 页。

② 黄璟：《仙堤书院藏书记》，黄璟、谢述孔编：《山丹县志》卷六，道光十五年刻本，第8—9页。

③ 赵映辰：《广泽书院储书记》，凌燮、夏应麟编：《巨鹿县志》卷十二，光绪十二年刻本，第81—82页。

书》之法，予之程课，使贯通乎经史。有不率教者，则摈斥毋留。"① 乾隆九年（1744）谕旨规定："嗣后书院肄业士子，令院长择其资禀优异者，将经学史学治术诸书留心讲贯，以其余功兼及对偶声律之学。"② 清廷对经史之学的重视不仅体现在言辞上，也体现在行动中，康熙皇帝、乾隆皇帝等一些帝王就曾给多所重要书院进行过赐书活动，在所赐的书籍中，经史典籍是必备内容，如康熙皇帝向江西白鹿洞书院、湖南岳麓书院等一些著名书院赐予国子监刊印的十三经、二十一史等经典著作。综而言之，在中国古代社会重视经史之学这一优良传统的感召下以及在清廷的积极推动下，一些施教者选择将经史之学纳入书院教育的范畴。

　　清代一些书院重视科举文教育与经史之学教育携手并进，此举根植于博学于文的思想主张。文学在先秦时期是一个泛文化的代名词，虽然后代很多作家、学者试图将文学从经学、史学、子学中剥离出来，但是文学在发展过程中还是与经学、史学、子学保持着若即若离的关系，难以彻底净化。历代就有很多作家、学者主张，文学与学识（尤其是经学）有着密切联系，如刘勰认为："论说辞序，则易统其首；诏策章奏，则书发其源；赋颂歌赞，则诗立其本；铭诔箴祝，则礼总其端；纪传铭檄，则春秋为根。"③ 颜之推认为："夫文章者，原出五经。诏命策檄，生于书者也；序述论议，生于易者也；歌咏赋颂，生于诗者也；祭祀哀诔，生于礼者也；书奏箴铭，生于春秋者也。"④ 张之洞认为："文学两字从古相因，欲期文工，先求学博。空疏浅陋，呕心钻纸，无益也。"⑤ "多读经、子、史，乃能工文。但读集，不能工文也。"⑥ 历代古文家都很重视经史之学研习，重视学识培养，将学识培养作为古文创作的先决条件，如韩愈认为："养其根而俟其实，加其膏而希其光。根之茂者，其实遂；膏之沃

　　① 崑冈、刘启端编：《钦定大清会典事例》卷三百九十五，《续修四库全书》第 804 册，上海古籍出版社 2002 年版，第 304 页。

　　② 同上书，第 304—305 页。

　　③ 刘勰著，范文澜注：《文心雕龙注》卷一，人民文学出版社 1958 年版，第 22 页。

　　④ 颜之推著，赵曦明注，卢文弨补注：《颜氏家训》卷四，中华书局 1985 年版，第 81 页。

　　⑤ 张之洞：《輶轩语》，张之洞：《张文襄公全集》卷二百零五，中国书店 1990 年版，第 16 页。

　　⑥ 张之洞：《輶轩语》，张之洞：《张文襄公全集》卷二百零四，中国书店 1990 年版，第 31 页。

者，其光晔。"① "文章岂不贵，经训乃菑畲。"② 柳宗元认为："本之
《书》以求其质，本之《诗》以求其恒，本之《礼》以求其宜，本之
《春秋》以求其断，本之《易》以求其动，此吾所以取道之原也。参之穀
梁氏以厉其气，参之《孟》《荀》以畅其支，参之《庄》《老》以肆其
端，参之《国语》以博其趣，参之《离骚》以致其幽，参之太史公以著
其洁，此吾所以旁推交通而以为之文也。"③ 欧阳修认为："夫世无师矣，
学者当师经。师经必先求其意，意得则心定，心定则道纯，道纯则充于中
者实，中充实则发为文者辉光，施于事者果毅。"④ 方苞认为："盖古文所
从来远矣，六经、《语》、《孟》，其根源也。"⑤ 学识要求不仅影响到古文
创作，而且影响到诗歌创作，历代很多作家也重视以学为诗，将学识纳入
诗歌创作的范畴，在他们的心目中，诗歌固然是感情抒发的载体，也是学
识积累的产物，如杜甫认为："读书破万卷，下笔如有神。"⑥ 严羽认为：
"夫诗有别材，非关书也；诗有别趣，非关理也。然非多读书，多穷理，
则不能极其至。"⑦ 朱彝尊认为："天下岂有舍学言诗之理？"⑧ 沈德潜认
为："有第一等襟抱、第一等学识，斯有第一等真诗。"⑨ 在中国古代，文
学创作往往与学识培养紧密偎依，文学教育也往往与学识教育密切联系，
郭英德先生认为："中国古代文学教育旨在传授丰富的人文知识，具有内
涵包容性和外延宽泛性的鲜明特点。"⑩ 清代一些书院在从事科举文教育

---

　　① 韩愈：《答李翊书》，韩愈：《韩昌黎全集》卷十六，宣统二年扫叶山房印本，第6页。
　　② 韩愈：《符读书城南》，韩愈：《韩昌黎全集》卷六，宣统二年扫叶山房印本，第1页。
　　③ 柳宗元：《答韦中立论师道书》，柳宗元：《柳宗元集》卷三十四，中华书局1979年版，第873页。
　　④ 欧阳修：《答祖择之书》，欧阳修著，李逸安点校：《欧阳修全集》卷六十九，中华书局2001年版，第1010页。
　　⑤ 方苞：《〈古文约选〉序例》，方苞：《望溪先生文集·集外文》卷四，咸丰元年刻本，第13页。
　　⑥ 杜甫：《奉赠韦左丞丈二十二韵》，杜甫：《杜工部诗集》卷一，中华书局1957年版，第1页。
　　⑦ 严羽著，郭绍虞校释：《沧浪诗话校释》，人民文学出版社2006年版，第26页。
　　⑧ 朱彝尊：《栋亭诗序》，朱彝尊：《曝书亭集》卷三十九，康熙五十三年刻本，第10页。
　　⑨ 沈德潜：《说诗晬语》卷上，叶燮、薛雪、沈德潜：《原诗　一瓢诗话　说诗晬语》，人民文学出版社1979年版，第187页。
　　⑩ 郭英德：《中国古代文学教育的基本特点》，郭英德主编：《中国古代文学与教育之关系研究》，北京大学出版社2012年版，第4页。

时，奉行他山之石可以攻玉的指导方针，重视学识培养对作文的借鉴作用，尊经史以立其干，采百家以茂其枝，有力体现了中国古代文学教育具有内涵包容性和外延宽泛性的鲜明特点。

清代一些书院重视科举文教育与经史之学教育携手并进，此举来源于以学术导向矫正利禄歪风的迫切要求。八股文是清代科考主要文体，八股文题目源自四书五经，八股文写作需要研读四书五经。就学理的角度而言，八股文写作与学识培养有着紧密的联系，不过可惜的是，很多士子为了获取功名，只是诵读八股成文而忽视学识培养，墨守八股而罕求根柢，抱残守缺而孤陋寡闻，出现了理论与实践相脱节的现象。士子背诵八股成文（尤其是低劣庸俗的八股成文）而忽视研读经书的害处良多，归纳起来，主要有如下四点：其一，这种人学识肤浅，鼠目寸光，如湖南玉潭书院山长周在炽批判士子沉迷于八股成文时指出："少年英俊半汩没于烂熟讲章、庸腐时文之中，腹如悬罄，眼如针孔。"[1] 其二，这种人为文瑕疵纷呈，错误连篇，如浙江龙湖书院山长余丽元指出，当时很多士子经学荒芜，所作之文并非融自经书而是袭取成文，结果令人不堪卒读，"如墨卷中'日宣三德，风儆十愆'等类，抑知《书经》'三风十愆'之'风'字非可与'日'作对，奈何割裂经文、不顾经义如是"。[2] 其三，这种人浮而不实，品格不高，如江苏巡抚陶澍指出，士子在利禄的驱动下，挟兔园册以猎功名，剿陈文以掩耳目，都是品之不高者[3]。其四，这种人只会关注私利，为官后难以承担重任，如雷琼巡道费丙章为当地琼台书院作记时指出，士子贵在立志，立志贵在善学，若整日诵读八股成文，即使中第为官，也难以承担弘道的重任[4]。清代一些书院尊奉朝廷的旨意，将经史之学引入科举中，有利于矫正当时社会上出现的惟科举是从这一利禄歪风，对于端正士习、净化学风乃至净化社会风气都有着极其重要的意义。由于重视经史之学教育，这些书院为经史之学的发展贡献出了重要力量，

---

[1]　周在炽：《玉潭书院条约》，周在炽编：《玉潭书院志》卷三，乾隆三十二年刻本，第9页。

[2]　余丽元：《留别箴言》，余丽元编：《龙湖书院志》卷下，光绪十四年刻本，第42页。

[3]　陶澍：《苏州紫阳、正谊两书院告示》，陶澍：《陶文毅公全集》卷五十，道光二十年刻本，第11页。

[4]　费丙章：《重建琼台书院碑记》，李文烜、郑文彩编：《琼山县志》卷二十六，咸丰七年刻本，第58页。

而阮元在浙江创建的诂经精舍以及在广东创建的学海堂只从事经史之学、文学等教育，不课试科举文，既有力矫正了当时社会上出现的利禄歪风，又有力促进了经史之学的发展，这两所书院由于教育独特而被后人津津乐道。

清代一些书院在从事科举文教育时重视经史之学，给生徒科举文写作注入了不少活力。经史之学为科举文写作提供了丰富的养料，只有培植经史根柢，发之为文，才能雄健笔力，作出书卷气充盈其间的有用鸿文，卓然自立于流俗之外，与记诵成文者所作的肤浅浮文迥然有别。清代一些书院的施教者在这个观点上达成了共识，如河南紫云书院学规指出，经史为根基而词章为枝叶，欲求枝叶茂盛，需对根基施肥，写作科举文时要重视经史之学，采群言精华，追先辈章程，操笔拂楮，发之为文，便会理明词达，方为佳作①。浙江崇文书院学规指出，心如镜，不洗则昏，洗心的方法在于：读经以正志趋，阅史以发醒悟。洗心可以提高见识，获得智慧。精神境界提升了，作文自然不凡，胸中无猥琐之存，笔下有高超之象②。由此可见，与枵腹者为文截然不同，学殖丰厚者下笔沛然，所作之文趋雅去俗，自然令人赏心悦目。研习经史之学不仅裨益于为文，而且裨益于为人以及行事。经史之学教育与科举文教育相结合，既可以提高生徒的写作水准，还可以提升生徒的道德修养以及增强生徒的经世能力，最终达到生徒综合素质的养成。清代一些书院的施教者由此主张，生徒应重视经史之学研习，不可沉湎于科举文而成为不健康的畸形人才，如广东粤秀书院山长陈昌齐指出，当时虽有不少士子凭借科举入仕，但德高实干者并不多见，原因是这些人思想不正，视德行、文学、政事为歧途。生徒应重视经学研习，循道制行，发之为文，可以经世，措之事业，可大可久③。湖北蔚文书院学规指出，古代学者以正心诚意为本，以变化气质为先，以孝悌敦伦为行谊，以穿穴经史为文章。生徒应效仿古人，重视经史之学研习，

---

① 李来章：《紫云书院学规》，李来章、李琇璞编：《敕赐紫云书院志》学规，乾隆年间刻本，第8—9页。

② 蒋士铨：《杭州崇文书院训士七则》，蒋士铨著，邵海清校，李梦生笺：《忠雅堂集校笺》卷十二，上海古籍出版社1993年版，第2451页。

③ 陈昌齐：《重修粤秀书院碑记》，郑梦玉、梁绍献编：《南海县志》卷十二，同治十一年刻本，第17—18页。

重视综合素质的养成，那些沉湎于科举文且自高自大者，令人耻笑①。虽然这些书院都重视科举文教育，不过依施教者看来，在为文、为人以及行事三者之间，为人以及行事更为重要，沉湎于科举文而对经史之学不闻不问者只能是舍本逐末，徒增浮靡之风。由于古代学者重视经史之学，因此施教者往往以古代学者为榜样来开导生徒，让生徒力追古人，直造古人的境地。

　　科举文写作要以经史之学为基础，这是属于教育学中的学科搭配问题，英国教育家约翰·亨利·纽曼论及学科搭配问题时指出："一门知识分支的要旨和意义，是随着把它向学生介绍时的知识配搭情况而不同的。如果一位学生的阅读被局限在一个单一的科目上，不论这种劳动分工可能会怎样有利于一种具体研究的进展，它肯定会有一种走向与这位学生的心智相矛盾。如果这个科目与其他的科目是结合在一起的，那么，它对那位学生发挥的是什么样一种影响，就取决于那些另外的科目了。"② 经史之学具有载道与经世作用，清代一些书院将经史之学教育与科举文教育结合起来，使得生徒学文的过程不是局限于写作技巧训练的简单的静态过程，而是与炼品、践行、培识相辅相成的复杂的动态过程。与古代荐举取士相比，科举取士的优点是具有相对的公平性，缺点是重文而不重德、不重用。清代一些书院重视经史之学教育与科举文教育双管齐下，此举既对惟科举是从、惟利禄是图的歪风起到一定的矫正作用，又对科举重文而不重德、不重用的缺失起到一定的拯救作用，这些书院通过教育能够为国家培养在品德、学识、经世、文学等各个方面有所成就的实用人才。

　　要而言之，清代一些书院在从事科举文教育时重视经史之学，通过制定学规将经史之学纳入教育范畴，通过积极藏书为经史之学教育提供保障。清代一些书院重视科举文教育与经史之学教育携手并进，此举上溯于中国古代社会重视经史之学的优良传统，根植于博学于文的思想主张，来源于以学术导向矫正利禄歪风的迫切要求，对于净化文风、学风乃至社会风气都有着极其重要的意义。生徒只有学充养邃，才会眼界高、气味厚、

---

　　① 刘元勋：《蔚文书院开课序》，松林、何远鉴编：《施南府志》卷二十九，同治十年刻本，第49页。

　　② ［英］约翰·亨利·纽曼：《大学的理念》，高师宁等译，贵州教育出版社2003年版，第105页。

笔力健，才会下笔沛然，作出有用鸿文，卓然自立于流俗之外。清代一些书院将科举文教育与经史之学教育结合起来，使得生徒学文的过程不是局限于写作技巧训练的简单的静态过程，而是与炼品、践行、培识相辅相成的复杂的动态过程，既对惟科举是从、惟利禄是图的歪风起到一定的矫正作用，又对科举重文而不重德、不重用的缺失起到一定的拯救作用，这些书院通过教育能够为国家培养在品德、学识、经世、文学等各个方面有所成就的实用人才。在清代书院教育中，经史之学是道德教育与科举文教育之间的纽带，研习经史之学不仅有利于提升生徒的道德素养，也有利于提高生徒的科举文写作水准，经史之学将道德教育与科举文教育这两种原本不太和谐的教育紧密地联系起来。

第 四 章

中国书院活动与文学教育

中国书院活动繁多，其中，藏书、刻书、雅集创作、歌诗、课试是五种重要活动，这些活动都与文学教育有所关联。之所以用"中国书院活动与文学教育"而不用"中国书院文学教育活动"作为标题，是由于这些活动虽与文学教育相关，但大多并非专门的文学教育活动，因此用"中国书院活动与文学教育"作为标题会更显稳妥。

第一节 藏书活动

郭英德先生论及文学教育时指出，文学教育是指施教者与受教者之间经由文学文本的阅读、讲解与接受，丰富情感体验，获得审美愉悦，培养语文能力，进而传授人文知识、提高文化素养、陶冶精神情操的一种教育行为①。由于文学教育需要借助文本这一媒介，因此藏书对于书院文学教育而言意义重大。书院与书籍形影不离，早期的书院并非教育机构，而是修书场所，与书籍紧密联系。中唐以后，出现了具有教育功能的书院，在这类书院中，藏书也占据着重要地位，它与祭祀、讲学相鼎峙，共同推动了书院教育事业的发展。

一 书院集部著作的收藏特点

中国书院藏书种类一般包括经、史、子、集四部（也有一些书院规模小，藏书数量有限，种类不全），其中，集部著作收藏是中国书院藏

① 郭英德：《中国古代文学教育的基本特点》，郭英德主编：《中国古代文学与教育之关系研究》，北京大学出版社 2012 年版，第 1 页。

书中的一项重要内容。总括起来，中国书院的集部著作收藏主要存在着如下三个特点（历代书院的图书著录体例不一，笔者引用时尽量保存著录原貌）：

第一，重视文学经典著作的收藏，楚辞类主要有《楚辞》及其相关研究著作，别集类主要有陶渊明、李白、杜甫、王维、白居易、苏轼、黄庭坚、陆游等人诗集以及韩愈、柳宗元、欧阳修、王安石、苏轼、归有光、方苞、姚鼐、曾国藩等古文家文集，总集类主要有《文选》（南朝萧统编）、《乐府诗集》（宋郭茂倩编）、《文苑英华》（宋李昉等编）、《文章正宗》（宋真德秀编）、《唐文粹》（宋姚铉编）、《宋文鉴》（宋吕祖谦编）、《元文类》（元苏天爵编）、《明文衡》（明程敏政编）、《古文渊鉴》（清康熙皇帝御定）、《全唐诗》（清康熙皇帝御定）、《唐宋诗醇》（清乾隆皇帝御定）、《唐宋文醇》（清乾隆皇帝御定）、《古诗选》（清王士禛编）、《钦定四书文》（清方苞编）、《古文辞类纂》（清姚鼐编），诗文评类主要有《文心雕龙》（南朝刘勰著）。如元代时期，浙江西湖书院藏有别集《韩昌黎文集》《苏东坡集》，藏有总集《文选》《宋文鉴》①。浙江杜洲书院藏有别集《韩文》《柳文》②。明代时期，江苏虞山书院藏有别集《陶靖节集》《李翰林全集》《杜工部全集》《白乐天全集》《韩昌黎集》《柳柳州集》《欧文忠集》《苏东坡全集》，藏有总集《文选》《文苑英华》《文章正宗》《唐文粹》③。江西白鹿洞书院藏有别集《陶靖节集》《李太白诗集》《黄山谷诗集》，藏有总集《文章正宗》《明文衡》④。清代时期，很多书院重视文学经典著作的收藏，其中，江西、河南、湖南、河北、广东、四川、山东、辽宁、福建等地九所书院的文学经典著作收藏情况可见表4—1。

①　丁申：《武林藏书录》卷上，古典文学出版社1957年版，第7页。
②　陈谷嘉、邓洪波：《中国书院制度研究》，浙江教育出版社1997年版，第143页。
③　孙慎行编：《虞山书院志》卷六，万历年间刻本，第6—7页。
④　郑廷鹄编：《白鹿洞志》卷十六，嘉靖年间刻本，第9—10页。

表 4—1

类别 书院	楚辞	别集	总集	诗文评
江西白鹿洞书院		《陶靖节集》《韩昌黎集》《柳文》《欧文忠集》《苏文忠公集》《黄山谷集》	《文章正宗》《明文衡》	
河南大梁书院	《楚辞》	《韩昌黎集》《王临川集》《黄山谷诗集》《归震川集》	《文选》《唐文粹》《宋文鉴》《元文类》《古文渊鉴》《全唐诗》《唐宋诗醇》《唐宋文醇》《古诗选》《钦定四书文》《古文辞类纂》	《文心雕龙》
湖南箴言书院	《楚辞章句》《离骚经注》	《陶靖节集》《杜诗注》《东雅堂韩昌黎集注》《欧阳文忠公文集》《苏文忠公诗集》《山谷集》	《文选》《文章正宗》《唐文粹》《古文渊鉴》《全唐诗》《唐宋诗醇》《唐宋文醇》《古诗选》《钦定四书文》	《文心雕龙》
河北天桂书院	《楚辞》	《曾文正公集》	《文选》《唐宋文醇》《钦定四书文》《古文辞类纂》	《文心雕龙》
广东广雅书院	《楚辞》	《陶渊明集》《李太白全集》《杜工部全集》《王右丞集》《韩昌黎集》《柳河东集》《白氏长庆集》《欧阳文忠公集》《临川集》《震川集》《望溪文集》《惜抱轩文集》	《文选》《乐府诗集》《文苑英华》《文章正宗》《唐文粹》《宋文鉴》《元文类》《古文渊鉴》《全唐诗》《唐宋诗醇》《唐宋文醇》《古诗选》《钦定四书文》《古文辞类纂》	《文心雕龙》
四川锦江书院		《李白诗集》《杜甫诗集》《王施合注苏诗》《放翁全集》	《文选》《古文渊鉴》《全唐诗》《唐宋诗醇》《唐宋文醇》《钦定四书文》	
山东泺源书院		《昌黎集》《王临川全集》《苏文忠公诗合注》		
辽宁萃升书院	《楚辞》	《五色杜诗》	《文选》《乐府诗集》《全唐诗》《唐宋诗醇》《钦定四书文》	

续表

书院＼类别	楚辞	别集	总集	诗文评
福建鳌峰书院	《楚辞灯》	《李太白诗集注》《杜诗详注》《昌黎集》《王临川文集》《方望溪文集》	《文选》《宋文鉴》《古文渊鉴》《全唐诗》《唐宋诗醇》《唐宋文醇》	《文心雕龙》①

著作数量繁多，不可能一一精读，若漫无边际地泛读，结果会囫囵吞枣，没有多大效果。由于经典著作是众多著作的精华，具有永恒的价值，因此熟读经典著作很有必要。美国教育家罗伯特·梅纳德·赫钦斯担任芝加哥大学校长期间，就发起过阅读名著的运动，该运动对当时以及后来美国教育产生了重要影响。清代古文家方苞在《〈古文约选〉序例》中也指出，研习古文需要熟读经典作品，"是编所录惟汉人散文及唐宋八家专集，俾承学治古文者，先得其津梁，然后可溯流穷源，尽诸家之精蕴耳"。② 清代不少书院把熟读经典著作写入学规，如福建鳌峰书院学规指出，四部著作浩如烟海，生徒不能遍观，只能熟读要籍，"博学而屡守之，则一狐之腋胜于千羊之皮。简练以为揣摩，则精骑三千可敌游兵十万"。其中，集部要集主要有《文选》《文苑英华》《全唐诗》《全唐文》《唐宋十家古文》《宋诗钞》《元诗选》《明诗综》《古诗选》以及李白、杜甫、高适、岑参、王维、孟浩然、白居易、苏轼、陆游、元好问等名家诗集③。湖南

---

① 本表内容依据下列资料整理制作而成：廖文英编：《白鹿洞书院志》卷十五，康熙十二年刻本，第4—6页；顾璜编：《大梁书院藏书总目》，光绪二十四年刻本，第59—67页；胡林翼编：《箴言书院志》卷中，同治五年刻本，第57—68页；王兰荫编：《河北省书院志初稿》，赵所生、薛正兴主编：《中国历代书院志》第一册，江苏教育出版社1995年版，第247—248页；廖廷相编：《广雅书院藏书目录》，光绪二十七年刻本，督署发存书籍目录中的第3—4页，藏书目录卷一中的第4—5页，藏书目录卷五中的第1—23页；李承熙编：《锦江书院纪略》卷中，咸丰八年刻本，第46—54页；王兰荫编：《山东省书院志初稿》，赵所生、薛正兴主编：《中国历代书院志》第一册，江苏教育出版社1995年版，第325—329页；佚名：《萃升书院藏书总目》，光绪十七年刻本，旧目中的第5—7页，新目中的第3—4页；游光绎编：《鳌峰书院志》卷十，道光年间刻本，第1—19页。

② 方苞：《〈古文约选〉序例》，方苞：《望溪先生文集·集外文》卷四，咸丰元年刻本，第14页。

③ 陈寿祺：《鳌峰崇正讲堂规约八则》，陈寿祺：《左海文集》卷十，清刻本，第60—63页。

箴言书院学规指出："志汉学者，先教以读《说文》、三《礼》；志宋学者，先教以读《近思录》《小学》《大学或问》；志经济者，先教以读《通鉴》、三《通》；志辞章者，先教以读《乐府》《史》《汉》《文选》。数者既熟，再及其余，先河后海之义也。"① 其中，"先河后海"之语透露出，读书要重视先约后博，开始时不可贪多。有些施教者认为，生徒也可自己购买一些经典著作以供随时研读，如河北清漳书院山长章学诚认为："家若稍有余资，则经部之十三经与《大戴》《国语》，史部之《史记》《汉书》《资治通鉴》，子部之《老》《庄》《管》《韩》《吕览》《淮南》诸家，集部之唐宋八家、李杜二家全集与《文选》及《唐文粹》《宋文鉴》《元文类》，皆不可缺。"② 熟读经典著作的主张不仅出现在古代书院教育中，也出现在现代书院教育中。1939 年抗战时期，国民党政府为了医治当时新式教育的弊病，将目光转向于古代书院教育，并在四川乐山创建复性书院，让著名学者马一浮担任山长。马一浮主讲复性书院期间，重视道德学术教育，主张熟读经典著作，他要求熟读的文学经典著作主要有《楚辞》《文选》《古文苑》《乐府诗集》《唐文粹》《宋文鉴》《文章正宗》《古诗源》《古文辞类纂》《续古文辞类纂》《骈体文钞》《国朝文录》等③。从众多施教者的言辞中，我们可以得出两点结论：其一，熟读经典著作是文学教育的不二法门，要想入为文堂奥，必须咀嚼以及消化经典著作，从中汲取丰富的养料。其二，经典著作之所以地位显赫、影响深远，既源于这些著作本身具有难以遏制的不朽价值这一内在因素，又源于历代施教者反复强调从而形成惯习这一外在因素，是内在因素与外在因素交相作用所导致的结果。

　　第二，重视理学家文集的收藏，主要有周敦颐、张载、程颢、程颐、杨时、尹焞、罗从彦、李侗、朱熹、张栻、陆九渊、杨简、黄榦、陈淳、陈文蔚、真德秀、吴澄、许衡、薛瑄、陈献章、胡居仁、罗钦顺、湛若水、王守仁、吕柟、罗洪先、张伯行等人文集。如宋代时期，福建建安书院藏有《朱文公文集》《续集》《别集》（宋朱熹著），福建龙溪书院藏有

　　① 胡林翼编：《箴言书院志》卷上，同治五年刻本，第 20—21 页。

　　② 章学诚：《清漳书院留别条训》，章学诚：《章学诚遗书》佚篇，文物出版社 1985 年版，第 679 页。

　　③ 马一浮编：《复性书院讲录》卷一"通治群经必读诸书举要"，赵所生、薛正兴主编：《中国历代书院志》第十二册，江苏教育出版社 1995 年版，第 15—16 页。

《北溪集》《外集》（宋陈淳著）①。元代时期，浙江西湖书院藏有《晦庵大全集》（宋朱熹著）、《张南轩文集》（宋张栻著）②，浙江杜洲书院藏有《慈湖文集》（宋杨简著）③。明代时期，江苏虞山书院藏有《朱子全集》（宋朱熹著）、《象山全集》（宋陆九渊著）、《胡敬斋集》（明胡居仁著）、《阳明全集》（明王守仁著）、《罗念庵集》（明罗洪先著）④，江西白鹿洞书院藏有《罗豫章文集》（宋罗从彦著）、《晦翁文集》（宋朱熹著）、《象山文集》（宋陆九渊著）、《胡敬斋集》（明胡居仁著）、《湛甘泉集》（明湛若水著）、《阳明全集》（明王守仁著）、《罗念庵集》（明罗洪先著）⑤。清代时期，广东端溪书院藏有《周濂溪集》（宋周敦颐著）、《张横渠集》（宋张载著）、《二程文集》（宋程颢、程颐著）、《杨龟山集》（宋杨时著）、《尹和靖集》（宋尹焞著）、《罗豫章集》（宋罗从彦著）、《李延平集》（宋李侗著）、《朱子文集》（宋朱熹著）、《张南轩集》（宋张栻著）、《黄勉斋集》（宋黄榦著）、《陈克斋集》（宋陈文蔚著）、《真西山集》（宋真德秀著）、《许鲁斋集》（元许衡著）、《薛敬轩集》（明薛瑄著）、《胡敬斋集》（明胡居仁著）、《罗整庵存稿》（明罗钦顺著）、《正谊堂文集》（清张伯行著）⑥，湖南箴言书院藏有《明道文集》（宋程颢著）、《伊川文集》（宋程颐著）、《龟山全集》（宋杨时著）、《朱子文集大全》（宋朱熹著）、《南轩文集》（宋张栻著）、《象山全集》（宋陆九渊著）、《真西山文集》（宋真德秀著）、《陈白沙集》（明陈献章著）、《王阳明全集》（明王守仁著）、《泾野文集》（明吕柟著）⑦。历代书院重视理学家文集的收藏，主要有两个方面的重要原因：其一，理学家重视道德履践，理学家之文多为载道之文。由于很多书院重视道德教育，因此理学家文集自然倍受推崇，其中，有不少施教者认为，理学家之文要比古文家古文更为醇厚（这在本书第二章第二节"书院文学教育的道德烙印"中已作论述）。其二，历代很多书院是由理学家执掌，传承以及弘扬理学是他们义不容辞的

---

① 叶德辉：《书林清话　书林余话》，岳麓书社 1999 年版，第 63 页。
② 丁申：《武林藏书录》卷上，古典文学出版社 1957 年版，第 7 页。
③ 陈谷嘉、邓洪波：《中国书院制度研究》，浙江教育出版社 1997 年版，第 143 页。
④ 孙慎行编：《虞山书院志》卷六，万历年间刻本，第 5—6 页。
⑤ 李应昇编：《白鹿书院志》卷十五，天启二年刻本，第 6—7 页。
⑥ 傅维森编：《端溪书院志》卷七，光绪二十六年刻本，第 26—27 页。
⑦ 胡林翼编：《箴言书院志》卷中，同治五年刻本，第 59—63 页。

责任，书院借助理学来传播道德，理学家借助书院来丰富理学理论以及壮大理学阵营。

第三，清代以前的书院极少收藏科举文著作，逮及清代，这种现象有所改变。清代不少书院重视收藏此类著作，如广东粤秀书院将图书分为经、史、子、集四部，其中，集部设有四书文类，此方面的著作有《明文百家萃》《明今文侍》《启祯文》《唐荆川稿》《董思白稿》《罗文止稿》《胡思泉稿》《王震泽稿》《陈卧子稿》《陆麟度稿》《陈大士稿》《本朝小题选》《本朝考卷行远集》《考卷同风》《墨卷珠林》《墨卷正体》《墨卷雅》《直省乡墨观》《小题与考》①，河南豫南书院将图书分为经、史、子、集、制义五部，制义部著作有《钦定四书文》《半耕山房时义》《制义灵枢》《制义体要》②。此外，甘肃仙堤书院藏有《试帖偶余》《试赋偶余》《律赋会心》《律赋新硎》③，湖南岳麓书院藏有《钦定四书文》《可仪堂一百二十名家制义》④，湖南箴言书院藏有《钦定四书文》《拟名家制艺》⑤，福建鳌峰书院藏有《诏举孝廉方正题稿事实制艺》⑥。这些著作涉及八股文、试帖诗、律赋等各种科举文，多为名家科举范文，其中，《钦定四书文》是方苞编纂的八股文经典著作，在清代书院深受欢迎。清代书院在著录藏书时，一般将科举文著作归入集部，不过，有的书院虽做出这样的分类，但又感觉并非稳妥，如广东粤秀书院将四书文著作归入集部，又做出如下说明："四书文虽自明以来悬为功令，然非经非集，实著录家之所不载，无类可附，惟书院教育人才则首重此，今别为门目，隶于集后。"⑦ 由于科举文的性质有些复杂，因此有的书院如河南豫南书院干脆将此类著作独立出来。从这些实例中可知，尽管一些施教者从为文的角度考虑而将科举文著作归入集部，但是这种思想在清代书院并未形成共识。除了收藏科举文著作外，清代也有一些书院收藏科举戒律以及科举程

---

① 梁廷枏编：《粤秀书院志》卷六，道光二十七年刻本，第36—37页。
② 朱寿镛编：《创建豫南书院考略》，光绪十七年刻本，第41页。
③ 黄璟：《仙堤书院藏书记》，黄璟、谢述孔编：《山丹县志》卷六，道光十五年刻本，第9页。
④ 丁善庆编：《长沙岳麓书院续志》卷终，同治六年刻本，第13—15页。
⑤ 胡林翼编：《箴言书院志》卷中，同治五年刻本，第66—67页。
⑥ 游光绎编：《鳌峰书院志》卷十，道光年间刻本，第21页。
⑦ 梁廷枏编：《粤秀书院志》卷六，道光二十七年刻本，第37页。

式方面的著作，如福建鳌峰书院藏有《钦定科场条例》《福建三场程式》①，四川锦江书院藏有《钦定科场条例》②。清代一些书院重视收藏科举文、科举戒律以及科举程式方面的著作，这与清代书院官学化增强所带来的书院重视科举文教育息息相关，通过收藏这些著作可为书院科举文教育提供有效的指导。虽然科举文作为文而言价值不大，不被一些人所看好，不过在科举的强大力量下，清代很多书院重视科举文教育，上述粤秀书院施教者所言"惟书院教育人才则首重此"一语，便反映了清代一些书院科举文教育的大致状况。

二　由图书著录分类观书院施教者的文学认识

藏书需要著录，著录是为了便于稽查图书。历代一些书院著录图书时，对图书进行了分类，从图书著录分类的角度来探讨书院施教者的文学认识，不失为研究书院文学教育的一种明智方法。本着这样的意图，笔者选择对元代、明代以及清代书院的图书著录分类展开论述（由于未曾目睹宋代书院的图书著录分类，因此笔者对宋代书院阙而勿论）。

浙江西湖书院是浙江廉访使徐琰在南宋国子监（原为抗金名将岳飞府第）的基础上建成，至元三十一年（1294）竣工。南宋国子监藏书丰富，不过元代修建西湖书院时，"鼎新栋宇，工役匆遽，东迁西移，书版散失，甚则置诸雨淋日炙中，骎骎漫灭"③，于是，之前所藏的图书散佚严重。为了能将已有的图书很好地保存下来，山长黄裳、教导胡师安、司书王通等人自至治三年至泰定元年（1323—1324）对所藏的书目进行了整理。整理后的书目按照经、史、子、集四部排列，共收录图书一百二十二种（这些书籍是南宋国子监刊刻以及元代西湖书院修复与补刻，元代西湖书院的刻书事业将在下一节内容中做具体论述），其中，集部二十四种，书目如下：

　　　　《通典》《两汉蒙求》《韵类题选》《回文类聚》《声律关键》《西湖纪逸》《农桑辑要》《韩昌黎文集》《苏东坡集》《唐诗鼓吹》

---

①　游光绎编：《鳌峰书院志》卷十，道光年间刻本，第16—17页。
②　李承熙编：《锦江书院纪略》卷中，咸丰八年刻本，第50页。
③　丁申：《武林藏书录》卷上，古典文学出版社1957年版，第7页。

《张南轩文集》《曹文贞公集》《武功集》《金陀粹编》《击壤诗集》
《林和靖诗》《吕忠穆公集》《王魏公集》《伐檀集》《王校理集》
《张西岩集》《晦庵大全集》《宋文鉴》《文选六臣注》。①

在上述书目中，《通典》是唐代杜佑撰写的政书，应该归为史部，《农桑
辑要》是元世祖颁布的农学著作，应该归为子部。西湖书院施教者将这
些著作归为集部，不太合理。此外，《金陀粹编》是岳飞之孙岳珂撰写的
传记（《四库全书》归为史部传记类），西湖书院施教者归为集部，说明
他们是从文学的角度来认识传记类作品。

　　明代时期，很多地方官员为江西白鹿洞书院编写过书院志，如江西提
学副使李梦阳的《白鹿洞书院新志》、江西提学副使郑廷鹄的《白鹿洞
志》、星子县学训导周伟的《白鹿洞书院志》、南康府推官李应昇的《白
鹿洞书院志》。李梦阳的《白鹿洞书院新志》刻于正德六年（1511），嘉
靖四年（1525）重刻，凡八卷，其中，卷八"书籍志"著录图书，按照
经、子、史、集四部分类（子部置于史部前）。郑廷鹄的《白鹿洞志》刻
于嘉靖年间（1522—1566），凡十九卷，其中，卷十六"类分书目"著录
图书，按照经、史、子、集四部分类。周伟的《白鹿洞书院志》刻于万
历二十年（1592），凡十二卷，其中，卷三"人物志"附有图书著录，按
照圣制、经、史、子集四部分类（子部与集部进行了合并）。李应昇的
《白鹿洞书院志》刻于天启二年（1622），凡十七卷，其中，卷十五"祀
典"附有图书著录，未设部分类。由于李梦阳的《白鹿洞书院新志》与
郑廷鹄的《白鹿洞志》都是按照经、史、子、集四部对图书进行分类，
因此对此二志的集部著录分类进行比较，可以了解李梦阳与郑廷鹄二人文
学认识的异同。其中，李梦阳的《白鹿洞书院新志》的集部书目如下：

　　《玉海》八十本（内残失一本），《文献通考》六十本（内残失
二本），《通志略》一百二十四本（内残失四本），《两汉诏令》一部
（全失），《古乐府》一部（全失），《文章正宗》二十一本（内残失
一本），《雅颂正韵》一部（全失），《李太白诗集》六本（见存），
《六一居士集》五本（见存），《文髓》二本（见存），《国朝文类》

　　①　丁申：《武林藏书录》卷上，古典文学出版社 1957 年版，第 8 页。

一部（全失），《六书统》十六本（内残失九本），《书学正韵》十六本（内残失九本），《洪武正韵》一部（全失），《呆斋策》二本（见存），《抑庵文集》二十本（内残失三本）。①

郑廷鹄的《白鹿洞志》的集部书目如下：

> 《文献通考》六十本，《玉海》八十本，《国语》四本，《白虎通义》三本，《说苑》四本，《论衡》六十一本，《西山读书记》三十本，《大学衍义补》四十本，《文庙通考略》一本，《宋名臣言行录》十本，《皇明名臣录》二本，《群忠事略》一本，《青田三传》一本，《今献汇言》八本，《文章正宗》三部十六本（另有二部不全），《续文章正宗》六本，《文翰大成》六十四本，《秦汉书疏》七本，《初学记》十二本，《六书统》十六本，《书学正韵》十六本，《苑洛志乐》十二本，《武经总要》十六本（内失七本），《皇明文衡》二十本，《呆斋策》二本，《皇明登科录》四本，《夏游记》一本，《冬游记》一本，《白鹿课士录》七本，《唐律类抄》二本，《赤城诗》十四本，《濂洛风雅》二本，《石钟山集》二本（失一本），《诗话总龟》十本。②

从上述集部著录情况来看，二人对文学的认识都存在一定的局限性。《国语》是中国最早的国别史著作，《白虎通义》是汉代班固编纂的当时学者讨论经义异同的著作，《大学衍义补》是明代丘濬阐述治国、平天下思想的著作，郑廷鹄将这些著作归为集部，有失妥当，李梦阳将《国语》归为史部，将《白虎通义》《大学衍义补》归为子部，显得合理。《通志略》是宋代郑樵史书著作《通志》中的精华部分（《通志》共有二十略），李梦阳归为集部有失妥当，郑廷鹄归为史部显得合理。《六书统》《书学正韵》是元代杨桓撰写的小学类著作，《洪武正韵》是明代洪武年间乐韶凤、宋濂等人奉敕编纂的小学类著作，应该归为经部，《文献通

---

① 李梦阳编：《白鹿洞书院新志》卷八，《白鹿洞书院古志五种》，中华书局1995年版，第145页。

② 郑廷鹄编：《白鹿洞志》卷十六，嘉靖年间刻本，第10页。

考》是元代马端临撰写的古代典章制度考证方面的著作，应该归为史部，李梦阳与郑廷鹄都将这些著作归为集部，有失妥当。此外，郑廷鹄将《陶靖节集》《李太白诗》《南丰文集》《苏文忠公集》《黄山谷诗》《李空同集》《东湖文集》《豫章文集》这些诗文集归为子部，实属不该。从中可知，李梦阳与郑廷鹄在集部著录分类上都有驳杂多舛之处，二者相较，李梦阳要比郑廷鹄显得谨慎。

孙慎行的《虞山书院志》刻于万历年间（1573—1620），凡十卷，其中，卷六"书籍志"著录图书，按照圣制、典故、经部、子部、史部、理学部、文部、诗部、经济部、杂部、类书部等十一部分类，对传统四部分类法进行了突破。从著录中不难看出，文学类著作集中在文部与诗部上，其中，文部书目如下：

> 《文选》《文章正宗》《文粹》《文苑英华》《秦汉文抄》《续文章正宗》《名世文宗》《韩昌黎集》《阳明全集》《柳柳州集》《欧文忠集》《苏东坡全集》《三苏评林》《荆川集》《八大家文选》《杨升庵集》《弇州四部稿》《弇州续四部稿》《弇州别集》。

诗部书目如下：

> 《陶靖节集》《古诗类苑》《杜工部全集》《诗删》《唐诗品汇》《李翰林全集》《唐诗正声》《诗纪》《白乐天全集》《李崆峒集》《李沧溟集》《皇明十二家》《韵府群玉》。[①]

孙慎行将文学类著作分为诗部与文部的优点在于，能够清晰地反映出集部著作的收藏情况，缺点在于，具体归类不够严谨。《弇州四部稿》与《弇州续四部稿》是明代王世贞撰写的诗文集，前者内容分为赋部、诗部、文部、说部四个方面，后者内容分为赋部、诗部、文部三个方面，孙慎行将此二作归为文部，有失妥当。由于未分诗文评部，因此孙慎行将文评类与诗评类著作分别置入文部与诗部，此举的弊端在于，对于一些诗与文二者兼有的诗文评类著作就难以安置，孙慎行干脆将这类著作归为杂部，如

---

① 孙慎行编：《虞山书院志》卷六，万历年间刻本，第6—7页。

他将刘勰的诗文评类著作《文心雕龙》归为杂部。孙慎行设置的杂部名
副其实，里面除了集部书《文心雕龙》外，还有经部书《说文解字》《广
雅》，史部书《通典》《文献通考》，子部书《颜氏家训》《蓝田吕氏乡
约》，从中可知，孙慎行设立杂部是为了给自己杂乱无章的著录体系留有
一块回旋的余地。此外，孙慎行设立理学部来安置一些理学著作，书目
如下：

> 《性理大全》《横渠理窟》《周张二子全书》《邵子全书》《二程
> 全书》《杨龟山语录》《上蔡语录》《延平答问》《朱子全集》《朱子
> 语类》《朱子学的》《朱子当机录》《伊洛渊源》《近思录》《朱子小
> 学》《文公家礼》《象山全集》《杨慈湖遗书》《象山语录》《南轩语
> 录》《白鹿洞讲义》《洞学启蒙》《传习录》《张子韶格言》《吴康斋
> 集》《胡敬斋集》《闽南学道渊源录》《居业录》《阳明则言》《方正
> 学逊志斋集》《阳明年谱》《罗念斋集》《薛文清读书录》《识仁编》
> 《学道纪言》《陈白沙文编》《西斋日录》《圣学宗传》《薛文清要语》
> 《明儒经翼》《程门微旨》《王文成文录》《朱子节要》《见罗书要》
> 《魏庄渠遗书》《寓燕日课》《宗圣谱》《王龙溪文录》《经言枝指》
> 《王心斋语录》《罗念庵冬游记》《赵文肃公集》《冯恭定公集》《隆
> 砂证学记》。[1]

由于理学著作的内容复杂，因此古代学者有时对理学著作的分类不知所
措，如清代四库馆臣就在子部与集部之间左摇右摆。毋庸置疑，孙慎行设
立理学部，可以避免将理学著作归为子部抑或归为集部这样的纠缠，此举
有着可取之处，不过可惜的是，孙慎行在具体分类时自相抵牾，如他将
《朱子全集》《象山全集》《胡敬斋集》《罗念庵集》《冯恭定公集》等理
学家文集归为理学部，也将王阳明的《阳明则言》《传习录》《王文成文
录》归为理学部，但将《阳明全集》归为文部，此举显然有失严谨。依
照其分类体例，《阳明全集》应当归为理学部。可见，在对《阳明全集》
的归类中，虞山书院的图书分类体系不攻自破。像虞山书院这样图书分类
体系存在着明显瑕疵的事例并非罕见，如同是理学家文集，清代河南明道

---

[1] 孙慎行编：《虞山书院志》卷六，万历年间刻本，第5—6页。

书院将《罗豫章集》《真西山集》归为子部，而将《许鲁斋集》归为集部①。清代福建鳌峰书院虽在集部设有诗文评类，但将《文心雕龙》归为子部②。

朱寿镛的《创建豫南书院考略》刻于光绪十七年（1891），不分卷，该作图书著录按照经、史、子、集四部分类，其中，集部书目如下：

《十朝圣训》二百五十本，《庭训格言》一本，《圣谕广训》二本，《大清会典》四本，《皇朝祭器乐舞录》三本，《钦定康济录》四本，《文庙祀位》一本，《楚辞集注》二本，《楚辞辨证》一本，《离骚集传》一本，《离骚草木疏》一本，《离骚笺》一本，《水经注》十二本，《今水经表》一本，《酉阳杂俎》四本，《续酉阳杂俎》二本，《〈隋书·经籍志〉考证》四本，《昭明文选》二十四本，《世说新语》四本，《文心雕龙》二本，《涑水记闻》四本，《人谱类记》二本，《人谱三篇》一本，《意林》二本，《二程全书》二十本，《朱子年谱》四本，《老学庵笔记》二本，《人寿金鉴》六本，《近思录》四本，《古列女传》四本，《赵子言行录》二本，《日知录》十六本，《历代年号纪略》一本，《读书分年日程》二本，《读史方舆纪要》、《天下郡国利病书》共一百本，《太平寰宇记》三十六本，《吕新吾全集》三十八本，《洪北江全集》八十四本，《读书杂志》二十四本，《龙川文集》十本，《古文百篇》六本，《述古堂文集》四本，《茗柯文编》二本，《石笥山房文集》十本，《崇百药斋文集》十六本，《大云山房文集》八本，《游道堂集》二本，《烟霞万古楼集》二本，《胡文忠公遗集》三十二本，《古今诗选》十本，《乐府诗集》十六本，《太白集》四本，《读雪山房唐诗钞》十二本，《吴梅村诗集笺》十二本，《瓯香馆集》四本，《凌溪集》二本，《白田风雅》四本，《韵字略》二本，《韵岐》二本，《刊谬正俗》一本，《数理精蕴》四十本，《算学启蒙述义》三本，《百芙堂算学丛书》三十三本，《几何原本》、《重学》、《则古昔斋算学》共二十本，《葬经》、《宅经》共一本，《徐氏医

① 吕永辉编：《明道书院志》卷十，光绪二十六年刻本，第3—5页。
② 游光绎编：《鳌峰书院志》卷十，道光年间刻本，第18页。

书六种》十本，《读史兵略》十六本，《武功县志》一本，《筹济编》八本，《鉴戒录》二本，《庸史庸言》、《读律心得》共三本，《洗冤录详义》六本，《佐治药言》、《学治臆说》共三本，《荒政辑要》二本，《救荒补遗》二本，《捕蝗要诀》一本，《山带阁集》四本，《颐志斋丛书》二十本，《问心斋学治杂录》、《续录》共六本，《延秋吟馆诗钞》一本，《国朝中州文征》二十八本。①

上述集部著作极为不纯，与经部、史部、子部著作大相杂糅。《刊谬正俗》《韵字略》《韵岐》分别是唐代颜师古、清代毛谟以及清代江昱撰写的小学类著作，应该归为经部。《大清会典》是康熙、雍正、乾隆、嘉庆、光绪五朝所修会典的总称，《救荒补遗》是明代朱熊撰写的政书，《荒政辑要》是清代政书（姚碧、汪志伊都曾撰有《荒政辑要》），《太平寰宇记》《读史方舆纪要》分别是宋代乐史、清代顾祖禹撰写的两部地理类著作，《武功县志》是明代康海撰写的县志，这些著作应该归为史部。《读书分年日程》是元代程端礼撰写的儒家教育方面的著作，《读史兵略》是清代胡林翼撰写的兵家著作，《徐氏医书六种》是清代徐大椿撰写的六部医药方面的著作，《葬经》（旧题晋郭璞著）与《宅经》（旧题黄帝著）是用风水理论来进行相地的两部著作，《数理精蕴》（清康熙皇帝御定）、《算学启蒙述义》（清王鉴著）、《白芙堂算学丛书》（清丁取忠编）、《则古昔斋算学》（清李善兰著）、《几何原本》（古希腊欧几里德著）是五部算学著作，这些著作应该归为子部。朱寿镛将以上著作统统归为集部，有失允当。除了集部著作与经部、史部、子部著作杂糅外，豫南书院图书著录混乱的另一个表现是，将同类著作归为异部。《世说新语》是南朝刘义庆负责编写的小说，《酉阳杂俎》《续酉阳杂俎》是唐代段成式撰写的小说，《涑水记闻》是宋代司马光撰写的小说，朱寿镛将这些小说归为集部，此举可圈可点。不过可惜的是，他又将《神异经》（旧题汉东方朔著）、《洞冥记》（旧题汉郭宪著）、《搜神记》（晋干宝著）、《搜神后记》（旧题晋陶潜著）、《博物志》（晋张华著）、《拾遗记》（晋王嘉著）等一些小说归为史部，这种厚此薄彼的行为也破坏了图书分类体系。

---

① 朱寿镛编：《创建豫南书院考略》，光绪十七年刻本，第36—40页。

王凯泰的《致用堂志略》刻于同治十二年（1873），不分卷，该作图书著录收有盐宪陆某（名阙）捐助的集部著作三十三种，书目如下：

> 《水经注》十六本，《文恭集》八本，《直斋书录解题》八本，《瓮牖闲评》二本，《浩然斋雅谈》一本，《云谷杂记》一本，《拙轩集》一本，《明本释》一本，《金渊集》二本，《融堂书解》四本，《麟台故事》一本，《毛诗讲义》一本，《敬斋古今黈》二本，《宋朝事实》五本，《公是弟子记》一本，《文苑英华辨证》一本，《五曹算经》一本，《陶集》三本，《郑志》一本，《学易集》二本，《续吕氏家塾读诗记》二本，《春秋辨疑》二本，《考古质疑》一本，《郭氏传家易说》七本，《岭表录异》一本，《絜斋集》六本，《易象意言》一本，《涑水记闻》四本，《后山诗注》三本，《五代史记纂误》一本，《碧溪诗话》一本，《蒙斋集》六本，《南阳集》一本。①

上述集部著录驳杂多舛。《郭氏传家易说》《易象意言》分别是宋代郭雍、宋代蔡渊撰写的《周易》学著作，《毛诗讲义》《续吕氏家塾读诗记》分别是宋代林岊、宋代戴溪撰写的《诗经》学著作，《融堂书解》是宋代钱时撰写的《尚书》学著作，《春秋辨疑》是宋代萧楚撰写的《春秋》学著作，这些著作应该归为经部。《水经注》是后魏郦道元撰写的《水经》注释著作，《岭表录异》是唐代刘恂撰写的地理学著作，《直斋书录解题》是宋代陈振孙撰写的目录学著作（与晁公武的《郡斋读书志》有"私家目录双璧"之称），《宋朝事实》是宋代李攸撰写的政书，《五代史记纂误》是宋代吴缜撰写的史书研究的著作，这些著作应该归为史部。《五曹算经》（作者不详）是一部算学著作，应该归为子部。王凯泰将以上著作统统归为集部，有失允当。

综而言之，历代书院集部图书著录驳杂多舛，一些经部、史部、子部著作时常阑入其中，于是，集部与经部、史部、子部混而难分，成为了一个包罗万象的大杂烩。除了图书著录不当外，一些书院的图书分类体系也存在着明显的罅漏，由此导致图书分类出现了前后矛盾、自相抵牾的尴尬

---

① 王凯泰编：《致用堂志略》捐藏书目，同治十二年刻本，第1—2页。

局面（虞山书院图书分类体系便是一个典型的事例）。从历代书院混乱的图书分类中可知，泛文学的思想普遍存在于历代书院文学教育中。由于很多书院施教者在文学认识上具有一定的模糊性，因此这些书院在文学教育上具有不清晰性。

与前代书院相较，清代有些书院在图书著录上显得合理，如湖南岳阳书院、慎修书院的图书著录按照甲、乙、丙、丁四部分类，若仔细检查每部书目便可发现，这两所书院设立的甲、乙、丙、丁四部实为传统的经、史、子、集四部①（用甲、乙、丙、丁四部著录图书的方法始于魏晋荀勖的《中经新簿》，不过荀勖采用的甲、乙、丙、丁四部大致相当于后世的经、子、史、集四部，这与岳阳书院、慎修书院采用的甲、乙、丙、丁四部有所不同），岳阳书院、慎修书院在图书分类上也显得合理。湖南箴言书院与福建鳌峰书院都是仿照《四库全书》著录图书的方式来著录图书，其中，箴言书院的集部分为楚辞类、别集类、总集类、诗文评类、词曲类等五类，鳌峰书院的集部分为别集类、总集类、诗文评类、词曲类等四类（该院楚辞类著作仅有清人林云铭的《楚辞灯》一作，难以自立门户，因此将它归为别集类），具体分类时较少出现集部著作与经部、史部、子部著作相杂糅的现象，可见这两所书院的施教者都愿意在图书著录分类上精益求精，有着较为清晰的著录分类意识。不过这两所书院的施教者在著录分类上也不尽善尽美，如他们都仿照《四库全书》将小说类著作归为子部，此举反倒不如河南豫南书院的施教者开明。

三　社会捐助图书对书院文学教育的重要贡献

书院捐助图书来源广泛，主要有帝王赐书、官府购置以及其他阶层人士捐赠等各种渠道（自刻图书虽是书院藏书的重要来源，但它不属于社会捐助图书的范畴）。没有社会各界人士的鼎力相助，书院文学教育就会失去重要根基。

清代时期，广东端溪书院藏书宏富，分为八十一库进行储藏。为了深入了解清代书院的集部著作捐助面貌，笔者选择对社会各界人士为端溪书院捐助集部著作的书目进行了整理（端溪书院只是设库藏书，未给图书

---

① 钟英编：《岳阳、慎修书院志》，赵所生、薛正兴主编：《中国历代书院志》第五册，江苏教育出版社 1995 年版，第 25—45 页。

分类，笔者参照《四库全书》中的集部分类法对该院图书进行了编排），具体情况可见表4—2。

表 4—2

捐者	类别	库别	书目
张之洞（两广总督）	别集	四十五库	《朱子文集》一百卷、《续集》十一卷、《别集》十卷（宋朱熹著）
		四十六库	《王阳明集》十六卷（明王守仁著）
		五十五库	《渭南文集》五十卷、《逸稿》二卷（宋陆游著），《剑南诗集》八十五卷（宋陆游著），《震川先生全集》三十卷、《别集》十卷（明归有光著），《汤文正公文集》五卷（清汤斌著）
		五十七库	《方望溪集》三十卷（清方苞著）
		五十八库	《潜研堂文集》五十卷（清钱大昕著）、《诗集》十卷、《诗续集》十卷（清钱大昕著），《卷施阁文甲集》十卷、《补遗》一卷（清洪亮吉著），《卷施阁文乙集》八卷、《续编》一卷（清洪亮吉著），《卷施阁诗集》四卷（清洪亮吉著），《更生斋文甲集》四卷（清洪亮吉著），《更生斋文乙集》四卷、《续集》二卷（清洪亮吉著），《更生斋诗集》八卷、《续集》十卷（清洪亮吉著），《附鲒轩诗集》八卷（清洪亮吉著），《乐府》一卷（清洪亮吉著）
		六十库	《惜抱轩全集》八十七卷（清姚鼐著）
		六十一库	《曾文正公文集》四卷、《诗集》四卷（清曾国藩著），《曾文正公书札》三十三卷（清曾国藩著）
		七十一库	《燕公集》十五卷（唐张说著），《文忠集》十六卷（唐颜真卿著），《文恭集》四十卷（宋胡宿著），《山谷诗注》三十九卷（宋黄庭坚著，任渊、史容、史季温注），《后山诗注》十二卷（宋陈师道著，任渊注），《茶山集》八卷（宋曾幾著），《南涧甲乙稿》二十二卷（宋韩元吉著），《絜斋集》二十四卷（宋袁燮著），《乾道淳熙章泉稿》二十七卷（宋赵蕃著）
		七十二库	《南阳集》六卷（宋赵湘著），《元宪集》三十六卷（宋宋庠著），《景文集》六十二卷（宋宋祁著），《华阳集》四十卷（宋王珪著），《公是集》五十四卷（宋刘敞著），《祠部集》三十五卷（宋强至著），《彭城集》四十卷（宋刘攽著），《净德集》三十八卷（宋吕陶著），《忠肃集》二十卷（宋刘挚著），《陶山集》十六卷（宋陆佃著），《西台集》二十卷（宋毕仲游著），《学易集》八卷（宋刘跂著），

续表

捐者	类别	库别	书目
张之洞（两广总督）	别集	七十二库	《柯山集》五十卷（宋张耒著），《浮沚集》九卷（宋周行己著），《毗陵集》十六卷（宋张守著），《浮溪集》三十二卷（宋汪藻著），《简斋集》十六卷（宋陈与义著），《文定集》二十四卷（宋汪应辰著），《雪山集》十六卷（宋王质著），《攻媿集》一百十二卷（宋楼钥著），《止堂集》十八卷（宋彭龟年著），《耻堂存稿》八卷（宋高斯得著），《蒙斋集》二十卷（宋袁甫著），《拙轩集》六卷（金王寂著），《金渊集》六卷（元仇远著）
	总集	五十四库	《三苏全集》共六十册（宋苏洵、苏轼、苏辙著）
		六十一库	《十八家诗钞》二十八卷（清曾国藩编）
		七十一库	《文苑英华辨证》十卷（宋彭叔夏著），《悦心集》五卷（清雍正皇帝编）
	诗文评	五十八库	《北江诗话》六卷（清洪亮吉著）
		六十一库	《鸣原堂论文》二卷（清曾国藩著）
		七十一库	《碧溪诗话》十卷（宋黄彻著），《岁寒堂诗话》二卷（宋张戒著），《浩然斋雅谈》三卷（宋周密著）
	词曲	五十八库	《更生斋诗余》一卷（清洪亮吉著）
樊恭煦（广东学政）	楚辞	七十七库	《离骚集传》一卷（宋钱杲之著），《离骚草木疏》四卷（宋吴仁杰著）
	别集	六十库	《芳茂山人诗集》十卷（清孙星衍著），《长离阁集》一卷（清王采薇著）
		七十四库	《落飘楼文稿》四卷（清沈垚著）
		七十六库	《晁具茨诗集》十五卷（宋晁冲之著），《揭曼硕诗集》三卷（元揭傒斯著），《徐文长文集》三十卷（明徐渭著），《船山诗选》六卷（清张问陶著）
		七十七库	《麟角集》一卷（唐王棨著），《逍遥集》一卷（宋潘阆著），《画墁集》八卷（宋张舜民著），《斜川集》六卷、《附录》二卷（宋苏过著），《颐庵居士集》二卷（宋刘应时著），《灊山集》三卷（宋朱翌著），《尊德性斋集》三卷（宋程洵著），《清隽集》一卷（宋郑起著），《南湖集》十卷（宋张镃著），《百正集》三卷（宋连文凤著），《一百二十图诗集》一卷（宋郑思肖著），《郑所南文集》一卷（宋郑思肖著），《霁山集》五卷（宋林景熙著），《湛渊遗稿》三卷（元白珽著），《静春堂诗集》四卷（元袁易著），《滦京杂咏》二卷（元杨允孚著），《赵待制遗稿》一卷（元赵雍著），《梧溪集》七卷（元王逢著），《红蕙山房吟稿》一卷（清袁廷梼著）

续表

捐者	类别	库别	书目
樊恭煦（广东学政）	总集	六十库	《续古文苑》二十卷（清孙星衍编）
		七十六库	《同人唱和诗》三卷（清黄丕烈编）
		七十七库	《文苑英华辨证》十卷（宋彭叔夏著），《宋旧宫人诗词》一卷（宋汪元量编），《天地间集》一卷（宋谢翱编），《洞霄诗集》十四卷（元孟宗宝编），《诗纪匡谬》一卷（明冯舒著），《全唐诗逸》三卷（日本上毛河世宁编）
	诗文评	七十四库	《汉石例》六卷（清刘宝楠著）
		七十六库	《苕溪渔隐丛话》一百卷（宋胡仔著），《四溟诗话》四卷（明谢榛著），《宋四六话》十二卷（清彭元瑞著）
		七十七库	《碧溪诗话》十卷（宋黄彻著），《临汉隐居诗话》一卷（宋魏泰著），《藏海诗话》一卷（宋吴可著），《对床夜语》五卷（宋范晞文著），《滹南诗话》三卷（金王若虚著），《吴礼部诗话》一卷（元吴师道著），《归田诗话》三卷（明瞿佑著），《怀麓堂诗话》一卷（明李东阳著），《南濠诗话》一卷（明都穆著），《榕城诗话》三卷（清杭世骏著），《茗香诗论》一卷（清宋大樽著）
	词曲	七十六库	《词苑丛谈》十二卷（清徐釚著）
		七十七库	《张子野词》二卷、《补遗》二卷（宋张先著），《阳春集》一卷（宋米友仁著），《石湖词》一卷（宋范成大著），《和石湖词》一卷（宋陈三聘著），《碧鸡漫志》五卷（宋王灼著），《乐府补题》一卷（宋陈恕可编），《花外集》一卷（宋王沂孙著），《草窗词》二卷、《补》二卷（宋周密著），《苹洲渔笛谱》二卷（宋周密著），《贞居词》二卷（元张雨著），《蜕岩词》二卷（元张翥著）
丁学瀛（广东候补盐大使）	诗文评	六十二库	《全唐文纪事》一百二十二卷（清陈鸿墀编）
增润（粤海关监督）	诗文评	七十五库	《金石补例》二卷（清郭麐著）
伍延鎏（候选道员）	楚辞	七十五库	《楚词辨韵》一卷（清陈昌齐著）

续表

捐者	类别	库别	书目
伍延鎏（候选道员）	别集	七十五库	《刘希仁文集》一卷（唐刘轲著），《崔清献集》五卷（宋崔与之著）
	总集	七十五库	《粤诗搜逸》四卷（清黄子高辑）
	诗文评	七十五库	《春秋诗话》五卷（清劳孝舆著）
伍德普（候选道员）	别集	七十八库	《双溪集》十五卷（宋苏籀著），《揭文安公文粹》二卷（元揭傒斯著），《玉笥集》十卷（元张宪著），《楼山堂集》二十七卷（明吴应箕著），《秋笳集》八卷（清吴兆骞著），《饮水诗集》二卷（清纳兰性德著），《沙河逸老小稿》六卷（清马曰琯著），《南斋集》六卷（清马曰璐著），《苏诗补注》八卷（清翁方纲著），《玉山草堂续集》六卷（清钱林著）
		七十九库	《李元宾集》六卷（唐李观著），《吕衡州集》十卷（唐吕温著），《姑溪居士前集》五十卷、《后集》二十卷（宋李之仪著），《鄂州小集》六卷（宋罗愿著），《玉堂类稿》二十卷、《西垣类稿》二卷、《附录》一卷（宋崔敦诗著），《益斋集》十卷、《拾遗》一卷、《集志》一卷（元李齐贤著），《南雷文定前集》十一卷、《后集》四卷、《三集》三卷、《诗历》四卷（清黄宗羲著），《授堂文钞》八卷（清武亿著），《烟霞万古楼文集》六卷、《诗选》二卷附《仲瞿诗录》一卷（清王昙著，徐渭仁编），《揅经室诗录》五卷（清阮元著），《程侍郎遗稿》十卷（清程恩泽著）
	总集	六十三库	《金文最》一百二十卷（清张金吾编）
		七十八库	《文馆词林》四卷（唐许敬宗编），《月泉吟社》一卷（宋吴渭编），《河汾诸老诗集》八卷（元房祺编），《林屋唱酬录》一卷（清马曰琯编），《焦山纪游集》一卷（清马曰琯编），《小石帆亭五言诗续钞》八卷（清翁方纲编）
		七十九库	《西昆酬唱集》二卷（宋杨亿编），《南北朝文钞》二卷（清彭兆荪编）
	诗文评	七十八库	《五代诗话》十卷（清王士禛编，郑方坤删补），《石洲诗话》八卷（清翁方纲著），《北江诗话》六卷（清洪亮吉著）
	词曲	七十八库	《词源》二卷（宋张炎著），《日湖渔唱》三卷（宋陈允平著），《草堂诗余》三卷（佚名编，元凤林书院本），《饮水词集》二卷（清纳兰性德著），《嶰谷词》一卷（清马曰琯著），《南斋词》二卷（清马曰璐著）
		七十九库	《乐府雅词》六卷、《拾遗》二卷（宋曾慥编），《阳春白雪》八卷、《外集》一卷（宋赵闻礼编），《词林韵释》二卷（佚名著），《梅边吹笛谱》二卷（清凌廷堪著）

续表

捐者	类别	库别	书目
张丙炎 （肇庆 知府）	别集	五十三库	《陆宣公集》二十二卷（唐陆贽著），《李义山诗集》三卷（唐李商隐著）
		六十四库	《迈堂文略》五卷（清李祖陶著）
	总集	三十三库	《皇朝经世文编》一百二十卷（清贺长龄编）
		六十二库	《文选》六十卷（南朝萧统编，唐李善注），《唐文粹》一百卷（宋姚铉编），《文选考异》十卷（清胡克家著）
		六十三库	《古文辞类纂》七十五卷（清姚鼐编），《金元明八大家文选》五十三卷（清李祖陶编），《国朝文录》八十二卷（清李祖陶编），《二十四家文钞》二十四卷（清徐凤辉编）
		六十四库	《国朝文录续编》六十六卷（清李祖陶编），《骈体正宗》十二卷（清曾燠编），《骈体文钞》三十一卷（清李兆洛编）
		六十五库	《全唐诗》九百卷（清康熙皇帝御定）
		六十六库	《宋诗钞》一百零六卷（清吴之振、吴自牧编），《元诗选》一百十一卷（清顾嗣立编）
		六十七库	《明诗综》一百卷（清朱彝尊编）
方功惠 （潮州 知府）	别集	五十三库	《王摩诘诗集》七卷（唐王维著），《孟浩然集》二卷（唐孟浩然著），《草堂诗笺》二十二卷（宋蔡梦弼会笺）
		六十七库	《扶荔生覆瓿集》十卷（清王济著）
	总集	五十三库	《三宋人集》四十五卷（宋柳开《河东集》十五卷、穆修《参军集》三卷、尹洙《河南集》二十七卷）
		五十七库	《三魏全集》四十八卷（清魏际瑞《伯子集》十卷、魏禧《叔子集》二十二卷、魏礼《季子集》十六卷）
		六十二库	《观澜文集》十二册（宋林之奇编，吕祖谦集注）
	诗文评	五十八库	《草堂诗话》二卷（宋蔡梦弼著）
俞守义 （刑部 郎中）	别集	五十二库	《陶渊明集》十卷（晋陶渊明著）
孙玉璋 （知州）	别集	五十五库	《三鱼堂文集》十二卷（清陆陇其著）
龙凤元 （同知）	别集	四十六库	《陆象山集》三十六卷（宋陆九渊著）

续表

捐者	类别	库别	书目
梁汝濂 （同知）	总集	六十七库	《南园前后五先生诗》三十五卷（明孙蕡、赵介、李德、黄哲、王佐以及清欧大任、梁有誉、黎民表、吴旦、李时行著）
杨启焯 （江苏候补同知）	别集	五十三库	《温飞卿诗集》九卷（唐温庭筠著）
俞绍勋 （广东候补同知）	别集	五十三库	《柳文惠公集》四十卷（唐柳宗元著）
		五十五库	《元遗山集》四十卷（金元好问著）
		六十库	《有正味斋骈文》六卷（清吴锡麟著）
	词曲	五十五库	《新乐府》四卷（金元好问著）
余大胜 （肇庆协副将）	别集	七十四库	《看花杂咏》一卷（清归庄著），《墨井诗钞》二卷（清吴历著），《三巴集》一卷（清吴历著），《虞东先生文录》八卷（清顾镇著），《冬心先生三体诗》一卷（清金农著），《海珊诗钞》二卷（清严遂成著），《艺庵遗诗》一卷（清黄彦著）
		七十五库	《听松庐诗略》二卷（清张维屏著），《面城楼集钞》四卷（清曾钊著），《磨瓺斋文存》一卷（清张杓著），《止斋文钞》二卷（清马福安著），《是汝师斋遗诗》（清朱次琦著），《乐志堂文钞》四卷（清谭莹著）
	诗文评	七十四库	《明人诗品》一卷（清杜荫棠著）
	词曲	七十四库	《词评》一卷（明王世贞著）
		七十五库	《桐花阁词钞》一卷（清吴兰修著）
孙鉴 （知县）	别集	六十七库	《孙西庵集》四册（明孙蕡著）
龙凤镳 （主事）	别集	五十三库	《杜少陵全集》二十五卷（唐杜甫著）
		六十七库	《岭南集》八卷（清杭世骏著）
	诗文评	六十八库	《国朝诗人征略》六十卷（清张维屏编）
梁鼎芬 （山长）	楚辞	五十二库	《楚辞》十七卷（汉王逸注，宋洪兴祖补注）
	别集	五十五库	《龙川文集》三十卷（宋陈亮著）
		五十七库	《鲒埼亭集》三十八卷（清全祖望著）
		六十五库	《昨梦斋文集》四卷（清彭泰来著）
		六十七库	《两当轩诗钞》十四卷（清黄景仁著）
	词曲	六十七库	《悔存词钞》二卷（清黄景仁著）
		六十八库	《宋六十家词钞》八十四卷（重刻汲古阁本）

续表

捐者	类别	库别	书目
朱一新（山长）	别集	六十库	《虚白山房集》八卷（清朱凤毛著）
徐铸、朱师诚（监院）	别集	五十三库	《欧阳文忠公集》一百五十八卷（宋欧阳修著）
		五十九库	《瓯北诗钞》七卷（清赵翼著），《瓯北集》五十二卷（清赵翼著）
	总集	五十二库	《汉魏六朝一百三家集》一百册（明张溥编）
		六十五库	《学海堂集》十六卷、《二集》二十二卷、《三集》二十四卷、《四集》二十八卷（清阮元、吴兰修、张维屏、陈澧、金锡龄编）
	诗文评	五十九库	《瓯北诗话》二十二卷（清赵翼著）
		六十八库	《文心雕龙》十卷（南朝刘勰著），《诗品》三卷（南朝钟嵘著）
黄绍宪（举人）	别集	五十三库	《昌黎先生集》四十卷（唐韩愈著）
		五十八库	《纪文达公遗集》十六卷（清纪昀著），《知足斋诗文集》三十二卷（清朱珪著）
陶福祥（举人）	别集	五十三库	《陈后山集》二十四卷（宋陈师道著）
区居位（贡生）	别集	五十四库	《苏文忠公诗集》五十卷（宋苏轼著）
	总集	六十二库	《唐宋文醇》五十八卷（清乾隆皇帝御定）
		六十六库	《唐宋诗醇》四十七卷（清乾隆皇帝御定）
梁鼎蕃（贡生）	别集	六十八库	《诗义堂集》二卷、《后集》六卷（清彭辂、彭泰来著）
	总集	六十四库	《岭南文钞》十八卷（清陈在谦编）
		六十七库	《端人集》四册（清彭泰来编）
		六十八库	《湖海诗传》二十二卷（清王昶编）
梁汝瀛（贡生）	别集	六十七库	《五百四峰堂诗钞》二十五卷（清黎简著）
陈宗（贡生）	别集	七十三库	《烟霞万古楼诗选》二卷附《仲瞿诗录》一卷（清王昙著，徐渭仁编），《纪半樵诗》（清纪大复著），《思适斋集》十八卷（清顾广圻著），《秋红丈室遗诗》一卷（清金礼嬴著），《陔南池馆遗集》二卷（清乔重禧著），《双树生诗草》一卷（清林镐著）
	总集	六十四库	《广东文献初集》《二集》《三集》《四集》共二十六册（清罗学鹏编）

续表

捐者	类别	库别	书目
沈葆和（贡生）	总集	六十四库	《湖海文传》七十五卷（清王昶编）
	诗文评	六十四库	《艺概》六卷（清刘熙载著）
梁鼎荀（贡生）	总集	六十七库	《岭南三大家诗选》二十四卷（清王隼编）
丰湖书院生徒	别集	六十五库	《愿学斋集》二卷（清殷师尹著）
端溪书院生徒	楚辞	七十三库	《楚辞集注》八卷、《辨证》二卷、《后语》二卷（宋朱熹著）
		七十四库	《楚辞集注》八卷、《辨证》二卷（宋朱熹著），《离骚集传》（宋钱杲之著），《离骚草木疏》四卷（宋吴仁杰著），《离骚笺》二卷（清龚景瀚著）
	别集	四十三库	《诸葛武侯集》四卷（三国蜀诸葛亮著），《陆宣公集》四卷（唐陆贽著），《范文正集》九卷（宋范仲淹著），《高东溪集》二卷（宋高登著），《石徂徕集》二卷（宋石介著），《韩魏公集》二十卷（宋韩琦著），《周濂溪集》十三卷（宋周敦颐著），《司马温公集》十四卷（宋司马光著），《张横渠集》十二卷（宋张载著），《杨龟山集》六卷（宋杨时著），《尹和靖集》一卷（宋尹焞著），《罗豫章集》十卷（宋罗从彦著），《李延平集》四卷（宋李侗著），《朱子文集》十八卷（宋朱熹著），《张南轩集》七卷（宋张栻著），《黄勉斋集》八卷（宋黄榦著），《陈克斋集》五卷（宋陈文蔚著），《真西山集》八卷（宋真德秀著），《谢叠山集》二卷（宋谢枋得著），《熊勿轩集》六卷（宋熊禾著），《文文山集》二卷（宋文天祥著），《许鲁斋集》六卷（元许衡著），《闻过斋集》四卷（元吴海著），《方正学集》七卷（明方孝孺著），《薛敬轩集》十卷（明薛瑄著），《陈剩夫集》四卷（明陈真晟著），《胡敬斋集》三卷（明胡居仁著），《罗整庵存稿》二卷（明罗钦顺著），《魏庄渠集》一卷（明魏校著），《杨椒山集》二卷（明杨继盛著），《张阳和集》三卷（明张元忭著），《汤潜庵集》二卷（清汤斌著），《陆稼书集》二卷（清陆陇其著），《正谊堂文集》十二卷、《续集》八卷（清张伯行著）
		五十二库	《徐孝穆集》六卷（南朝徐陵著）
		五十三库	《庾子山集》十六卷（北朝庾信著），《李太白集》三十六卷（唐李白著），《白香山诗集》四十卷（唐白居易著）
		五十四库	《王临川全集》一百卷（宋王安石著），《王忠文公集》二十四卷（宋王十朋著）

续表

捐者	类别	库别	书目
端溪书院生徒	别集	五十六库	《亭林文集》六卷、《诗集》五卷、《余集》一卷（清顾炎武著）
		五十七库	《曝书亭集》八十卷（清朱彝尊著）
		六十库	《石笥山房集》十九卷（清胡天游著），《问字堂集》六卷（清孙星衍著），《大云山房文集》八卷（清恽敬著），《小谟觞馆集》十六卷（清彭兆荪著），《柏枧山房集》三十卷（清梅曾亮著），《甘泉乡人稿》二十四卷（清钱泰吉著）
		六十七库	《吴诗集览》二十卷（清吴伟业著）
		七十三库	《草堂诗笺》四十卷（宋鲁訔编次，蔡梦弼会笺）
		七十四库	《陶诗注》四卷（晋陶渊明著、宋汤汉注），《谢宣城集》五卷（南朝谢朓著），《棠湖诗稿》一卷（宋岳珂著），《清闻斋诗存》三卷（清周鼎枢著），《春草堂遗稿》一卷（清姚阳元著）
	总集	四十三库	《二程文集》十二卷（宋程颢、程颐著），《濂洛风雅》九卷（清张伯行编），《唐宋八大家文钞》十九卷（清张伯行编）
		六十二库	《文选旁证》四十六卷（清梁章钜著）
		六十四库	《皇朝骈文类苑》十四卷（清姚燮编）
		六十五库	《古诗选》十五卷（清王士禛编），《评选四六法海》八卷（清蒋士铨评选），《南北朝文钞》二卷（清彭兆荪编），《黄岩集》三十二卷（清王子庄编）
		六十六库	《元诗选》八册（清顾嗣立编）
		七十三库	《文馆词林》十三卷（唐许敬宗编）
	诗文评	七十四库	《文心雕龙》十卷（南朝刘勰著）
	词曲	六十八库	《词律》二十卷（清万树著）①

---

① 本表内容依据傅维森编《端溪书院志》（卷七，光绪二十六年刻本，第26—85页）整理制作而成。需要说明的是，端溪书院的六库至八库藏有《皇清经解》（清阮元编）以及九库至十一库藏有《皇清经解续编》（清王先谦编），这两种经解著作都收录有清代一些学者的文集，如六库藏有冯景的《解春集》二卷、钱大昕的《潜研堂文集》六卷，七库藏有戴震的《东原文集》二卷、段玉裁的《经韵楼集》六卷、孙星衍的《问字堂集》一卷、凌廷堪的《校礼堂文集》一卷，八库藏有阮元的《揅经室集》七卷、臧庸的《拜经文集》一卷、许宗彦的《鉴止水斋集》二卷、陈寿祺的《左海文集》二卷、赵坦的《宝甓斋文集》一卷，十一库藏有陶方琦的《汉孳室文钞》二卷。端溪书院所藏《皇清经解》与《皇清经解续编》中的这些文集主要是筛选清代一些学者的经解文章而成，是清代一些学者的文集节本而非文集全部（如钱大昕的《潜研堂文集》原本五十卷，戴震的《东原文集》原本十二卷，段玉裁的《经韵楼集》原本十二卷，凌廷堪的《校礼堂文集》原本三十六卷），因此笔者在整理端溪书院的集部著作收藏资料时，未将这些文集节本纳入其中。

在端溪书院的集部著作捐助中，涉及大大小小的官员十七人（上自两广总督、广东学政，下至知县、主事），端溪书院山长以及监院四人，有着举人、贡生身份的社会人士八人，另外，丰湖书院以及端溪书院的一些生徒也为端溪书院的藏书事业解囊相助。社会各界人士捐助的集部著作包括楚辞类、别集类、总集类、诗文评类、词曲类等各个门类，集部著作数量可观，笔者对上述各界人士捐助集部著作的数量分别进行了统计，具体情况可见表4—3。

表 4—3

类别 捐者	楚辞	别集	总集	诗文评	词曲
张之洞	0	54	4	5	1
樊恭煦	2	26	8	15	12
丁学瀛	0	0	0	1	0
增润	0	0	0	1	0
伍延鎏	1	2	1	1	0
伍德普	0	21	9	3	10
张丙炎	0	3	15	0	0
方功惠	0	4	3	1	0
俞守义	0	1	0	0	0
孙玉璋	0	1	0	0	0
龙凤元	0	1	0	0	0
梁汝濂	0	0	1	0	0
杨启焯	0	1	0	0	0
俞绍勋	0	3	0	0	1
余大胜	0	13	0	1	2
孙鉴	0	1	0	0	0
龙凤镳	0	2	0	1	0
梁鼎芬	1	4	0	0	2
朱一新	0	1	0	0	0
徐铸、朱师诚	0	3	2	3	0

续表

类别 捐者	楚辞	别集	总集	诗文评	词曲
黄绍宪	0	3	0	0	0
陶福祥	0	1	0	0	0
区居位	0	1	2	0	0
梁鼎蕃	0	1	3	0	0
梁汝瀛	0	1	0	0	0
陈宗	0	6	1	0	0
沈葆和	0	0	1	1	0
梁鼎荀	0	0	1	0	0
丰湖书院生徒	0	1	0	0	0
端溪书院生徒	4	55	11	1	1

由上表内容可知，在所捐助的集部著作中，以别集、总集类居多，楚辞、词曲类较少，这与《四库全书》所录集部著作的数量分布状况大致相当。清代时期，像端溪书院这样受到社会各界人士捐助图书的事例不胜枚举，正是有了社会各界人士的积极参与，清代书院文学教育才会出现欣欣向荣的景象，因此，这些捐助者都是清代书院文学教育的重要功臣，他们的大名应该永远铭刻在清代书院文学教育的功德丰碑上，被后人所牢记。

第二节　刻书活动

同藏书一样，刻书也是书院教育重要活动，历代一些著名的书院都很重视刻书活动。书院刻本素以精善著称，清人顾炎武论及刻书时指出："闻之宋元刻书皆在书院，山长主之，通儒订之，学者则互相易而传布之，故书院之刻有三善焉：山长无事而勤于校雠，一也；不惜费而工精，二也；板不贮于官而易行，三也。"① 由于宋元书院刻书有着得天独厚的

---

① 顾炎武：《监本二十一史》，顾炎武著，黄汝成集释：《日知录集释》卷十八，同治十一年刻本，第6页。

条件，因此所刻之书质量高，备受后人推崇。明清书院在宋元书院刻书的基础上，也取得了一些可喜的进展。历代书院对经、史、子、集无所不刻，集部著作刊刻也是历代书院刊刻的一项重要内容。

一　宋元书院集部著作刊刻

宋代书院资料匮乏，从零星的资料记载中可知，宋代书院刊刻的集部著作多为理学家文集，如淳祐八年（1248），福建龙溪书院刊刻《北溪集》五十卷、《外集》一卷（宋陈淳著），宝祐五年（1257），江苏竹溪书院刊刻《秋崖先生小稿》八十三卷（宋方岳著），咸淳元年（1265），福建建安书院刊刻《朱文公文集》一百卷、《续集》十卷、《别集》十一卷（宋朱熹著）①。

在元代书院刊刻中，浙江西湖书院值得一提。西湖书院名声显赫，它既是元代重要的教育机构，又是元代重要的出版机构。它在承嗣南宋国子监刻书事业的基础上又做了一些修复与补刻，《元西湖书院重整书目》展现了南宋国子监与元代西湖书院刊刻著作的大致面貌。南宋国子监与元代西湖书院刊刻著作的分布情况为：经部五十一种，史部三十六种，子部十一种，集部二十四种。其中，集部著作书目如下：

> 《通典》《两汉蒙求》《韵类题选》《回文类聚》《声律关键》《西湖纪逸》《农桑辑要》《韩昌黎文集》《苏东坡集》《唐诗鼓吹》《张南轩文集》《曹文贞公集》《武功集》《金陀粹编》《击壤诗集》《林和靖诗》《吕忠穆公集》《王魏公集》《伐檀集》《王校理集》《张西岩集》《晦庵大全集》《宋文鉴》《文选六臣注》。②

从上述书目中可知，南宋国子监与元代西湖书院的集部著作刊刻主要存在着如下三个特点：

第一，重视地方诗文集的刊刻（包括出生于浙江以及在浙江为官的一些名士的诗文集）。《林和靖诗》《西湖纪逸》的作者林逋（967—1028），字君复，谥号和靖先生，浙江大里黄贤村（或作浙江钱塘）人，

---

① 叶德辉：《书林清话　书林余话》，岳麓书社1999年版，第63页。
② 丁申：《武林藏书录》卷上，古典文学出版社1957年版，第8页。

北宋初期著名的隐逸诗人，中年以后隐居于西湖旁边的孤山，以梅为妻，以鹤为子。《回文类聚》的编纂者桑世昌，字泽卿，江苏淮海人，陆游外甥，世居浙江天台。《金陀粹编》的作者岳珂（1183—1243），字肃之，号亦斋，晚号倦翁，河南汤阴人，宋代抗金名将岳飞之孙，曾出知嘉兴。《王魏公集》的作者王安礼（1034—1095），字和甫，江西临川人，北宋变法名相王安石之弟，曾出知湖州。　《曹文贞公集》的作者曹伯启（1255—1333），字士开，谥号文贞，安徽砀山人，曾任浙西廉访使。《张南轩文集》的作者张栻（1133—1180），字敬夫，号南轩，四川绵竹人，南宋名相张浚之子，著名理学家，曾出知严州。《两汉蒙求》的作者刘班，字希范，浙江吴兴人。

第二，重视文学经典著作的刊刻，如刊刻《文选六臣注》《韩昌黎文集》《苏东坡集》《宋文鉴》。刊刻《苏东坡集》除了因为该作是文学经典著作外，还与苏轼先后两次为官杭州有关，其中，熙宁四年至熙宁七年（1071—1074）任通判，元祐四年至元祐六年（1089—1091）任知州，为官期间，造福杭州百姓良多。为表景仰之情，元代西湖书院将与杭州有所联系的三位文学家白居易、林逋以及苏轼作为三贤加以祭祀（白居易曾任杭州刺史，如今西湖设有白堤与苏堤之名，以示纪念白居易与苏轼两位贤者）。

第三，重视理学家诗文集的刊刻，如刊刻邵雍的《击壤诗集》、朱熹的《晦庵大全集》、张栻的《张南轩文集》。

西湖书院还受朝廷的委托，刊刻过《国朝文类》（元苏天爵编）。《国朝文类》是元代重要的诗文总集，凡七十卷，收录元代延祐以前的诗文八百余篇。《国朝文类》地位重要，它与《唐文粹》《宋文鉴》三足鼎立。后至元二年（1336）十二月，翰林国史院待制谢端等人呈文指出，一代之兴斯有一代之文，《国朝文类》对于元代文化建设而言意义重大，若能刊刻此作，可使一代之文焕然可述。翰林国史院转呈礼部，礼部又呈中书省，后经议准将此重任交给西湖书院。虽然过程千回百转，但是最终花落西湖书院，可见西湖书院在当时刊刻地位之高。这项工程光荣而艰巨，西湖书院在刊刻过程中对书板进行了反复校改，几经周折，至正二年（1342），方才竣工。

除了西湖书院外，元代其他一些书院在集部著作刊刻上也取得了不少收获，笔者对元代江西、福建等地九所书院所刻集部著作的书目进行了整理，具体情况可见表4—4。

表4—4

书院名称	刊刻时间	集部著作
江西兴贤书院	至元二十年（1283）	《滹南遗老集》四十五卷（金王若虚著）
江西广信书院	大德三年（1299）	《稼轩长短句》十二卷（宋辛弃疾著）
江西临汝书院	至正年间（1341—1368）	《临汝书院兴复南湖诗》（佚名编）
江西鳌溪书院	时间不详（1271—1368）	《鳌溪群选》（佚名编）
江西凤林书院	时间不详（1271—1368）	《草堂诗余》三卷（佚名编）
福建梅溪书院	后至元三年（1337）	《皇元风雅》三十卷（元蒋易编）
福建豫章书院	至正十二年（1352）	《朱文公大全集》（宋朱熹著）
	至正二十五年（1365）	《罗豫章文集》十七卷（宋罗从彦著）
福建屏山书院	至正二十年（1360）	《止斋先生文集》五十二卷（宋陈傅良著），《方是闲居士小稿》二卷（宋刘学箕著）
福建化龙书院	时间不详（1271—1368）	《云庄刘文简公文集》十二卷（宋刘爚著）①

从上述书目中可知，元代这些书院都很重视地方诗文集（包括地方词集）的刊刻。辛弃疾（1140—1207），字幼安，号稼轩，山东历城人，南宋时期爱国词人，由于报国无门，长期闲居在上饶带湖以及铅山瓢泉等地。江西广信书院（位于铅山）刊刻《稼轩长短句》，与纪念辛弃疾有关。蒋易，字师文，自号橘山真逸，福建建阳人。福建梅溪书院（位于建阳）刊刻《皇元风雅》，与纪念蒋易有关。罗从彦（1072—1135），字仲素，人称"豫章先生"，福建沙县人，杨时弟子。福建豫章书院（位于沙县）刊刻《罗豫章文集》，与纪念罗从彦有关。陈傅良（1137—1203），字君举，号止斋，浙江瑞安人，曾任福州通判，南宋永嘉学派代表者之一。福建屏山书院（位于建宁）刊刻《止斋先生文集》，与纪念陈傅良有关。刘爚（1144—1216），字晦伯，谥号文简，人称"云庄先生"，福建建阳人，朱熹弟子。福建化龙书院（位于建阳）刊刻《云庄刘文简公文集》，与纪

---

① 本表内容依据下列资料整理制作而成：叶德辉：《书林清话　书林余话》，岳麓书社1999年版，第79—81页；陈谷嘉、邓洪波：《中国书院制度研究》，浙江教育出版社1997年版，第245—250页；李瑞良：《中国出版编年史》，福建人民出版社2006年版，第396、416页；徐梓：《元代书院研究》，社会科学文献出版社2000年版，第117页。

念刘爚有关。此外，江西临汝书院刊刻《临汝书院兴复南湖诗》，江西鳌溪书院刊刻《鳌溪群诗选》，也是书院刊刻地方诗文集之举。元代书院重视刊刻地方诗文集这一现象有力彰显出，书院文学教育具有鲜明的地方特色。

元代书院刊刻技术精湛，水平高超，影响深远，如江西广信书院刊刻的《稼轩长短句》是名家写样上板，刻工技术上乘。此书流传甚广，对后来出版事业产生了重大影响，我国文献学家赵万里在1957年影印的元刊《稼轩长短句》的后记中对之进行了大力推许。元代书院刊刻成就卓荦，以至于当时有些私刻者为了提高自身声誉而冠以书院之名①。

二　明代书院集部著作刊刻

明代时期，书院在集部著作刊刻方面也取得了不少收获。笔者对明代湖南、安徽、江苏、河南、山西、广东、浙江、江西、福建等地十九所书院所刻集部著作的书目进行了整理，具体情况可见表4—5。

表4—5

书院名称	刊刻时间	集部著作
湖南蓝山书院	洪武年间（1368—1398）	《蓝山集》六卷（明蓝仁著）
湖南文靖书院	时间不详（1368—1644）	《伊川击壤集》二十卷（宋邵雍著）
安徽紫阳书院	成化三年（1467）	《瀛奎律髓》四十九卷（元方回著）
江苏正谊书院	弘治十四年（1501）	《铁崖文集》五卷（元杨维桢著）
江苏洞阳书院	嘉靖三十八年（1559）	《唐王右丞诗集注》六卷（唐王维著，明顾可久注）
江苏东林书院	时间不详（1368—1644）	《龟山杨文靖公集》三十五卷（宋杨时著）

① 叶德辉认为，元代时期，方回虚谷书院、茶陵东山陈仁子古迁书院、詹氏建阳书院、潘屏山圭山书院、平江路天心桥南刘氏梅溪书院、郑玉师山书院等刻书，都是以书院来命名的私刻。（叶德辉：《书林清话　书林余话》，岳麓书社1999年版，第81—82页）也有学者不认可叶德辉此说，如刘实认为，这些以书院来命名的刻书并非全属私刻，有些私人创设的书院既有刻书活动，又有教学活动，只不过教学活动的规模较小而已，如茶陵东山陈仁子古迁书院就从事过教学活动。〔刘实：《略论我国书院的教学与刻书》，《浙江师范学院学报》（社会科学版）1982年第1期，第60页〕徐梓认为，元代书院的发展呈现出官学化的趋势，不过也有少数书院如方回虚谷书院、郑玉师山书院等尚未官学化，这些书院有着经济实力从事图书刊刻。（徐梓：《元代书院研究》，社会科学文献出版社2000年版，第118—119页）笔者论述元代书院刻书时，从谨慎的角度出发，对叶德辉所言这些以书院来命名的私刻未作考察。

续表

书院名称	刊刻时间	集部著作
江苏崇正书院	时间不详（1368—1644）	《洞麓堂集》八卷（明尹台著）
河南大梁书院	嘉靖元年（1522）	《于肃愍公集》八卷（明于谦著）
河南义阳书院	嘉靖十年（1531）	《大复集》二十六卷（明何景明著）
山西河东书院	嘉靖四年（1525）	《司马文正公集略》三十一卷（宋司马光著）
广东崇正书院	嘉靖二十六年（1547）	《名家表选》八卷（明陈垲编）
浙江瀛山书院	万历四十一年（1613）	《金粟斋先生文集》十一卷（明金瑶著）
浙江龙川书院	时间不详（1368—1644）	《龙川先生文集》三十卷（宋陈亮著）
江西濂溪书院	时间不详（1368—1644）	《周元公集》三卷（宋周敦颐著）
江西云丘书院	时间不详（1368—1644）	《双江聂先生文集》（明聂豹著）
福建同文书院	时间不详（1368—1644）	《佩兰文集》三卷（明袁达著）
东湖书院 （地址不详）	正德五年（1510）	《古文会编》（明黄希武编）
	嘉靖十六年（1537）	《续古文会编》五卷（明钱璠编）
九峰书院 （地址不详）	嘉靖十五年（1536）	《中州集》十卷、《中州乐府》一卷（金元好问编）
太华书院 （地址不详）	嘉靖二十七年（1548）	《韦刺史诗集》十卷、《附录》一卷（唐韦应物著）①

从上述书目中可知，明代书院的集部著作刊刻主要存在着如下三个特点：

第一，重视地方诗文集的刊刻。方回（1227—1307），字万里，号虚谷，安徽歙县人。安徽紫阳书院（位于徽州）刊刻《瀛奎律髓》，与纪念方回有关。顾可久（1485—1561），字与新，号前山，别号洞阳，江苏无锡人。江苏洞阳书院（位于无锡）刊刻《唐王右丞诗集注》（唐王维著，明顾可久注），与纪念顾可久有关。杨时（1044—1130，或作1053—1135），字中立，号龟山，福建将乐人，二程弟子，江苏东林书院的创建者。江苏东林书院刊刻《龟山杨文靖公集》，与纪念杨时有关。于谦（1398—1457），字廷益，号节庵，谥号忠肃，浙江钱塘人，曾任河南巡抚。河南大梁书院（位于开封）刊刻《于肃愍公集》，与纪念于谦有关。陈亮（1143—1194），字同甫，号龙川，浙江永康人，南宋永康学派的重要代表。浙江龙川书院

---

① 本表内容依据下列资料整理制作而成：叶德辉：《书林清话　书林余话》，岳麓书社1999年版，第106—107页；张秀民：《中国印刷史》，上海人民出版社1989年版，第445—446页；陈谷嘉、邓洪波：《中国书院制度研究》，浙江教育出版社1997年版，第260—263页；李瑞良：《中国出版编年史》，福建人民出版社2006年版，第465、474页。

（位于永康）刊刻《龙川先生文集》，与纪念陈亮有关。周敦颐（1017—1073），字茂叔，号濂溪，谥号元公，湖南营道人，宋代理学开山鼻祖，晚年定居在江西九江庐山莲花峰下，以家乡水名濂溪来命名书堂。江西濂溪书院（位于九江）刊刻《周元公集》，与纪念周敦颐有关。聂豹（1487—1563），字文蔚，号双江，江西永丰人。江西云丘书院（位于永丰）刊刻《双江聂先生文集》，与纪念聂豹有关。

第二，重视理学家文集以及文学经典著作的刊刻，如湖南文靖书院刊刻《伊川击壤集》，江苏东林书院刊刻《龟山杨文靖公集》，江西濂溪书院刊刻《周元公集》，江西云丘书院刊刻《双江聂先生文集》，江苏洞阳书院刊刻《唐王右丞诗集注》。

第三，出现了活字印刷术，如东湖书院（地址不详）是用木活字印刷《古文会编》与《续古文会编》，可见明代书院出版技术具有了多元化的发展趋势。

三　清代书院集部著作刊刻

清代时期，很多书院从事过刊刻活动。笔者对清代福建、江西、湖北、河南、浙江、云南、河北、甘肃、湖南、安徽、陕西、广东、山西等地十九所书院所刻集部著作的书目进行了整理，具体情况可见表4—6。

表4—6

书院名称	刊刻时间	集部著作
福建同文书院	康熙五年（1666）	《昌谷集》四卷、《外集》一卷（唐李贺著）
江西白鹭洲书院	康熙十二年（1673）	《欧阳文忠公居士集》一百零五卷（宋欧阳修著）
湖北三闾书院	康熙二十六年（1687）	《广东文选》（清屈大均编）
河南大吕书院	康熙三十一年（1692）	《绿波楼诗集》十四卷（明张九一著）
浙江紫阳书院	康熙三十七年（1698）	《文嘻堂诗集》（明朱芾煌著）
浙江丽正书院	雍正年间（1723—1735）	《丽正书院集》（清张祖年编）
云南五华书院	乾隆三十三年（1768）	《御制诗初集》《二集》（清乾隆皇帝著），《御制文初集》（清乾隆皇帝著）
	嘉庆年间（1796—1820）	《明滇南诗略》《滇南诗略续刊》《国朝滇南诗略》《滇南文略》（清袁文揆编），《唐人试帖》（清毛奇龄编）

续表

书院名称	刊刻时间	集部著作
云南五华书院	道光年间（1821—1850）	《钦定四书文》（清方苞编），《切问斋文钞》（清陆燿编），《制义体要》（清陈句山著）
	时间不详（1636—1911）	《古文渊鉴》（清康熙皇帝御定）
河北天雄书院	乾隆四十七年（1782）	《啸轩诗钞》（清顾大文著）
甘肃兰山书院	乾隆五十五年（1790）	《铁堂诗草》（清许珌著）
湖南岳麓书院	乾隆年间（1736—1795）	《岳麓八景诗集》（清罗典编）
湖南船山书院	光绪十九年（1893）	《湘绮楼全集》（清王闿运著）
安徽泾川书院	道光十九年（1839）	《泾川诗钞》（清顾锡山编）
陕西西河书院	道光年间（1821—1850）	《西河古文录》八卷（清李元春编）
广东学海堂	道光年间（1821—1850）	《岭南集》八卷（清杭世骏著），《纪文达集》三十二卷（清纪昀著），《知足斋诗文集》三十二卷（清朱珪著），《广骈体文钞》十七卷（清陈均编），《国朝岭南文钞》十八卷（清陈在谦编），《桐花阁词钞》一卷（清吴兰修著），《面城楼集钞》四卷（清曾钊著），《止斋文钞》二卷（清马福安著），《磨甋斋文存》一卷（清张杓著），《听松庐诗略》二卷（清张维屏著），《剑光楼集》五卷（清仪克中著），《乐志堂文略》四卷（清谭莹著），《是汝师斋遗诗》一卷（清朱次琦著）
广东广雅书院	光绪年间（1875—1908）	《弇山堂别集》一百卷（明王世贞著），《少室山房集》六十四卷（明胡应麟著），《屈子集文》（清王邦采著），《离骚汇订》（清王邦采著），《屈原赋注》一卷（清戴震著），《楚辞天问笺》一卷（清丁晏著），《全唐文》一千卷（清董诰编），《白田草堂存稿》八卷（清王懋竑著），《广经室文钞》一卷（清刘恭冕著），《学诂斋文集》二卷（清薛寿著），《韩集补注》一卷（清沈钦韩著），《苏诗查注补正》四卷（清沈钦韩著），《范石湖诗集注》三卷（清沈钦韩著），《幼学堂文稿》一卷（清沈钦韩著）

续表

书院名称	刊刻时间	集部著作
广东端溪书院	光绪年间（1875—1908）	《亭林文集》六卷、《遗集》一卷（清顾炎武著），《全谢山遗诗》一卷（清全祖望著），《天问阁外集》一卷（清彭泰来著），《啸剑山房诗钞》四卷（清文星瑞著），《怡志堂文钞》一卷（清朱琦著），《虚白山房诗集》四卷（清朱凤毛著）
广东菊坡精舍	时间不详（1636—1911）	《白石道人四种》（宋姜夔著）
山西解梁书院	时间不详（1636—1911）	《司马温公传家集》（宋司马光著）
东湖书院（地址不详）	时间不详（1636—1911）	《水云集》（清王舟瑶著）①

从上述书目中可知，清代书院的集部著作刊刻存在着与前代书院一样的两个特点：第一，重视地方诗文集的刊刻，如云南五华书院刊刻《明滇南诗略》《滇南诗略续刊》《国朝滇南诗略》《滇南文略》，湖南岳麓书院刊刻《岳麓八景诗集》，湖南船山书院刊刻《湘绮楼全集》（作者王闿运为湖南湘潭人，曾任船山书院山长），安徽泾川书院刊刻《泾川诗钞》，陕西西河书院刊刻《西河古文录》，广东学海堂刊刻《国朝岭南文钞》《岭南集》《桐花阁词钞》（作者吴兰修为广东嘉应人，曾任学海堂学长）、《面城楼集钞》（作者曾钊为广东南海人，曾任学海堂学长）、《止斋文钞》（作者马福安为广东顺德人，曾任学海堂学长）、《磨瓻斋文存》（作者张杓为广东番禺人，曾任学海堂学长）、《听松庐诗略》（作者张维屏为广东番禺人，曾任学海堂学长）、《剑光楼集》（作者仪克中为广东番禺人，曾任学海堂学长）、《乐志堂文略》（作者谭莹为广东南海人，曾任学海堂学长）、《是汝师斋遗诗》（作者朱次琦为广东南海人，曾任学海堂学长）。第二，重视文学经典著作的刊刻，如江西白鹭洲书院刊刻《欧阳文

---

① 本表内容依据下列资料整理制作而成：张秀民：《中国印刷史》，上海人民出版社1989年版，第564—565页；陈谷嘉、邓洪波：《中国书院制度研究》，浙江教育出版社1997年版，第278—318页；刘志盛：《中国书院刻书史略》，湖南大学岳麓书院文化研究所编：《岳麓书院一千零一十周年纪念文集》第一辑，湖南人民出版社1986年版，第421—423页；刘伯骥：《广东书院制度》，台湾中华丛书编审委员会1978年版，第330—348页；容肇祖：《学海堂考》，《岭南学报》1934年第3卷第3期，第140—144页。

忠公居士集》，广东广雅书院刊刻《屈原赋注》《离骚汇订》《全唐文》《韩集补注》《苏诗查注补正》。此外，清代书院的集部著作刊刻还存在着如下两个特点：第一，有些书院如云南五华书院、广东学海堂、广东广雅书院、广东端溪书院等刊刻集部著作宏富，这些书院既是清代重要的教育机构，又是清代重要的出版机构，在清代出版事业中发挥着重要作用，有力促进了文学的发展与传播。第二，有少数书院刊刻科举文著作，如云南五华书院刊刻《唐人试帖》《钦定四书文》《制义体要》。刊刻科举文著作显示出这些书院对科举文教育的高度重视。

　　清代书院刊刻还有一个特点值得关注，那就是刊刻课艺蔚然成风。课艺内容广泛，往往涉及经史之学、文学、自然科学等学科中的一个方面或几个方面。书院刊刻课艺的意义很多，归纳起来，主要体现在如下三个方面：其一，刊刻课艺是书院教育的重要奖励措施，由于只有优秀的课艺才能刊刻，因此刊刻课艺可以调动生徒的研习积极性，激励生徒在研习的征途中不断前进。其二，刊刻课艺是书院宣传学术主张的重要手段，书院通过刊刻课艺来扩大学术影响，陈谷嘉与邓洪波论及书院课艺时指出：“出版课艺等连续性读物，及时反映书院的学术成就，遂开今日‘学报’之先河。”[①] 清代很多书院重视刊刻课艺，有些书院甚至从事过多次刊刻，如浙江诂经精舍自嘉庆六年至光绪二十三年（1801—1897）从事过八次刊刻，广东学海堂自道光五年至光绪十二年（1825—1886）从事过四次刊刻，江苏紫阳书院自同治十一年至光绪十七年（1872—1891）从事过十六次刊刻，频繁的刊刻课艺有利于书院声誉的不断提高。其三，刊刻课艺是保存书院教育资料的重要途径，为后人了解以及研究书院文学教育提供了方便。由于课艺主要是生徒的习作，价值不是很大，因此不少课艺难以在历史的洗刷中存活下来（《诂经精舍志初稿》的编纂者张鉴用“沦玉沉珠，宁复有限”[②] 一语，对当时很多课艺的散佚深表惋惜之情），能够流传下来的课艺并不是很多。为了展现清代书院的课艺刊刻概况，笔者对浙江、广东、江苏、福建、山东、上海、江西、四川、陕西、湖北等地二十所书院所刻的课艺资料进行了整理，具体情况可见表4—7。

---

①　陈谷嘉、邓洪波：《中国书院制度研究》，浙江教育出版社 1997 年版，第 288 页。
②　张鉴：《诂经精舍志初稿》，赵所生、薛正兴主编：《中国历代书院志》第八册，江苏教育出版社 1995 年版，第 45 页。

表 4—7

书院名称	课艺名称	课艺内容概述
浙江诂经精舍	《诂经精舍文集》	阮元编，嘉庆六年（1801）刊刻。收录经解、史考以及诗、赋、策、论、序、传、记、铭等类型的课艺一百五十五种，凡十四卷
	《诂经精舍文续集》	罗文俊编，道光二十二年（1842）刊刻。收录经解以及诗、赋、论、跋、铭等类型的课艺一百种，凡八卷
	《诂经精舍三集》	俞樾编，同治六年至九年（1867—1870）刊刻。分为丙寅与丁卯官师课艺、戊辰官师课艺、己巳官师课艺、庚午官师课艺四个部分，收录经解以及诗、赋、词、策、论、记、表等类型的课艺六百八十三种，其中，丙寅与丁卯官师课艺五卷（经解二卷，辞赋三卷），戊辰官师课艺、己巳官师课艺、庚午官师课艺各分上、下二卷
	《诂经精舍四集》	俞樾编，光绪五年（1879）刊刻。收录经解以及诗、赋、词、论、表、碑、传、颂、赞、连珠等类型的课艺二百六十四种（包括续选二种），凡十六卷
	《诂经精舍五集》	俞樾编，光绪九年（1883）刊刻。收录经解以及诗、赋、序、记、碑等类型的课艺一百零三种，凡八卷
	《诂经精舍六集》	俞樾编，光绪十一年（1885）刊刻。收录经解以及诗、赋等类型的课艺一百一十一种，凡十二卷
	《诂经精舍七集》	俞樾编，光绪二十一年（1895）刊刻。收录经解以及诗、赋、议、书后等类型的课艺一百四十六种，凡十二卷
	《诂经精舍八集》	俞樾编，光绪二十三年（1897）刊刻。收录经解以及诗、赋、记、碑、书后等类型的课艺八十二种，凡十二卷
浙江紫阳书院	《紫阳书院课余选》	屠倬编，道光四年（1824）刊刻。收录诗、赋、词、碑等类型的课艺三十五种，凡二卷
浙江蔚文书院	《蔚文书院课艺》	朱泰修编，同治七年（1868）刊刻。收录八股文、赋、记等类型的课艺二十五种，有评点，凡二卷（附小课一卷）
广东端溪书院	《端溪书院课艺》	赵敬襄编，嘉庆二十一年（1816）刊刻。收录八股文课艺十四种，有评点，不分卷

续表

书院名称	课艺名称	课艺内容概述
广东学海堂	《学海堂集》	阮元编，道光五年（1825）刊刻。收录经解以及诗、赋、序、跋、记、碑、铭等类型的课艺五十八种，凡十六卷
	《学海堂二集》	吴兰修编，道光十八年（1838）刊刻。收录经解以及诗、赋、记、碑、铭等类型的课艺一百六十五种，凡二十二卷
	《学海堂三集》	张维屏编，咸丰九年（1859）刊刻。收录经解以及诗、赋、论、序、跋、记、表、碑、铭、赞、哀祭等类型的课艺一百三十二种，凡二十四卷
	《学海堂四集》	陈澧、金锡龄编，光绪十二年（1886）刊刻。收录经解、史考以及诗、赋、论、序、跋、记、表、疏、碑、颂等类型的课艺二百八十九种，凡二十八卷
江苏正谊书院	《正谊书院小课》	朱珔编，道光十八年（1838）刊刻。收录经解以及诗、赋、论、记、表、疏等类型的课艺一百九十三种，有评点，凡四卷
江苏惜阴书院	《惜阴书院东斋课艺》	孙锵鸣编，光绪四年（1878）刊刻。收录经解以及诗、论、议、说、传、铭、书后、答问等类型的课艺一百八十三种，有评点，凡八卷
	《惜阴书院西斋课艺》	薛时雨编，光绪四年（1878）刊刻。收录经解以及诗、赋、策、论、议、记、表、启、颂、书后、哀祭等类型的课艺一百七十五种，有评点，凡八卷
江苏南菁讲舍	《南菁讲舍文集》	黄以周编，光绪十五年（1889）刊刻。收录经解、史考以及诗、赋、论、算学等类型的课艺一百一十二种，凡六卷
	《南菁文钞二集》	黄以周编，光绪二十年（1894）刊刻。收录经解、史考以及赋、铭、箴、赞等类型的课艺一百零五种，凡六卷
江苏钟山书院	《钟山书院乙未课艺》	梁星海编，光绪二十一年（1895）刊刻。收录八股文、诗、议、记、箴、哀祭等类型的课艺二十一种，有评点，不分卷
江苏文正书院	《文正书院丙庚课艺录》	张謇编，光绪二十六年（1900）刊刻。收录八股文课艺三十二种，有评点，不分卷
江苏龙城书院	《龙城书院课艺》	缪荃孙、华若溪编，光绪二十七年（1901）刊刻。分为经古精舍课艺与致用精舍课艺两个部分，其中，经古精舍课艺收录经史、词章（包括诗、赋、词、论、记、表、碑、铭、箴、颂、赞）等类型的课艺一百七十七种，致用精舍课艺收录舆地、算学课艺一百二十六种，有评点，按时间编排，不分卷

续表

书院名称	课艺名称	课艺内容概述
福建鳌峰书院	《鳌峰课艺初编》	郭伯荫编，咸丰五年（1855）刊刻。收录八股文课艺七十六种，有评点，不分卷
福建致用书院	《致用书院文集》	佚名编，光绪十五年（1889）刊刻。收录经解以及论、记等类型的课艺三十四种，不分卷
山东鸾翔书院	《鸾翔书院课艺》	杨延俊编，光绪三年（1877）刊刻。收录八股文课艺三十六种，有评点，不分卷
上海求志书院	《求志书院丁丑春季课艺》	佚名编，光绪三年（1877）刊刻。收录经学、史学、掌故之学、算学、舆地之学、词章之学（包括诗、赋、词）等类型的课艺三十二种，有评点，不分卷
	《求志书院丁丑夏季课艺》	佚名编，光绪三年（1877）刊刻。收录经学、史学、掌故之学、算学、舆地之学、词章之学（包括诗、赋、表）等类型的课艺二十六种，有评点，不分卷
	《求志书院戊寅春季课艺》	佚名编，光绪四年（1878）刊刻。收录经学、史学、掌故之学、算学、舆地之学、词章之学（包括诗、赋、传、判）等类型的课艺三十七种，有评点，不分卷
上海蕊珠书院	《蕊珠书院课艺》	姚杨编，光绪八年（1882）刊刻。收录八股文、诗、赋等类型的课艺一百一十六种，有评点，不分卷
江西经训书院	《经训书院文集》	王棻编，光绪十年（1884）刊刻。收录经解以及诗、赋、策、论、议、说、记、传、书后等类型的课艺一百六十一种，凡十二卷
四川尊经书院	《尊经书院初集》	王壬秋编，光绪十一年（1885）刊刻。收录经解、史考以及诗、赋、议、表、碑、铭、箴、赞等类型的课艺一百六十三种，有评点，凡十二卷
	《尊经书院二集》	伍肇龄编，光绪十七年（1891）刊刻。收录经解以及诗、赋、论、议、序、记、颂、哀祭等类型的课艺九十一种，凡八卷
陕西关中书院	《关中书院课艺》	柏景伟编，光绪十四年（1888）刊刻。收录八股文、诗、赋、论、议、说、序、赞、解、辨、考、算法等类型的课艺一百四十六种，有评点，不分卷

续表

书院名称	课艺名称	课艺内容概述
湖北经心书院	《经心书院集》	左绍佐编，光绪十四年（1888）刊刻。收录经解以及诗、赋、论、书后等类型的课艺三十三种，凡四卷
	《经心书院续集》	谭献编，光绪二十一年（1895）刊刻。收录经解、史考以及诗、赋、论、序、记、表、碑、铭、箴、颂、赞、书后、连珠等类型的课艺一百七十六种，凡十二卷①

---

① 本表内容依据下列资料整理制作而成：阮元编：《诂经精舍文集》目录，嘉庆六年刻本，第1—8页；罗文俊编：《诂经精舍文续集》目录，道光二十二年刻本，第1—10页；俞樾编：《诂经精舍三集》，同治六年至九年刻本，丙寅与丁卯官师课艺目录中的第1—2页，戊辰官师课艺目录中的第1—10页，己巳官师课艺目录中的第1—10页，庚午官师课艺目录中的第1—7页；俞樾编：《诂经精舍四集》目录，光绪五年刻本，第1—20页；俞樾编：《诂经精舍五集》目录，光绪九年刻本，第1—8页；俞樾编：《诂经精舍六集》目录，光绪十一年刻本，第1—9页；俞樾编：《诂经精舍七集》目录，光绪二十一年刻本，第1—12页；俞樾编：《诂经精舍八集》目录，光绪二十三年刻本，第1—9页；屠倬编：《紫阳书院课艺》目录，道光四年刻本，第1—7页；朱泰修编：《蔚文书院课艺》，同治七年刻本，第1—32页（该课艺没有目录，只有正文）；赵敬襄编：《端溪书院课艺》目录，嘉庆二十一年刻本，第1页；阮元编：《学海堂集》目录，道光五年刻本，第1—21页；吴兰修编：《学海堂二集》目录，道光十八年刻本，第1—24页；张维屏：《学海堂三集》目录，咸丰九年刻本，第1—33页；陈澧、金锡龄编：《学海堂四集》目录，光绪十二年刻本，第1—34页；朱琦编：《正谊书院小课》，道光十八年刻本，卷一目录中的第1—2页，卷二目录中的第1—5页，卷三目录中的第1—8页，卷四目录中的第1—7页；孙锵鸣编：《惜阴书院东斋课艺》目录，光绪四年刻本，第1—25页；薛时雨编：《惜阴书院西斋课艺》目录，光绪四年刻本，第1—26页；黄以周编：《南菁讲舍文集》目录，光绪十五年刻本，第1—8页；黄以周编：《南菁文钞二集》目录，光绪二十年刻本，第1—8页；梁星海编：《钟山书院乙未课艺》目录，光绪二十一年刻本，第1—6页；张睿编：《文正书院丙庚课艺录》目录，光绪二十六年刻本，第1—8页；缪荃孙、华若溪编：《龙城书院课艺》，光绪二十七年刻本，经史目录中的第1—6页，词章目录中的第1—8页，舆地目录中的第1—5页，算学目录中的第1—5页；郭伯荫编：《鳌峰课艺初编》目录，咸丰五年刻本，第1—7页；佚名编：《致用书院文集》目录，光绪十五年刻本，第1—3页；杨延俊编：《鸢翔书院课艺》目录，光绪三年刻本，第1—2页；佚名编：《求志书院丁丑春季课艺》目录，光绪三年刻本，第1—4页；佚名编：《求志书院丁丑夏季课艺》目录，光绪三年刻本，第1—4页；佚名编：《求志书院戊寅春季课艺》目录，光绪四年刻本，第1—5页；姚杨编：《樂珠书院课艺》目录，光绪八年刻本，第1—9页；王棻：《经训书院文集》，光绪十年刻本，壬午目录中的第1—4页，癸未目录中的第1—3页，甲申目录中的第1—2页；王壬秋编：《尊经书院初集》目录，光绪十一年刻本，第1—16页；伍肇龄编：《尊经书院二集》目录，光绪十七年刻本，第1—8页；柏景伟编：《关中书院课艺》目录，光绪十四年刻本，第1—13页；左绍佐编：《经心书院集》目录，光绪十四年刻本，第1—6页；谭献编：《经心书院续集》目录，光绪二十一年刻本，第1—10页。笔者在统计课艺种类时，对同一类型的并列课艺按同一种类处理（如《诂经精舍七集》目录中的《考古铭　卷襄铭　龙门铭　虎榜铭》下注作者为费有容，《学海堂集》目录中的《初夏书斋四咏》分为竹丝帘、葵叶扇、蒲草席、篛篾篷四类，笔者都算作一种课艺），特作说明。

在上述课艺中，《蔚文书院课艺》《端溪书院课艺》《正谊书院小课》《惜阴书院东斋课艺》《惜阴书院西斋课艺》《钟山书院乙未课艺》《文正书院丙庚课艺录》《龙城书院课艺》《鳌峰课艺初编》《求志书院丁丑春季课艺》《求志书院丁丑夏季课艺》《求志书院戊寅春季课艺》《蘂珠书院课艺》《尊经书院初集》《关中书院课艺》都将评点刻入其中。课艺评点是清代书院文学教育的重要方式，施教者通过评点课艺为每位生徒提供指导，有着因材施教的效果。课艺评点这种教学方式不仅使用在古代书院文学教育中，而且使用在当今学校文学教育中，在当今一些中小学的作文教学中，很多语文教师都会在学生的作文旁边写上评语，以示指导。

四　结语

刊刻活动是书院文学教育中的重要活动，中国历代书院都很重视地方诗文集、文学经典著作以及理学家文集的刊刻，其中，重视地方诗文集的刊刻表明书院文学教育具有地方性特点。书院重视刊刻地方诗文集，这种行为既是对乡贤文学成就的肯定，又是对乡贤高尚操行的褒扬。乡贤对昔日地方民众有着化育之功，后人通过景仰来对先贤的化育之功深表认可。乡贤化育民众以及民众膜拜乡贤，此举有利于促进地方民风的健康发展，也有利于推动社会教化的良性循环。

在中国书院教育中，很多施教者将文学作为布道的工具。在中国古代文学中，词作地位较显卑微，一些书院刊刻词作著作的动因在于，除了弘扬词作艺术外，还宣传一种道德情怀。元代时期，江西广信书院刊刻《稼轩长短句》除了弘扬辛弃疾的词作艺术外，还为了景仰辛弃疾这一高尚的爱国者，江西凤林书院刊刻《草堂诗余》除了弘扬该词集中的词作艺术外[1]，也与道德期待有所关联。清人厉鹗为《草堂诗余》作跋时指出："亡名氏选至元、大德间诸人所作，皆南宋遗民也。词多凄恻伤感，

---

①　邱昌员、黄敏、谢精兵、王毅、陈水根等人对《草堂诗余》中的词作艺术风格进行了研究。（邱昌员、黄敏、谢精兵：《"凤林书院"词人群体略论》，《赣南师范学院学报》2002年第2期，第32—37页；王毅：《凤林书院体与"稼轩词风"辨析》，《江西社会科学》2009年第1期，第132—136页；陈水根：《试论凤林书院词人的樟镇唱和词》，《江西社会科学》2009年第10期，第100—104页）

不忘故国，而于卷首冠以刘藏春、许鲁斋二家，厥有深意。"[1] 秦恩复为之作跋时也指出："虽录于元代，犹是南宋遗民，寄托遥深而音节激楚。"[2] 可见，元代凤林书院通过刊刻南宋遗民不忘故国的词作，来对国难时刻不忘气节的南宋遗民深表景仰之情，告诫时人勿忘亡国之痛，布道思想于此灼然可见（《草堂诗余》收录词作的主要题材是不忘故国，除此而外，还有文人情致、闺情相思等题材，牛海蓉对此问题进行过专门的研究[3]）。编选者身居元代，出于顾忌，在该作卷首冠以刘秉忠（号藏春散人）、许衡（号鲁斋）两位元代要臣的词作作为保护伞，使自身免遭灾难。凤林书院施教者在当时险恶的环境下刊刻《草堂诗余》，可谓用心良苦。

在历代书院的集部著作刊刻中，数量最多的当属别集类著作，其次是总集类著作，然后是楚辞类以及词曲类著作。清代少数书院刊刻科举文著作，很多书院为了凸显素质教育，重视文学经典著作的刊刻而不从事科举文著作的刊刻，如陕西味经书院规定："《昭明文选》诸书未竣，不准议刻他书。至时文试帖及鄙俚淫邪犯禁诸书，永不准刻。"[4] 在清代书院刊刻中，刊刻课艺是一种重要的现象。刊刻课艺既是书院教育的重要奖励措施，又是书院扩大影响的重要手段，还是保存书院教育资料的重要途径。

中国书院刊刻素以精善著称，宋元书院刊刻有口皆碑，明清书院刊刻的成就也不菲。中国书院印刷技术呈现出多元化的趋势，除了雕版印刷外，也有少数书院使用活字印刷，为书院出版事业增添了不少活力。

第三节　雅集创作活动

雅集创作活动是中国书院教育中的常见活动，受到历代不少书院的重视。由于书院雅集创作出的一些诗文，对生徒创作起到重要的示范作用

---

① 厉鹗：《草堂诗余跋》，佚名编：《草堂诗余》跋，《粤雅堂丛书》，咸丰三年刻本，第1页。

② 秦恩复：《草堂诗余跋》，佚名编：《草堂诗余》跋，《粤雅堂丛书》，咸丰三年刻本，第3页。

③ 牛海蓉：《〈元草堂诗余〉——宋金遗民词的结集》，《古籍整理研究学刊》2007年第2期，第14—17页。

④ 刘懋官编：《重修泾阳县志》卷六，宣统三年刻本，第5页。

（生徒有时也会参与雅集创作活动），因此从这个角度来说，雅集创作既是书院文学创作活动，又是书院文学教育活动①。为了避免论述失之于泛，笔者选择对湖南岳麓书院、湖南石鼓书院、河南朱阳书院、江西信江书院等四所书院的雅集创作活动展开研究。

一　岳麓书院雅集创作活动

湖南岳麓书院是中国著名的书院，名列天下四大书院之中。开宝九年（976），潭州知州朱洞在僧人办学的遗址上创建。咸平二年（999），知州李允则对之进行了扩建。大中祥符八年（1015），岳麓书院山长周式被宋真宗召见，拜国子监簿。乾道元年（1165），湖南安抚使刘珙重建岳麓书院，张栻主院教事。乾道三年（1167），朱熹来院拜访张栻，论中庸之义弥月。地以人重，岳麓书院由于朱熹与张栻两位理学家的讲学而饮誉于世。该院前有饮马池，"渴池饮马如熬煎"② 一语，是二位讲学从游者众的真实写照。

朱熹来岳麓书院讲学之际，弟子林用中陪同。林用中，字择之，号东屏，福建古田人，追随朱熹问学，著有《草堂集》。乾道三年（1167）九月，他随朱熹赴潭州讲学于岳麓书院。讲学之暇，他们经常雅集酬唱，《南岳倡酬集》收录了他们三位雅集时的一些作品。十一月七日，朱熹、张栻、林用中在岳麓道中寻梅，未能如愿。十一月十日，天降大雪，三人各赋诗一首，其中，朱熹的诗作内容为："三日山行风绕林，天寒岁暮客愁深。心期已误梅花笑，急雪纷纷更满襟。"张栻的诗作内容为："眼看飞雪洒千林，更着寒溪水浅深。应有梅花连夜发，却烦诗句写愁襟。"林用中的诗作内容为："昨日来时万里林，长江雪厚浸犹深。苍茫不见梅花意，重对晴天豁晚襟。"③ 雪、梅与愁是这三首诗作的关注对象。观梅不成令人不爽，而三日后的大雪更使得观梅无望，在此情形下，朱熹用诗句

①　张新科先生认为，古代文人结社或文学集团的创作活动，既是文学创作活动，又是文学教育活动，参与者们在相互交流中提高了自己。［张新科：《古代中国文学教育的价值与意义》，《陕西师范大学学报》（哲学社会科学版）2006 年第 6 期，第 80 页］书院雅集创作活动同文人结社或文学集团的创作活动相类似，既可视之为文学创作活动，又可视之为文学教育活动。

②　丁善庆编：《长沙岳麓书院续志》卷三，同治六年刻本，第 18 页。

③　朱熹、张栻、林用中：《南岳倡酬集》，《文渊阁四库全书》第 1348 册，台湾商务印书馆1986 年版，第 1 页。

"心期已误梅花笑，急雪纷纷更满襟"表明观梅未遂的可惜之情，张栻用诗句"应有梅花连夜发，却烦诗句写愁襟"进行心理安慰，林用中用诗句"苍茫不见梅花意，重对晴天豁晚襟"表达企盼天晴、消解沮丧的愿望。十三日清晨，雪后天晴，三人又各赋诗一首，其中，朱熹的诗作内容为：

> 北渚无新梦，南山有旧台。
> 端能成独往，不肯遽同回。
> 磴滑初经雪，林深不见梅。
> 急须乘霁色，何必散银杯。

张栻的诗作内容为：

> 烟岚开岳镇，云雨断阳台。
> 日出寒光迥，川平秀色回。
> 兴随天际雁，诗寄岭头梅。
> 盛事他年说，凭君记一杯。

林用中的诗作内容为：

> 今朝风日好，抱病起登台。
> 山色愁无尽，江波去不回。
> 客怀无老草，节物又疏梅。
> 且莫催归骑，凭栏更一杯。①

梅与酒是这三首诗作的关注对象。由于天气转晴，因此三人登山观景的雅兴激增，其中，"端能成独往，不肯遽同回""且莫催归骑，凭栏更一杯"等诗句表达了只想登山观景而不愿归去的热切心情。

岳麓山顶有赫曦台，朱熹与张栻曾登台赏景并进行了联句，联句内容为："泛舟长沙渚，振衣湘山岑。（朱熹）烟云渺变化，宇宙穷高深。（张

---

① 朱熹、张栻、林用中：《南岳倡酬集》，《文渊阁四库全书》第 1348 册，台湾商务印书馆 1986 年版，第 1—2 页。

栻）怀古壮士志，忧时君子心。（张栻）寄言尘中客，莽苍谁能寻。（朱熹）"①此联句言简意丰，大手笔地将景色刻画、哲理感悟以及托古言志融合在一起。泉水来自山中，具有滋润万物的功效，岳麓书院周边的泉水丰富多姿，"如雪如汞，如练如鹤，自西而来，趋而北，折而东，环绕而南，渚为清池，四时澄澄无髪滓，万古涓涓无须臾息"。②岳麓书院的左边建有百泉轩，朱熹与张栻时常昼坐夜宿于此，或雅集赏景，或砥砺论学，或赋诗酬唱。除了同朱熹外，张栻还同其他一些来访者或书院生徒雅集赏景，《雨后同周允升登雪观》《同游岳麓分韵得洗字》《陪黄秉仲渡湘饮岳麓台上分韵得长字》《和张晋彦游岳麓》《和石通判酌白鹤泉》等诗作，便是张栻同他们雅集赏景后的产物。

元代时期，岳麓书院进行过两次重建：至元二年（1265）学正刘必大重建，以及延祐元年（1314）别驾刘安仁、主簿潘必大重建。岳麓书院在元代社会依旧发挥着重要的教育作用，讲学之暇也有雅集创作活动。不过可惜的是，元代岳麓书院的资料匮乏，现存的只不过是吴澄的《建岳麓书院记》《百泉轩记》二文以及卢挚的《岳麓书院舍菜礼成》一诗而已。在这几篇作品中，我们很难捕捉到当时雅集创作活动的有关信息，因此元代岳麓书院雅集创作活动的研究付之阙如。

明代正德二年（1507），王阳明贬谪贵州龙场时途经湖南，讲学于岳麓书院。王阳明在讲学之余，也举行了雅集创作活动。他同众人瞻仰岳麓书院的朱张祠后雅集，并作诗二首，其一为："林间憩白石，好风一时来。春阳熙百物，欣然得予怀。缅思两夫子，此地相徘徊。当年麇童冠，旷代登崇阶。高情诓今昔，物色遗吾侪。顾谓二三子，取瑟为我谐。我弹尔为歌，尔舞我与偕。吾道有至乐，富贵真浮埃。若是成大化，勿愧点与回。"③王阳明在诗中缅怀朱熹与张栻两位先贤，勉励众人重德轻利。颜鲸，字应雷，浙江慈溪人，嘉靖三十五年（1556）进士，隆庆元年（1567）任湖广提学副使。他曾偕诸生游岳麓书院，并作诗二首，其一为："碧树高林屋数楹，远从开宝到皇明。斯文一派关兴废，吾道千年属

<hr />

① 赵宁编：《长沙府岳麓志》卷六，康熙二十六年刻本，第12—13页。其中，"振衣"之"衣"，或作"策"。

② 吴澄：《百泉轩记》，赵宁编：《长沙府岳麓志》卷七，康熙二十六年刻本，第42页。

③ 赵宁编：《长沙府岳麓志》卷五，康熙二十六年刻本，第9页。

治平。山作衡云和榻静，座移江月照人清。偶来竹下歌芃棫，七十峰头击壤声。"① 颜鲸在诗中揭示了岳麓书院的历史悠久，表彰了该院传道授学的教育贡献。高世泰，字汇旃，江苏无锡人，高攀龙从子，崇祯十年（1637）进士，曾任湖广提学道，捐资修建岳麓书院。崇祯十五年（1642），岳麓书院山长吴道行邀请高世泰前来讲学。高世泰来院讲学之际，同诸子雅集并书写在濂溪书院所作的四诗留于岳麓书院讲堂，他通过诗句"绝学志元公，森森拜诵中"②，对北宋理学家周敦颐深表敬意（周敦颐，谥号元）。后来，岳麓书院毁于兵燹，高世泰又作《感岳麓废院寄旧游同志》一诗，他通过诗句"忆昔游栖岳麓时，朱张遗迹几寻追""沧桑忽慨儒宫废，江汉常流道泽灢"③，追忆昔日雅集的情形以及对岳麓书院的倾圮深表惋惜之情。山长吴道行之子吴去怫、吴去慵也常同一些来访者雅集于岳麓书院，如吴去怫、吴去慵同王孝先等人参观六君子堂后雅集，并分韵赋诗，其中，王孝先分得"妍"字，他通过诗句"及此春晴风柳妍，共随鸟语爱飞泉""愧以韶光供韵事，可无静气附高贤"④，揭示雅集乐趣无穷以及表明不能玩物丧志。

清代时期，康熙二十四年（1685）以及康熙二十六年（1687），巡抚丁思孔、知府苏佳嗣、同知赵宁、通判王骏等人修建岳麓书院。康熙二十六年（1687）春，康熙皇帝御书"学达性天"的匾额赐予该院，四月十六日，该院集会庆祝。《长沙府岳麓志》卷四收录了丁思孔、赵宁、王骏、赵廷标、祁曜征、张维霖、金德嘉、罗人琼、朱前诒、张廷幹等人很多诗作，不少诗作是集庆时所作。欣喜若狂以及感恩戴德之情在诗中俯拾皆是，如丁思孔的"帝业昭如日，嵩呼响若雷"，张维霖的"宸章遥下麓峰头，万众嵩呼湧碧流"，朱前诒的"此日此时人共乐，一谈一笑神俱扬"，张廷幹的"欢呼山谷里，莫不颂尧年"；有些诗作重在揭示朱熹与张栻的教育贡献或教育影响，如祁曜征的"道心追孔孟，学术溯朱张"，张维霖的"道重朱张新栋宇，书传虞夏刻蟓虮"，罗人琼的"山僧列炬道乡至，敬夫仲晦为蒭除"，朱前诒的"振兴学校播教化，重新书院绍朱

---

① 赵宁编：《长沙府岳麓志》卷六，康熙二十六年刻本，第 16 页。
② 赵宁编：《长沙府岳麓志》卷五，康熙二十六年刻本，第 17 页。
③ 同上书，第 18 页。
④ 同上书，第 20 页。

张"；有些诗作表达不负朝廷厚望而以育才为重任，如丁思孔的"炉冶从甄铸，章缝就剪裁"，赵宁的"倾都惊旷典，多士奋修藏"，王骏的"采风郢楚疮痍甚，学道犹知生聚忙"。①清代时期，岳麓书院屡次受到朝廷的奖掖，除了康熙皇帝赐予"学达性天"的匾额外，乾隆皇帝也赐予过"道南正脉"的匾额。

乾隆四十四年（1779），湖南巡抚李湖重修岳麓书院。翌年（1780）四月，李湖转任广东巡抚，刘权之担当此任。到了七月竣工之时，有泉涌于讲堂西，清澈甘甜，众人都说是祥瑞的征兆，因此建立方池拦住此泉。学政姚颐为之作记，他在记中指出："夫泉之道，浚而日生，引而不竭，而适以瑞吾岳麓文教之兴，人才其自出蒸蒸矣！命之曰文，不亦宜乎？"②从文泉的命名中，我们可知姚颐期待生徒茁壮成才的拳拳之心。当时，刘权之、熊为霖、陈用敷、庆玉、纪淑曾、余廷灿、王章、冯东飏、祝云栋、张永达、吴道灼、王嘉会等人纷纷赋诗庆贺，不少人作诗数首，此处撷取部分诗作来作说明：

表 4—8

作者	诗作内容
刘权之	小凿新泉碧玉光，谈经疑上濯缨堂。 云霞已焕芬楣色，烟水都分笔墨香。 不作垂虹千丈立，却规明镜一奁张。 此中自有蛟龙窟，莫负清流共激扬
陈用敷	犹记重阳载酒游，潭清山紫两悠悠。 宏规赖有中丞扩，雅号还多节使留。 尔日士林欣雨润，他时阆苑羡风流。 源头活水原如此，极目天机洞底收
庆玉	重新轮奂碧云限，一勺涟漪镜面开。 自昔珊瑚随网得，于今杞梓遍山栽。 教同化雨绵绵远，泉似文澜汩汩来。 千载艺林传胜事，清风不让道乡台

---

① 赵宁编：《长沙府岳麓志》卷四，康熙二十六年刻本，第29—36页。

② 姚颐：《岳麓书院文泉记》，丁善庆编：《长沙岳麓书院续志》卷四，同治六年刻本，第39页。

续表

作者	诗作内容
冯东飔	一鉴空明在讲堂，白云山色共悠扬。 寻源远接朱张脉，印月遥分洙泗光。 活泼清虚含妙理，涟漪细縠尽文章。 流来道味甘如液，宜酌宜斟淡有香
祝云栋	岳麓兴贤地，清泉此日开。 正逢文运盛，恰应美名该。 疏浚精神出，空明日夜来。 群公欣纪瑞，多士荷栽培
张永达	艺林留胜迹，混混漾文泉。 有本常如此，成章任自然。 流清花影射，韵逸树声连。 光讶明珠蕴，波疑宝玉旋。 辟新通妙绪，育德会真诠。 勿幕占元吉，王明受福全
吴道灼	寻源知道脉，活泼醴泉通。 白鹤惭澄澈，青龙共混融。 浪翻苍谷里，波动麓云中。 此日斯文盛，嘉名应不同
王嘉会	胜地灵源浚，弯环结构余。 共惊泉作醴，争羡水成渠。 白鹤踪犹在，清风迹未虚。 源头机活泼，相赏更何如①

上述不少诗作受到朱熹的"问渠那得清如许，为有源头活水来"②这种寻源思想的影响，如陈用敷的"源头活水原如此，极目天机涧底收"，冯东飔的"寻源远接朱张脉，印月遥分洙泗光"，吴道灼的"寻源知道脉，活

---

① 本表内容依据丁善庆编《长沙岳麓书院续志》（卷三，同治六年刻本，第14—19页）整理制作而成。

② 朱熹：《观书有感二首》，朱熹：《晦庵先生朱文公文集》卷二，《四部丛刊》初编，上海商务印书馆1922年版，第11页。

泼醴泉通"，王嘉会的"源头机活泼，相赏更何如"。有些诗作将泉与文密切联系起来，如庆玉的"教同化雨绵绵远，泉似文澜汩汩来"，冯东飏的"活泼清虚含妙理，涟漪细縠尽文章"。有些诗作借助文泉的出现表达文运昌盛的愿望，如祝云栋的"岳麓兴贤地，清泉此日开。正逢文运盛，恰应美名该"，吴道灼的"浪翻苍谷里，波动麓云中。此日斯文盛，嘉名应不同"。有些诗作对生徒寄予厚望，如刘权之的"此中自有蛟龙窟，莫负清流共激扬"，祝云栋的"群公欣纪瑞，多士荷栽培"。姚颐的《岳麓书院文泉记》以及同人的一些唱和诗作刻于文泉池壁，后被移置御书楼。

在清代岳麓书院雅集创作活动中，赵宁与罗典格外引人瞩目。赵宁，号管亭，浙江山阴人，康熙年间（1662—1722）任长沙府同知，断案公正，两袖清风，曾负责编纂《长沙府岳麓志》。他在为官之暇，常同来访者雅集赏景、赋诗唱酬。赵宁曾经陪同吴绮、吴彤本等人在岳麓书院游玩后分韵赋诗，赵宁通过诗句"不用鸣镳斗管弦，名山深喜拜前贤"以及吴绮通过诗句"千秋正席朱元晦，一片残碑李泰和"[1]，对前贤深表景仰之情。赵宁同姚淳焘雅集于岳麓书院后，姚淳焘赋诗一首，他通过诗句"儒术年来能振起，醉看桃李舞春风"[2]，对岳麓书院的办学成就进行了颂扬。赵宁同祁曜征雅集于岳麓书院后，祁曜征赋诗一首，他通过诗句"摄衣拜南轩（张栻，号南轩），肃容念朱子"[3]，对朱熹与张栻深表敬意。潇湘景色优美，素有潇湘八景之称：潇湘夜雨、山市晴岚、远浦归帆、烟寺晚钟、渔村夕照、洞庭秋月、平沙落雁、江天暮雪，历代很多官员、文士赋诗歌颂过潇湘八景，如元代的揭傒斯、陈孚、程钜夫，明代的李梦阳、唐寅、吴道行，清代的张璨、江有溶、何之杰。北宋画家李营丘绘有潇湘八景图，书法家米芾曾经购得这幅画图。赵宁陪友人游湘江后，曾以《湘江舟中望岳麓道林二寺》为题赋诗二首，其一为："云中却望道林幽，一片斜阳下橘洲。记得少陵诗句在，膏腴乐国古潭州。"[4] 张廷幹同赵宁泛舟湘江后赋诗追和，诗作内容为："为爱潇湘景，搴芳杜若洲。远峰云外出，落日水中留。荇蕚牵青雀，蘩花浸玉瓯。若非卒舍客，那得逐良

---

①　赵宁编：《长沙府岳麓志》卷五，康熙二十六年刻本，第23、29页。

②　同上书，第36。

③　赵宁编：《长沙府岳麓志》卷六，康熙二十六年刻本，第47页。

④　赵宁编：《长沙府岳麓志》卷五，康熙二十六年刻本，第59页。

游。"① 这些诗作都对潇湘美景进行了描绘，而"膏腴乐国古潭州"一语显示出赵宁对这片热土的喜爱。

罗典（1719—1808），字徽五，号慎斋，湖南湘潭人，乾隆十六年（1751）进士，历任鸿胪寺少卿、四川学政等职，后以侍母归里，主讲岳麓书院长达二十七年。他在讲学之暇，栽花养鹤，自在其乐，著有《凝园读易管见》《凝园读春秋管见》等。罗典德高望重，深受时人爱戴。乾隆五十四年（1789）十月，湖广总督毕沅邀湖南学政张忍斋、侍读王文治来院拜访罗典，之后，他们遍游岳麓名胜，黄昏时分渡江而返，毕沅为此次雅集活动赋诗二首，诗作内容如下：

其一
暖谷催梅在雪先，讲堂高踞岳云边。
名山久占关清福，旧雨重逢要夙缘。
著述力争千古事，精神强胜廿年前。
画图一幅湘西景，隔岸人呼访戴船。
其二
绝磴霞关费仰窥，钟声送客出嶔巇。
绛纱绪衍南轩脉，青玉书摩北海碑。
泉石松窗诗并丽，文章芸笈岳争奇。
学澜比似云澜阔，不到登峰那得知。②

上述诗作，或表彰罗典的教育贡献，如"名山久占关清福"；或揭示罗典的教育渊源，如"绛纱绪衍南轩脉"；或盛赞罗典的学术成就，如"著述力争千古事"；或推许罗典的精神状态，如"精神强胜廿年前"。王文治也作诗一首，他通过诗句"乌府先生返珂里，紫薇使者軿轩止""皋比说经铿若钟，玉尺量材澄若水"③，也对罗典与张忍斋的教育贡献以及学术成就进行了表彰。罗典也与湖南学政石韫玉雅集于岳麓书院，《长沙岳麓书院续志》收录了罗典同石韫玉雅集后的两首诗作，其一为："明月清风

---

① 赵宁编：《长沙府岳麓志》卷六，康熙二十六年刻本，第56页。
② 丁善庆编：《长沙岳麓书院续志》卷三，同治六年刻本，第32—33页。
③ 同上书，第33页。

与士公，山斋云壑置身崇。尘喧隔断平沙外，清福留连好日中。觅句早梅缘昔有，停车霜叶得今同。两番题品皆椽笔，第二人来写不工。"① 毕沅、石韫玉都与岳麓书院有着不解之缘，都是乾隆时期的状元——前者为乾隆二十五年（1760）状元而后者为乾隆五十五年（1790）状元，罗典通过诗句"两番题品皆椽笔，第二人来写不工"，对二位的才情进行了夸赞。乾隆四十九年（1784），罗典同生徒一起在南台寺赏花，当时无人为之作画，实属憾事。嘉庆五年（1800），该院昔日生徒、时任贵州学政的周锷嘱托画家朱野云为十七年前南台寺赏花之景作画，周锷观赏朱野云所作之画后颇感欣慰，于是作诗二首，内容如下：

> 南台寺方春山踯躅盛开，寺如在红霞蜀锦中，先生呼同学生偕往观焉。其花甚贱而繁，同人皆手折一枝，从先生归。苍颜白发，拄杖前行，从者数十人，花影红簇，随之满道，真一幅绝妙看花图也。余先有诗记之曰："野寺春花盛绝无，红霞一道映簪裾。先生杖履生春处，只惜无人作花图。"今属野云图之，以寄先生，因题二绝。
>
> 其一
> 野云下笔能写生，十七年前是此情。
> 不敢漫如图画看，今知游息荷栽成。
>
> 其二
> 意中花事眼中山，我列诸仙侍从班。
> 七百年来无此乐，晦翁风范在人间。②

十七年前罗典与生徒在南台寺赏花时其乐融融的场景，从题序及诗作内容中跃然而出。罗典同朝气蓬勃的生徒一起赏花，会有返老还童之感；生徒同罗典这位具有晦翁风范的仁者一同游历，会有无限幸福之感。"七百年来无此乐"一语，实为由衷而发。罗典曾在岳麓书院旁边开辟隙地，精心构筑岳麓八景：柳塘烟晓、桃坞烘霞、桐阴别径、风荷晚香、曲涧鸣泉、碧沼观鱼、花墩坐月、竹林冬翠。岳麓八景的景色怡人，留下了诸多欢声笑语与美文佳作，在岳麓八景雅集时的一些诗作后被刊刻成集，可惜

---

① 丁善庆编：《长沙岳麓书院续志》卷三，同治六年刻本，第31页。
② 同上书，第37页。

欧阳厚均任山长时此集已经散佚。

二　石鼓书院雅集创作活动

　　湖南石鼓书院历史悠久，唐代元和年间（806—820），士子李宽在衡州石鼓山巅结庐读书。宋代至道三年（997），郡人李士真创建石鼓书院，课徒授学。景祐二年（1035），集贤校理刘沆知衡州，请求朝廷赐予匾额以及学田。南宋时期，朱熹、张栻前往石鼓书院讲学。石鼓书院是中国著名的书院，元代学者马端临将它与白鹿洞书院、岳麓书院、应天府书院并称为"天下四大书院"①。讲学之暇，历代石鼓书院的施教者常同一些来访者或生徒在书院周边雅集创作，兴味浓厚。

　　朱熹对石鼓书院的教育有着重要贡献。朱熹在绍兴十八年（1148）中进士，授泉州同安主簿，罢归后监南岳庙，讲学于石鼓书院。此间，"张浚谪居永州，（张）栻往来省侍，过石鼓山，与朱熹讲学揽胜合江亭"。② 明代湖广按察副使黄希宪在诗作中述及朱熹与张栻二人雅集游历时的情形："朱张两夫子，探奇历礌坷。赓唱盈珠玑，风雨连床卧。""忆昔朱张游兹山，草木到今生余香。首辨义利析毫芒，一念诚伪分圣狂。"③ 明代成化十八年（1482），衡州知府何珣为表高山仰止之情，在石鼓书院建立三贤祠，用来祭祀韩愈、朱熹、张栻三贤。在宋代石鼓书院的雅集创作活动中，程洵值得一提。程洵，字允夫，江西婺源人，朱熹表弟，尝从朱熹游，淳熙十一年（1184）任衡阳主簿，"初任衡阳簿，士友云集，登其门者，如出文公之门"。④ 讲学之余，程洵常同友人雅集赏景，他游湘江后作诗数首，其中的两首诗作为："昔闻潇湘好，今作潇湘游。两余万籁息，东犹任轻舟。黯黯云幕垂，漂漂浪花浮。故人在何许，怅空心悠悠。""按行又复到江干，近水遥山照眼寒。从此潇湘在胸次，不须更向图画看。"⑤ 这两首诗作都对湘江景色进行了描绘，其中，第一首诗作流露出怀旧时的愁情，第二首诗作表明对湘江景色的谙熟。

---

　　① 马端临：《文献通考》卷四十六，中华书局1986年版，第431页中—下。

　　② 李扬华编：《国朝石鼓志》卷一，光绪六年刻本，第28页。

　　③ 李安仁、王大韶编：《石鼓书院志》卷下，万历十七年刻本，第19—20页。

　　④ 程敏政编：《新安文献志》卷六十九，《文渊阁四库全书》第1376册，台湾商务印书馆1986年版，第13—14页。

　　⑤ 李安仁、王大韶编：《石鼓书院志》卷下，万历十七年刻本，第2—3页。

石鼓书院的周边有八景：东岩晓日、西谿夜蟾、绿净薰风、窊樽残雪、书声喈喈、钓台渔唱、栈道枯藤、合江凝碧。元代时期，在石鼓八景经常出现雅集创作活动。御史奚汉伯颜同友人游玩后赋诗数首，他通过诗句"石鼓枕湘云影乱，窊樽酌酒月光来""江澄绿净双流合，岳贯朱陵一窍开""回看星斗朱陵上，伫听金丝绿净间"①，对石鼓八景进行了描绘。湖南道宣慰司副使李处巽同友人游览后赋诗一首，他通过诗句"西谿窊樽深几许，激滟苔痕注秋雨""市尘远离出喧嚣，绿净不容浣尘土""东岩朝阳才半吐，金碧粼粼述岸树""为人为己在分明，圣学千年期接武""晦翁之记当三复，群居聚谈非利禄"②，对石鼓八景进行了描绘以及对该院传道授学的思想进行了褒扬。签事偰玉立同友人游览后赋诗一首，他通过诗句"雾敛东岩旭，寒侵曲栈霜""栖饮窊樽古，幽居树握凉""湘波澄碧境，岳黛出新装""归与桥上月，渔唱起沧浪""遗祠垂关葛，流演发朱张"③，对石鼓八景进行了描绘以及对朱熹与张栻的教育影响进行了揭示。

宋元时期石鼓书院的雅集盛况，从西谿崖壁的题名中也可窥一斑：

表4—9

时间	题名内容
治平二年（1065）	荆南转运使薛侏与一些文士雅集于石鼓，在西谿崖壁上题名，楷书，字径二寸
熙宁五年（1072）	衡州官员刘挚偕子刘跂、刘蹈来游，刘挚在崖壁上题名，楷书
熙宁十年（1077）	知郡陆某某（名阙）、州钤辖何次公、从事沈卞等人同游石鼓山，在西谿东岩合江亭石壁上题名，真书，字径二寸
元祐三年（1088）	朝散郎张公绶拜宣圣孔子于石鼓书院后，登文会阁，同衡阳令王定民、判官王洵、新息主簿陈知元等人宴饮。陈知元刚中进士，张公绶通过宴饮一事策激诸生。宴饮后，他们下合江亭游览赏景，在西谿崖西向题名
元祐七年（1092）	衡州知府柳韶、通判郑猛、衡阳令张钧、湖南提刑司检法官耿良能、学正洪世范等人同游。张钧在崖壁上题名，隶书，字径二寸

① 李安仁、王大韶编：《石鼓书院志》卷下，万历十七年刻本，第5页。
② 同上书，第4—5页。
③ 同上书，第4页。

续表

时间	题名内容
元祐九年（1094）	鄱阳程传文、学正洪世范等人同登合江亭，游览西豀后在西豀崖西南题名
乾道年间（1165—1173）	张孝祥（时知潭州）题名，真书，字径三寸，漫漶不可辨
乾道八年（1172）	衡阳县令王光祖、学正刘渥同新进士王居仁、邓友龙、邓友龄等人宴饮于石鼓，用以策激诸生。酒半，下合江亭，游览西豀，观石间元祐三年王定民留题，适与当日同符，于是在元祐三年题名的崖壁上题名
宝祐二年（1254）	衡州官员刘挚六世孙刘震孙来游时，在西豀崖壁上题字，内容为："后百八十三年，六世孙震孙蒙恩来持使节，拂拭旧题，不胜感怆，宝祐二年秋九月旦。"楷书
元贞元年（1295）	郴桂戍军迴真定史杠书，字径寸余，凡四行
大德九年（1305）	在元贞元年题名的左侧，真书，字径寸三四分，凡三行①

　　其中，治平二年（1065）与熙宁十年（1077）的雅集创作活动都有记文记载。虽然其他一些雅集中的创作活动难以找到相关的资料来做说明，不过古代雅集与创作唇齿相依，赋诗作文在这些雅集中应该不可或缺。

　　若讨论明代石鼓书院雅集创作活动，应该首先提及蔡汝楠。蔡汝楠（1514—1565），字子木，号白石，浙江德清人，嘉靖十一年（1532）进士，历官衡州知府、四川按察副使、兵部侍郎等。蔡汝楠任衡州知府期间，每逢朔望日便到石鼓书院，或讲论经书，或命题考课，或质疑问难，在当时很有影响，"风闻邻邦，长、永二郡诸生及官师举监，皆负笈来学"。② 蔡汝楠重视道德履践，他命名该院东斋为主静斋，命名西斋为定性斋，课士校文时重视履行。蔡汝楠爱好雅集，通过雅集寓教于乐，其《石鼓讲堂示诸生》中的部分诗句记载了他同诸子雅集游玩时的情形："簿领日长多暇豫，衣冠春暮共徜徉。为邦亦有风雩乐，点也狂吟笑更狂。"③ 在蔡汝楠的悉心督课下，该院不少生徒科场告捷，其中，李孟彰、王大韶、谭汝赓、徐应南、彭良臣、陶宾六位生徒中第后拜访他，他赋诗二首，诗作内容如下：

――――――――――

　　① 本表内容依据李扬华编《国朝石鼓志》（卷一，光绪六年刻本，第8—11页）整理制作而成。
　　② 李安仁、王大韶编：《石鼓书院志》卷上，万历十七年刻本，第51页。
　　③ 李安仁、王大韶编：《石鼓书院志》卷下，万历十七年刻本，第26页。

其一

紫薇秋晓五云开，衡郡联翩六子来。

听讲旧筵希鼓瑟，迎宾新燕共登台。

文星早见朱陵聚，桂树何年赤帝栽。

三楚古来闻国士，绛纱帷下更多才。

其二

石鼓藏修道业成，谈经端不事虚名。

人言此日看鹏运，予亦重来听鹿鸣。

白屋并逢明世显，宝珠那有暗投惊。

还知无愧王文正，岂为登科负此生。①

期待生徒重视道德学术、不以科举为旨归的谆谆教导在诗作中灼然可见。蔡汝楠知衡州五年，为当地教育鞠躬尽瘁，深受生徒爱戴。他任四川按察副使后，石鼓书院生徒仍依依不舍，有些生徒甚至赶赴四川来看望他，如王大韶、廖密斋、欧楚门等人曾经自石鼓书院赶来拜访他，蔡汝楠赋诗记载此事，诗作内容如下：

朱陵三凤尚盘桓，念我西来集羽翰。

玉尘祗余谈柄在，宝刀长叹报恩难。

系舟相引跻华阁，解榻依然宿讲坛。

勋业他年深属望，逢辰休遣凤盟寒。②

诗作中流露出来的那份厚重的师生感情弥足珍贵。为表景仰之情，王大韶、朱炳如等数十位生徒后来创建白石讲院（又名衡湘书院），用来祭祀蔡汝楠。

除了蔡汝楠外，明代还有一些官员、学者、作家等来石鼓书院雅集。王京，号咸虚，江西上高人，"风度襟怀，飘然有仙风道骨之气，长于吟咏，雅好石鼓山故事"③。任衡州知府期间，曾同刘舜登、王希舜、廖子

---

① 李安仁、王大韶编：《石鼓书院志》卷下，万历十七年刻本，第27页。

② 同上。

③ 李安仁、王大韶编：《石鼓书院志》卷上，万历十七年刻本，第58页。

占等人剧饮于合江亭后赋诗一首，他通过诗句"轻帆四面出，游冶两崖分""临流弄清浅，唾珠散绮纹""愿言崇令德，潜见祗同群"①，描绘江边美景、揭示雅集之乐以及勉励诸子敦崇道德之学。熊炜，号震泉，江西建昌人，情操不滓，立政惟勤。任衡州知府期间曾同友人雅集后赋诗一首，诗作内容为："蒸水湘流接远天，碣来江阁敞高筵。一双鸥鸟杯中狎，无数舟帆镜里悬。浦溆落霞栖断雁，山城暮角带秋烟。亦知郡执虩奇眺，目极民愁可自便。"② 诗作除了描绘美景以及揭示宴饮之乐外，还表达对民事的关注。黄希宪，字伯容，号毅所，江西金溪人，嘉靖三十二年（1553）进士，历任嘉兴知府、湖广按察副使等职，为官清廉，士林德之。万历七年（1579）任湖广按察副使期间，主持编纂《石鼓书院志》。志成之后，诸生以"云淡风轻近午天"分韵赋诗，诗作内容可见表4—10。

表4—10

作者	科名	得字情况	诗作内容
廖汝恒	举人	得"云"字	稔知石鼓聚斯文，白鹿睢阳并有闻。 一志多年为断简，从今编纂绚烟云
谭汝赓	举人	得"淡"字	蕴酿在儒生，文字资磨勘。 绿水与青山，不复混浓淡
刘宦成	举人	得"风"字	文章儒雅遍湘中，诱我循徇赖上公。 更有一编垂后学，无他只效古人风
周仲良	举人	得"轻"字	山水有佳名，遭逢更不轻。 提兵锋火息，石鼓鸣不鸣
刘允祚	举人	得"近"字	朱陵一洞有后前，紫盖诸峰分远近。 石鼓从来枕湘流，读书其中长学问
祝来庆	举人	得"午"字	缔构在石坞，燕居瞻尼父。 此学如朝曦，谁复嗟旁午
欧阳炳	举人	得"天"字	岩光绿净丽中天，辟地诛茅仗昔贤。 千载有人续圣学，分明一诀在前川③

---

① 李安仁、王大韶编：《石鼓书院志》卷下，万历十七年刻本，第38—39页。
② 同上书，第41—42页。
③ 本表内容依据李安仁、王大韶编《石鼓书院志》（卷下，万历十七年刻本，第66—67页）整理制作而成。

上述诗作，或肯定《石鼓书院志》的编纂成就，如廖汝恒的"一志多年为断简，从今编纂绚烟云"，刘宦成的"更有一编垂后学，无他只效古人风"；或表彰石鼓书院的教育贡献，如刘允祚的"石鼓从来枕湘流，读书其中长学问"，欧阳炳的"千载有人续圣学，分明一诀在前川"。顾绍履，四川成都人，嘉靖四十年（1561）解元，曾任西安同知。某年六月二十日，天气十分炎热，他同蒋一泉等人在石鼓书院雅集后赋诗一首，诗作内容为："衡郡城边名石鼓，崔嵬楼阁峙江滨。炎蒸三伏虚前席，鸂鶒群飞鸣向人。历代雄文增胜概，诸贤遗像肃瞻中。来游此地惭疏放，不负登临漫效嚬。"① 诗作除了描绘景色以及表明天气外，还对前贤深表敬意。郡判陈有孚来石鼓书院雅集后赋有《秋日复集》《冬集值雪》《丁丑春眺》等诗。这些诗作，或描绘各季景色，如《秋日复集》中的"胜地皆图画，登临不一来"，《丁丑春眺》中的"墟落冷残红，芳春嗟暮矣"；或揭示觞咏快意，如《秋日复集》中的"长啸风生座，传觞月满堂"；或叙述对时事的关怀，如《冬集值雪》中的"诛蝗方人念，愁鸟何相闻"；或表达朱熹与张栻的教育影响，如《丁丑春眺》中的"良心本自如，朱张乃知己"②。曾朝节（1534—1604），字直卿，号植斋，湖南临武人，万历五年（1577）进士（探花），官至礼部尚书。万历年间（1573—1620），他在石鼓书院建立七贤祠，用来祭祀韩愈、李宽、李士真、周敦颐、朱熹、张栻、黄干七贤。任左中允期间，他来石鼓书院同当地文士联舟泛湘江后赋诗一首，诗作内容为："湘江张乐蔽中流，何异神仙海上游。诘旦驱车人万里，清秋出祖郡诸侯。东西雅奏《骊驹》曲，上下光浮彩鹢舟。旋取鲤鱼供佐酒，夜深石鼓共登楼。"③ 雅集赏景兴致勃勃的热闹场面，在诗作内容中多有体现。

论及清代石鼓书院雅集创作活动，合江亭、浩然台、留待轩等景点不得不提。合江亭是在石鼓山北边蒸水与湘水的合流处，唐代贞观年间（627—649），刺史齐映建立。永贞元年（805），韩愈由阳山县令改为江陵府法曹参军时路过衡州，并作《题合江亭寄刺史邹君》一诗，其中，诗句"瞰临渺空阔，绿净不可唾"成为描绘合江亭美景的千古名句，广

---

① 李安仁、王大韶编：《石鼓书院志》卷下，万历十七年刻本，第70页。
② 同上书，第46页。
③ 同上书，第45页。

为传颂，合江亭后来因为韩愈的诗句而易名为绿净阁。为表景仰之情，清代很多官员、学者、作家步韩愈诗韵赋诗创作。《国朝石鼓志》收录了车万育、潘宗洛、王敞、刘良璧、李拔、吴鸿、罗廷珍、罗瀛等人效仿韩愈诗韵的一些诗作，不少诗作是雅集后的产物，如车万育同余西崖、唐十泉等人雅集于合江亭后，步韩愈诗韵赋诗一首，他通过诗句"昔者昌黎公，才高罕俦佐""醉后发狂歌，鱼龙惊浪破""丈夫怀四方，遂敢耽放惰"①，称赞韩愈的才学、叙述饮酒后的放浪形骸以及勉励友人志向远大。张金镛（1805—1860），字良甫，号海门，浙江平湖人，道光二十一年（1841）进士，曾任湖南学政。他在石鼓书院的一次课试后，偕生徒游览合江亭以及浩然台后赋诗一首，诗作内容为："云挟山光入酒杯，合江亭畔一徘徊。不惊鸥鹭沙边宿，似有鱼龙水面来。志士读书期用世，长官清暇此登台。樗枝自种森森玉，欲养新桐作大材。"② 寄予生徒以厚望的那颗拳拳之心在诗中彰显无遗。同治十一年（1872）三月，石鼓书院重修蒇事后，知府李镐邀请山长萧杞山以及诸生切磋文艺，之后，他们来到留待轩，徘徊于合江亭，依石栏而坐，眺望远处，美景尽收眼底，"但见风帆沙鸟出没于烟云杳霭之间。其南回雁峰，有唐时乘云寺，寺北则岣嵝峰、禹碑在焉。西望，祝融日观若隐若现"。③ 黄昏时分，他们凭眺之际置酒赋诗，一觞一咏，其乐融融。

清代一些官员为石鼓书院教育倾注了不少心血，在饯别时也恋恋不忘书院教育。康熙年间（1662—1722），七贤祠被僧人霸占，七贤神主移至大观楼。康熙四十九年（1710），巡抚赵申桥逐出僧人，将七贤神主移至祠内，并让训导吴炯居书院督课。吴炯督课达十一年之久，在告别时赋诗二首，其一为："城北舟岩老树苍，书声断续杂幽香。双旌忆溯紫阳旧，一日恨无同甫长。雾锁堂前朝雨裛，烟生洞口暮云凉。骊歌愧受群生饯，十一年来鬓早霜。"④ 诗作对书院良好的学习氛围进行了颂扬，并对自己献身教育而容颜苍老的情形进行了感叹。福顺，号介庵，满洲人，嘉庆末年负责护理衡永郴桂道，在此期间修建石鼓书院。书院落成之后，他赋诗

① 李扬华编：《国朝石鼓志》卷三，光绪六年刻本，第11—12页。

② 同上书，第26页。

③ 李镐：《重修石鼓书院记》，李扬华编：《国朝石鼓志》卷二，光绪六年刻本，第12—13页。

④ 李扬华编：《国朝石鼓志》卷三，光绪六年刻本，第21页。

四首，重视教育的思想在诗中俯拾皆是，如"作育英才原有要，优隆学校最宜先""漫把江山临眺览，勉栽桃李费经营"①。告别时，福顺又赋诗四首，其一为："谁向濂洛绍芳声，共说朱张讲学精。立志务宜期远大，置身端在近高明。他年济济占鸿集，此日班班庆鹿鸣。但愿文坛齐努力，读书要不负生平。"② 诗作揭示了石鼓书院传道授学的历史悠久，勉励生徒立志有为。

在清代石鼓书院雅集创作活动中，聂镐敏同友人的一次雅集颇有趣味。聂镐敏，字丰阳，号京圃，湖南衡山人，嘉庆六年（1801）进士，曾任安徽学政、严州知府等职。为了暂时逃避城市的喧嚣，他偕友人来石鼓书院雅集，"野人志趣厌城市，十日阛阓徒栖栖。招要吟侣访石鼓，屐响冲突街头泥。"可惜的是，雅集中间天气突变，"是时乍晴又酿雨，泾云翻影浮昏黳"，由于在雅集前，"豫防不及蓑笠荷，选胜肯废壶觞携"，因此在天气突变的情形下，"同游怯雨半道返，踪迹顿左心难齐"。就在友人犹豫不决时，聂镐敏选择独行，赶赴合江亭并目睹了美妙景色："俯视万顷互涵纳，望穷千里无端倪""娟娟峰峦秀远浦，朗朗楼阁明高堤""图中镜里两莫辨，使我清兴明山谿""仰窥阊阖策鸾凤，俛视大海吞鲸鲵"，观赏美景后他由衷地发出："登高壮观自兹始，浩歌慷慨凭丹梯"③。聂镐敏雨中独行的豪气，可与苏轼《定风波》中的"莫听穿林打叶声，何妨吟啸且徐行"④ 相媲美，观景后的收获，可用王安石《游褒禅山记》中的"世之奇伟瑰怪非常之观常在于险远，而人之所罕至焉，故非有志者不能至也"⑤ 作为注脚。

三　朱阳书院雅集创作活动

中州地区有着深厚的教育积淀，宋代时期出现了与白鹿洞书院、岳麓书院齐名的嵩阳书院、睢阳书院。这两所书院后来由于兵燹迭臻而屡遭倾

---

① 李扬华编：《国朝石鼓志》卷三，光绪六年刻本，第23页。

② 同上书，第24页。

③ 同上书，第18—19页。

④ 苏轼著，邹同庆、王宗堂编年校注：《苏轼词编年校注》，中华书局2002年版，第356页。

⑤ 王安石：《游褒禅山记》，王安石：《临川先生文集》卷八十三，《四部丛刊》初编，上海商务印书馆1922年版，第3页。

圮。康熙十六年（1677），理学家耿介兴复嵩阳书院。康熙二十八年（1689），窦大任、窦克勤父子在河南柘城东郊创建书院，由于该院位于朱襄氏故墟之阳，因此命名为朱阳书院。朱阳书院建成后，窦克勤主持讲席。在耿介、窦克勤的精心构筑下，嵩阳书院、朱阳书院的文教之盛可与宋代时期的嵩阳书院、睢阳书院相媲美。窦克勤，字敏修，号敬庵，河南柘城人，康熙二十七年（1688）进士，选庶吉士，后授翰林院检讨。康熙六年（1667），窦克勤拜谒汤斌，后经汤斌推荐，选泌阳教谕。窦克勤任教官期间积累了丰富的教育经验，为后来从事朱阳书院教育奠定了坚实的基础。

学暇不妨闲唱和，窦克勤在朱阳书院讲学之暇，常同友人以及生徒雅集赏景、赋诗唱和。朱阳书院的东北处有郭山，据《朱阳书院志》记载："（郭山）在书院东北里许傍旧城外隅。岗陵耸列，砂石叠连，黄河冲决旧堤，峭壁峻嶒，势若悬崖，而郭山巍踞其旁，屹然为一邑之镇土焉。"①窦克勤曾同窦振起、窦容端、窦容庄、窦容恂、朱堪、朱培、赵士林、谢衡玉等人在深秋季节登临郭山眺望并赋诗唱和，风雅兴味颇为浓厚，诗作内容可见表4—11。

表4—11

作者	诗作内容
窦克勤	桐叶阶前翻碧秋，诗书博我溉余休。 开怀别望天空处，逝者还思川上游
窦振起	菊花开处是深秋，此日攀援莫自休。 敢谓登高惟选胜，当年曾羡舞雩游
窦容端	碧云高挂是深秋，相对峰回望未休。 闲日登临寻乐地，行生满目自优游
窦容庄	片时讲习业千秋，暇日登临望尽休。 莫向山前寻活水，源头常在不关游
窦容恂	重阳景色逼深秋，讲习暇时乐未休。 谁谓登临徒选胜，心窥大道不虚游

① 窦克勤编：《朱阳书院志》卷一"形胜"，雍正年间刻本，第2页。

续表

作者	诗作内容
朱堪	缓步追随值晚秋，南城陇畔望无休。 一时乐兴还追古，考道何妨片刻游
朱培	相期此志在千秋，问业朱阳未肯休。 讲席已窥十圣蕴，何妨南望片时游
赵士林	朱阳名胜著千秋，讲学于今绍往休。 考道渊源惟暇日，追随岭畔作闲游
谢衡玉	一堂共对是深秋，玉斧勤磨志未休。 谕道暇时追杖履，心存随在自优游①

上述诗作，或描绘郭山秋景，如窦克勤的"桐叶阶前翻碧秋，诗书博我溉余休"，窦振起的"菊花开处是深秋，此日攀援莫自休"，窦容端的"碧云高挂是深秋，相对峰回望未休"，窦容恂的"重阳景色逼深秋，讲习暇时乐未休"，朱堪的"缓步追随值晚秋，南城陇畔望无休"；或揭示雅集赏景优游自在，如窦容端的"闲日登临寻乐地，行生满目自优游"，朱堪的"一时乐兴还追古，考道何妨片刻游"，朱培的"讲席已窥十圣蕴，何妨南望片时游"，赵士林的"考道渊源惟暇日，追随岭畔作闲游"，谢衡玉的"谕道暇时追杖履，心存随在自优游"。

旧屏山位于朱阳书院的北边，据《朱阳书院志》记载："（旧屏山）因旧城之南垒更筑而丰之，以前有先筠峰公祠，后拱卫若屏，故以为名。"② 窦克勤常同友人、生徒登临旧屏山眺望，波流潆洄，烟景如画。观赏此景，令人心旷神怡，在美景的驱动下，一些美文佳作便得以诞生。康熙四十七年（1708）暮春，窦克勤偕诸生登旧屏山赏景并赋诗二首，诗作内容如下：

其一

读书讨得我生闲，领略春分到此间。

---

① 本表内容依据窦克勤编《朱阳书院志》（卷四"诗"，雍正年间刻本，第2—3页）整理制作而成。

② 窦克勤编：《朱阳书院志》卷一"形胜"，雍正年间刻本，第2页。

旁人未识春风趣，却说登山是爱山。
其二
偶把讲坛移碧岑，水流花放尽关心。
相看都是行生意，要得寻时无处寻。①

其子窦容邃也赋诗二首，诗作内容如下：

其一
目送春光意自闲，风来蝶舞到花间。
游心我亦贪游艺，乐水人先说乐山。
其二
手把残编倚片岑，丛开树色画天心。
生生尽有无穷趣，只要从中仔细寻。②

上述诗作，或揭示雅集赏景的乐趣无穷，如"读书讨得我生闲""偶把讲坛移碧岑""目送春光意自闲"；或表达作者对万物生灵持有独特的感悟，如"旁人未识春风趣""相看都是行生意""生生尽有无穷趣"。旧屏山上有竹来峰，该峰林木茂盛，竹石参差，下有清流，迂回环绕，夹岸杨柳，摇曳相映。旧屏山下有绿引溪，绿溪环绕，溪水清澈，溪流潺潺，每坐溪旁，清风徐来，荷香远送，令人陶醉。

　　明代末期，窦克勤的祖父窦笃峰推崇道德之学，力辟学术异端。清代初期，窦大任、窦克勤父子接踵前徽，创建朱阳书院传道授学，为了表达对窦笃峰的景仰之情，他们在朱阳书院的北边建有笃峰公祠，在笃峰公祠的右边建有学箕园（"学箕"语出《礼记·学记》中的"良弓之子，必学为箕"③）。窦大任、窦克勤父子在学箕园中种植柏树牡丹以及瓜果蔬菜，并凿池栽莲、引水浇竹。学箕园的外围有溪环绕，景色怡人。窦克勤曾撰有《学箕园说》一文，他指出："辟园既有其地矣，而命名安敢不有其义？

---

① 窦克勤编：《朱阳书院志》卷四"诗"，雍正年间刻本，第15页。
② 同上。
③ 郑玄注，孔颖达等正义：《礼记正义》卷三十六，《十三经注疏》，中华书局1980年版，第296页下。

夫名之将以实之，顾此名、思此义，乌容苟也。且予之辟园，岂以禽虫草木足以悦心志娱耳目已哉？盖将卜幽居为学习地也。古之为忠信笃敬者，参前倚衡之念，随所立所在而见，推此志即一游、一息、一啸、一歌，率是道也。”“君子志学之为贵也。‘良冶之子，必学为裘；良弓之子，必学为箕。’记亦谓，人之志学，宜图渐进，勿使骤耳！以‘学箕’名园，不敢忘此义也，而抑自有率先之意存焉者。弓冶之家，学为箕裘，弃此弗顾，未免为堕业。儒者之家，以仁义为灌溉，以经书为裁培，是箕裘之业也。”①从言辞中可知，窦克勤以“学箕”来命名此园是希冀生徒潜心于道德之学，在道德之学的研习征途中循序渐进。讲学之暇，窦克勤常同友人、生徒前往学箕园，煮茗、弹琴、赏景、赋诗，窦克勤曾以《朱阳书院步学箕园》为题作诗四首，张吉相对之进行唱和，诗作内容可见表4—12。

表4—12

作者	诗作内容
窦克勤	书堂日霁绝轻尘，绿柳阴森碧水滨。 盛夏曾无侵暑气，东门桥畔有行人
	往来桥下日中过，稚子携书笑语多。 忽起歌声深树里，鸟鸣争送到山阿
	溪边随意坐薰风，徙倚乔林一径通。 那问桃源迷去路，旧屏山在夕阳中
	日夕墙头听棹歌，孤城倒影撼清波。 诗囊收拾随明月，门外烟深挂薜萝
张吉相	琴书肃净俨如宾，绿树重阴伴作邻。 说到紫阳当不让，从来万物备人身
	荷花历乱鸟争歌，偶步园林望碧波。 石上渔翁垂钓处，棹音风送到山阿
	风吹花去复吹还，随坐深林心自闲。 极目巍巍云共赏，谁人更上旧屏山
	屏山下望鸟高飞，转见孤峰挂紫薇。 可怪夕阳不相待，却教明月送人归②

① 窦克勤：《学箕园说》，窦克勤编：《朱阳书院志》卷四“说”，雍正年间刻本，第2页。
② 本表内容依据窦克勤编《朱阳书院志》（卷四“诗”，雍正年间刻本，第8—9页）整理制作而成。

上述诗作都对学箕园的周边美景进行了描绘，如窦克勤的"书堂日霁绝轻尘，绿柳阴森碧水滨""溪边随意坐薰风，徙倚乔林一径通""诗囊收拾随明月，门外烟深挂薜萝"，张吉相的"琴书肃净俨如宾，绿树重阴伴作邻""极目巍巍云共赏，谁人更上旧屏山""屏山下望鸟高飞，转见孤峰挂紫薇"。有些诗句含有笑语、歌声、鸟鸣、棹歌、棹音等字样，既表明了周边景色生机盎然，又显示出雅集活动趣味无穷，如窦克勤的"往来桥下日中过，稚子携书笑语多""忽起歌声深树里，鸟鸣争送到山阿""日夕墙头听棹歌，孤城倒影憾清波"，张吉相的"荷花历乱鸟争歌，偶步园林望碧波""石上渔翁垂钓处，棹音风送到山阿"①。历代很多文士雅好赏竹，东晋王徽之就有"何可一日无此君"② 之叹。朱阳书院施教者刘尧藩在书院的一次课试完毕后，偕同一些生徒来学箕园赏竹并赋诗四首，诗作内容如下：

其一

谦卦六爻吉，幽篁亦戒盈。
中虚涵外直，受益自深宏。

其二

桃李笑无色，清幽只自知。
一生惟劲节，两大赖支持。

其三

羞与群阴伍，乾刚自不孤。
枝枝成个字，写出先天图。

其四

淇澳况嘉修，不嫌赋性婆。
岁寒能自耐，坚贞足千古。③

这四首诗作都是借赏竹抒怀，其中，"一生惟劲节""乾刚自不孤""岁寒能自耐""坚贞足千古"等诗句，是通过描述竹子的生长特征来颂扬劲

① 窦克勤编：《朱阳书院志》卷四"诗"，雍正年间刻本，第8—9页。
② 房玄龄等：《晋书》卷八十，中华书局1974年版，第2103页。
③ 窦克勤编：《朱阳书院志》卷四"诗"，雍正年间刻本，第4页。

节、坚贞、刚正等优秀品格。通过赏竹来寄托道德情怀，这对生徒有着良好的道德教化作用。学箕园是朱阳书院师生雅集赏景的重要场所，朱阳书院重视道德教育，施教者期望生徒在道德之学的研习征途中也像学箕园中的绵绵瓜瓞一样茁壮成长。学箕园的后垣有望鹤台，相传老子歇鹤于此。此台周围种植了桃李松竹等各种植物，每逢春季，百花齐放，绿柳成荫，也是雅集赏景的佳胜之地。此台见证了朱阳书院师生之间那份真挚的感情，留下了不少欢声笑语，也留下了诸多美文佳作。

四　信江书院雅集创作活动

信江书院是清代江西教育的一个重要窗口，该院位于广信府城钟灵桥南边的黄金山麓。清代初期，郡人在知府张国正祠内设立义学。康熙五十一年（1712），知府周錞元对义学进行了修建，名为钟灵讲院，招收七邑士子肄业其中。乾隆八年（1743），知府陈世璔加以扩建，易名为紫阳书院。乾隆四十六年（1781），知府康基渊加以拓建，又易名为信江书院。嘉庆十四年（1809），知府王赓言目睹该院破损不堪，抱着"书院之设，与学校相表里，废而不举，有司之过"[①] 的态度，毅然将振兴文教的重任落之于肩。翌年（1810），王赓言亲捐俸银七百两，并发动当地力量对该院进行了兴修，包括兴建亦乐堂、乐育堂、近思堂、五星堂、一杯亭、问月亭、夕秀亭、中道亭、下翼亭、蒙泉亭、斗山阁、青云阁等一些堂室亭阁。

王赓言，字箕山，山东诸城人，乾隆五十八年（1793）进士，历官吏部主事、广信知府等，著有《箕山堂诗钞》，编有《东武诗存》。信江书院兴修之后，王赓言在该院课试生徒。闲暇之际，常同友人、生徒雅集于此，其中，亦乐堂、一杯亭是他们雅集的重要场所。亦乐堂落成后，王赓言嘱托桑梓诗人吴嵩梁（江西东乡人，有"诗佛"之称）为之作记。吴嵩梁在记中指出，"亦乐"一词源自孔子、孟子的表述，旨趣深远，"孔子曰：'有朋自远方来，不亦乐乎？'谓以善及人而从学者众也。孟子曰：'乐民之乐者，民亦乐其乐。'谓不以己先民而天下服其公也"。[②] 王

---

① 王赓言：《重修信江书院记》，钟世桢编：《信江书院志》卷九，同治六年刻本，第6页。

② 吴嵩梁：《亦乐堂记》，钟世桢编：《信江书院志》卷九，同治六年刻本，第11页。

赓言曾偕同生徒在亦乐堂雅集后赋诗四首，诗作内容如下：

其一

械朴菁莪缅作人，春风化雨一番新。

光芒斗牛星分野，文藻江山笔有神。

每以汲深愁绠短，好从津逮溯源真。

英才教育称三乐，髦士蒸蒸首四民。

其二

子衿城阙漫兴歌，邦彦仪型自昔多。

山向南屏新拓地，水流中沚渐抽莪。

摛华定见金壶洒，励志谁将铁砚磨。

风雨千秋聊尚友，蓄畲经训意如何。

其三

佳什鸿文费剪裁，有朋新自远方来。

文章华国知增快，鱼鸟亲人莫漫猜。

地有金兰同臭味，星联奎璧应贤才。

一杯亭畔承新荫，玉树琪花次第培。

其四

解箨新筠渐出墙，呢喃语燕带风颜。

品题敢说成佳士，机杼何人速报章。

铸就金钩应出匣，引来玉水记流方。

新诗谱入风琴内，隔院蔷薇滴露香。①

期待生徒砥砺问学、茁壮成才的那颗拳拳之心，在四首诗作中灼然可见。之后，上饶的郭光启，弋阳的周尚莲、周德瑛、周德煌，南城的黄应菜、黄应兰以及睢阳的侯资灿等人赋诗唱和。他们在诗作中，或赞美亦乐堂的周边美景，如周尚莲的"亦乐堂前频玩月，梅花两树趁新培"；或歌颂王赓言的化育之功，如周德瑛的"殷勤讲学南屏麓，犹是文翁化蜀民"；或勉励生徒虔心问学，如郭光启的"诸生果得承衣钵，不识和公喜若何"；

---

① 钟世桢编：《信江书院志》卷九，同治六年刻本，第42页。

或讨论文学创作的体会，如侯资灿的"平心待物清如水，下笔成文妙入神"①。信江书院浓厚的风雅兴味，从这些诗作中可窥一斑。

一杯亭的由来与南宋官员赵汝愚有关。乾道年间（1165—1173），赵汝愚知信州，在他的悉心关怀下，此地政和民洽。为感治化之恩，吏民在南屏山麓替赵汝愚建祠设像。赵汝愚在此处同友人宴饮时，取"且尽生前一杯酒，何须身后千载名"之意，命名此处为一杯亭，此命名显示他有着不沽名钓誉的美德。康熙五年（1666）夏，翁凯臣、王炳若、邓卫玉、汪吉兆与郑日奎父子六人雅集于一杯亭，当时景色优美：宿雨乍晴，风物静好，林光如沐，湿翠欲流，奇态各呈，秀色迷人。宾朋列坐亭中，开怀畅饮，郑日奎边饮边歌曹操诗作，众人争相唱和，雅集盛况，其乐融融。嘉庆年间（1796—1820），一杯亭的故址已不可考，为了缅怀先贤赵汝愚，王赓言修复信江书院时，在亦乐堂的后面另构一亭，名为一杯亭。站在一杯亭中俯瞰大地，美不胜收，"山水随其剪裁，花石供其位置，四时朝暮，风雨晴阴，远近之景物，皆出乎履舄之下，而人于几席之间"。②讲学之暇，王赓言与友人、生徒在此雅集赏景，一丘一壑、一草一木，都会成为他们吟咏唱酬的对象。其中，王赓言的《赖铭斋明府邀饮一杯亭即席分赋》《一杯亭小酌》《一杯亭饯别》《一杯亭宴集》以及周毓麟的《一杯亭宴集记》等诗文，都是一杯亭雅集活动的产物。王赓言在这些诗作中，或抒发及时行乐的思想，如《一杯亭小酌》中的"一杯聊尽生前乐，莫效羊公堕泪碑"，《一杯亭饯别》中的"且复尽一杯，今古同此乐"；或表达托古言志的愿望，如《一杯亭宴集》中的"古道今如昨，流风安可追"③。

同石鼓书院一样，信江书院的周边也有八景：灵岫列屏、高溪环带、石磴梯云、梅庭铺月、虹桥晚渡、鸡寺晨钟、龙潭烟树、鹭岭风云。王赓言等人常在信江八景雅集，《信江书院志》收录了以信江八景为题的一些诗作，作者分别来自上饶、铅山、玉山、广丰、弋阳、贵溪、东乡、宜黄、鹤庆、张掖、粤东、太湖、兴安、诸城等地，具体情况可见表4—13。

---

① 钟世桢编：《信江书院志》卷九，同治六年刻本，第42—48页。

② 周毓麟：《一杯亭宴集记》，钟世桢编：《信江书院志》卷九，同治六年刻本，第15页。

③ 钟世桢编：《信江书院志》卷九，同治六年刻本，第54页。

表 4—13

籍贯	作者
上饶	余岚，熊运炳，余锡麟，余锡魁，余锡伟，余锡醇，余锡培，方棋，杨敬资，李树藩，余联茀，余联璧，卢苑梅，王维贤，方基
铅山	李丹墀，詹铨，曾蝥，郑维良，蔡春来，林之筠，刘企向，任澜，任中正，张楷铨，任韶，钟体成，祝焘
玉山	陈亿，吴道亨，陈颉云，朱成琳，罗明远，吴光灼
广丰	俞茂楷，刘永清，王秀书，俞日羔，俞文奎
弋阳	周尚莲，李步云，叶蔼如，李炳霄
贵溪	吴洲，吴江锦，曾迥旭
东乡	吴嵩梁，吴晁
宜黄	邹梦莲
鹤庆	段克莹
张掖	阿应鳞
粤东	刘道源
太湖	吕青云
兴安	叶鸣冈，张万麒，蓝云，王绶
诸城	王赓言，王履亨，王履正，王履奎①

此外，王赓言等人常在南屏山、小蓬莱、远风亭、西园等地雅集，这从一些诗题中不难知晓，如王赓言的《戴雨林偕游南屏，次日以诗索和，步韵奉酬》《冒雨邀同于南符、戴雨林、汪大山登南屏山晚眺》《宴集小蓬莱》《宴集小蓬莱即席分韵》《雨后同朱镜溪孝廉、于南符进士、子履亨登小蓬莱》《偕聂蓉峰太史、彭岸山司马、詹铩孙孝廉游东岳庙，小憩竹中》，戴作霖的《陪簠山郡伯宴饮南屏山》《夜集小蓬莱即席口占》，潘世恩的《试事已竣，同年王簠山郡伯邀游南屏周览书院诸名胜，赋此誌喜》，朱调元的《雨后登小蓬莱奉和原韵》，聂铣敏的《陪簠山郡伯远风亭观稼并谒李真君、夏文愍公遗像》，萧秉莹的《西园招饮分赋》，陈文典的《西园招饮分赋》。从诸多诗题中可知，当时雅集不仅场所多有变

---

① 　本表内容依据钟世桢编《信江书院志》（卷九，同治六年刻本，第58—88页）整理制作而成。

换，而且时间、天气各有不同。无论白天、夜晚抑或晴天、雨天，只要有雅兴，就会聚在一起赏景、饮酒、赋诗，不同的场所、时间、天气为雅集观景提供了多种的角度与视野。王赓言等人较为喜欢雨中或雨后观景，其实雨中或雨后观景也别有一番韵味。苏轼在《饮湖上初晴后雨》（其二）中曾有"水光潋滟晴方好，山色空濛雨亦奇"[①] 这样的感慨，而聂铣敏同王赓言、赖铭斋等人雨后观景后所赋诗句"阴阳开阖见天工，冒雨登临景不同"[②] 也道出了此中的奥妙。

　　王赓言等人虽然爱好雅集活动，不过他们并非满足于山水诗酒之乐。从与亦乐堂有关的一些诗文中可知，王赓言等人是将与民同乐作为雅集之乐的精神旨归。吴嵩梁在《亦乐堂记》中指出："花竹之阴，交于户庭；江山之秀，揽诸几席。先生之讌游于兹也。郡之人望其旌旗，咸欲忭舞，传其觞咏以为美谈，然后知先生之所乐，非自有之也。盖即士之所乐，以乐其取资之广也；即民之所乐，以乐其向化之诚也。"[③] 汪正修在《亦乐堂序》中指出："溥一身之乐于百姓，其乐乃宏萃百姓之乐于一身，其乐倍挚，此吾箕山太守所由，有亦乐堂之作也。"[④] 陈文典在《亦乐堂赋》中指出："公（指王赓言）乃堂上鸣琴，山头放鹤，竹里赋诗，花前行酌；而民亦荷笠带锄，担篿蹑屩，拥道依乘，扶老携弱。左挽右推，此前彼却，瞩远瞻高，心清目廓，如登春台，如游广莫，纯纯常常，无有束缚。堂上之箫管沸腾，则堂下为之附搏也；堂上之笑语喧阗，则堂下为之踊跃也。"[⑤] 从诸多文墨中可知，为官一方化育一方，已经成为王赓言的真正乐趣。王赓言任广信知府期间对待工作兢兢业业，成效卓著。亦乐堂建成后，王赓言赋诗一首，内容如下：

　　　　甘必从苦来，乐必从忧生。
　　　　格言本至理，使人心目惊。
　　　　此邦本乐土，民朴山水清。

① 苏轼著，王文诰辑注，孔凡礼点校：《苏轼诗集》卷九，中华书局1982年版，第430页。

② 钟世桢编：《信江书院志》卷十，同治六年刻本，第53页。

③ 吴嵩梁：《亦乐堂记》，钟世桢编：《信江书院志》卷九，同治六年刻本，第11页。

④ 汪正修：《亦乐堂序》，钟世桢编：《信江书院志》卷九，同治六年刻本，第26页。

⑤ 钟世桢编：《信江书院志》卷九，同治六年刻本，第30页。

数年竟小变，风俗移性情。

盗贼既充斥，好讼兼斗争。

民不自爱惜，官吏亦纷更。

我来抚此郡，览之心怦怦。

以勤补其拙，终日居公庭。

保民如保赤，讵肯任政刑。

农事不敢缓，课雨复课晴。

谨其庠序教，馆舍为经营。

暇日登南山，旧址多颓倾。

捐资为修复，三月新堂成。

旁栽花与竹，欣欣皆向荣。

题名曰亦乐，如闻欢呼声。

西毗书院地，髦士多秀英。

四民各就业，王道安荡平。

民则如子弟，官则如父兄。

教养虽未备，气象何峥嵘。

欧公守滁州，为筑丰乐亭。

东坡牧胶西，台以超然名。

我今虽愧此，亦愿追芳型。

赋诗聊记录，不异碑与铭。①

其中，"保民如保赤，讵肯任政刑""农事不敢缓，课雨复课晴""谨其庠序教，馆舍为经营"等诗句内容透露出，王赓言效仿先贤，在治安、农事、教育等方面为当地百姓做出了不少实事。将与民同乐作为雅集之乐的精神旨归这一思想在王赓言为信江书院所作的一些记文中也有所体现，如他在《重修信江书院记》中指出："守斯土者，所以厚人伦、美风俗，已得其大端，而相与恺乐和平，觞咏于其堂，斯不负兴学设教之深心焉尔！"②王赓言为官此地后，正是以实际行动履践了与民同乐的思想。王

---

① 钟世桢编：《信江书院志》卷九，同治六年刻本，第41页。

② 王赓言：《重修信江书院记》，钟世桢编：《信江书院志》卷九，同治六年刻本，第7页。

赓言与民同乐的思想惠泽了后来的施教者，同治六年（1867），广信知府钟世桢为重建后的亦乐堂作记时指出："予愧远不逮篑山郡伯之学，予爱新斯堂，因其名而细绎其义，所冀吾僚友各励所学而推其所乐以匡我未逮也，尤冀都人士各励所学，藉以广所乐，俾他日出身加民，克与民同乐而不负所学，是则吾之所乐也。"① 可见，钟世桢继承了前贤王赓言的与民同乐思想，书院教育的薪火相传在信江书院得到有力的体现。

五　结语

在中国书院雅集创作活动中，参与者除了山长、师儒、当地官员以及生徒外，还有全国各地的一些来访者，可谓人才济济，如岳麓书院雅集创作活动的主要参与者有朱熹、张栻、林用中、王阳明、颜鲸、高世泰、吴去怫、吴去慆、王孝先、丁思孔、赵宁、王骏、赵廷标、祁曜征、张维霖、金德嘉、罗人琼、朱前诒、张廷幹、姚颐、熊为霖、陈用敷、祝云栋、庆玉、纪淑曾、余廷灿、刘权之、王嘉会、王章、冯东飏、吴道灼、张永达、吴绮、罗典、毕沅、张忍斋、王文治、石韫玉、周锷等人，石鼓书院雅集创作活动的主要参与者有朱熹、张栻、程洵、奚汉伯颜、李处巽、偰玉立、蔡汝楠、王京、熊炜、黄希宪、顾绍履、陈有孚、曾朝节、车万育、潘宗洛、王敔、刘良璧、李拔、吴鸿、罗廷珍、罗瀛、张金镛、李镐、萧杞山、吴炯、福顺、聂镐敏等人，朱阳书院雅集创作活动的主要参与者有窦克勤、窦振起、窦容端、窦容恂、窦容庄、窦容邃、朱堪、朱培、赵士林、谢衡玉、张吉相、刘尧藩等人，信江书院雅集创作活动的主要参与者有王赓言、戴作霖、潘世恩、朱调元、聂铣敏、萧秉莹、赖铭斋、汪正修、陈文典等人。雅集场所除了书院内的一些建筑外，还有书院周边的一些景点，如岳麓书院的雅集场所主要有赫曦台、百泉轩、文泉、南台寺以及岳麓八景，石鼓书院的雅集场所主要有合江亭、流杯池、浩然台、留待轩以及石鼓八景，朱阳书院的雅集场所主要有郭山、旧屏山、学篑园、竹来峰、绿引溪、望鹤台，信江书院的雅集场所主要有亦乐亭、一杯亭、南屏山、小蓬莱、远风亭、西园以及信江八景。有些书院的建筑有着多种用途，这其中就包含有雅集的场所，如石鼓书院所建室宇，"或为圣贤遗像尸祝之堂，或为昔贤往哲问业讲道之所，又或为诗人游士招寻哦

---

① 钟世桢：《重建亦乐堂记》，钟世桢编：《信江书院志》卷九，同治六年刻本，第23页。

咏之处，而非寻常室宇可埒也"。① 雅集类别主要有游览、宴饮、拜访、饯别等，所赋诗文内容多样，或描绘周边美景，或揭示宴饮之乐，或表达对前贤的景仰之情，或颂扬施教者的学术成就，或表彰书院教育贡献，或勉励生徒立志有为。

毛泽东谈到书院教育时指出，若从研究的形式而言，书院要比官学优胜得多，原因在于，"一来，是师生的感情甚笃。二来，没有教授管理，但为精神往来，自由研究。三来，课程简而研讨周，可以优游暇豫，玩索有得"。② 由于历代很多书院在雅集活动中从事创作或研讨学术，因此雅集活动"优游暇豫"而又"玩索有得"。历代书院的雅集场所对于今天而言已经成为历史陈迹，不过昔日雅集活动那种活泼泼的场景被文字记录了下来，雅集活动体现出来的自由灵活、寓教于乐的教育方式，对于沉闷的古代官学而言无疑是一种突破，值得当今教育者研究。"人禀七情，应物斯感，感物吟志，莫非自然。"③ "登山则情满于山，观海则意溢于海。"④ 外物美景为雅集创作提供了素材，可以助波浪于笔端，贮云霞于胸怀，可以催生创作之情，激发创作之欲，所赋诗文言之有物。王国维认为："大家之作，其言情也必沁人心脾，其写景也必豁人耳目。其辞脱口而出，无矫揉装束之态。以其所见者真，所知者深也。"⑤ 只有所见者真，所抒情感者真，创作出来的作品才会贴近生活、贴近自然，才会给人感觉不隔而不至于雾里看花。

值得说明的是，书院是讲学的重要场所，雅集游玩多为讲学途中的一种调节。由于沉湎于美景美酒容易使人玩物丧志，因此很多施教者主张，在雅集途中不能沉湎于美景美酒，更不能把书院当作供宾宴、侈游观之地。元代时期，吴澄为岳麓书院作《建岳麓书院记》与《百泉轩记》，他在《百泉轩记》中指出："二先生（指朱熹、张栻）之酷爱是泉也，盖非止于玩物适情而已。逝者如斯夫，不舍昼夜，惟知道者能言之。"⑥ 明代

---

① 李安仁、王大韶编：《石鼓书院志》卷上，万历十七年刻本，第34页。

② 毛泽东：《湖南自修大学创立宣言》，陈谷嘉、邓洪波主编：《中国书院史资料》下册，浙江教育出版社1998年版，第2591页。

③ 刘勰著，范文澜注：《文心雕龙注》卷二，人民文学出版社1958年版，第65页。

④ 刘勰著，范文澜注：《文心雕龙注》卷六，人民文学出版社1958年版，第493—494页。

⑤ 王国维：《人间词话》卷上，上海古籍出版社1998年版，第14页。

⑥ 吴澄：《百泉轩记》，赵宁编：《长沙府岳麓志》卷七，康熙二十六年刻本，第42页。

时期，陈凤梧为《岳麓书院志》作序时指出："游息于斯者，潜心实学，毋假为虚名之饰。"① 王大韶为《石鼓书院志》作跋时指出："苟徒于登眺诗篇间属意，而于理学不一究心焉，则亦与学宫举子业等，何裨于院、何补于志哉？"② 清代时期，赵宁为《长沙府岳麓志》作序时指出："窃愿登临凭眺、藏修游息于其中者，高山仰止，景行行止，而以紫阳诸大儒为法，不徒为闻见游观之藉。"③ 崔鸣鷟为石鼓书院作记时指出："因以石鼓书院名此数贤者，皆前辈大儒。而灵爽凭式千秋仰止，至今其碑记犹存，后人踵韵不绝如缕，知非独游观宴饮之地。"④ 窦克勤在《学箕园说》中指出："予之辟园，岂以禽虫草木足以悦心志娱耳目已哉？盖将卜幽居为学习地也。""徒驰情于山壑溪鸟，日役志于植木种花，不几废时旷业乎？"⑤ 王赓言为信江书院作记时指出："觞咏于其堂，斯不负兴学设教之深心焉尔！"⑥ 从诸多言辞中可知，岳麓书院、石鼓书院、朱阳书院、信江书院都是传道授学的场所，并非专为游玩而设。即使在雅集游玩中，施教者们也不会仅仅满足于山水诗酒之乐，而是将传道授学挂念于心。王利民论及朱熹、张栻等人雅集游玩时指出，理学家们不想被人视为纯粹的游山玩水者⑦。像朱熹、张栻等人这样在雅集游玩中不放纵感官欲望的现象在历代书院雅集活动中习见不鲜，成为历代书院雅集活动的普遍现象。

　　由于重视传道授学，施教者们在雅集游玩中也不会忘记传道授学，这种思想对雅集创作有所影响，使得雅集创作的有些作品打上了鲜明的道德烙印。在岳麓书院、石鼓书院的雅集创作中，不少诗作内容表达对朱熹与张栻的景仰之情，这种景仰之情实际上表明对二位传道授学思想的重视。

---

　　① 陈凤梧：《岳麓书院志序》，赵宁编：《长沙府岳麓志》序，康熙二十六年刻本，第25—26页。

　　② 王大韶：《书石鼓书院志后》，李安仁、王大韶编：《石鼓书院志》卷下，万历十七年刻本，第97页。

　　③ 赵宁：《重修岳麓志序》，赵宁编：《长沙府岳麓志》序，康熙二十六年刻本，第17页。

　　④ 崔鸣鷟：《重修石鼓书院记》，李扬华编：《国朝石鼓志》卷二，光绪六年刻本，第5页。

　　⑤ 窦克勤：《学箕园说》，窦克勤编：《朱阳书院志》卷四"说"，雍正年间刻本，第2页。

　　⑥ 王赓言：《重修信江书院记》，钟世桢编：《信江书院志》卷九，同治六年刻本，第7页。

　　⑦ 王利民：《流水高山万古心——〈南岳倡酬集〉论析》，《文学遗产》2003年第1期，第58页。

朱阳书院某次雅集以"心"字为谈柄，窦克勤因病未能前去，后赋诗四首。他在其中的一首诗作中，也对朱熹的卫道贡献进行了褒扬："往复千言祗说心，明将别帜树禅林。心愁任逐洪涛去，信是紫阳卫道深。"① 在信江书院雅集创作中，王赓言将与民同乐作为雅集之乐的精神旨归，其雅集创作也由此流露出道德印痕。一些施教者在讨论文学时，将文学与道德密切联系起来，这又为道德在书院雅集创作中的渗透提供了有利的条件，如丁思孔为岳麓书院课艺作序时指出："言为心声，文固所以载道也。儒者贯穿经传、博综群书以穷理尽性，确然有得于中，则发为文章、阐扬圣绪，必有崇论竑议与昌明醇厚之辞。"② 周诏为《石鼓书院志》作序时指出："文章为道德之寓，而道德实吾性中之所固有，非弥高极远而不可致者也。"③ 窦克勤在《朱阳书院志》的凡例中指出："志道依仁，并需游艺，胸无恬适之趣，视文字为外袭，去道远矣！静悟名理，动触天机，倘一咏一歌，性体呈露，文辞宁非载道之器耶？诗类总入文翰，有关理道者存之，非尚雕镂不根之习。"④ 王赓言为信江书院作记时指出："盖道胜则文不期工而自工，道不胜则文虽工而不足贵，俗学列道与文而二之，剽窃词章，源竭而流亦罄。呜呼！何其悖也。"⑤ 在文以载道或文道合一等前理解的支配下，书院雅集创作会易于打上道德烙印。尽管书院雅集创作多为情而造文，情不自禁，由衷而发，不过所发之情往往与道德紧密偎依，一般不会与道德背道而驰。情感与道德是两个不同概念的词语，也是在中国古代文学史上频繁出现的两个词语，从书院雅集创作中可知，情感与道德虽然有别，但也有相融的一面。

第四节　歌诗活动

明清时期，江苏虞山书院、江苏东林书院、安徽还古书院、安徽紫阳

---

① 窦克勤编：《朱阳书院志》卷四"诗"，雍正年间刻本，第 7 页。

② 丁思孔：《岳麓书院课文序》，赵宁编：《长沙府岳麓志》卷八，康熙二十六年刻本，第 10 页。

③ 周诏：《石鼓书院志序》，李安仁、王大韶编：《石鼓书院志》序，万历十七年刻本，第 11 页。

④ 窦克勤：《朱阳书院志》凡例，雍正年间刻本，第 1 页。

⑤ 王赓言：《重修信江书院记》，钟世桢编：《信江书院志》卷九，同治六年刻本，第 7 页。

书院、福建共学书院、浙江姚江书院等重视会讲，以会讲的形式来传道授学，这类书院在会讲或祭祀中穿插有歌诗活动。对歌诗活动展开研究，既有助于全面认识明清会讲书院的教育特点，又有助于深入理解歌诗这种重要的文学现象。

一　书院歌谱与歌声透视

诗最初与乐有着紧密的联系，不过后来古乐失传，诗变得形单影只①。明清时期，一些书院施教者在从事歌诗活动时，试图恢复诗与乐之间的联系，此处以虞山书院与还古书院的歌谱与歌声为例展开论述。

中国古代的乐器种类繁多，其中，鼓、钟、磬三种乐器在明清书院歌诗活动中经常使用。荀子论及这三种乐器时指出，"鼓大丽，钟统实，磬廉制"②，清人王先谦对之所做的解释为，"鼓之为物大"，"钟统众乐为君"，"磬以明贵贱、亲疏、长幼之节，是有制也"。③ 由于鼓、钟、磬三种乐器的地位重要，因此它们习见于中国古代的一些礼中。明清时期，虞山书院与还古书院的歌诗奏乐都是击打鼓、钟、磬三种乐器。其中，虞山书院歌《孝顺父母》一诗的歌谱如下：

---

① 关于早期的诗乐关系，众说纷纭，主要有诗全入乐、诗有入乐与不入乐之分两种观点。持诗全入乐观点的学者主要有：先秦墨子，汉代司马迁，唐代孔颖达，宋代辅广，元代吴澄，清代陈启源、马瑞辰、皮锡瑞，今人顾颉刚；持诗有入乐与不入乐之分观点的学者主要有：宋代程大昌、朱熹，清代顾炎武。综而观之，诗全入乐的观点影响较大。由于诗与乐密切联系，因此我们研究古代诗乐时，要将诗乐置于一起。赵敏俐先生指出，既然中国古代的诗与歌密不可分，那么我们就不能不对长期以来存在于中国古代诗歌研究中的基本方式提出质疑，因为在传统的诗歌研究中，人们关注的仅仅是诗歌的文字文本，只是把诗歌当作是一种语言的艺术进行研究。语言并不是一首诗歌的全部内容，也不是一首诗歌的完整表现形式，我们要对一首诗歌进行全面的研究，就不仅要研究它的语言，还要研究它的音乐以及歌唱表演，不仅要研究它的词作者，还要研究它的曲作者、歌唱者以及表演者，诸多因素的综合作用共同完成了一首生动的、活态的诗歌，而现在遗存下来的文字仅仅是诗歌的一部分内容而已。（赵敏俐、吴相洲、刘怀荣、钟涛、方铭、沈松勤、陶允冀：《中国古代歌诗研究——从〈诗经〉到元曲的艺术生产史》，北京大学出版社2005年版，第654—655页）朱燕在《明代书院唱诗觅踪》一文中对明代书院歌诗活动进行过有益的探讨，分析很细致，不过该文有缺憾，诚如作者自己所言，"在研究的过程中依然有许多问题没有得到解决"。（朱燕：《明代书院唱诗觅踪》，中国音乐学院2008年硕士学位论文，第33页）

② 王先谦著，沈啸寰、王星贤点校：《荀子集解》卷十四，中华书局1988年版，第383页。

③ 同上。

ⓐⓐⓐⓐⓐ钟钟钟

　　问（平）尔（舒）〇何（折）从（悠）〇有（平）此（折）身（悠）磬〇钟，

　　亲（发）恩（扬）〇冈（折）极（悠）〇等（平）乾（折）坤（串）磬钟。

　　纵（串）然（串）〇百（平）顺（舒）〇娱（折）亲（悠）志（叹）磬〇钟，

　　犹（平）恐（舒）〇难（折）酬（悠）〇覆（振）载（折）恩（悠）磬〇钟。

　　犹（平）恐（舒）〇难（折）酬（悠）〇覆（振）载（折）恩（悠）磬磬磬。①

还古书院歌《诗经·小雅·鹿鸣》一诗首章的歌谱如下：

ⓐⓐⓐⓐⓐ金金金，

　　呦（平）呦（平）〇鹿（句）鸣（平）玉ⓐ金，

　　食（句）野（平）〇之（舒）苹（舒）玉ⓐ金。

　　我（句、舒）有（舒）〇嘉（抗）宾（抗、悠）玉ⓐ金，

　　鼓（曲）瑟（平）〇吹（舒）笙（悠）玉ⓐ金。

　　吹（句）笙（平）〇鼓（曲）簧（悠）玉ⓐ金，

　　承（倨）筐（平、悠）〇是（叹）将（叹）玉ⓐ金。

　　人（隊）之（平）〇好（句、悠）我（句、串）玉ⓐ金，

　　示（串）我（串）〇周（振）行（悠）玉ⓐ金。

　　人（隊）之（平）〇好（句、平）我（串）玉ⓐ金，

　　示（串）我（串）〇周（振）行（节）玉玉玉。②

虞山书院与还古书院在奏乐上的相同之处在于，歌诗前击鼓五声、击钟三声，结束后击磬三声（还古书院歌谱中的金是指钟，玉是指磬），不

①　孙慎行编：《虞山书院志》卷四，万历年间刻本，第30页。
②　施璜编：《还古书院志》卷十七，道光二十三年刻本，第5—6页。

同之处在于，在每句奏乐上，虞山书院是每次击磬一声、击钟一声，击磬与击钟中间停顿一次（只有第二句没有停顿），还古书院在击磬一声与击钟一声中间增加击鼓一声，中间没有停顿。其他一些书院在歌诗时也安排有奏乐，如共学书院有击鼓、击钟与击磬三种①，姚江书院有击磬与鸣云板两种②。在节奏安排上，由于《孝顺父母》是七言而《诗经·小雅·鹿鸣》是四言，因此歌《孝顺父母》时的每句停顿次数要比歌《诗经·小雅·鹿鸣》多。在歌声安排上，《孝顺父母》中的每字只有一种歌声，而《诗经·小雅·鹿鸣》中的有些字有两种歌声，如"我有嘉宾"中的"我"有句、舒二声，"宾"有抗、悠二声，"承筐是将"中的"筐"有平、悠二声。在歌唱形式上，虞山书院与还古书院在结尾时，都要对最后一句或两句重复歌唱一次，目的是增强余音袅袅、绵延不绝的审美效果。

虞山书院的歌声被分为平、舒、折、悠、发、扬、串、叹、振九声，发音特点分别为：

> 平者，机主于出，声在舌之上、齿之内，非大非小，无起无落，优柔涵蓄，气不促迫；舒者，即声在舌齿而洋洋荡荡，流动轩豁，气度广远；折者，机主于入而声延于喉，渐渐吸纳，亦非有大小起落，其气顺利活泼；悠者，声由喉以归于丹田，和柔涓涓，其气深长，几至于尽而复有余韵反还；发者，声之豪迈，其气直遂而磊磊落落；扬者，声之昌大，其气敷张而襟怀畅达；串者，上句一字联下句二字，声仅成听，其气累累如贯珠然；叹者，其声浅短，气若微渺剥落；振者，声之平而稍寓精锐，有消索振起之意。③

还古书院的歌声被分为平、句、舒、抗、悠、曲、倨、叹、隊、串、振、节十二声，发音特点分别为：

> 平者，其声舌上齿内，其气浑含不迫促也；句者，其声周转，

① 岳和声编：《共学书院志》卷上，万历年间刻本，第48页。
② 姚江书院弟子编：《姚江书院志略》卷上，乾隆五十九年刻本，第37页。
③ 孙慎行编：《虞山书院志》卷四，万历年间刻本，第19—20页。

其气自抑而扬，圆活而肉圆，欲中规也；舒者，其声出舌出齿，其
气开发而条达也；抗者，其声高大，其气主出，如手举物，高不过
高，径情而直遂也；悠者，其声在喉，其气深长，盛大丰美，多余
韵也；曲者，其声宛转，其气若扬若抑，欸欸然若折枝也；倨者，
其声折转，其气自扬而抑，棱隅而廉方，欲中规也；叹者，声在唇
齿，其气浅短，萧条剥落，遗音微渺也；队者，其声沉重，其气出
入如物队下，无留滞也；串者，其声递队上之末音，联下二音，其
气累累如贯珠也；振者，其声队而复抗，其气入而复出，剥落将
尽，倏又振起也；节者，其声已定，其气已足，气收声止，有如枯
木，不摇漾也。①

虞山书院与还古书院的施教者在分析歌声时，都是从声与气两个方面来说
明音高、音强或音长的不同，既有对声在舌、唇、齿、喉等发音部位所作
的分析，又有对气的长短、抑扬等发音方法所作的描述。其中，平、舒、
悠、串、叹、振六声为虞山书院与还古书院所共有。明代学者王阳明曾使
用九声来歌诗，虞山书院的九声实际上来源于王阳明所言九声，因此虞山
书院在歌声上受到了王阳明的很大影响。还古书院的抗、队、曲、倨、句
五声可以上溯到《礼记》，如《礼记·乐记》云："故歌者，上如抗，下
如队，曲如折，止如槁木，倨中矩，句中钩，累累乎端如贯珠。"② 而还
古书院的节声就是《礼记·乐记》中的止声，串声就是《礼记·乐记》
所描述的 "累累乎端如贯珠"。还古书院的句、曲、倨三声有所联系：其
声宛转且都有抑扬二气的转换，其中，句与倨在抑扬二气的转换上相反。
中国古代音乐有十二律之说，十二律的名称分别为：1. 黄钟、2. 大吕、
3. 太簇、4. 夹钟、5. 姑洗、6. 仲吕、7. 蕤宾、8. 林钟、9. 夷则、10.
南吕、11. 无射、12. 应钟。其中，奇数六律（包括黄钟、太簇、姑洗、
蕤宾、夷则、无射）为阳律，称作六律；偶数六律（包括大吕、夹钟、
仲吕、林钟、南吕、应钟）为阴律，称作六吕。与西方现代音乐对照，
中国古代十二律的音高大致分别相当于 C、#C、D、#D、E、F、#F、G、#G、

---

① 施璜编：《还古书院志》卷十七，道光二十三年刻本，第 2 页。
② 郑玄注，孔颖达等正义：《礼记正义》卷三十九，《十三经注疏》，中华书局 1980 年版，
第 317 页中。

A、#A、B①。还古书院施教者在制定十二声时参照了古代十二律，二者之间的联系在于，"振，黄钟应之；平，太簇应之；舒，姑洗应之；悠，蕤宾应之；倨，夷则应之；隊，无射应之；节，大吕应之；句，夹钟应之；抗，仲吕应之；曲，林钟应之；叹，南吕应之；串，应钟应之"。②依照这样的对应关系，可以标出还古书院十二声的音高，还古书院的振、节、平、句、舒、抗、悠、曲、倨、叹、隊、串十二声的音高大致分别相当于C、#C、D、#D、E、F、#F、G、#G、A、#A、B。

虞山书院与还古书院的施教者都重视用四季之气来解释歌声，他们认为，歌声与春夏秋冬四季之气有着相似之处，如虞山书院施教者指出："春而融和、夏而洪大者，达其气而泄之，俾不阏也。秋而收之、冬而藏之者，收天下之春而藏之肺腑也。其不绝之余声，复自丹田而出之，以涤邪秽，以融渣滓，扩而清之也。春之声稍迟，夏之声又迟，秋之声稍疾，冬之声又疾。变而通之，则四时之气备矣。阖而辟之，则乾坤之理备矣。"③还古书院施教者指出："其平其舒，如春之蠢；其抗其悠，如夏之巨；其叹其隊，如秋之挈；其振其节，如冬之处；其曲其倨，夏而之秋；其句其串，春冬之与绪也。所以成阴阳之交，造化乎搏挽之音也。"④虞山书院施教者揭示春夏秋冬四季之气的特点是：春融和、夏洪大、秋收、冬藏，并对与四季之气特点相类似的歌声特点进行了解释。还古书院施教者对歌声与四季之气的联系作了具体说明，从说明中可知：与同一季节之气相类似的各种歌声在发音上相近，如抗与悠相近，叹与隊相近；与不同季节之气相类似的各种歌声在发音上有别，如平与悠有别，叹与节有别。歌声与四季之气的联系体现在虞山书院与还古书院的歌诗分析中，如虞山书院施教者沿用王阳明的四气法对歌《咏良知》一诗做了如下分析：

个（春之春，口略开）个（春之夏，口开）人（春之秋，声在喉）心（春之冬，声归丹田）有仲尼（亦分作春、夏、秋、冬，而俱有春声），

---

①　王力主编：《古代汉语》第三册，中华书局 1999 年版，第 862—863 页。
②　施璜编：《还古书院志》卷十七，道光二十三年刻本，第 3 页。
③　孙慎行编：《虞山书院志》卷四，万历年间刻本，第 21—22 页。
④　施璜编：《还古书院志》卷十七，道光二十三年刻本，第 2—3 页。

　　自（夏之春，口略开）将（夏之夏，口开）闻（夏之秋，声在喉）见（夏之冬，声归丹田）苦遮迷（亦分作春、夏、秋、冬，而俱用夏声）。

　　而今指与真头面（首二字稍续前句，末三字平分，无疾迟轻重，但要有萧条之意。声在喉，秋也，亦宜春、宜夏、宜冬），

　　只（冬之春，声归丹田，口略开）是（冬之夏，声归丹田，口开）良（冬之秋，声在喉）知（冬之冬，声归丹田，口略开）更莫疑（上四字，至冬之冬，时物闭藏剥落已尽。此三字，一阳初动，剥而既复，故第五字声要高，以振起坤中不绝之微阳，六字、七字稍低者，阳气虽动而发端于下，则甚微也，要得冬时，不失冬声。声归丹田，冬也，亦宜春、宜夏、宜秋。天有四时而一不用，故冬声归于丹田，而口无闭焉）。①

由上述内容可知，在具体歌诗时，每句以及每字都要与四季之气联系起来，操作程序是：四句分别按照春夏秋冬编排，第一句是春，第二句是夏，第三句是秋，第四句是冬。每句前四字又分别按照春夏秋冬编排，第一字是春，第二字是夏，第三字是秋，第四字是冬，后三字也有春夏秋冬之别。其中，对四句进行春夏秋冬的编排是属于大类编排，对每句中的每字进行春夏秋冬的编排是属于小类编排，大类编排是要定下该句的基调，小类编排是要在大类编排下进行微调，如第二句的基调是夏，该句中的每个文字都是在夏的基调下又按照四季的顺序进行微调，分别称作夏之春、夏之夏、夏之秋、夏之冬四小类，这样精细分类是为了显示歌声的变化，避免单调乏味。歌声与四季之气联系起来，此举显示出，歌诗需要谙熟自然之道，是一项与自然相融的歌唱活动。

　　虞山书院与还古书院的施教者将歌声与四季之气联系起来的思想来源于《礼记》，如《礼记·乐记》云："地气上齐，天气下降，阴阳相摩，天地相荡。鼓之以雷霆，奋之以风雨，动之以四时，暖之以日月，而百化兴焉。如此，则乐者天地之和也。"② 从中可知，气是化育万物的重要因

---

　　① 孙慎行编：《虞山书院志》卷四，万历年间刻本，第18页。
　　② 郑玄注，孔颖达等正义：《礼记正义》卷三十七，《十三经注疏》，中华书局1980年版，第303页下。

素，将乐与四季之气联系起来的目的在于，乐要达到天地之和，而达到天地之和的乐才为和乐。和乐的魅力巨大，不仅可以令人陶醉，而且可以令动物陶醉。和乐令动物陶醉的表现在古代典籍中有所记载，如《尚书·益稷》云："笙镛以间，鸟兽跄跄；箫韶九成，凤皇来仪。""击石拊石，百兽率舞。"① 其中，"鸟兽跄跄""凤凰来仪""百兽率舞"这些现象都是和乐所致。虞山书院与还古书院的施教者也认为，歌诗中的和乐可以令人与动物陶醉，如虞山书院施教者指出："闻之者不觉心怡神醉，恍乎若登尧舜之堂，舞百兽而仪凤凰矣。"② 还古书院施教者指出，歌诗中的和乐可以舞鸟兽，而艳曲由于不是和乐，就做不到这一点，"乌得与语正大平淡之音调元气、和人神、舞鸟兽、丰万物者哉？"③

虞山书院与还古书院的施教者都认为，歌诗有着多种功效，如虞山书院施教者指出："阖辟宣天地之化机，屈伸昭鬼神之情状，卷舒尽人事之变态。歌者陶情适性，闻者心旷神怡，一道同风沦肌浃髓，此调燮之妙用，政教之根本，心学之枢要，而声歌之极致也。"④ 还古书院施教者指出："慨叹涵泳，开其郁结，涤其邪濊，融其渣滓。歌之者，洋洋悠悠，情陶性顺；闻之者，发发跃跃，心悟神愉。故天地化机，歌而宣也；鬼神情状，歌而通也；人事变态，歌而回也；草木鸟兽鱼鳖，歌而若也。"⑤ 虞山书院与还古书院的施教者对于歌诗功效的表述大致相同，他们都主张，歌诗可以感天地、通鬼神、察人事、陶性情，这正如《礼记·乐记》所言："极乎天而蟠乎地，行乎阴阳而通乎鬼神，穷高极远而测深厚。"⑥ 在歌诗的众多功效中，陶冶性情、提升修养是一项重要的功效。歌诗往往包括歌与乐等内容，歌与乐虽都可以陶冶性情、提升修养，但二者在方式上有别，王阳明弟子王畿论及歌与乐的区别时指出："琴瑟简编舞蹈皆从外入，惟歌咏是元气元神，欣合和畅，自内

---

① 旧题孔安国传，孔颖达等正义：《尚书正义》卷五，《十三经注疏》，中华书局 1980 年版，第 32 页上—中。

② 孙慎行编：《虞山书院志》卷四，万历年间刻本，第 22 页。

③ 施璜编：《还古书院志》卷十七，道光二十三年刻本，第 1—2 页。

④ 孙慎行编：《虞山书院志》卷四，万历年间刻本，第 20 页。

⑤ 施璜编：《还古书院志》卷十七，道光二十三年刻本，第 3 页。

⑥ 郑玄注，孔颖达等正义：《礼记正义》卷三十七，《十三经注疏》，中华书局 1980 年版，第 303 页下。

而出，乃养心第一义。舜命夔典乐，教胄子，只是诗言志、歌永言。四德中和，皆于歌声体究，荡涤消融，所以养其中和之德，而基位育之本也。"① 由于乐是从外入而歌是自内出，因此就陶冶性情、提升修养而言，歌比乐更为重要。为了让歌诗者全身心地投入到歌诗当中，还古书院要求，"将事于歌，正身端拱，屏息定虑，使声维于法，法会于心，矢口应心，音和律协。声或高而心有持循也，声得中而心愈纯笃也，声入微而心益完固也，是谓心声调剂于一腔之内，散越乎六合之外，以心感心，以声召声"。② 还古书院这种歌诗的思想与佛教止观双修的思想有些类似，二者都是通过摒除杂念、专注精神来感悟道理，进而达到心灵上的净化以及境界上的提高，不同之处在于，前者是通过定来感悟歌法，后者是通过定来感悟佛理。

在中国古代，音乐与政治紧密联系，《礼记·乐记》云："治世之音安以乐，其政和；乱世之音怨以怒，其政乖；亡国之音哀以思，其民困。声音之道，与政通矣。"③ 由于不同的世道有着与之相对应的音乐，因此和乐一般出现在和政社会。和乐与和政不可分离，后来的一些作家、学者也持如此的观点，如明代古文家归有光论及乐与政的关系时指出："曰：'鸟兽跄跄'，'凤凰来仪'。又曰：'百兽率舞'。此唐、虞太和之景象，在于宇宙之间，而特形于乐耳。《传》曰：'夔始制乐，以赏诸侯。'《吕氏春秋》曰：'尧命夔击石，以象上帝玉磬之音，以舞百兽。'击石拊石，夔之所能也。百兽率舞，非夔之所能也，此唐、虞之际仁治之极也。"④ 从"此唐、虞太和之景象""此唐、虞之际仁治之极也"的一些表述中可知，远古时期和乐是远古时期和政社会所致，与唐尧与虞舜两位贤明君主的仁治有着紧密联系。结合此处以及上述中的一些材料，我们不难得出，虞山书院与还古书院的施教者都是通过揭示歌诗中的和乐思想，来表达对远古时期贤明君主的颂扬以及对远古时期和政社会的向往。由于尊崇贤明君主，因此需要继承他

---

① 王畿：《王龙溪先生全集》卷七，道光二年刻本，第 14 页。

② 施璜编：《还古书院志》卷十七，道光二十三年刻本，第 3 页。

③ 郑玄注，孔颖达等正义：《礼记正义》卷三十七，《十三经注疏》，中华书局 1980 年版，第 299 页下。

④ 归有光：《二石说》，归有光著，周本淳校点：《震川先生集》卷三，上海古籍出版社1981 年版，第 77 页。

们的思想，而歌诗正是远绍贤明君主学脉的一种重要方式。王阳明论及歌诗时，便一语道破此中的奥秘，他指出："学者悟得此（此指歌诗）意，直歌到尧舜羲皇，只此便是学脉，无待于外求也。"① 由此可见，明清书院歌诗活动既具有鲜明的道德教化思想，又染上浓厚的复古色彩。

二　书院歌诗内容剖析

明清会讲书院重视传道授学，其歌诗打上鲜明的道德烙印，这不仅在歌声分析中露出端倪，而且在歌诗内容中有所彰显，此处以虞山书院与东林书院的歌诗内容为例展开论述。

虞山书院所歌诗作有《孝顺父母》《尊敬长上》《和睦乡里》《教训子孙》《各安生理》《勿作非为》《孝弟》等，这些诗作内容可见表4—14。

表4—14

诗题	诗作内容
《孝顺父母》	问尔何从有此身，亲恩罔极等乾坤。 纵然百顺娱亲志，犹恐难酬覆载恩
《尊敬长上》	等伦交接要谦虚，卑幼尤当肃尔容。 慢长凌尊三尺法，谦交皆吉傲多凶
《和睦乡里》	同里同乡比屋居，相怜相敬莫相欺。 莫因些小伤和气，退让三分处处宜
《教训子孙》	人家成败在儿孙，败子多缘犊爱深。 身教言提须尽力，儿孙学好胜遗金
《各安生理》	本分生涯各听天，但能勤俭免饥寒。 穷通贫富天排定，守分随缘心自安
《勿作非为》	为非但顾眼前肥，一作非为百祸随。 鬼责人非王法在，看谁作孽得便宜
《孝弟》	子养亲兮弟敬哥，光阴掷过疾如梭。 庭闱乐处儿孙乐，兄弟和时妯娌和。 孝义传家名不朽，金银满柜富如何。

---

① 　王畿：《王龙溪先生全集》卷七，道光二年刻本，第14页。

续表

诗题	诗作内容
《孝弟》	要知美誉传今古，子养亲兮弟敬哥。 子养亲兮弟敬哥，天时地利与人和。 莫言世事常如此，堪叹人生有几何。 满眼繁华何足贵，一家安乐值钱多。 贤哉孝弟称乡党，子养亲兮弟敬哥。 子养亲兮弟敬哥，休伤和气忿争多。 偏生嫉妒偏难窘，暗积私房暗折磨。 不孝自然生忤逆，无仁定是出妖魔。 但存孝弟百祥至，子养亲兮弟敬哥①。

虞山书院的歌诗内容主要是孝悌、礼让、勤俭、守分等，目的是敦厚民风、止僻防邪，通过修身养性来达到家庭幸福、闾里和睦。儒家教育的目标是修身、齐家、治国、平天下，其中，修身、齐家是治国、平天下的先决条件。虞山书院歌诗内容体现出来的修身与齐家思想，对于治国与平天下而言有着奠基的功效。由于歌诗的作用不可小觑，因此虞山书院重视歌诗活动。虞山书院位于江苏常熟，是一所祭祀孔子弟子子游的书院（常熟为子游故里）。该院创建于宋代庆元年间（1195—1200），之后屡废屡兴。万历三十四年（1606），常熟知县耿橘加以修复。该院歌诗内容体现出来的道德教化色彩，是耿橘秉承以及发扬儒家道德之学的重要展现。

东林书院所歌诗作包括七言绝句四十首、律诗二十四首，严瑴编纂《东林书院志》时选摘了部分诗作，所选诗作有《东林道上闲步》《克己》《独速》《咏良知》《观物》《秋日偶成》《夜坐》《月夜与诸生歌天泉桥》等，这些诗作内容可见表4—15。

---

① 本表内容依据孙慎行编《虞山书院志》（卷四，万历年间刻本，第29—34页）整理制作而成。

表 4—15

诗题	作者	诗作内容
《东林道上闲步》	杨时	寂寞莲塘七百秋，溪云庭月两悠悠。 我来欲问林间道，万叠松声自唱酬
《克己》	朱熹	宝鉴当年炤胆寒，向来埋没太无端。 祇今垢尽明全见，还得当年宝鉴看
《独速》	陈献章	独速溪边舞钓蓑，月明醉影共婆娑。 手中握得桐江线，钓破江天不用多
《咏良知》	王阳明	个个人心有仲尼，自将闻见苦遮迷。 而今指与真头面，只是良知更莫疑
《观物》	邵雍	耳目聪明男子身，洪钧赋予不为贫。 须探月窟方知物，未蹑天根岂识人。 乾遇巽时观月窟，地逢雷处见天根。 天根月窟闲来往，三十六宫都是春
《秋日偶成》	程颢	闲来无事不从容，睡觉东窗日已红。 万物静观皆自得，四时佳兴与人同。 道通天地有形外，思入风云变态中。 富贵不淫贫贱乐，男儿到此是豪雄
《夜坐》	陈献章	半属虚空半属身，絪缊一气似初春。 仙家亦有调元手，屈子宁非具眼人。 莫遣尘埃封面目，试看金石贯精神。 些儿欲问天根处，亥子中间得最真
《月夜与诸生歌天泉桥》	王阳明	万里中秋月正晴，四山云霭忽然生。 须臾浊雾随风散，依旧青天此月明。 肯信良知原不昧，从他外物岂能撄。 老夫今夜狂歌发，化作钧天满太清①

---

① 本表内容依据严毂编《东林书院志》（卷下，康熙年间刻本，第30—32页）整理制作而成。

与虞山书院的通俗诗作不同，东林书院所选的诗作高雅，都是出自宋明理学家之手。由于理学家重视道德之学，因此东林书院诗作大多具有布道的思想。程颢《秋日偶成》中的"富贵不淫贫贱乐"，是从《孟子·滕文公下》中的"富贵不能淫，贫贱不能移，威武不能屈，此之谓大丈夫"① 脱胎而来，道德教化的思想浓厚。朱熹《克己》表达了"存天理、灭人欲"的思想：人的本性（即"宝鉴"）历来被外物所遮蔽（即"向来埋没"），只有尽祛私欲（即"垢尽"），本性才能复明（即"明全见"）。王阳明平生讲学重视致良知，《咏良知》是对致良知的一种阐述："个个人心有仲尼"，指出人人都有成为圣人的潜在性；"自将闻见苦遮迷"，指出众人不能成为圣人的内在原因；"而今指与真头面，只是良知更莫疑"，指出成为圣人的方法是要不断地发掘良知。《月夜与诸生歌于天泉桥》也是借景阐发良知，与《咏良知》异曲同工。王阳明所言良知源于《孟子·尽心上》："人之所不学而能者，其良能也；所不虑而知者，其良知也。"② 依王阳明看来，良知是包括伦理道德在内的本体，致良知是要将良知推广到万事万物中去，因此王阳明所言良知以及致良知都与道德教化密切联系。质言之，由于宋明理学家的一些诗作蕴含有布道的思想，因此被东林书院采纳。与东林书院相类似，紫阳书院也选用邵雍、程颢、朱熹等理学家的一些诗作进行歌咏，原因在于这些诗作"最能感触其良心"③，具有道德教化的功效。

三　书院歌诗中的布道思想探究

论及明清书院歌诗活动，王阳明的作用毋容忽视。王阳明重视教育事业，深感民风不善是由于教化未明，他在四十七岁为官江西时兴立社学，从事忠信、礼义、孝悌、廉耻等方面的教育。由于歌诗、习礼以及读书等活动有助于提高素养、培育德性，因此王阳明重视这些活动，通过这些活动来启迪儿童的心灵，增长儿童的智慧。儿童的天性是乐嬉游

---

① 赵岐注，孙奭疏：《孟子注疏》卷六上，《十三经注疏》，中华书局 1980 年版，第 46 页下。

② 赵岐注，孙奭疏：《孟子注疏》卷十三上，《十三经注疏》，中华书局 1980 年版，第 101 页下。

③ 施璜、吴瞻泰编：《紫阳书院志》卷十五，雍正三年刻本，第 11 页。

而惮拘检，"如草木之始萌芽，舒畅之则条达，摧挠之则衰痿"。① 采取鞭挞绳缚的方法会使儿童产生逆反的心理，难以取得理想的效果，不如采取鼓舞诱导的方法，英国教育家约翰·洛克论及儿童教育时指出："儿童是喜欢变换、喜欢自由的，因此他们就喜欢游戏，所以我们不应该把书本和别种我们要他们去学的事物当作一种任务去强加给他们。""他们的好动的性情应该经常用在对于他们有益的事情上面，如果你要达到这个目的，你就应该把你所愿意他们去做的事情当作他们的一种娱乐，不可当作一种工作。"② 苏联教育家苏霍姆林斯基论及儿童教育时也指出："儿童的时间应排满种种吸引人的活动，以便既能发展他们的思维，丰富其知识和能力，同时又不损害童趣。"③ 由于娱乐既能振作精神，又能锻炼身体，因此王阳明重视发掘歌诗、习礼以及读书的娱乐性，他认为，"凡诱之歌诗者，非但发其志意而已，亦所以泻其跳号呼啸于咏歌，宣其幽抑结滞于音节也。导之习礼者，非但肃其威仪而已，亦所以周旋揖让而动荡其血脉，拜起屈伸而固束其筋骸也。讽之读书者，非但开其知觉而已，亦所以沉潜反覆而存其心，抑扬讽诵以宣其志也"。④ 王阳明在教育儿童时重视寓教于乐，这种顺应生理特点的教育方法会使儿童乐习不倦，让道德教化在潜移默化中渗入儿童的心灵，既有益于儿童的身体发展，又有益于儿童的心理发展，有着双重的教育功效。王阳明认为，歌诗时要整容定气，清朗声音，审视节调，毋躁、毋荡、毋馁，久则精神宣畅、心气和平。他将儿童分为四班，每日让一班儿童歌诗，其余儿童敛容肃听。为了让儿童在歌诗上得到更多的训练，他还要求："每五日则总四班递歌于本学，每朔望，集各学会歌于书院。"⑤ 王阳明重视采取九声四气法来进行歌诗，其歌诗方法对后来书院歌诗活动有着重要影响，如虞山书院会约要求："今后同志相会须有歌

①　王守仁著，吴光、钱明、董平、姚延福编校：《王阳明全集》卷二，上海古籍出版社1992 年版，第 87 页。

②　［英］约翰·洛克：《教育漫话》，傅任敢译，人民教育出版社 1985 年版，第 132—133页。

③　［苏联］苏霍姆林斯基：《给教师的 100 条建议》，周蕖、王义高等译，［苏联］苏霍姆林斯基：《苏霍姆林斯基选集》第 2 卷，教育科学出版社 2001 年版，第 631 页。

④　王守仁著，吴光、钱明、董平、姚延福编校：《王阳明全集》卷二，上海古籍出版社1992 年版，第 88 页。

⑤　同上书，第 89 页。

咏，无论古乐，即阳明九声四气歌法，其意亦甚精深。"① 虞山书院歌诗时所用的九声四气法在本节"书院歌谱与歌声透视"中有过分析，此不作赘。

明清时期，一些施教者认为，歌诗有益于养性，如虞山书院施教者指出："歌咏以养性情，乃学之要务。夫诗不歌不得其益，子与人歌而善，取瑟而歌，圣人且然，况于学者?"② 东林书院施教者指出："会日久坐之后，宜歌诗一二章，以为涤荡凝滞、开发性灵之助。须互相倡和，反复涵咏，每章至数遍。庶几心口融洽，神明自通，有深长之味也。"③ 其中，"以养性情""开发性灵"都与培育德性有所联系。明清书院的歌诗者一般由儿童充当，目的在于，既让儿童享受到歌诗的乐趣，又让儿童在歌诗中接受道德的熏陶。明清书院在歌诗程序上也有所要求，如东林书院规定："蒙学习礼者充歌生，每歌，鱼贯升堂，齐立，对圣像一揖，择年长声亮一人为倡。每句，倡者先歌一声，众生齐和一声。歌毕，复一揖，捲班散。"④ 紫阳书院规定："歌诗生就歌位（歌生八人或六人左右对立），诗歌某章，歌诗生复位，行亚献礼。""歌诗生就歌位，诗歌某章，歌诗生复位，行终献礼。"⑤ 共学书院规定："赞唱，兴歌，歌阕，进茶饼。赞唱，撤书案，众起。赞唱，序立，揖，再揖，平身，分班，对揖，再揖，平身，礼毕。"⑥ 这种秩序井然的歌诗程序，对于所有参与者而言都是进行礼的教育，有助于巩固以及强化参与者对礼的尊崇意识，使他们能够在日常生活中视礼为规范，视礼为准则。明清书院歌诗重在道德教化，此外，歌诗还可以祛除会讲中的困顿，成为会讲途中的一种润滑剂，给会讲这种严肃的活动增添了一些生机与活力。

明清书院歌诗活动有利于促进儒家道德之学的发展，也有利于改变当时社会上出现的道德弱化现象。明清时期，唱曲在社会上大肆蔓延，一些施教者认为，既然大家愿意接纳唱曲，就更应该接纳歌诗，他们循循善诱将众生引到歌诗中来，如虞山书院施教者认为，歌诗在教育功能

① 孙慎行编:《虞山书院志》卷四，万历年间刻本，第11页。
② 同上。
③ 高廷珍编:《东林书院志》卷二，光绪七年刻本，第14页。
④ 严毅编:《东林书院志》卷下，康熙年间刻本，第32页。
⑤ 施璜、吴瞻泰编:《紫阳书院志》卷三，雍正三年刻本，第15页。
⑥ 岳和声编:《共学书院志》卷上，万历年间刻本，第48—49页。

上要远胜于唱曲，不能存在以唱曲为荣、歌诗为耻的思想观念，"今天下人未有不知唱曲者，何独不肯歌诗？昔日尧舜也曾赓歌，孔子也与人歌，大帝大圣，岂不可法？凡我百姓，肯依吾言者，便是良善人也"。曲与诗有所联系，唱曲即诵诗之遗，会唱曲而不会诵诗是风俗败坏的表现，"唱曲之人，其情未有不和者，即听唱之人未有不因而和其情者也，而况于诵诗。诵诗者，戛玉、击金、鼓瑟、鸣琴，平、舒、悠、折、发、扬、振、叹，洋洋然、穆穆然，即其诗得其志，即其志得其人，得其人得其道，故足术也"。虞山书院施教者进而勉励众生，通过歌诗或诵诗来体会明伦之道，最终达到以和邦国、以谐万民的目的，"诵读即是学道，道即是父子、君臣、夫妇、长幼、朋友之道，父子、君臣、夫妇、长幼、朋友之道即是和。和也者，天下之达道也，不既信乎？吾愿今之荐绅、生童、父老、百姓人人诵诗读书，人人如武城之诵诗读书而无徒为口耳观听之美也"。① 由此可见，构建和谐社会不仅是当今国家需要实现的目标，也是古代百姓渴求实现的目标。在构建和谐社会的历史进程中，道德之学扮演着重要角色，而歌诗是宣扬道德之学的一种重要手段。由于艳曲对于道德之学而言有害无益，因此很多施教者力斥艳曲，要求将艳曲抛于书院这方教育净土之外，如还古书院施教者认为，重视歌诗获益匪浅，沉湎艳曲祸害无穷，"后之人罔学而懵夫宛转折转之义、抑扬含韫之趣，号嘎不成声，其则降而艳曲而靡靡，纵溺其情，流荡其志，成风成俗，遍于天下，于是淫佚诈伪之心生，横逆悖乱之事作，使强胁弱，众暴寡，智欺愚，勇畏怯，癃残疾不得其养，鳏寡老幼不得其所，乌得与语正大平淡之音调元气、和人神、舞鸟兽、丰万物者哉？"② 艳曲破坏了道德，污染了环境，损害了秩序，出于社会拯救的目的，明清书院施教者倡导歌诗而反对艳曲，通过歌诗来净化心灵，陶冶情操，促进地方民风的健康发展，推动社会教化的良性循环。

在中国古代文学的发展中，复古与载道是两大显著特征。由于词曲、小说不古雅且有些内容的思想叛逆，与正统的道德教化思想相违背，因此这类文学地位卑微，有时甚至屡遭朝廷的围剿，如乾隆皇帝就屡次禁演《西厢记》《水浒传》等一些作品。明清书院存在的崇歌诗斥艳曲现象，

① 孙慎行编：《虞山书院志》卷四，万历年间刻本，第28—38页。
② 施璜编：《还古书院志》卷十七，道光二十三年刻本，第1—2页。

只有借助文学与道德是否有着紧密的联系这一理论，才能做出合理的、有效的解释。

四　书院歌诗活动溯源

歌诗发轫于先秦时期，在先秦典籍屡有记载，如《尚书·舜典》云："诗言志，歌永言，声依永，律和声。"① 《礼记·乐记》云："歌之为言也，长言之也。说之，故言之。言之不足，故长言之；长言之不足，故嗟叹之；嗟叹之不足，故不知手之舞之、足之蹈之也。"② 《论语·述而》云："子与人歌而善，必使反之，而后和之。"③ 由于愉悦诗的内容，因此才会长言之、嗟叹之以及用乐舞伴之。由于歌诗益处良多，因此孔子钟爱歌诗。先秦时期，乡饮酒礼、乡射礼、燕礼以及祭祀礼等一些礼中穿插有歌诗，如《仪礼·乡饮酒礼》云："工人升自西阶，北面坐。相者东面坐，遂授瑟，乃降。工歌《鹿鸣》《四牡》《皇皇者华》。卒歌，主人献工。"④《仪礼·燕礼》云："笙入，立于县中，奏《南陔》《白华》《华黍》。"⑤《周礼·春官宗伯》云："凡国祈年于田祖，龡豳雅，击土鼓，以乐田畯。国祭腊，则龡豳颂，击土鼓，以息老物。"⑥《诗经》是中国古代最早的诗歌总集，收录先秦时期的大量诗歌，先秦时期的歌诗内容往往出自《诗经》，这从上述材料所列的诗篇名称中不难看出。歌诗需要奏乐，乐与礼往往相提并论，如《礼记·乐记》云："乐者，天地之和也；礼者，天地之序也。和，故百姓皆化；序，故群物皆别。乐由天作，礼以地制。"⑦《礼记·祭义》云："乐也者，动于内者也；礼也者，动于外

---

① 旧题孔安国传，孔颖达等正义：《尚书正义》卷三，《十三经注疏》，中华书局1980年版，第19页下。

② 郑玄注，孔颖达等正义：《礼记正义》卷三十九，《十三经注疏》，中华书局1980年版，第317页下。

③ 何晏注，邢昺疏：《论语注疏》卷七，《十三经注疏》，中华书局1980年版，第28页上。

④ 郑玄注，贾公彦疏：《仪礼注疏》卷九，《十三经注疏》，中华书局1980年版，第41页中一下。

⑤ 郑玄注，贾公彦疏：《仪礼注疏》卷十五，《十三经注疏》，中华书局1980年版，第77页中。

⑥ 郑玄注，贾公彦疏：《周礼注疏》卷二十四，《十三经注疏》，中华书局1980年版，第163页下—164页上。

⑦ 郑玄注，孔颖达等正义：《礼记正义》卷四十八，《十三经注疏》，中华书局1980年版，第302页中。

者也。乐极和，礼极顺。内和而外顺，则民瞻其颜色而不与争也，望其容貌而众不生慢易焉。故德辉动乎内而民莫不承听，理发乎外而众莫不承顺。故曰：致礼乐之道而天下塞焉，举而错之无难矣。"① 从中可知，乐与礼是自天地而来，有着不同的教育作用，其中，乐的作用是陶冶人的性情，礼的作用是规范人的言行。乐与礼相结合的意义在于，可以从不同的方面来提升人的道德素养，从而达到移风易俗、安邦定国的目的。由于乐与礼的作用重要，因此君子主张，"礼乐不可斯须去身"②。明清书院歌诗活动深受先秦时期歌诗的影响，也重视乐与礼的结合，打上了鲜明的道德烙印。

明清书院歌诗活动除了深受先秦时期歌诗的影响外，还深受明清时期劝善风气的影响。劝善滥觞于先秦时期，在先秦社会广泛存在，如《周易·坤卦》云："积善之家，必有余庆；积不善之家，必有余殃。"③《诗经·鄘风·相鼠》云："人而无礼，胡不遄死？"④ 《论语·颜渊》云："子为政，焉用杀？子欲善，而民善矣。君子之德风，小人之德草，草上之风必偃。"⑤ 上述材料或基于因果报应的角度，或基于为政效应的角度，来阐发去恶从善的重要性。为了规劝百姓为善，养成天天向善的良好风气，中国古代社会出现了很多善书，而最早的真正意义上的善书当为宋代时期的道家著作《太上感应篇》，此外，后来出现的《太微仙君功过格》《文昌帝君阴骘文》《关圣帝君觉世真经》等作也是一些重要的善书。善书内容通俗易懂，语言朴实平易，易为百姓接受。由于劝善对于社会统治而言意义重大，因此历代帝王格外重视。明代帝王朱元璋就很重视劝善活动，如洪武三十一年（1398），朝廷颁布《教民榜文》，榜文规定："每乡每里各置木铎一个，于本里内选年老残疾不能生理之人或瞽目者，令小儿牵引，持铎循行本里。如本里内无此等之人，于别

---

① 郑玄注，孔颖达等正义：《礼记正义》卷四十八，《十三经注疏》，中华书局1980年版，第370页中。

② 同上书，第315页下。

③ 王弼、韩康伯注，孔颖达等正义：《周易正义》卷一，《十三经注疏》，中华书局1980年版，第7页上。

④ 毛亨传，郑玄笺，孔颖达等正义：《毛诗正义》卷三，《十三经注疏》，中华书局1980年版，第51页上。

⑤ 何晏注，邢昺疏：《论语注疏》卷十二，《十三经注疏》，中华书局1980年版，第48页中。

里内选取。俱令直言叫唤，使众闻知，劝其为善，毋犯刑宪。其词曰：
'孝顺父母，尊敬长上，和睦乡里，教训子孙，各安生理，毋作非为。'
如此者每月六次。"① 其中，"孝顺父母，尊敬长上，和睦乡里，教训子
孙，各安生理，毋作非为"被时人称为"圣谕六言"，内容重要，影响巨
大。从虞山书院的一些诗题中可知，该院歌诗内容导源于圣谕六言。圣谕
六言对清代劝善活动也有重大影响，如顺治、康熙、雍正时期，朝廷分别
颁布六谕（与圣谕六言的内容相同）、圣谕十六条、圣谕广训。在朝廷的
积极倡导下，劝善成为百姓生活中的一项重要内容，在百姓生活中风行开
来。综而言之，明清书院歌诗活动与明清时期劝善风气密不可分，歌诗本
身就是劝善活动的重要组成部分。

　　明清时期有些会讲书院重视乡约，并将它写入学规之中，如虞山
书院施教者指出："凡书院讲乡约，堂上设圣谕牌，台上设讲案。"
"凡我百姓，无论老幼，俱要熟读乡约诗。家常无事，父子兄弟相与
按法，而歌感动一家良心，消镕大小邪念，莫切于此。"② 乡约即乡规
民约，是指乡间之人需要共同遵守的以劝善规过、互帮互助等内容为目的
的一种地方规约制度，该制度溯源于"周礼党正、州长、族师咸以时属
民而读邦法之典"③。中国真正意义上的乡约肇始于北宋时期吕大钧的
《吕氏乡约》，明代以后，乡约盛行。明代以后的乡约重视采用聚会宣
讲的形式来宣传道德教化以及对地方实行有效的管理，这其中，就需
要宣讲圣谕六言等一些谕文。为了达到教育的普遍性，参加者除了约
长约副外，还有当地其他各种类型的人员。明代白鹿洞书院山长章潢
在《图书编》中述及当时乡约聚会宣讲的有关情况，内容大致如图
4—1 所示。

---

　　① 章潢：《图书编》卷九十二，《文渊阁四库全书》第 971 册，台湾商务印书馆 1986 年版，
第 10 页。
　　② 孙慎行编：《虞山书院志》卷四，万历年间刻本，第 26—28 页。
　　③ 章潢：《图书编》卷九十二，《文渊阁四库全书》第 971 册，台湾商务印书馆 1986 年版，
第 18 页。

图 4—1

从图 4—1 内容中可知，明代乡约聚会也安排有歌诗活动，其歌诗对象由歌生充当，分为东班与西班，歌诗时有奏乐。明清会讲书院与明清乡约聚会的歌诗活动都重视道德教化，为敦厚民风以及提高全民道德素质发挥着重要作用。

在中国历史上，儒、释、道三教都有着劝善之举。尽管如此，儒教学者在表达劝善思想时，还会对佛教或道教提出批判，如虞山书院施教者谈及歌诗时指出："时时歌咏，处处歌咏，人人歌咏，自然心平气和，自然孝亲敬长，自有无限好处，比之念佛诵经，功德相倍万万也，不是诳

① 章潢：《图书编》卷九十二，《文渊阁四库全书》第 971 册，台湾商务印书馆 1986 年版，第 20 页。

语。"① 从言辞中可知，代表着儒教、倡导入世主义的书院施教者在表达劝善思想时，会有意识地与避世主义的佛教或道教保持一道防线②。这道防线有力显示出，儒教同释、道二教在劝善上既相融又相峙。

第五节　课试活动

中国书院课试活动的历史悠久，宋代一些书院就从事课试活动，如江苏明道书院每月三课，上旬经疑，中旬史疑，下旬举业③，福建延平书院也是每月三课，上旬本经，中旬论，下旬策④。元代书院官学化，很多书院从事课试活动，元代《庙学典礼》卷五《行省坐下监察御史申明学校规式》规定的对学校学生进行经义与诗赋方面的课试，也适用于当时的一些书院。明代一些书院也从事课试活动，并对课试中的有关内容进行规定，如江西白鹭洲书院规定，每月逢三、八日在公堂会文，朔望日在正堂

---

① 孙慎行编：《虞山书院志》卷四，万历年间刻本，第35页。

② 中国古代不少施教者也往往重视儒教与异教之辨，有着排斥或轻视异教的思想。宋代时期，江苏明道书院山长周应合为生徒讲授《论语》时指出，佛教思想不足为学，"学之为言，效也。效所当效者，学之正；效非所当效者，学之误。效虚无寂灭以相高者，为异端之学；效记问辞章以相夸者，为世俗之学。彼皆有所效而自谓之学，非吾圣门之所谓学也，圣门之学唯在于明善而复其初耳"。(周应合：《景定建康志》卷二十九，《文渊阁四库全书》第489册，台湾商务印书馆1986年版，第32页）明代时期，乌从善为山东博陵书院制定学规时指出，佛道二教惑人匪浅，"吾儒最要明学术之邪正，如近世佛老二教盛行，愚夫愚妇为所惑，学士君子亦为所惑，是真大惑也。若以吾之道正之，则彼之术立穷矣。彼要虚，我要实；彼要出世，我要治世；彼要废伦，我要尽伦。使尽如彼之说，并人类亦几乎息矣，恶能治国家？奈之何俱为他惑。全赖吾儒讲明大道，以救正之，断不可反为所惑"。(乌从善：《博陵书院条约》，邓洪波主编：《中国书院学规集成》第二卷，中西书局2011年版，第825页）明代时期，吕高为山东湖南书院制定学规时要求生徒博览群书，其中包括佛教与道教的几种著作，不过他又指出："老佛之书，缀拾吾儒绪余而成，虽不览亦可。"(吕高：《湖南书院训规》，邓洪波主编：《中国书院学规集成》第二卷，中西书局2011年版，第770页）尽管一些施教者重视儒教与异教之辨尤其是儒释之辨，不过儒家书院与佛家寺院还是有着很多共性，如书院与寺院往往建于山林净地，有着一套严密的规章制度，重视研讨诘难的教学方式（明清会讲书院尤为重视这种教学方式）。

③ 周应合：《景定建康志》卷二十九，《文渊阁四库全书》第489册，台湾商务印书馆1986年版，第6页。

④ 徐元杰：《延平郡学及书院诸学榜》，徐元杰：《梅野集》卷十一，《文渊阁四库全书》第1181册，台湾商务印书馆1986年版，第30页。

会考，字须楷书，文须完结①，江苏虞山书院规定，每月初三日，诸生会文于精舍、经房②。清代书院官学化增强，课试活动在清代书院臻于鼎盛，可以说，没有课试活动，也就没有清代书院。为了详细地了解书院课试活动的有关情况，有必要对清代书院课试活动展开论述。

一　课试概况

清代书院课试活动的类型多样，主要有官课与师课之分。官课的主持者是地方官员，官课有县课、府课、道课、轮课等多种形式（有些书院归级别不等的几个官府管理，其官课是由这些不同级别的官员轮流主持，如江苏宝晋书院每月初二日为县、府、道轮课）。师课的主持者是山长，师课又名为斋课、馆课、堂课等。官课与师课一般是每月对生徒课试一次或数次，也有少数书院如学海堂实行一季一课。季课可以减少生徒为了应付频繁的课试而带来的诸多压力，给生徒腾出更多的研习时间。

清代书院课试活动的内容丰富，其中，文学训练尤其是科举文训练扮演着重要角色，如云南五华书院每月初三、十八日为官课，十三、二十八日为师课，课试内容都是八股文与试帖诗③。河南彝山书院每月初二日为府课，十六日为县课，初九、二十四日为斋课，在此四课中，三课一文一诗，一课赋论、古近体诗④。甘肃五泉书院每月初三、二十三日为堂课，都课试八股文、排律，每逢八日，又课试经解、策论、古文⑤。这些书院重视课试八股文、试帖诗、策论等各种科举文，而河南彝山书院、甘肃五泉书院虽重视科举，但又不惟科举是从，除了课试科举文，还课试古诗或古文。为了鼓励生徒研习文学，有些书院还设置了诗课、文课、小课、散课等各种类别的课试，如江苏宝晋书院另立诗课、小课，诗课课试诗赋杂体，小课课试诗赋、经解、策论⑥。陕西味经书院每月初八日为官课，十

①　汪可受：《白鹭洲书院馆例十二条》，刘绎编：《白鹭洲书院志》卷二，同治十年刻本，第11页。

②　孙慎行编：《虞山书院志》卷四，万历年间刻本，第5页。

③　戴絅孙编：《昆明县志》卷四，光绪二十七年刻本，第4—5页。

④　史致昌：《彝山书院重定章程》，史致昌编：《彝山书院志》，道光二十六年刻本，第2页。

⑤　陈士桢编：《兰州府志》卷三，道光十三年刻本，第12页。

⑥　贵中孚、赵佑宸编：《宝晋书院志》卷四，光绪年间刻本，第49页。

八、二十八日为堂课，初三、十三日为文课，凡遇乡试之年，每月加小课两次，课试诗文①。浙江崇实书院的散课题为杂文四篇，凡遇乡试之年，散课题改为经义二篇，策问二篇，排律诗一首②。诗课、文课、小课、散课多为科举而设，为增强生徒的写作能力以及应举能力发挥着重要作用。有些书院招收不同类别的生徒入学，本着因材施教的原则，这些书院给不同类别的生徒出不同类别的试题，如辽宁聚星书院的生徒分为生员与童生两种，其中，生员题为：四书文一道，五言八韵诗一首，童生题为：四书文一道，五言六韵诗一首③。由于生员要比童生的级别高，因此聚星书院在试帖诗的难度上有所加大。

清代书院大多实行扃试，即课试当天要将生徒关在斋舍或考棚中，其目的是要求生徒独立完成课卷，杜绝作弊现象的发生（也有少数书院不实行扃试，要求生徒领卷而归，不过要在规定的时间内交卷）。有些书院建于湖水之旁，为了将课试与赏景结合起来，这些书院往往因地制宜而举行舫课。舫课是将生徒安置在船舫中进行课试，也可视为一种扃试，但比普通的扃试更为灵活。杭州西湖景色优美，清代时期杭州地区的一些书院善于利用西湖美景而举行舫课，如崇文书院经常举行舫课，"每岁于春秋之中择良日，毕罗湖之大小舟，大者五六，小者视大者倍以十，每三友共一小舟。是日黎明，麋集造紫阳祠释奠焉，奠毕受题，各就小舟荡漾而去，随意所之。午后，巨舫齐泊湖心亭，诸友文完者，先赴亭前聚饮。鸣金为号，金三鸣而文不完者，罚资五星，草完者，减半"。④ 从中可知，尽管舫课与赏景联系在一起，形式灵活，不过课试中的有关约束仍然存在，生徒不可违背。诂经精舍也经常举行舫课，该院生徒冯培元的《舫课赋》便活灵活现地展示了在舫课途中游览西湖、赋诗作文的生动情形：

　　　　人住蓬瀛，天开图画。讲舍清风，文坛佳话。裕活泼之心机，拓

---

① 刘光蕡编：《味经书院志》教法上，陕西通志馆印《关中丛书》本 1936 年版，第 4—6 页。

② 薛福成：《崇实书院章程》，邓洪波主编：《中国书院学规集成》第一卷，中西书局 2011 年版，第 352 页。

③ 赵兴德、王鹤龄编：《义县志》卷中（八），民国 19 年印本，第 31 页。

④ 王同编：《杭州三书院纪略》卷二，赵所生、薛正兴主编：《中国历代书院志》第九册，江苏教育出版社 1995 年版，第 32 页。

烟云于眼界。有舟舫之交横，按课程而匪懈。朱栏翠槛，居然上界之游。锦字珠编，爰作下风之拜。四十里烟峦水墨，笔砚清澄。五六人鹭渚花洲，诗文分派。昔叶永盛化起崇文，情深讲学。衣多锦而恩荣，树龙门以高卓。乃为区别贤能，殷勤选擢。家有停车之望，字问书帷。品传作楫之才，人来讲幄。诸君小住，何烦马帐以谈心？有客同行，请向骚坛而折角。于是半宵徐荡，一叶纵横。催短篷而齐放，倚画桨而前迎。得文章趣，移山水情。有人影衫影，有吟声舻声。笺铺而快拓云蓝，推窗泼墨。语秀而夺将山绿，倚管联盟。问谁载酒寻花，关心游眺？看我裁红刻翠，任意经营。一棹凌空，文澜不穷。低垂画幌，交递诗筒。羡鸥波之可狎，染兔管以能工。片席平分，花港柳堤而外，文机畅发。天光云影之中，俨然挥洒千言。爰此际，笔飞墨舞，一样折冲万里。试他年，破浪乘风，则且句留泽畔。荡漾湖濆，得切磋于益友，乐游泳而同群。兴酣落纸，意到成文。蟹居鱼庄，供桉头之点缀。烟绡云锦，杂腕底而缤纷。正宜解缆同游，探寻胜概。何事闭门闲坐，辜负斜曛。亦有怀古流连，怡情放浪。既构宏篇，更承画舫。西泠之烟景依然，南渡之繁华入望。兰桡桂楫，助成纸上之龙吟。铁拨铜琶，和有花间之渔唱。最好烟云，洒落摛词，皆陆海潘江。恍疑壶峤，回环到处，尽瑶峦琼嶂。既而澄波镜拓，夕照山衔，红明蓼屿，绿染松杉。听角声而返棹，载墨薰以回帆。中流容与，余兴不凡。晴好雨奇，看风光之皆妙。香薰艳摛，喜俗虑之全芟。欣教墨润行间，船移下水。宛尔人来天上，句和韵咸。客有棐几研穷，芸窗采辑。竹素披怀，毡青励集。入经舍而观摩，幸师资之引汲。慕白苏之遗迹，争看水秀山明。合李郭以同舟，不羡烟蓑雨笠。挈醇醪而问艺，恰瞻讲院之宏开。歌云水而重游，莫谓前贤之难及。①

舫课将课试这种本来枯燥的活动变成活泼泼的、富有生机的活动，它通过赏景的方式为生徒写作激发灵感，正如《舫课赋》所言，生徒可以在美景的催生下，"得文章趣，移山水情""笔飞墨舞，一样折冲万里""兴酣落纸，意到成文"，所作出来的诗文定会清新自然、高雅脱俗。

① 冯培元：《舫课赋》，罗文俊编：《诂经精舍文续集》卷六，同治十二年刻本，第28—29页。

清代书院的课试重点往往偏向于考察生徒的写作能力，写作与阅读有着密切联系，阅读范文佳作可为写作提供重要的帮助。为了提高生徒的学术素养以及增强生徒的写作能力，清代一些书院重视阅读训练，将阅读的有关要求写入学规，如台湾白沙书院规定："上灯时，读名家新文半篇、旧文一篇、汉文十行、律赋二韵、五排诗一首。读熟毕，再将次早所应佩背之四书、经书，本本读熟，登于书程簿内，方可睡去。次早，将昨晚所读之文章、诗赋、四书、经书，诵朗熟咏，务须读得极熟始去。"① 陕西嘉陵书院规定："每日读时文一篇，排律诗一首，看四书若干页，均呈请山长宣讲。"② 江西白鹭洲书院规定："每日或看经书若干，或读时文若干、古文若干以及论表策判若干，《通鉴》《性理》各书若干。盖未有不揣摩经书而能为文者，未有不读时文与古文而能为时文者，又未有不沉潜性理、明心见性而能为文者，又未有不会悟《通鉴》知人论世而能为文者。"③ 这些书院除了重视阅读文学佳作外，还重视阅读经史等要籍，其中，阅读文学佳作为写作直接提供借鉴，而阅读经史等要籍也裨益于写作（八股文题目源自四书五经，因此阅读经书对八股文写作有着重要的帮助）。阅读对作文的借鉴作用不仅被清代书院所重视，而且被当今学校所重视，成为当今各类学校作文教学的基本要求。

为了督促生徒研习，清代一些书院设立日程簿，要求生徒将每日研读的内容填入簿内。填写日程簿既是劝勉勤学之道，又是检测研读之法，生徒通过填写日程簿来促进自己努力研读，山长通过查阅日程簿来了解生徒的研读情况。为了督查生徒所填的内容是否属实，山长还要对生徒的研读内容进行定期考察，如福建鳌峰书院规定："住院生监，每人各设课程簿一本，每页十日，每日将早午晚三时读过何书、诵过何文逐一登载簿内，以备院长逐日抽查背诵，司道亦每月抽查一二次，如不能成诵，量予惩戒。"④ 河南彝山书院规定："午后读时文，夜间读古文诗赋，均须各将题

① 杨桂森：《白沙书院学规》，周玺编：《彰化县志》卷四，道光十四年刻本，第145页。

② 贾芳林：《嘉陵书院成规五条》，谭瑀编：《略阳县志》卷二，光绪三十年刻本，第26页。

③ 罗京：《白鹭洲书院馆规十三则》，刘绎编：《白鹭洲书院志》卷二，同治十年刻本，第7页。

④ 游光绎编：《鳌峰书院志》卷四，道光年间刻本，第3页。

目、页数注于日程，每十日汇送院长处查核，以便挑背或默写。"① 陕西嘉陵书院规定："无论读经不读经，均订功课本一个，每日写读某文一篇，某某诗一首，某某古文一篇，看书自某处起至某处止，读某经自某处起至某处止。每日早晨向山长呈诵，四书则听山长抽问某章书某某说若何，逐条登答。"② 填写日程簿的内容往往涉及经史之学、文学等诸多方面，填写日程簿是一项细致的工作，通过这项工作可使生徒养成耐心、细心的良好习惯。除了填写日程簿外，有些书院还要求生徒撰写读书心得（类似于读书札记），如河南明道书院规定："或经书发明，或读史论断，或作古今文，或杂著日记，若有心得，随笔发抒。"③ 撰写读书心得也往往涉及经史之学、文学等内容，与填写日程簿所不同的是，填写日程簿是生徒每日填写所学的内容，操作简单，而撰写读书心得既有写作训练，又有学术训练，需要掺入作者的思考与判断，是一项较为复杂的工作。

要而言之，清代书院课试活动的类型多样，主要有官课与师课之分，官课与师课一般是每月对生徒课试一次或数次。为了杜绝作弊现象的发生，大多书院实行扃试。在清代书院课试活动中，文学训练尤其是科举文训练往往占据着重要地位，很多书院通过课试来提高生徒的学术素养、增强生徒的写作能力以及应举能力。为了配合课试活动，一些书院重视阅读训练。为了督促生徒研习，一些书院设立日程簿，要求生徒将每日研读的内容填入簿内，并进行定期检查。志毋拘于小就，学必待于渐进。清代书院从事课试活动时重视铢积寸累、循序渐进，使生徒的学术素养逐步提升，写作水准逐步提高。现当代文艺学家朱光潜论及作文时指出，作文如同写字，过程有疵、稳、醇、化四境。精选短文数十篇、长著数种加以熟读，并在师友的悉心指导以及自己的一番揣摩下，作文方可由疵境达到稳境。稳境虽是平庸的境界，但不易达到④。清代很多书院就是通过频繁的课试活动，使生徒在作文上逐渐摆脱疵境而走向稳境。

----

① 史致昌：《彝山书院重定章程》，史致昌编：《彝山书院志》，道光二十六年刻本，第 4 页。

② 贾芳林：《嘉陵书院成规五条》，谭瑀编：《略阳县志》卷二，光绪三十年刻本，第 26 页。

③ 吕永辉编：《明道书院志》卷五"日程"，光绪二十六年刻本，第 4 页。

④ 朱光潜：《谈文学》，安徽教育出版社 2006 年版，第 142—145 页。

二 课试禁忌

匠有工具，方能铸器；人有规矩，方能成才。为了引导生徒合理课试、公平竞争，形成健康的学习氛围，清代一些书院纷纷出台课试禁忌方面的规章制度。

刘海峰谈及科举时指出，一部科举史，是由考试发展的内在逻辑和外部压力相互对抗谱写的历史，是力求公平取士的精巧用心与力图投机取巧的作弊行为斗智斗勇写就的历史①。作弊经常光顾于历代科举中，由于作弊破坏了科举的公平性，滋长了不劳而获的惰性思想，不利于健康学风的养成，因此历代朝廷屡次要求，严禁科场作弊，并对违反者实施惩罚，如清代科考条例规定："士子接卷后，不许逗留龙门，如有接谈换卷换号，及入场后逾墙换卷、隔墙传递代情等弊，并从旁怂恿者，照例治罪"，"士子入场，如有倩人代试者，倩代与受代之人，一体照例问罪"②，"试卷剿袭雷同者，罚停二科"。③ 清代很多书院从事课试活动，作弊也就不可避免。在清代书院的各种作弊现象中，请人代考最为严重，清代不少书院要求杜绝这种现象的发生，如安徽桐乡书院规定："生童文场各别，勿许混淆杂坐，童生不得捏报监名杂坐生监场中，藉倩捉刀。"④ 河北定武书院规定："交卷后，即出外院静候开门，不许在内替人代作诗文，如有不遵，查出除名。"⑤ 除了请人代考外，抄录成文或挟带成文的现象习见于清代书院课试中，不少书院要求禁止这种现象的发生，如广东端溪书院规定："至于作文，但须虚心涵味，各抒所得，随其浅深，皆可造就。切不可抄袭旧文，自欺欺人，靦不知愧，至书办门役人等倘有通同传递换卷等弊，察出重责不贷。"⑥ 辽宁聚星书院规定："每月考课生童各当自重，不可挟带窗课成文，只许带讲书诗韵，如有录旧雷同者，定行除名，以示

---

① 刘海峰：《科举学导论》，华中师范大学出版社 2005 年版，第 280 页。

② 杜受田、英汇编：《钦定科场条例》卷二十七，《续修四库全书》第 830 册，上海古籍出版社 2002 年版，第 1、3 页。

③ 杜受田、英汇编：《钦定科场条例》卷五十，《续修四库全书》第 830 册，上海古籍出版社 2002 年版，第 7 页。

④ 佚名编：《桐乡书院志》卷三，清刻本，第 4 页。

⑤ 王榕吉编：《定州续志》卷一，咸丰十年刻本，第 8 页。

⑥ 冯鱼山：《端溪书院学规》，傅维森编：《端溪书院志》卷四，光绪二十六年刻本，第 16 页。

惩戒。"① 在抄录成文问题上，有些书院针对抄袭内容的多少实施不同的惩罚，如福建鳌峰书院规定："文字剿袭雷同四句以上，并行扣除全篇；全股抄袭雷同者，扣除外，监院仍具详大宪，永不准再行投考，以示惩儆。"② 更换课卷也是课试中的一种作弊现象，为了防止生徒换卷，清代一些书院要求在卷面上打上印戳，如辽宁聚星书院规定："出题后，生童宜平心静气，勿得喧哗，先誊清起讲，打戳，以防换卷。如不及盖戳者，虽有佳文不录。"③ 浙江敷文书院规定："试卷内用奏本纸，红格刷印，直行，纸页计足一文一诗一论之数，卷面朱印'敷文书院孝廉月课'字样，监院印用钤记，以杜更换。"④ 在卷面上做记号以让所收买的判卷者易于识别，这也是课试中的一种作弊现象，为了防止这类现象的发生，清代一些书院要求监院多加注意，遇到这类课卷要剔除出来，如四川锦江书院规定："该监院于收卷时，饬学书逐一查看，如卷面填写字样并有硃墨点圈，假作污卷形迹，另为一束，置之不阅，以为躁进者戒。倘不行清查，即是该学书通同作弊，定行查究，该监院亦不能诿过也。"⑤ 作弊不仅在清代书院课试活动中司空见惯，而且在当今学校各类考试中屡见不鲜，一些反作弊的学规在净化学风方面有着重要功效。不过作弊是考试的衍生物，即使在严加钳制的情形下，作弊现象也时有发生，一旦放松警惕，又会蔓延滋长。目前国家倡导转变教育模式，由应试教育转变到素质教育上来。素质教育虽然不以考试为中心，不过也避免不了考试这种方式，因此作弊现象在素质教育中难以扼杀，作弊与反作弊这场持久的拉锯战也就不会终结。

　　除了禁止作弊外，清代一些书院还对答卷内容中的有关禁忌做出说明，要求生徒认真对待、正确处理。清代很多书院重视科举，试帖诗是清代科举中的一项内容，乾隆二十二年（1757）谕旨要求，乡试、会试使用试帖诗，"嗣后会试第二场表文，可易以五言八韵唐律一首"，"应自乾隆己卯科乡试为始，于第二场经文之外，加试五言八韵唐律一首，其所出

---

　　① 赵兴德、王鹤龄编：《义县志》卷中（八），民国 19 年印本，第 34 页。
　　② 陈寿祺：《拟定鳌峰书院事宜》，陈寿祺：《左海文集》卷十，清刻本，第 55—56 页。
　　③ 赵兴德、王鹤龄编：《义县志》卷中（八），民国 19 年印本，第 34 页。
　　④ 魏颂唐编：《敷文书院志略》碑文，赵所生、薛正兴主编：《中国历代书院志》第八册，江苏教育出版社 1995 年版，第 8 页。
　　⑤ 李承熙编：《锦江书院纪略》卷下，咸丰八年刻本，第 37 页。

诗题，限用官韵"。① 之后，试帖诗也用于童试中。由于清代科举安排有
试帖诗，因此不少书院重视诗歌教育，将诗歌纳入课试范畴。写诗看似容
易，实则不易，这是由于诗歌在平仄、对仗、押韵等格律上要求严格，不
能违背。若有违背，就会影响科考结果，如清代科考条例规定："诗内平
仄失粘者，罚停一科。"② 清代一些书院也要求生徒不能违背诗歌格律，
如江西白鹭洲书院规定："倘犹率意错写及平仄失粘者，文虽佳，降一
等，诗赋中有此，必置后列。"③ 河北崇正书院规定："对偶贵精，不可虚
实不称，声律须协，不可平仄误拗。俗云'一三五不论'之说，断不可
从。至韵中之字，有平仄两收者，有同属平声而两韵异义者，均当细辨，
不可误用，以致出韵失黏。"④ 文学创作与文学研究都以语言文字作为载
体，前者是通过语言文字来抒情表意，后者是通过语言文字将作者情意解
码出来。文章是集段成篇、集句成段以及集字成句，文字训练是基础，若
不重视文字训练，所作之文往往错误连篇。行文中的文字正确与否，也会
直接影响到科考结果，如清代科考条例规定，文内字句疵谬，罚停一
科⑤。清代一些书院也重视文字训练工作，如江西白鹭洲书院规定："亥
豕鱼鲁，点画顿易，别风淮雨，声音俱讹，嗣宜详为辨核。"⑥ "三豕渡
河，解人知为己亥；根车蹲芊，昧者误为银羊。行文鱼鲁满纸，皆为考核
不真，如既经辨讹，复率意错写者，文虽佳，降一等。"⑦ 避讳历史悠久，
周朝时期就已产生。清代避讳尤为严格，这在科考中有所反映，如清代科
考条例规定："试卷内不谙禁例，直书庙讳、御名及先师孔子讳者，本身

① 崑冈、刘启端编：《钦定大清会典事例》卷三百三十一，《续修四库全书》第 803 册，
上海古籍出版社 2002 年版，第 290 页。

② 杜受田、英汇编：《钦定科场条例》卷五十，《续修四库全书》第 830 册，上海古籍出
版社 2002 年版，第 9 页。

③ 王铭琮：《白鹭洲书院学规八则》，刘绎编：《白鹭洲书院志》卷二，同治十年刻本，第
15 页。

④ 汪枚：《示崇正院肄业生童课程》，邓洪波主编：《中国书院学规集成》第一卷，中西
书局 2011 年版，第 42 页。

⑤ 杜受田、英汇编《钦定科场条例》卷五十，《续修四库全书》第 830 册，上海古籍出版
社 2002 年版，第 7 页。

⑥ 王铭琮：《白鹭洲书院学规八则》，刘绎编：《白鹭洲书院志》卷二，同治十年刻本，第
15 页。

⑦ 符乘龙：《白鹭洲书院课规十则》，刘绎编：《白鹭洲书院志》卷二，同治十年刻本，第
20 页。

罚停三科。"① 清代一些书院也要求生徒谨遵避讳，如辽宁聚星书院规定：
"圣庙讳均应恭避，诗文中如有犯者，定行扣除，至一切不祥字样，更不
可用，场屋诗文取其兴会，学者务当留心。"② 江西梯云书院规定："至犯
庙讳、御讳至圣讳，及错落命题、油污墨蠹、诗失粘联、平仄出韵、重
韵、抬写错误并写别字至五六个者，俱置附课。"③ 诗歌格律、文字训练、
行文避讳等都是属于基本功范畴（八股文写作忌讳艰深怪僻，此方面的
内容在本书第五章第三节"清代书院八股文教育"中有所论述），而行文
避讳是所有士子都应遵循的重要准则。生徒只有把这些基本功练好，才能
在各个方面有所造诣，也为以后应举打下了良好的基础。

　　凡是考试，都要对交卷时间做出说明，科举考试便是如此，如清代科
考条例规定："凡遇乡会试，于士子出场日期，知贡举及监临等，务须先
行出示晓谕，届时严催早行交卷，断不准其给烛，以杜弊窦。"清廷要求
科考不准给烛是由于，"以致昏黑易于混杂，滋生弊端"。④ 课试也要对交
卷时间做出说明，清代书院一般要求当日某时交卷，不准给烛，如浙江敷
文书院规定："每课一四书文、一试帖，或一论或一疏，辰刻散卷，申刻
交卷，不准给烛。"⑤ 河北东阳书院规定："会课辰刻封门，逾时不到者，
虽属高才，不准补进；酉刻交卷，给烛继晷者，虽有佳构，不列前茅。"⑥
有些书院的官课与师课在交卷时间上有别，显示出考课章程的弹性化，如
江苏华阳书院规定："初三官课，四书文一、试帖诗一，限当日缴卷。十
三日师课，四书文一、试帖诗一、律赋一，限次日缴卷。"⑦ 湖南狮山书
院规定："斋内限本日交卷，斋外限次日交卷，违者不收。若经古、策论

---

① 杜受田、英汇编：《钦定科场条例》卷五十，《续修四库全书》第 830 册，上海古籍出
版社 2002 年版，第 4 页。

② 赵兴德、王鹤龄编：《义县志》卷中（八），民国 19 年印本，第 34 页。

③ 佚名：《梯云书院学规》，邓洪波主编：《中国书院学规集成》第二卷，中西书局 2011 年
版，第 680 页。

④ 杜受田、英汇编：《钦定科场条例》卷二十七，《续修四库全书》第 830 册，上海古籍
出版社 2002 年版，第 7 页。

⑤ 魏颂唐编：《敷文书院志略》碑文，赵所生、薛正兴主编：《中国历代书院志》第八册，
江苏教育出版社 1995 年版，第 8 页。

⑥ 周栻：《东阳书院新定规程》，邓洪波主编：《中国书院学规集成》第一卷，中西书局
2011 年版，第 37 页。

⑦ 邓炬：《华阳书院章程》，张绍棠、萧穆编：《续纂句容县志》卷三下，光绪三十年刻
本，第 22 页。

遇题过多，斋内亦二日交卷。"① 有些书院针对生徒情况的不同而对交卷时间做出不同的规定，如陕西玉山书院规定："每月师课两次，定于每月初八、二十二日，专课童生。凡在书院肄业者，当日交卷。其有离城稍远者，领题外作，次日清晨交卷，如有过辰交卷者，置末。"② 为了确保所有生徒都能按质按量地完成，有些书院将交卷时间延至数日以后，如山西令德书院规定："每月初八日官课一次，十八、二十八日堂课各一次。官课、堂课题目均经解一道、史论一道、杂体诗文各一道，均限三日交卷，题目必须全作。"③ 无论采取何种交卷方式，其交卷时间都有明确的规定，生徒不得违反。为了保证课试的井然有序，清代一些书院也对生徒在课试中的言行举止有所规定，通过言行举止上的约束使生徒认识到课试的严肃性，避免自由散漫思想的滋长，如安徽桐乡书院规定："士子会课，务具衣冠而入，不得科头短服有玷斯文。违者，交卷时董事于卷上暗记，虽录取，不给奖赏。"④ 江西白鹭洲书院规定："清旦衣冠，齐至道心堂拆题，即次序列坐，各自为文，非风风雨雨突如其来，不得遁入房舍，以乱旧规。"⑤ 广东端溪书院规定："领卷归位之后，各宜澄心静气，勿得喧哗笑语朗诵吟哦，以乱同堂。"⑥ 书院通过言行举止的教育让生徒意识到，要严于律己，合乎规范。"勿以恶小而为之，勿以善小而不为。"只有在日常履践中积小流，方能在道德修养上成江海。言行举止教育看似事小，实则事大。清代一些书院对生徒展开言行举止教育，很有必要。

要而言之，为了引导生徒合理课试、公平竞争，形成健康的学习氛围，清代一些书院纷纷出台课试禁忌方面的规章制度，主要包括：对禁止请人代考、抄录成文、更换课卷、在卷面上做记号等各种舞弊现象做出说明，对诗歌格律、文字训练、行文避讳等答卷内容中的各种禁忌事项做出

---

① 萧振声编：《浏东狮山书院志》卷三，光绪四年刻本，第9页。

② 庄遂吉：《玉山书院规条摘要》，吕懋勋、袁廷俊编：《蓝田县志》卷九，光绪元年刻本，第2页。

③ 佚名：《令德书院章程》，刚毅、安颐编：《晋政辑要》卷二十三，《续修四库全书》第884册，上海古籍出版社2002年版，第58页。

④ 佚名编：《桐乡书院志》卷三，清刻本，第5页。

⑤ 符乘龙：《白鹭洲书院课规十则》，刘绎编：《白鹭洲书院志》卷二，同治十年刻本，第20页。

⑥ 冯鱼山：《端溪书院学规》，傅维森编：《端溪书院志》卷四，光绪二十六年刻本，第16页。

说明，对交卷时间、言行举止等各种行为中的禁忌事项做出说明。清代书院课试禁忌大多与清代科考条例相一致（只有少部分书院在交卷时间上不尽一致），有力显示出清代科考对清代书院教育的重要影响。课试禁忌对于学生而言有其存在的价值，德国教育家伊曼努尔·康德认为，未受培养的人是生蛮的，未受规训的人是野性的，耽误规训比耽误培养更为糟糕，因为培养的疏忽可以后来弥补，而野性一旦形成，便无法祛除①。苏联教育家苏霍姆林斯基认为，童年和少年时期，当恶习没有成性而莠草刚刚出根之际，就应及早抑制②。捷克教育家夸美纽斯认为，邪恶的性情必须用力量去制止才行，我们应当用纪律去抗拒它们，尽可能地连根拔除③。清代书院通过整肃课规对生徒加以约束，祛除野性与恶习，促进他们认真读书，为国家培养品学兼优的健康人才。清代书院课试禁忌虽有呆板、僵化的一面，但在端正士习、净化学风以及保障课试的公平性等方面功不可没。课试禁忌不仅对昔日书院教育有着重要贡献，而且对当今学校教育有着重大影响，当今学校各类考试中的严惩抄袭、按时交卷以及端正行为举止等各项规定，都是从清代书院课试禁忌中承嗣而来。

三　奖惩措施

为了调动生徒的研习积极性，清代一些书院在课试中采取了一些奖惩措施。

发放膏火是清代书院的主要奖惩措施。膏火原为书院发给生徒的学习费用，有些书院以银两为膏火，如浙江龙湖书院每名生徒的膏火银十两，有些书院以谷物为膏火，如湖南箴言书院每名正课生的膏火谷十二石，每名附课生的膏火谷六石。清代书院大多以银两为膏火，以谷物为膏火并不多见。为了鞭策生徒认真研习，很多书院通过发放膏火来实施奖励，如浙江东城讲舍规定："举诸生中有文行者与焉，课举业经艺外，兼课诗赋杂文，月凡再举，择尤定额，月给膏火笔札以奖励之。"④ 不少书院根据课

---

① ［德］伊曼努尔·康德：《论教育学》，赵鹏、何兆武译，上海世纪出版集团2005年版，第5页。

② ［苏联］苏霍姆林斯基：《怎样培养真正的人》，蔡汀译，［苏联］苏霍姆林斯基：《苏霍姆林斯基选集》第2卷，教育科学出版社2001年版，第399页。

③ ［捷克］夸美纽斯：《大教学论》，傅任敢译，人民教育出版社1984年版，第184页。

④ 薛时雨：《东城讲舍记》，龚嘉俊编：《杭州府志》卷十六，民国11年印本，第17页。

试成绩的高低来发放不同等级的膏火，如江西白鹿洞书院规定："每月止会文一次，支供饩银二两，课卷交副讲先生详加评阅，析别瑜瑕，呈堂鉴定发案。一等赏银三钱，为廪米、衣布、油灯、盐菜之资。二等赏银二钱，为米、盐、油、菜之资。又二等给米、盐、菜、油银一钱五分。三等免赏。或一年已周十二会，其中未列二等者，仍给米二斗。"① 有些书院的生徒有生员与童生之分，在发放膏火上有所不同，如河北燕山书院规定："官课每月定于初二、十六日，届期点名扃试。一文一诗，当日缴卷，阅后榜列名次。生员前五名，童生前三名，分别给奖，以示鼓励。生员一名奖银八钱，二名六钱，三名五钱，四名四钱，五名三钱。童生一名奖银四钱，二名三钱，三名二钱。"② 由于生员的级别高于童生，因此燕山书院在发放膏火的额度上偏重于生员。除了对佼佼者奖励膏火外，有些书院还罚除课试不到者的膏火，通过这一措施来对生徒的行为有所约束，如浙江龙湖书院规定："每年正月开考甄别，由院董请出告示，定期扃试。每月朔课，亦应请命题分给课卷，如肄业诸生有不到课者，即当停给膏火。"③ 有些书院每逢乡试年时给应举生徒实施膏火奖励，有时罚除不应举者的膏火，将它分给应举而无膏火者，从而推动当地举业的发展，如安徽东山书院规定："乡试之年，生员七、八、九三个月膏火或全或半。其人赴试，自应照全半之数按月分给。如不赴试，则将该生应得全半膏火罚停，分给赴试无膏火者，以示鼓励。"④ 为了防止生徒代作文字冒领膏火，有些书院如广东粤秀书院、四川锦江书院、云南西云书院等要求生徒亲自领取膏火。发放膏火是清代书院课试活动中的重要奖励措施，可以鞭策生徒认真研习，不过发放膏火也有消极的一面，有些生徒在利禄的驱动下，将膏火作为单纯的物质追求对象。

　　刊刻生徒的优秀课艺也是一种奖励措施，这种奖励可使才之既优者益加淬励，才之未逮者有所鼓舞，深得不少书院的重视。河南彝山书院在道光年间（1821—1850）屡次举行刊刻课艺的活动，道光二十年（1840），该院山长史致昌为即将刊刻的优秀课艺作序时指出："斋课所

　　① 廖文英：《申详减租文》，毛德琦、周兆兰编：《白鹿洞书院志》卷十，宣统二年刻本，第25页。

　　② 何嵩泰编：《遵化通志》卷十七，光绪十二年刻本，第25页。

　　③ 余丽元编：《龙湖书院志》卷下，光绪十四年刻本，第6页。

　　④ 唐治编：《东山书院志略》，咸丰二年刻本，第10页。

积制艺以及诗赋杂作，择其理法清、词意醇者得若干首，出修脯所积，付之剞劂，使诸童歆动于绩古之荣。"道光二十四年（1844），山长史致昌又为即将刊刻的优秀课艺作序时指出："爰依前刻，择其言尤雅者复得若干首，付之锓人，俾切磋砥砺之士，得志者因之益奋，不得志者不致怀疑自沮。"① 从中可知，刊刻生徒的优秀课艺不仅使入选的生徒获得成就感，促进他们奋发向上，而且使落选的生徒看到自己的不足，并从中吸取教训，可谓一举多得。有些书院的课艺佳作数量众多而刻集容量有限，针对这种问题，有时采取刊刻少部分生徒的优秀课艺而将未能刊刻入集的作者以及等级情况附于集后的方法，使用这种方法能对所有优秀的生徒进行表彰，如光绪三年（1877），上海求志书院在当时优秀课艺众多而难以全部刊刻的情况下采取此法。清代很多书院重视科举文教育，不少书院重视刊刻科举文佳作。由于科举名家范文对科举文研习起着重要的示范作用，因此一些书院要求对学习名家范文得当的优秀课艺进行刊刻，如江苏紫阳书院要求生徒研习八股名家范文，并对研习得法的部分优秀课艺进行刊刻。由于刊刻优秀课艺是一种奖励措施，因此有些书院如广东学海堂等若采取此法，就不再给予膏火奖励。同发放膏火一样，刊刻优秀课艺有着不少优点，也有不足之处。有些书院刊刻优秀课艺时，在质量方面把握不当，以至于鱼目混珠、泥沙俱下，贻人以讥。为了使刊刻优秀课艺名副其实，江西白鹿洞书院规定，要选取有骨品、有脉理、有先正之体裁章法者进行刊刻，如无名世真文，就不要枉费梨枣，以耗物力②。河北莲池书院山长黄彭年也针对刊刻优秀课艺的问题发了如下一番感慨：

　　书院月试制艺试帖旧矣，当事诸公复进而试以古文辞赋，逾月院长辄选而刊之，谓足尽其美乎？恐不能无遗也。谓可传乎？作者局于尺几、迫于暑景，阅而评者、选而刊者，不三旬而成帙，未能信也。然则奚为刊之？将以励也。励以名乎？操觚脱稿，不逾月而传之都邑，不数月而传之百里千里，能者快于心，不能者观而感

---

① 史致昌编：《彝山书院志》，道光二十六年刻本，第95、106页。

② 廖文英：《申详减租文》，毛德琦、周兆兰编：《白鹿洞书院志》卷十，宣统二年刻本，第25页。

矣。励以实乎？其美者，人得而称之，其瑕者，人得而指摘之，已刊者知自省，未刊者足以鉴矣。励止此乎？则取前人之文日夜诵之、仿而效之，迨其成也，足以弋取科第驯至于公卿，则是教者竭其聪明才力授人以揣摩迎合之术、铿锵无用之文，坏人才而害国家，学者之误、教者之罪也。然则宜如何？曰：文者，弟子以余力学之者也；言者，心之声也。文之实在行，行之实在心。心术端、行谊立，文虽不工，称善人焉，况充实而有光辉，文未有不善者。愿与吾徒共勉之。①

黄彭年连续用了七个设问来对刊刻优秀课艺的积极作用与消极意义做了全面阐述，并从文行关系的角度揭示出，生徒应重视的是行而非文。此番论证切中时弊，雄辩有力。

玉雕琢而后成，文相观而愈美。清代有些书院采取传看优秀课艺的奖励措施，传看优秀课艺与刊刻优秀课艺相类似，虽没有刊刻优秀课艺的诱惑力大，但简便易行，也受到一些书院的重视，如湖北问津书院规定："阅卷发案毕，其优等应誊者领卷归，各自缮写四本，照原批点装订，送至书院汇齐，分上下东西四路酌期递传，以示欣赏。"② 浙江郧山书院规定："每逢官课、院课，生童拔取超上一二名者，将文之精义于眉批标明，加以圈点，总评出案后，由山长令司事照原文原批原圈誊出，粘贴院中仪门前，既使作者踊跃加勉，并可为多士观摩。"③ 传看优秀课艺的长处在于，后进者可以通过阅读优秀课艺来扩充见识以及提高写作水准，短处在于，易使先进者滋长傲慢之心，后进者形成忌妒之心。若不作适当的引导，会不利于生徒的心理健康，一些书院就很重视心态的疏导，如广东端溪书院规定："凡发卷日，文字优劣经院长分别宣告，各生徒不得因某卷内少有疵累，或堂上哗笑，或出外传扬，既非

---

① 黄彭年：《莲池书院课艺序》，黄彭年：《陶楼文钞》卷九，《续修四库全书》第1553册，上海古籍出版社2002年版，第48—49页。

② 邹江遐：《问津书院会约四则》，王会厘编：《问津书院志》卷四，光绪三十一年刻本，第21页。

③ 佚名编：《郧山书院志》条规，赵所生、薛正兴主编：《中国历代书院志》第九册，江苏教育出版社1995年版，第8页。

君子之心，亦失朋友之谊。"① 有些书院虽然不是传看优秀课艺而是互相交换课艺传看，不过实施此法也要注意心态的疏导，如江西白鹭洲书院规定："乐群敬业，赏奇晰疑，斯云良友。互看会文，肯摘谬批疵，足觇人之诚实。若面谀背非，致口角以伤大雅，即正馆规。"② 传看优秀课艺或互相交换课艺传看都是建立在谦虚尊重的基础上，先进者只有祛除矜夸之情，后进者只有祛除忌毁之态，才会不悖传看课艺的本意。

清代很多书院在确定招生的总额后，根据成绩的高低将生徒分为各种类别，不同类别的生徒在膏火供给上有所不同，有些书院对最低类别的生徒不给予膏火。不过，清代书院对生徒类别的界定是相对的，很多书院采取类别升降的措施来调动生徒的研习积极性，往往以每月数次的课试成绩来重新确定生徒类别。具体做法是：类别低的生徒若在每月的数次课试中成绩突出，便升为类别高的生徒；类别高的生徒若在每月的数次课试中成绩下滑，便降为类别低的生徒。生徒类别的升降这种奖惩措施是受到北宋太学三舍法的影响，在清代书院广泛采用。江苏钟吾书院的生徒级别由高到低的顺序依次为正课生、附课生、随课生，其升降的具体情况为："书院每课等次应由监院立簿登记。四课三优者，随课升附课，附课升正课。四课三劣者，正课降附课，附课降随课。"③ 甘肃兰山书院的生徒级别由高到低的顺序依次为正课生、副课生、外课生，其升降的具体情况为："甄别以后，无论官课、堂课通同查校。正课连列劣等三次者降为副课，副课连列劣等三次者降为外课；外课连列优等三次者升为副课，副课连列优等三次者升为正课。注册记名，遇有缺额，即刻顶补。其优等以超等前十名为限，劣等以一等后十名为限。"④ 浙江正学书院的生徒级别由高到低的顺序依次为正课生、副课生、附课生，其升降的具体情况为："随课升降，以昭激励。凡正课生童一连三课取超等，上取前五名者，加膏火一倍。一连三课在特等中取者降副课，一连三课在一等次取者降附课。或两

---

①　梁鼎芬：《端溪书院章程》，傅维森编：《端溪书院志》卷四，光绪二十六年刻本，第20页。

②　符乘龙：《白鹭洲书院课规十则》，刘绎编：《白鹭洲书院志》卷二，同治十年刻本，第21页。

③　叶钧编：《钟吾书院条规》，道光二十二年刻本，第23页。

④　佚名：《详定兰山书院条规》，邓洪波主编：《中国书院学规集成》第三卷，中西书局2011年版，第1716页。

课一等次取，一课特等中取，或两课特等中取，一课一等次取，均只降副
课。其副课生童一连三课取超等上取者升正课，一连三课在一等次取者降
附课。其附课生童一连三课取超等上取者升正课，三课取特等中取者升副
课，三课中有两课超等上取、一课特等中取或一课超等上取、两课特等中
取者，均升副课。"① 其中，浙江正学书院对生徒类别升降的规定尤为详
尽，可见该院施教者在课试上用心细致。由于生徒类别的升降与所得膏火
的多少直接挂上钩，因此这种措施得到生徒的充分重视。一时领先不会永
保领先，一时落后并非永远落后，这种思想对于先进者与后进者而言都能
产生激励作用。要想遥遥领先，惟有不懈努力，成为生徒研习途中永不变
更的座右铭。

对于少数行为恶劣的生徒，清代一些书院采取除名的措施来对他们进
行严惩。有些书院对无故屡次旷课者实行除名，如福建鳌峰书院规定：
"查肄业生童每月应考三课，如无故一次不到者，罚扣半月膏火饭食银
两。无故二次不到者，罚扣全月膏火饭食银两。接连三课不到者，即将册
内姓名扣除。"② 有些书院对课试抄袭者实行除名，如四川锦江书院规定：
"拾人牙慧，无所用心，真是自甘暴弃，既不能榜上列等，应即于册内除
名，以遏侥幸。"③ 有些书院对不按时交卷者实行除名，如广东菊坡精舍
规定："每月定期初八、十八、二十八日三课，在精舍局试，当日缴卷，
不准继烛，如违，即除名出院。"④ 除名这一惩罚措施对书院教育与书院
管理而言都有必要，只有驱除害群之马，才能净化学风，给其他生徒提供
一个良好的学习环境，使他们能够安心地读书与学习。

要而言之，为了调动生徒的研习积极性，清代书院在课试时主要采
取发放膏火、刊刻或传看优秀课艺、生徒类别的升降、除名等一系列奖
惩措施，这些措施成为鞭策生徒认真研习的酵母，激发生徒的热情与斗
志，促进生徒奋发向上，为提高生徒的学术素养、增强生徒的写作能力
以及应举能力夯基铺路。奖惩措施对于教育而言有着存在的价值，英国

---

① 刘璈：《重定正学东湖广文书院规条》，邓洪波主编：《中国书院学规集成》第一卷，中
西书局 2011 年版，第 447—448 页。

② 游光绎编：《鳌峰书院志》卷四，道光年间刻本，第 3 页。

③ 李承熙：《锦江书院纪略》卷下，咸丰八年刻本，第 63 页。

④ 佚名：《广州菊坡精舍章程》，邓洪波主编：《中国书院学规集成》第三卷，中西书局
2011 年版，第 1302 页。

教育家约翰·洛克论及儿童教育时指出，善有惩，恶有罚，这是理性动物惟一的行为动机，它们不啻是御马的缰绳。要想支配儿童，应该采取奖励与惩罚的措施，只要这两种措施运用得当①。尽管清代书院的奖惩措施也有着不尽人意之处（如少数书院采取下跪等不良的惩罚措施），但是总体观之，大多数奖惩措施合理得当，对先进者与后进者都能起到应有的激励作用。奖惩措施不仅普遍存在于清代书院教育中，也广泛使用于当今学校教育中。当今一些学校设立的奖学金制度、快班与慢班制度以及办刊办报选登学生的优秀文章等各种措施，都是深受清代书院奖惩措施的影响。

四　课艺评点
　　——以钟山书院与经古精舍的课艺评点比较为例

　　清代不少书院重视刊刻生徒的优秀课艺，有些书院在刊刻生徒的优秀课艺时，也将施教者的评点刻入其中。课艺评点是清代书院文学教育的重要方式，为了展现清代书院课艺评点的概况，笔者选择对江苏钟山书院以及江苏经古精舍的课艺评点进行比较研究。钟山书院位于南京，经古精舍位于常州，前者在雍正十一年（1733）被定为省城书院，后者在光绪二十一年（1895）中日《马关条约》签订后由龙城书院分裂而来（龙城书院分设成经古精舍与致用精舍，经古精舍从事经史、文学教育，致用精舍从事舆地、算学教育，缪荃孙与华若溪分主讲席）。《钟山书院乙未课艺》刻于光绪二十一年（1895），收录八股文、诗、议、记、箴、哀祭等类型的课艺二十一种，不分卷。《经古精舍课艺》刻于光绪二十七年（1901），收录经史、词章（包括诗、赋、词、论、记、表、碑、铭、箴、颂、赞）等类型的课艺一百七十七种，按照丙申、丁酉、戊戌、己亥、庚子、辛丑等时间编排，不分卷。

　　钟山书院的课艺评点偏重于内容分析，经古精舍的课艺评点偏重于艺术评判，前者详密而后者简练，此处选摘部分评点来作说明：

---

①　［英］约翰·洛克：《教育漫话》，傅任敢译，人民教育出版社1985年版，第54—55页。

表 4—16

类别	题目	作者	所得评点
《钟山书院乙未课艺》	《君子固穷》	吴鸣麒	文思深至，说理真切，极力写出君子身分，大有长剑倚天之慨，非寻常文字也
	《君子固穷》	潘宗鼎	寓牢骚于温厚，托情抱于芳菲。短调长歌，低徊欲绝。然明珠必耀，幽蕙自馨，保此清寒，勿孤吾意
	《不信仁贤则国空虚》	朱照	忠爱缠绵，词尽意不尽，意尽泪不尽。一字一凄怆，一句一盘折。文品高绝，文心妙绝，真吾党也。全是书卷气
	《不信仁贤则国空虚》	王受畴	于千古亡国之事熟观深思，心有所痛，一片热血，结为此文。叹慨交并，声泪俱下，放臣逐客，睹此有余哀矣
	《风雨如晦，鸡鸣不已》	杨丙福	潜心求道，得深见远，此真能处患难之君子。沧海横流，将引作者为同调也
《经古精舍课艺》	《好观汉故事及便宜章奏赋》	张潮	使笔如剑，靡剑不摧
	《不以空言说经赋》	张恂	笔力坚卓，劲气直达
	《山涛论》	魏声龢	一纵一横，笔锋可畏
	《克敌弓铭》	吕景栟	文约为美
	《小冠杜子夏赋》	刘蔼	气清笔洁①

上表中的钟山书院课艺都是八股文，由于八股文写作要代古圣贤立言，因此钟山书院在从事八股文教育时重视道德教化，这从上表的课艺评点中不难知晓。除了收录一些八股文外，《钟山书院乙未课艺》还收录《祭顾亭林文》《移建文宗阁议》《钟山书院藏书记》《行箴》《学箴》以及一些诗作，这些作品要么具有实用价值，要么具有教化功能。从课艺以及课艺评点中可知，钟山书院将文学教育与经世教化紧密地联系起来。钟山书院在重视道德教育的同时，也重视学识培养，这从如下的课

① 本表内容依据下列资料整理制作而成：梁星海编：《钟山书院乙未课艺》，光绪二十一年刻本，第 29、31、40、42、80 页；缪荃孙、华若溪编：《龙城书院课艺·经古精舍课艺》，光绪二十七年刻本，丙申词章中的第 29 页，丁酉词章中的第 3、24、43 页，己亥词章中的第 5 页。

艺评点中有所体现：

表 4—17

题目	作者	所得评点
《事前定则不困》	陈光第	上下千古，感喟万端，词气苍茫，才藻联属，钟山之奇秀也。此卷为江宁廪贡陈生光第作，真不凡之才。未知平日致力于何书，爱何人文字，曾读宋儒书否？亟思一谈论之
《不信仁贤则国空虚》	朱照	忠爱缠绵，词尽意不尽，意尽泪不尽。一字一凄怆，一句一盘折。文品高绝，文心妙绝，真吾党也。全是书卷气
《隐居放言》	鲍梓生	心志正大，风度端凝，于政教风俗之原能有所见，维持清议，抒写深衷，得力亭林遗书多矣。作者潜心向学，心地志趣均好，他日有所成立，不专在文字也
《祭顾亭林先生文》	傅良弼	吸髓群籍，散为光华，气王才隽，可副大雅之选，欣赏久之。能读古书，又有才笔，乃能如此
《祭顾亭林先生文》	石凌汉	知先生为学用世之本旨，说名教风俗，均有关系。真能读《日知录》者，喜而不寐。通体文亦雅整
《祭顾亭林先生文》	陈莹	实能窥见先生立身居心大旨，论学论事，无一字一句不谛当于子心。识精笔健，气王意长，可与论昆山之学矣
《钟山书院藏书记》	杨丙福	恢廓闲雅，有古人之深致。良由读书既多，时有心得，故发露光采，炯炯不坏。此才已成，欣赏无已
《钟山书院藏书记》	鲍梓生	意味醇厚，文气浩瀚。有此志抱，攻苦群籍，必能有望之至
《钟山书院藏书记》	程先甲	覃思考群籍，功久思清，吐属芬芳，心地明洁①

在上述评点中，"作者潜心向学，心地志趣均好，他日有所成立，不专在文字也""识精笔健，气王意长，可与论昆山之学矣""良由读书既多，时有心得，故发露光采，炯炯不坏""有此志抱，攻苦群籍，必能有望之至"等语，充分表达了施教者对学有根柢的生徒持有褒奖之情或寄予厚

①　本表内容依据梁星海编《钟山书院乙未课艺》（光绪二十一年刻本，第 2、40、52、86、90、92、108、110、114 页）整理制作而成。

望。尽管钟山书院重视八股文教育，不过施教者对沉潜于道德学术研习而不以应举为旨归的生徒深表赞赏，这从课艺评点中有所显示，如梁荄的《事前定则不困》所得评点为："意致高简，心情愤抑，必非沉霾制艺中人也。"杨炎昌的《孟子曰：博学而详说之，将以反说约也》所得评点为："沉酣群籍，发摅孤心，洁净精微，得此乃满吾意也。篇中精思独到处，不当以时文观的，是异才。"① 这些评点都对生徒淡泊名利的思想进行了肯定，施教者的这种认同感会对生徒有着莫大的鼓舞，鞭策他们朝着植品厚学的方向努力奋进。

经古精舍的课艺评点有时也涉及道德说教，如陈佩实的《咬菜根赋》所得评点为："吐华含润，袭馨撷奇，杳然粹而清，可以镇浮躁。"吕景栯的《展重阳登三吴第一楼放歌》所得评点为："宛郁苍凉，襟抱自远。"② 经古精舍的课艺评点有时也涉及学术评判，如吕景栯的《咬菜根赋》所得评点为："削尽浮词，独标精蕴，学人之赋异于词人者如是。"王其倬的《孟敏堕甑赋》所得评点为："才学并茂，声情激越。"③ 不过与钟山书院相比，经古精舍的课艺评点较为淡化道德说教与学术评判，如卜宗俊的《输攻墨守赋》所得评点为："树义必坚，措词无懦。"汪燮元的《拟唐黄文江秋色赋》所得评点为："秀色可餐。"④ 这些评语只是对写作技巧或课艺内容做泛泛而谈，没有多少道德说教或学术评判的意味。

模仿是文学研习的良法，深得古人推许，如朱熹认为："古人作文作诗，多是模仿前人而作之。盖学之既久，自然纯熟。"⑤ "前辈作文者，古人有名文字，皆模拟作一篇。故后有所作时，左右逢原。"⑥ 姚鼐认为："文不经摹仿，亦安能脱化？观古人之学前古，摹仿而浑妙者自可法，

---

① 梁星海编：《钟山书院乙未课艺》，光绪二十一年刻本，第6、10、11页。
② 缪荃孙、华若溪编：《龙城书院课艺·经古精舍课艺》，光绪二十七年刻本，丙申词章中的第38、68页。
③ 缪荃孙、华若溪编：《龙城书院课艺·经古精舍课艺》，光绪二十七年刻本，丙申词章中的第35页，庚子词章中的第2页。
④ 缪荃孙、华若溪编：《龙城书院课艺·经古精舍课艺》，光绪二十七年刻本，丁酉词章中的第9页，己亥词章中的第3页。
⑤ 黎靖德编：《朱子语类》卷一百三十九，中华书局1986年版，第3299页。
⑥ 同上书，第3321页。

摹仿而钝滞者自可弃。虽扬子云亦当以此义裁之，岂但明贤哉？"[①] "学诗文不摹拟，何由得入？须专摹拟一家已得，嗣后再易一家。如是数番之后，自能熔铸古人，自成一体。"[②] 朱光潜也对模仿的重要性做过如下阐述：

> 运用语言文字的技巧一半根据对于语言文字的认识，一半也要靠虚心模仿前人的范作。文艺必止于创造，却必始于模仿，模仿就是学习。最简捷的方法是精选模范文百篇左右（能多固好；不能多，百篇就很够），细心研究每篇的命意布局分段造句和用字，务求透懂，不放过一字一句，然后把它熟读成诵，玩味其中声音节奏与神理气韵，使它不但沉到心灵里去，还须沉到筋肉里去。这一步做到了，再拿这些模范来模仿（从前人所谓"拟"），模仿可以由有意的渐变为无意的。习惯就成了自然。入手不妨尝试各种不同的风格，再在最合宜于自己的风格上多下功夫，然后融合各家风格的长处，成就一种自己独创的风格。从前做古文的人大半经过这种训练，依我想，做语体文也不能有一个更好的学习方法。[③]

模仿不仅习见于文学研习中，也习见于其他各门艺术的研习中。就以书法而言，历代一些著名的书法家都极为重视模仿，如宋代米芾模仿前人作品以假乱真（据说东晋王献之的书法传本《中秋帖》是米芾所临），明清之交的王铎在成名后还是坚持临摹与创作交叉进行。由于模仿对文学研习至关重要，因此模仿训练成为清代书院文学教育的基本要求。钟山书院与经古精舍的施教者都对一些模仿古人笔法而直逼古人的佳作给予肯定，此处选摘部分评点来作说明：

---

① 姚鼐：《与管异之六首》，姚鼐：《姚惜抱尺牍》，上海新文化书社印本1935年版，第40页。

② 姚鼐：《与伯昂从侄孙十一首》，姚鼐：《姚惜抱尺牍》，上海新文化书社印本1935年版，第77页。

③ 朱光潜：《谈文学》，安徽教育出版社2006年版，第16页。

表 4—18

类别	题目	作者	所得评点
《钟山书院乙未课艺》	《事前定则不困》	傅良弼	中散如鹤，轩昂不群。见理明，论事切，良可宝贵。细观此卷文字，有一种沉凝英迈之概，未知平日曾读何书？仰慕古人取法何人？顺一论之
	《君子固穷》	石凌汉	依仿《七发》，藻采纷纶，深思缥缈。不见三日，精进如此，喜之至
	《隐居放言》	王受畴	扇正则之芳馨，蓄长沙之感愤。探精理窟，网采词林。志士才人，不易觏也。欣赏何已
	《风雨如晦，鸡鸣不已》	鲍梓生	奇字奥义，高志深怀，如读鲍明远寄妹诸作，又似李昌谷诗
	《风雨如晦，鸡鸣不已》	翁长芬	根情、苗言、华声、实义，乐天论诗之旨，贤乃得之
《经古精舍课艺》	《好观汉故事及便宜章奏赋》	胡际云	渊懿朴茂，纯乎西京
	《拟李文饶〈文章论〉》	沈时际	气味古荡，纯乎魏晋六朝文者
	《萧望之论》	许国英	五论反覆抑扬，持论平允而波澜起伏，颇窥古文家标格
	《拟唐黄文江〈秋色赋〉》	费葆谦	格摹唐律，词托骚心
	《重修三吴第一楼赋》	黄隽	中间颇古雅①

上述评点，或揭示生徒模仿古人感情（如"扇正则之芳馨，蓄长沙之感愤"），或揭示生徒模仿古人笔法（如"持论平允而波澜起伏，颇窥古文家标格"），或揭示生徒模仿古人感情与模仿古人笔法兼而有之（如"奇字奥义，高志深怀，如读鲍明远寄妹诸作，又似李昌谷诗"）。在模仿训

---

① 本表内容依据下列资料整理制作而成：梁星海：《钟山书院乙未课艺》，光绪二十一年刻本，第 4、37、62、82、84 页；缪荃孙、华若溪编：《龙城书院课艺·经古精舍课艺》，光绪二十七年刻本，丙申词章中的第 33 页，丁酉词章中的第 40 页，戊戌词章中的第 25 页，己亥词章中的第 1 页，辛丑词章中的第 7 页。

练中，拟古是属于直接模仿，更为逼真，这种方法在经古精舍备受重视，这从经古精舍的课艺中不难知晓。《经古精舍课艺》就收录了很多拟古习作，具体情况如下：

表 4—19

类别	题目	作者	所得评点
丙申词章	《拟王子渊〈圣主得贤臣颂〉》	陈佩实	无评点
	《拟孙可之〈骂僮志〉》	吕景梅	词旨俊迈，迥异谇器
	《拟司马文正〈上资治通鉴表〉》	胡际云	无评点
	《拟司马文正〈上资治通鉴表〉》	沈时际	古质有味，是深于汉魏文章者。他人句模字仿，无真实朴理，无坚厚雄概，率见其薄弱而已
	《拟〈西昆酬唱集〉四首》	吕景梅	无评点
	《拟韩昌黎〈石鼎联句〉》	吕景梅	老当
	《拟韩昌黎〈石鼎联句〉》	胡际云	无评点
丁酉词章	《拟〈重建常州府署碑记〉》	卜宗俊	雄劲浑厚，胎息西京，尤非易事
	《拟李文饶〈文章论〉》	沈时际	气味古荡，纯乎魏晋六朝文者
	《拟韩退之〈五箴〉》	吕景梅	无评点
戊戌词章	《拟梁江淹〈与友论隐书〉》	吴闻元	逼真六朝
	《拟梁江淹〈与友论隐书〉》	许国英	音节闲雅，六朝高絜
	《拟元人〈十台怀古诗〉》	吕光辰	无评点
己亥词章	《拟唐黄文江〈秋色赋〉》	费葆谦	格摹唐律，词托骚心
	《拟唐黄文江〈秋色赋〉》	汪燮元	秀色可餐
	《拟陆机〈演连珠〉》	汪燮元	精理名言，络绎腕下，自是读书有得之言
	《拟陆机〈演连珠〉》	黄隽	精言力透纸背
	《拟陆机〈演连珠〉》	周仁撰	意足词雅
	《拟唐陈子昂〈感遇〉》	朱昀	精理名言，语绎奔赴
	《拟陶渊明三首》	杨颂陔	胎息入古
庚子词章	《拟〈重建舣舟亭记〉》	吴闻元	隽永
	《拟紫阳真人山玄卿撰〈新宫铭〉》	恽宝元	骨重神寒天庙器

续表

类别	题目	作者	所得评点
庚子词章	《拟唐李长吉〈恼公〉》	恽宝元	气清，词不厌其缛；才大，韵不嫌其窄。无字不稳，有对必工，直驾原作而上矣。序亦近李义山
	《拟唐李长吉〈恼公〉》	黄隽	清丽芊绵，不为韵缚，才大故也
辛丑词章	《拟庾子山〈春赋〉》	程麟	呜咽苍凉，长歌当哭。今日行在，诸君子见之，当何如？赋笔亦绝似开府
	《拟晋陆云〈逸民赋〉》	吴闻元	工稳
	《拟隋卢思道〈劳生论〉》	何日超	字斟句酌，颇能变换①

上述拟古习作多是针对历代名家的作品进行摹拟，如魏晋南北朝时期陆机、陆云、陶渊明、江淹、庾信的作品，唐代时期陈子昂、韩愈、李贺的作品，宋代时期司马光以及西昆体作家的作品。由于名家作品成就巨大，影响深远，因此很容易进入书院教育的视野，经古精舍如此，清代其他书院也是如此。

　　对于文学研习而言，模仿与创新有着紧密的联系。创新基于模仿，模仿是创新的必经之路。模仿诚可贵，创新价更高。翻新出奇、求新求变、戛戛独造是古今文学创作的重要要求，只有立意新颖、结构曲折、语言脱俗的文章，才能令人耳目一新，给人以一种心灵上的满足。由于创新意义重大，因此钟山书院与经古精舍除了重视为文上的模仿教育外，还重视为文上的创新教育，这从如下的课艺评点中不难知晓：

表4—20

类别	题目	作者	所得评点
《钟山书院乙未课艺》	《子曰：志士仁人，无求生以害仁，有杀身以成仁》	邵怀沁	运笔下字，无一处随人，故奇崛如此。兴采壮烈，心志悲凉，可歌可泣之文也

----

① 本表内容依据缪荃孙、华若溪编《龙城书院课艺·经古精舍课艺》（光绪二十七年刻本，目录中的第1—7页，丙申词章中的第51、53、55、57、65、66、67页，丁酉词章中的第31、40、42页，戊戌词章中的第34、36、41页，己亥词章中的第13、28、30、33、34、35页，庚子词章中的第15、17、24、26页，辛丑词章中的第2、3、10页）整理制作而成。

续表

类别	题目	作者	所得评点
《钟山书院乙未课艺》	《君子固穷》	杨炎昌	无一笔不曲，无一语不深，无一字不雅。气味酚馥，神思幽微，直是散体文家妙境。此题得此文，吾满志矣
	《隐居放言》	徐德辉	吸诸子之髓，汇群言之宗，奇奥幽杳，无一字一语拾人牙慧。何处得此异才，惊喜之至
	《隐居放言》	杨熙昌	一讲沉郁绝伦，大有长剑倚天之慨。以下两比，词意稠叠。无一直笔，无一常语，能手也
	《隐居放言》	石凌汉	于诸子骚赋，皆有工夫。脱尽恒蹊，自标芳思。贤少年高才，他日必有所成也
《经古精舍课艺》	《商鞅论》	顾国瑞	文极有卓见，不拾人牙慧一语
	《小乐府》	恽宝元	一笔一转，一转一意。不难其辞之华，而难其气之厚。七子而后，罕见斯才
	《九寒诗》	吕景枏	格高意炼
	《脉望》	范耀宗	君房言语妙天下
	《中秋赏月词》	恽宝元	无语不新，无字不炼，名作也①

上述评点多用否定词"无"或"不"来对生徒为文上的创新深表赞赏，如"无一处随人""无一笔不曲，无一语不深，无一字不雅""无一字一语拾人牙慧""无一直笔，无一常语""不拾人牙慧一语""无语不新，无字不炼"，可见语言精当是为文创新的一个重要表现。语言精当是清廷推行的清真雅正衡文准则的一项基本要求，由于韩愈提出的务去陈言的观点与清真雅正衡文准则相符合，因此深受清廷重视，如乾隆四十三年

---

① 本表内容依据下列资料整理制作而成：梁星海编：《钟山书院乙未课艺》，光绪二十一年刻本，第23、25、55、64、66页；缪荃孙、华若溪编：《龙城书院课艺·经古精舍课艺》，光绪二十七年刻本，戊戌词章中的第19页，庚子词章中的第21、30页，辛丑词章中的第27、31页。

（1778）谕旨指出："陆机云，'要辞达而理举，故无取乎冗长'，韩愈云，'惟陈言之务去'，二语实文章正鹄，士子宜深味其言。"① 从上述评点中可知，钟山书院与经古精舍在进行为文上的创新教育时，都重视务去陈言。

钟山书院与经古精舍的课艺评点多含褒奖之语，对生徒课艺持积极肯定的态度，而对一些难度较高的课艺更是极力夸赞，如在《经古精舍课艺》中，徐霖的《冬菜》所得评点为："七律比五律止多二字，其难十倍。诗组织工稳，风韵独绝，才学均加人一等矣。"② 钟山书院的课艺评点也重视使用褒奖之语，此处选摘部分评点来作说明：

表 4—21

题目	作者	所得评点
《事前定则不困》	黄宗泽	识解高特，才笔轩昂。后二感切思深，襟情独出。佳士也，吾心许之
《孟子曰：博学而详说之，将以反说约也》	鲍梓生	托微旨于千载，最精义于百家。襟韵既高，才气垒涌。此佳士也，心许之
《君子固穷》	杨炎昌	此文不特文字好，并见志趣亦好。真能固穷之士也，愿守此终身，不负厚望。切属！切属
《民之憔悴于虐政，未有甚于此时者也》	周景镐	锤之使深，抉之使出，心思沉劲，词旨苍凉，令我一读一击节
《隐居放言》	吴钟骥	心意沉挚，词笔高特，写出逸民不忘世苦。哀先哲有知，引为同调矣乎？真非凡人，所能见到也
《风雨如晦，鸡鸣不已》	杨炎昌	淡远隽永，文品洁矣！幽愤凄伤，文心烈矣！此才此人，爱之重之

---

① 崑冈、刘启端编：《钦定大清会典事例》卷三百三十二，《续修四库全书》第803册，上海古籍出版社2002年版，第300页。值得说明的是，韩愈所说的务去陈言虽是针对言辞而发，但并非拘囿于言辞本身，清人刘熙载指出："韩愈尚陈言务去。所谓陈言者，非必剿袭古人之说以为己有也，只识见议论落于凡近，未能高出一头，深入一境，自'结撰至思'者观之，皆陈言也。"（刘熙载：《艺概》卷一，上海古籍出版社1978年版，第22—23页）

② 缪荃孙、华若溪编：《龙城书院课艺·经古精舍课艺》，光绪二十七年刻本，己亥词章中的第38页。

续表

题目	作者	所得评点
《风雨如晦，鸡鸣不已》	孙启椿	心血数斗，结为此文。沉挚悱恻，忠臣孝子，此其选也
《钟山书院藏书记》	杨炎昌	贤安贫好学，有志趣，能文章，此人可贵，此才必成，切勿自弃，望之至
《钟山书院藏书记》	石凌汉	深明大义，自铸伟词，吾党雅材，庠序之佳士也①

在上述评点中，"佳士也，吾心许之""此才此人，爱之重之"等语，是施教者对生徒的才学进行肯定；"真能固穷之士也，愿守此终身，不负厚望""沉挚悱恻，忠臣孝子，此其选也"等语，是施教者对生徒的道德认识给予赞赏。苏联教育家苏霍姆林斯基论及褒奖教育时指出，好成绩带来的愉快是一股强大的力量，想当一名好学生就依靠这股力量，要使儿童的内在动力永不衰竭，倘若没有这股力量，任何教育绝招也是无济于事②。钟山书院与经古精舍刊刻的课艺都是一些优秀生徒的作品，有着不少亮点，施教者通过肯定这些课艺的成就来增强优秀生徒的创作信心以及激发他们的创作欲望，同时又能让其他一些课艺并不优秀的生徒明白优秀课艺的优秀所在，并从中加以学习，进而提高自身的写作水准。像钟山书院与经古精舍这样重视积极肯定的方法在清代书院的课艺评点中极为普遍，即使有的书院在进行课艺评点时揭示缺点，如江苏崇实书院的施教者揭示王士铮《君子食无求饱、居无求安，敏于事而慎于言》的缺点为"因入手勒题处尚欠浑融，改之以成完璧"，揭示刘卫《伯夷、叔齐不念旧恶，怨是用希》的缺点为"前后四短比、中二大比，篇法虽属争奇，究非谋篇之善，仍宜勉之"，③这种批评的评点也只是偶尔用之，并不多见。总体看来，崇实书院施教者还是采取多表扬少批评这种积极肯定的方法。

　　要而言之，钟山书院与经古精舍的课艺评点都很重视为文上的模仿与

---

　　①　本表内容依据梁星海编《钟山书院乙未课艺》（光绪二十一年刻本，第8、13、25、48、68、74、76、105、112页）整理制作而成。

　　②　［苏联］苏霍姆林斯基：《给教师的100条建议》，周蕖、王义高等译，［苏联］苏霍姆林斯基：《苏霍姆林斯基选集》第2卷，教育科学出版社2001年版，第592页。

　　③　吴棠编：《崇实书院课艺》卷一，同治二年刻本，第5—10页。

创新，重视文学教育中的积极肯定法，前者偏重于内容评价，重视道德学术的培养，后者偏重于艺术评价，重视文学技巧的训练，前者详密而后者简练。二者评点对于提高生徒的写作水准、拓宽生徒的创作视阈（如经古精舍重视词作创作，经古精舍的词作创作情况在第五章第四节"清代书院词曲教育"中有所论述）、增强生徒的创作信心以及激发生徒的创作欲望都会大有裨益。

　　最后值得一提的是，钟山书院与经古精舍的课艺刊刻时间较为接近，都处于中日甲午战争的时代背景中。从钟山书院的课艺试题中可知，该院在文学教育时重视道德学术的培养，"依然是晚清士大夫普遍的思维定式，即乞灵于传统，从古人那里寻求理论依据和治世良方"。①与钟山书院有所不同，经古精舍是由龙城书院分裂而来。龙城书院在甲午战争以后分设成经古精舍与致用精舍，经古精舍从事经史、文学教育而致用精舍从事舆地、算学教育。龙城书院在国家危难之际分斋教学，说明了该院施教者认识到了西方实学对于救国的重要性，因此在具体教育时增添了实学内容。实学在中国具有两层含义：一是诸多学者心目中的经史之学，一是舆地、算学、机械、制造等西方各门实学。二者虽都以实学名之，但作用不可同日而语。在国家安稳时期，经史之学被誉为安邦定国的法宝，在外敌入侵时期，经史之学就显得十分脆弱，难以承担起维护国家主权的重任。此时在众多仁人志士的共同努力下，西方实学被关注并加以重视，龙城书院分斋教学就是施教者重视西方实学所导致的结果。

五　结语

　　课试活动是清代书院文学教育的重要活动，清代书院课试活动的类型多样，主要有官课与师课之分。为了杜绝作弊现象的发生，大多书院实行扃试。在清代书院课试活动中，文学训练尤其是科举文训练扮演着重要角色。为了引导生徒公平竞争，形成健康的学习氛围，清代书院对课试作弊、课卷内容、交卷时间、言行举业等一些禁忌事项做出说明。为了调动生徒的研习积极性，激励生徒奋发向上，清代书院采取发放膏火、刊刻或

---

　　① 刘玉才：《试论钟山书院的学术传承——兼及〈乙未课艺〉的文献解读》，程章灿编：《中国古代文学文献学国际学术研讨会论文集》，凤凰出版社 2006 年版，第 668 页。

传看优秀课艺、生徒类别的升降、除名等一些奖惩措施。"大学之法，禁于未发之谓豫，当其可之谓时，不陵节而施之谓孙，相观而善之谓摩。此四者，教之所由兴也。"① 清代书院通过说明课试禁忌以及重视循序渐进、相互观摩等一些合理得当的教育方法，来端正士习、提高生徒的学术素养、增强生徒的写作能力以及应举能力。清代书院在课试目的、课试内容、课试禁忌、奖惩措施等方面形成了一套周密的规章制度，从而保证了文学教育工作的顺利进行。

清代一些书院的生徒在入学前往往要通过课试这一关，文艺佼佼有时是入院学习的一个重要条件，如福建鳌峰书院规定："于岁科考各生中择其文艺较优者，拨入书院肄业。"② 浙江诂经精舍规定："第其高下及按试诸郡，复遴选诸生之经术较优、词华兼茂者，肄业其中。"③ 生徒入院后，又要面临着更为频繁、更为激烈的课试活动，若不认真研习，不仅难以获得各种奖励，甚至面临着淘汰的尴尬境地，如浙江龙湖书院规定："（每年）择文理明晰者取内肄业三十名送入书院，仍于冬月季考甄别一次，其文理荒谬者遣归，便于来春考补，以示劝惩。"④ 尽管如此，但是能够入院研习应该是一种幸运，因为有些人由于种种原因难以实现读书的夙愿。为了给更多的人提供读书的机会，清代一些书院拓宽了课试对象，未经收录者也可同院内生徒一起参加课试，如辽宁聚星书院规定："如有家道贫乏无力延师者，不妨于月课外，面请山长示题作文，呈阅。"⑤ 湖南箴言书院规定："凡他籍生童有闻风来学者，学舍可容则容。若愿与去取，由监院牒呈县尊，一例考课。"⑥ 由此可见，清代一些书院突破了狭隘的教育观，其大门尽量朝着热衷于知识的人敞开，施教者尽量满足每一位渴学者的愿望，此举与孔子有教无类的思想相吻合，与书院教育的开放性特点相吻合。中国历代官学在教学对象的选择上具有封闭性，远

————————

① 郑玄注，孔颖达等正义：《礼记正义》卷三十六，《十三经注疏》，中华书局1980年版，第295页上。

② 来锡蕃编：《鳌峰书院纪略》章程，道光十八年刻本，第111页。

③ 胡敬：《诂经精舍文续集序》，罗文俊编：《诂经精舍文续集》卷首，同治十二年刻本，第1页。

④ 余丽元编：《龙湖书院志》卷上，光绪十四年刻本，第34页。

⑤ 赵兴德、王鹤龄编：《义县志》卷中（八），民国19年印本，第34页。

⑥ 胡林翼编：《箴言书院志》卷上，同治五年刻本，第19页。

远不能与豁达开放的书院相媲美。中世纪欧洲大学与中国书院相类似，不过中世纪欧洲大学在教学对象的选择上要比中国书院更为开放。中世纪欧洲大学具有国际化的教学特点，能让国别不同、出身迥异的学生相聚在一起，共同品尝知识的硕果。

　　一提及书院，人们往往想到的是，书院与官学在教育方式上有别，书院重视自由教育而官学重视规范教育。从清代书院课试活动中可知，规范教育也是清代书院的重要教育方式，可见书院与官学在教育方式上有着相融之处。课试有利有弊，它虽然有着呆板、僵化的一面，但是在督促研习、净化学风以及加强教育管理等方面功不可没。由于并非所有的生徒都会在没有约束的情形下进行自觉的研读，因此有必要对生徒加强教育管理。

　　清代书院对课试禁忌的说明以及对奖惩措施的制定都与清代官学大致相同，这是否意味着清代书院与清代官学在课试上没有两样？也不尽然。与官学不同的是，清代有些书院在课试期间重视师生关系的构建，重视师生感情的交流，如陕西味经书院在课试期间就很重视良好师生关系的构建，该院山长史兆熊指出："斋房宜勤察，勤则师生隔阂之弊除矣。"他主张，要同生徒保持密切的联系：

　　　　院长念念在诸生身上，必能做出教泽事宜。若养尊处优、高自位置，则虽学问大如渊海，与诸生乎何与？官与民且不可以隔气，况师生乎？每日院长不拘时不限数，随意散步两廊，抽查三四号，则各号俱肃然矣。静坐讲堂一二时，则满院清风徐徐，万籁俱寂，虽灶下厮养不闻声矣。即此一日之闲有一二时，已足以振精神而作志气，况诸生之各自奋勉乎？且师生日近日亲，背书见面，讲书见面，查房见面，告假销假见面，五日会讲、每课发文传齐诸生一同见面。三次五次则熟识其人矣，十次八次则可知其性情所为，而因材施教庶有当矣。若累月终年不相见面，则主讲之名与讲堂之设，果何为乎？先之劳之，请益无倦，为政然，讲学亦然。①

史兆熊揭示出，山长不可养尊处优、高高在上，不可疏远生徒，而要与生

---

　　① 刘光蕡编：《味经书院志》教法上，陕西通志馆印《关中丛书》本1936年版，第7页。

徒多接触。官员在为政上需要接地气，山长在施教上更需要接地气。山长
是书院教育的领头羊，山长只有与生徒经常见面，才能加深师生之间的感
情，增强师生之间的凝聚力。由于山长的事务繁多，因此要想多花一些时
间在生徒身上，就必须减轻其他方面的劳作。史兆熊指出，授课、阅卷、
查房、查门之事让一人为之，势难周到，需要安排其他人承担部分工作，
这样山长就不会过于疲劳。山长的作用在于振作生徒精神，整顿书院学
规，山长若每日在各号门上行走一番，在讲堂上静坐一番，那么院内之气
常清，师生之气相贯①。从史兆熊的言辞中可知，味经书院在课试期间除
了对生徒进行认知教育外，还进行情感教育，这样的师生关系定会融洽和
睦。虽然山长由于精心构建师生关系而少了一份自由的空间，但是多了一
些生徒的爱戴之情。

　　清代书院课试活动中的教育思想受到元代学者程端礼《程氏家塾读
书分年日程》的影响。程端礼（1271—1345），字敬叔，号畏斋，浙江鄞
县人，历任稼轩书院、江东书院山长以及台州路、衢州路教授，师从史蒙
卿，弘扬朱熹的明体达用之学，著有《程氏家塾读书分年日程》《畏斋
集》等。

　　程端礼撰写《程氏家塾读书分年日程》时，继承以及发展了朱熹的
居敬持志、循序渐进、熟读精思、虚心涵泳、切己体察、著紧用力的六则
读书法。《程氏家塾读书分年日程》的特点是读书分年，根据生徒的成长
过程将研习分成五个阶段，不同的阶段有着不同的研习内容：第一阶段是
在未入学之前，读《性理字训》；第二阶段是在八岁入学以后，读《小
学》《大学》《论语》《孟子》《中庸》《孝经》《周易》《尚书》《诗经》
《周礼》《仪礼》《礼记》《春秋左传》《春秋公羊传》《春秋穀梁传》；第
三阶段是在十五岁以后，读《大学章句》《大学或问》《论语集注》《孟
子集注》《中庸章句》《中庸或问》，抄读《论语或问》之合于《论语集
注》者，抄读《孟子或问》之合于《孟子集注》者，以及抄读《周易》
《尚书》《诗经》《礼记》《春秋》；第四阶段是在十八或十九岁以后，看
《资治通鉴》，读《韩愈文集》，读《楚辞》；第五阶段是在二十或二十一
岁以后，专心学作文，两三年后便可应举。在以上五个阶段中，前面三个
阶段主要是研读四书五经以及小学、性理之作，第四阶段主要是研读史学

---

① 刘光蕡编：《味经书院志》教法上，陕西通志馆印《关中丛书》本1936年版，第8页。

以及文学经典作品，最后一个阶段是进行写作技巧训练。为了化书本知识为己有，程端礼主张采取熟读精思法，"凡倍读熟书，逐字逐句，要读之缓而又缓、思而又思，使理与心浃，朱子所谓'精思'、所谓'虚心涵泳'，孔子所谓'温故知新'，以异于记问之学者，在乎此也"。① 程端礼不仅要求熟读经史作品，而且要求熟读古文以及科举作品。他认为，要重视研读唐宋古文家的作品，从中学习行文架构的方法，"既读（韩文）之后，须反覆详看。每篇先看主意以识一篇之纲领，次看其叙述抑扬、轻重、运意、转换、演证、开阖、关键、首腹、结末、详略、浅深、次序。既于大段中看篇法，又于大段中分小段看章法，又于章法中看句法，句法中看字法，则作者之心不可逃矣"。"及选看欧阳公、曾南丰、王临川三家文体，然后知展开间架之法。缘此三家，俱是步骤韩文，明畅平实，学之则文体纯一，庶可望其成一大家数文字。他如柳子厚文、苏明允文，皆不可不看，其余诸家之文，不须杂看。此是自韩学下来渐要展开之法，看此要识文体之佳耳。"② 程端礼重视读写结合、以读促写，要求将阅读与写作结合起来，"读看近经问文字九日，作一日；读看近经义文字九日，作一日；读看古赋九日，作一日；读看制诰表章九日，作一日；读看策九日，作一日"。③ 为了鞭策生徒认真研读，他要求设立日程簿，让生徒每日填写研读的内容，在规定的时间内完成既定的研读任务，山长要对生徒的研读情况进行定期检查。

《程氏家塾读书分年日程》是元代科举影响下的产物。元代延祐二年（1315），朝廷实行科考，根据应举士子类别的不同分为两榜：一榜为蒙古人与色目人，一榜为汉人与南人，具体内容如下：

> 考试程式：蒙古、色目人，第一场经问五条，《大学》《论语》《孟子》《中庸》内设问，用朱氏章句集注，其义理精明、文辞典雅者为中选。第二场策一道，以时务出题，限五百字以上。汉人、南

① 程端礼：《程氏家塾读书分年日程》卷一，《四部丛刊》续编，上海商务印书馆1934年版，第2—3页。

② 程端礼：《程氏家塾读书分年日程》卷二，《四部丛刊》续编，上海商务印书馆1934年版，第3—10页。

③ 程端礼：《程氏家塾读书分年日程》卷一，《四部丛刊》续编，上海商务印书馆1934年版，第12、16页。

人，第一场明经经疑二问，《大学》《论语》《孟子》《中庸》内出题，并用朱氏章句集注，复以己意结之，限三百字以上；经义一道，各治一经，《诗》以朱氏为主，《尚书》以蔡氏为主，《周易》以程氏、朱氏为主。已上三经，兼用古注疏，《春秋》许用《三传》及胡氏《传》，《礼记》用古注疏，限五百字以上，不拘格律。第二场古赋诏诰章表内科一道，古赋诏诰用古体，章表四六，参用古体。第三场策一道，经史时务内出题，不矜浮藻，惟务直述，限一千字以上成。①

从中可知，元代科考虽然重视文的训练，但是更为看重学的考察。元代科举内容的设置是由朱熹的《学校贡举私议》衍发而来，朱熹对宋代进士科考试的内容有所不满，他在《学校贡举私议》中建议，将学术纳入科考的范畴，"罢去词赋而分诸经、子、史、时务之年，以齐其业。又使治经者必守家法，命题者必依章句，答义者必通贯经文、条举众说而断以己意"。② 由于朱熹的《学校贡举私议》对元代科考有着重大影响，因此很多元人重视朱熹之学，如韩性劝诫当时应举者曰："今之贡举，悉本朱熹私议，为贡举之文，不知朱氏之学，可乎？"③ 程端礼在《程氏家塾读书分年日程》中也多次引用朱熹的《学校贡举私议》。为了纠正当时应举之偏，程端礼要求士子将道德学术研习与科举文研习结合起来，并将道德学术研习置于首位，他在《程氏家塾读书分年日程》卷首就将朱熹的《白鹿洞书院学规》作为重要纲领。程端礼认为，学识培养对于士子而言有益无害，有了丰厚的学识作为基础，学习作文就会轻松自如，所作之文就会笔力不馁，定为雄健超脱之文，"在我经史熟、析理精，有学有识有才，又能集义以养气，是皆有以为文章之根本矣。不作则已，作则沛然矣"。④ 有鉴于此，程端礼主张将大部分时间花在经史之学研习上，而学习作文只需花两三年时间。

---

① 宋濂：《元史》卷八十一，中华书局 1976 年版，第 2019 页。
② 朱熹：《学校贡举私议》，朱熹：《晦庵先生朱文公文集》卷六十九，《四部丛刊》初编，上海商务印书馆 1922 年版，第 21 页。
③ 宋濂：《元史》卷一百九十，中华书局 1976 年版，第 4342 页。
④ 程端礼：《程氏家塾读书分年日程》卷二，《四部丛刊》续编，上海商务印书馆 1934 年版，第 5、9 页。

　　《程氏家塾读书分年日程》虽是针对家塾教育而发，不过该作诞生后，对当时以及后代的社会教育产生了重大影响。首先，该作对元代教育有着很大影响，《元史》评价该作时云："国子监以颁示郡邑校官，为学者式。"① 其次，该作对后代教育产生了重要影响。八股文是明清科考主要文体，八股文与经学紧密联系，研习八股文要以经学为根柢。由于这种思想与程端礼的思想相契合，因此《程氏家塾读书分年日程》在后代书院易于推广。清代时期，朝廷明确将《程氏家塾读书分年日程》写入谕旨，如乾隆元年（1736）谕旨规定："书院中酌仿朱子《白鹿洞规条》，立之仪节，以检束其身心；仿《分年读书》之法，予之程课，使贯通乎经史。有不率教者，则摈斥毋留。"② 在朝廷的积极引导下，《程氏家塾读书分年日程》易于在清代书院流布开来。清代书院课试活动中的一些要求诸如读书与作文需要循序渐进、重视诵读、设立日程簿以及科举文教育要以经史之学为根柢等，都是深受《程氏家塾读书分年日程》的惠泽。除此而外，有些书院还将《程氏家塾读书分年日程》写入学规，如福建致用堂学规要求："元程畏斋《读书分年日程》以看读百遍、倍读百遍为率，以为即收放心之一法。"③ 江西豫章书院学规要求："今宜仿《分年日程》之法，各置一簿以为日记功课，如某日清晨所读何书？何处起止？或新读，或温习，或先生所讲何书？午间、午后何课？灯下何课？某日作何题文字？余功更读何书？或临何法帖？无论多寡，皆从实记，则每日检点心思，凝聚工夫之专否，亦可自验。积日而月，积月而岁，历历可考，工夫自然绵密，时日不至虚掷。"④ 青海三川地区的书院学规要求："子弟入书院肄业及在义学读书者，须遵朱子《白鹿洞规》论定、《程董学则》及《分年读书法》。今各录一册，揭之楣间，庶触目警心，感发兴起。"⑤ 其中，不少书院将《白鹿洞书院学规》与《程氏家塾读书分年日程》相提并论。就教育层面而言，《白鹿洞书院

---

　　① 宋濂：《元史》卷一百九十，中华书局 1976 年版，第 4343 页。

　　② 崑冈、刘启端编：《钦定大清会典事例》卷三百九十五，《续修四库全书》第 804 册，上海古籍出版社 2002 年版，第 304 页。

　　③ 王凯泰：《致用堂规约》，王凯泰编：《致用堂志略》，同治十二年刻本，第 23 页。

　　④ 陈宏谋：《豫章书院学约十则》，邓洪波主编：《中国书院学规集成》第二卷，中西书局 2011 年版，第 619 页。

　　⑤ 杨应琚：《学约记》，刘运新、廖馩苏编：《大通县志》第六部，民国 8 年印本，第 9 页。

学规》与《程氏家塾读书分年日程》承载了不同的教学功能，前者重视思想启迪，后者重视读书指导，可谓相得益彰，共同推动了后代书院教育的发展。

第 五 章

清代书院文学教育探微

与其他朝代相比，清代书院文学教育呈现出了欣欣向荣的繁荣景象，加之清代书院文学教育的资料翔实，因此专辟一章对清代书院文学教育进行深入研究。为了使本章内容能够透视文学教育与道德、科举的纠葛关系，笔者选择对清代书院诗赋教育、古文教育、八股文教育、词曲教育四类文学教育展开研究。具体研究时，除了对清代汉学书院诗赋教育、清代书院以古文为时文教育、清代书院清真雅正教育等内容进行宏观论述外，还对学海堂中的论诗绝句、论词绝句、论古文绝句以及章学诚的八股文教育等内容进行微观剖析。

第一节 清代书院诗赋教育

清代书院诗赋教育处于科举背景下，与科举背景紧密相连，研究清代书院诗赋教育就应该结合科举背景。依据这样的思路，将本节内容划为三个部分：一是对科举背景下的清代书院诗赋教育展开论述，二是对清代汉学书院（不重视甚至不从事科举文教育）的诗赋教育展开论述，三是对学海堂（不从事科举文教育）中的论诗绝句做个案研究。

一 科举背景下的诗赋教育

在中国古代，诗歌主要有古体与近体两种类型。唐代以前的诗歌在押韵、平仄以及句数、字数等方面较为自由，称为古体诗（后人对古体诗的模仿之作，也称为古体诗）；唐代以后的诗歌在押韵、平仄以及句数、字数等方面较为严格，称为近体诗（又称为格律诗）。科考中的试帖诗是在近体诗的基础上形成，唐代科考就已出现试帖诗，清代时期，试帖诗用于童试、乡试以及会试中。试帖诗与近体诗有别，试帖诗重视切题与限韵，在写作上受到更多限制，商衍鎏论及试帖诗与近体诗的区别时指出，近体诗写作重在表现自我，试帖诗写作重在紧扣诗题，近体诗不可无我，试帖诗不可无题①。由于试帖诗是在应付科考这一外力的驱动下而作，作者并无主动的创作动机，因此徐复观将试帖诗等一些科举文称为"外铄的文学"②。赋是古诗之流，从楚辞发展而来，"赋也者，受命于诗人，拓宇于楚辞也"。③ 赋的类型多样，主要有古赋、俳赋、律赋、文赋等之分④，其中，律赋重视对偶与限韵，用于科考之中。唐代科考也已出现律赋，清代时期，律赋用于童试中（乡试与会试不考律赋）。此外，试帖诗与律赋还用于博学鸿词科试、翰林院馆试等清代的各种考试中。

就科举文而言，大凡八股文写作高手，并非拘囿于研习八股文之作，试帖诗、律赋写作高手，并非拘囿于研习试帖诗、律赋之作。若放眼开来，大凡文学创作高手，并非拘囿于研习文学之作，作家只有素养全面，方能创作上乘作品。在科举背景下，清代很多书院从事试帖诗、律赋这种科考诗赋教育。为了提升生徒的文学综合素养，也为了给生徒研习科考诗赋提供有益的帮助，一些书院在从事科考诗赋教育时，还要求生徒学习其他各体诗赋，汲取诗赋方面的多种养料。有些施教者对应举士子如何学习古体诗作了具体的说明，如河北清漳书院学规指出，学诗应先从国风、汉魏层累而下，然后次及晋宋齐梁，入于唐代格律。同时文研习需宗古文一样，试帖诗研习也需宗古诗，不过试帖诗研习宗古诗与时文研习宗古文有所不同。时文研习宗古文可从宋代欧阳修、苏轼等人古文入手，试帖诗研习宗古诗要从南北朝诗歌入手。南北朝诗歌虽为古体，但已渐次入律，应重视研习⑤。诗赋在写法上有别，诗重视抒发感情（虽然试帖诗写作重视扣题，但是这并非意味着就可以置抒发感情于不顾），赋除了重视抒发感情外，还重视藻饰铺陈，学习诗赋不可不明了此点。有些施教者在从事各

---

①　商衍鎏：《清代科举考试述录及有关著作》，百花文艺出版社 2004 年版，第 261 页。

②　徐复观：《中国文学精神》，上海世纪出版集团 2006 年版，第 99 页。

③　刘勰著，范文澜注：《文心雕龙注》卷二，人民文学出版社 1958 年版，第 134 页。

④　赋有两分、三分、四分、五分、六分等多种划分方法，马积高对这些划分做了详细的说明。（马积高：《历代辞赋研究史料概述》，中华书局 2001 年版，第 12—21 页）

⑤　章学诚：《清漳书院留别条训》，章学诚：《章学诚遗书》佚篇，文物出版社 1985 年版，第 678 页。

体诗赋教育时，对诗赋的这种差别进行了揭示，如江西凝秀书院学规指出，研习试帖诗时既要重视形式规范，也要重视抒发性情，多讽诵古诗名作，审其结构，观其格律体裁以及遣词运事之法，以我之性情逆古人之性情。赋与诗有所不同，赋重视文饰，不只是陶写性情，生徒在研习诗歌之余，还要研习赋①。孔子论及文质时指出："质胜文则野，文胜质则史。文质彬彬，然后君子。"② 孔子主张，对待文质要取中庸之道，合理搭配方为理想。有些施教者以文质为喻告诫生徒，经义研习与诗赋研习不可偏废，如广东端溪书院学规指出，经义重本质而诗赋重文采，有质无文与文胜于质都不可取。经义与诗赋在历代科考中呈现出此消彼长的态势，清代科考虽重经义但不废诗赋，在各省岁科两考外，别设经古学一场，兼试诗赋。生徒在研习试帖诗之余，还要研习赋以及其他各体诗③。试帖诗写作要比古近体诗写作更为严格，有些施教者由此主张，先研习古近体诗夯实基础，再研习试帖诗就较为容易，如四川学政张之洞认为，先读唐宋古近体诗，再学作之，然后学试帖诗，之所以这样安排，是由于，"令其胸中稍有诗情，则不以试帖为苦"④。在清代科考中，试帖诗比律赋的用途更广，相比较而言，试帖诗更能得到一些书院的重视，不过，重视试帖诗并非意味着这些书院抛开律赋以及其他各体诗赋，从提升生徒综合素养的角度考虑，这些书院在教育时兼顾律赋以及其他各体诗赋。由于科考诗赋是由古诗赋演变而来，二者之间存在着源流关系，有着重要的内在联系，因此研习古诗赋有助于应付科考诗赋。一些书院在从事科考诗赋教育时也从事古诗赋教育，便有着重要的理论依据与实践价值。

为了让生徒在诗赋方面素养全面，清代一些书院纷纷将各体诗赋纳入课试的范畴，如福建鳌峰书院自道光三年（1823）起，每月十六日馆课，在八股文、试帖诗外，兼课经解、史论以及各体诗赋⑤。湖南龙潭书院每

① 朱一深：《凝秀书院条约序》，朱一深编：《新淦凝秀书院志》卷上，乾隆二十六年刻本，第38页。

② 何晏注，邢昺疏：《论语注疏》卷六，《十三经注疏》，中华书局1980年版，第23页上。

③ 冯鱼山：《端溪书院学规》，傅维森编：《端溪书院志》卷四，光绪二十六年刻本，第13页。

④ 张之洞：《輶轩语》，张之洞：《张文襄公全集》卷二百零五，中国书店1990年版，第7页。

⑤ 来锡蕃编：《鳌峰书院纪略》章程，道光十八年刻本，第110页。

月三课，初五、二十五日课四书文与试帖诗，望日课五经文、杂文以及各体诗①。有些书院在课试八股文、试帖诗外，还专门课试各体诗赋，并对优秀者给予奖赏，如江苏宝晋书院规定，在月课外，另课诗赋杂体，对优秀者给予奖赏②。湖南狮山书院规定，每月逢八日由山长别设一课，以经解、策论、诗赋各体命题，对优秀者给予奖赏③。在施教者的积极引导下，书院生徒不会忽视各体诗赋的研习。清代一些书院从事各体诗赋教育有着重要意义，归纳起来，主要有如下三个方面的意义：其一，可使生徒所作的诗赋去俗趋雅，与朝廷推行的清真雅正衡文准则相符合，如台湾文石书院学规指出："能为古近体诗者，其试帖虽不甚工，亦不致有尘俗气。"④　其二，可使生徒在诗赋上有所造诣，而不仅仅把研习诗赋作为科考的敲门砖，如江苏娄东书院学规指出："学诗者自当以成家为贵，不弟为科场计也。"⑤　由于一些士子拘囿于科考诗赋研习而对其他各体诗赋漠不关心，因此甘肃陇南书院的施教者批判道："今人学诗赋者，但读律赋数则、试帖百余首，不异于矮人观场，不能独树一帜。"⑥　其三，可以促进生徒文学综合素养的形成，为国家培养通才服务，如江西东湖书院从事各体诗赋教育的目的在于，"务期淹博通贯，以成全才"。⑦　有些汉学书院如诂经精舍、学海堂等不从事科考诗赋教育，而是从事科考诗赋以外的其他各体诗赋教育，这些书院在具体教育时，就更为看重提升生徒的文学综合素养，功利化的思想也就更显淡薄。

为了有效地指导生徒研习科考诗赋，清代很多书院要求生徒研读诗赋名作，仔细揣摩，从中获益。四川锦江书院学规指出，为了应付科考诗赋，生徒要研读《文选》《文苑英华》《唐人试帖》《历朝应制诗选》《凤

---

①　佚名：《龙潭书院学约》，陈谷嘉、邓洪波主编：《中国书院史资料》中册，浙江教育出版社 1998 年版，第 1595 页。

②　贵中孚、赵佑宸编：《宝晋书院志》卷四，光绪年间刻本，第 49 页。

③　萧振声编：《浏东狮山书院志》卷三，光绪四年刻本，第 7 页。

④　林豪：《文石书院续拟学约八条》，陈谷嘉、邓洪波主编：《中国书院史资料》中册，浙江教育出版社 1998 年版，第 1562 页。

⑤　沈起元：《娄东书院教规》，王祖畲编：《太仓州志》卷九，民国 8 年刻本，第 7 页。

⑥　姚协赞：《谕陇南书院诸生四则》，邓洪波主编：《中国书院学规集成》第三卷，中西书局 2011 年版，第 1724 页。

⑦　佚名：《官绅核对东湖书院章程》，邓洪波主编：《中国书院学规集成》第二卷，中西书局 2011 年版，第 628 页。

池集》等作①。台湾海东书院学规指出，研习试帖诗时，宜取前代试帖诗如《国秀集》《中兴间气集》《近光集》以及近代试帖诗如《玉堂集》《和声集》《依水集》等，朝夕讽咏②。台湾文石书院学规指出，大抵试帖之上者，莫如有正斋，九家诗次之，七家诗又次之。生徒要汰其不合时式之作，选其尤佳者数十首仔细揣摩。研习律赋时，宜讲《律赋》及《赋学指南》二书③。四川学政张之洞指出，学诗时要研读《唐人试帖》《庚辰集》以及七家诗，学赋时要研读《文选》中赋、六朝赋、唐赋以及清代吴、鲍、顾、陈四家赋。此外，张惠言的《七十家赋钞》古雅详备，能读更佳④。上述施教者要求生徒研习科考诗赋名作时，既包括清代科考诗赋名作，又包括前代科考诗赋尤其是唐代科考诗赋名作。由于后代科考诗赋是从唐代科考诗赋演变而来，唐代科考诗赋要比后代科考诗赋典雅精湛，本着取法乎上的原则，很多施教者重视唐代科考诗赋，如湖南澧阳书院学规指出："不读程朱书者，理不精；不读汉魏唐宋文者，气不厚；不读唐律、不临古人碑版者，诗字皆俗态。"⑤四川学政张之洞指出："律赋之有唐赋，犹时文之有明文也。"⑥一些书院要求研读科考诗赋名作时，还要求研读古诗赋名作，如上述锦江书院要求研读《文选》中诗赋，张之洞要求研读《文选》中赋、六朝赋、《七十家赋钞》。谚云："《文选》烂，秀才半。"《文选》汇集了魏晋南北朝以前的诗文佳作，对后代科考以及诗文创作有着巨大影响。唐代杜甫不仅重视研读《文选》，还要求儿子熟精《文选》理。清代一些书院在从事诗歌教育时也很重视《文选》，如广东端溪书院屡次要求生徒研习《文选》，山长冯鱼山指出，诗自唐代

①　张晋生：《锦江书院训士条约》，邓洪波主编：《中国书院学规集成》第三卷，中西书局2011年版，第1447页。

②　觉罗四明：《勘定海东书院学规》，邓洪波主编：《中国书院学规集成》第三卷，中西书局2011年版，第1745页。

③　林豪：《文石书院续拟学约八条》，陈谷嘉、邓洪波主编：《中国书院史资料》中册，浙江教育出版社1998年版，第1562页。

④　张之洞：《輶轩语》，张之洞：《张文襄公全集》卷二百零五，中国书店1990年版，第7—10页。

⑤　李瀚昌：《澧阳书院学约》，邓洪波主编：《中国书院学规集成》第二卷，中西书局2011年版，第1205页。

⑥　张之洞：《輶轩语》，张之洞：《张文襄公全集》卷二百零五，中国书店1990年版，第10页。

以前要宗《文选》，唐代以后要宗李白、杜甫、韩愈、苏轼①，山长刘朴石指出，学诗之道贵在熟精《文选》，杜甫学诗悉本于此②。从一些施教者重视《文选》可知，文学经典作品对书院文学教育起着重要的引领与示范作用。

　　赋为古诗之流，诗又源于《诗经》，因此《诗经》是诗赋的总源头。《诗经》在中国诗歌史上地位显赫，清代一些书院的施教者在从事诗赋教育时，重视梳理古代诗歌的演变过程，揭示出《诗经》的重要价值所在，如江苏钟山书院山长杨绳武梳理诗歌源流时指出："诗原于《三百篇》（《诗经》三百零五篇，后人以约数来指称《诗经》为《诗三百》《三百》《三百篇》等），犹古文之原于《尚书》也。雅变而为风，风变而为骚，骚变而为赋，为汉魏乐府、古诗，实出于一原者也。"他认为，唐代很多诗人在创作上深受《诗经》的影响，"少陵之新乐府，诗之变大雅也；白香山之讽谕诗，诗之变小雅也；张文昌（张籍，字文昌）、王仲初（王建，字仲初）之乐府，诗之变国风也"。③ 继杨绳武之后的钟山书院山长沈起元也指出，《诗经》尽万世诗学之变，自汉魏以至元明，作者接踵，诗体屡迁，而以合于《诗经》之旨者为大家名家，生徒学诗时要以《诗经》为法祖，"责之声响之间，辨之神味之外，岂特希风李杜，直当嗣音雅颂，亦在有志者耳"。④ 有些施教者认为，《诗经》对后来的诗歌笔法有着重要影响，学诗时需要尊崇《诗经》，如浙江东明书院的劝学诗述及诗歌源流时指出："陶情冶性仗诗篇，旨合风骚差可传。扫却六朝宗汉魏，拟诸《三百》又相悬。"⑤ 由于六朝诗歌没有汉魏诗歌高古，汉魏诗歌又没有《诗经》高古，因此研习六朝诗歌或汉魏诗歌都不如直接研习《诗

---

① 冯鱼山：《端溪书院学规》，傅维森编：《端溪书院志》卷四，光绪二十六年刻本，第13页。

② 刘朴石：《端溪书院学规》，傅维森编：《端溪书院志》卷四，光绪二十六年刻本，第18页。

③ 杨绳武：《钟山书院规约》，陈谷嘉、邓洪波主编：《中国书院史资料》中册，浙江教育出版社1998年版，第1493—1494页。

④ 沈起元：《钟山书院规约》，邓洪波主编：《中国书院学规集成》第一卷，中西书局2011年版，第196页。

⑤ 郑只恺编：《东明书院志》劝学诗，赵所生、薛正兴主编：《中国历代书院志》第九册，江苏教育出版社1995年版，第36页。

经》，这正如宋代诗论家严羽所云："工夫须从上做下，不可从下做上。"①
《诗经》重视道德教化，其内容有着止僻防邪、祛恶从善的功效，如《论
语·为政》云："孔子曰：《诗三百》，一言以蔽之，曰'思无邪'。"②
《礼记·经解》云："温柔敦厚，诗教也。"③ 有些施教者也主张，创作诗
歌要效仿《诗经》，不可越出道德教化的藩篱，如湖南岳麓书院的一首学
箴为："岂无虚车，偶游诗赋。骚耶辨耶，亦李亦杜。维《三百篇》，风
人之祖。勿写佚情，名教是辅。"④ 其中，"勿写佚情，名教是辅"一语表
明，诗歌固然重视抒情审美，更应重视道德教化。广西道乡书院学规也指
出："诗则义本风雅，温柔敦厚，是其教也。若能随事讲求，始终不懈，
何患德之不纯乎？"⑤ 该学规主张将诗教推及日常生活中，勉励生徒以道
德约束自身的行为，达到文行兼修的目的。总之，《诗经》在教化以及笔
法上为后来的诗歌创作提供了重要借鉴，学习《诗经》不仅可以提升道
德修养，而且可以使创作扬风扢雅、直逼古人，因此，学诗者要想入诗歌
堂奥，就毋容忽视《诗经》鸿作。

中国诗歌源远流长，名家辈出，名作纷呈，学不得法，犹如治丝益
棼，徒劳无益。清代一些书院在从事各体诗赋教育时，重视采取适当的方
法，一般是要求生徒分类研习，循序渐进，如湖南岳麓书院学规指出，学
诗要先专后博，以杜甫为则而后波及诸家，先律诗后古风，先五言后七
言，渐进于风雅之林⑥。江苏娄东书院学规指出，学诗时，宜先读中唐诸
公诗作，次读李白、杜甫诗作，之后读韩愈、王维、孟浩然、韦应物、柳
宗元等人诗作，要上溯汉魏六朝以浚其源，下及宋元明诸公以极其变，先
作五律，后作五古、七古，然后作七律、七绝，此法可使功力易进而风骨
遒上⑦。台湾白沙书院学规指出，五古要读汉魏、六朝诗作，七古要读杜

---

① 严羽著，郭绍虞校释：《沧浪诗话校释》，人民文学出版社 2006 年版，第 1 页。
② 何晏注，邢昺疏：《论语注疏》卷二，《十三经注疏》，中华书局 1980 年版，第 5 页下。
③ 郑玄注，孔颖达等正义：《礼记正义》卷五十，《十三经注疏》，中华书局 1980 年版，第
381 页下。
④ 王文清：《学箴九首》，丁善庆编：《长沙岳麓书院续志》卷一，同治六年刻本，第 57 页。
⑤ 唐鉴：《道乡书院学规四则》，陈谷嘉、邓洪波主编：《中国书院史资料》中册，浙江教
育出版社 1998 年版，第 1644—1645 页。
⑥ 李文炤：《岳麓书院学规》，陈谷嘉、邓洪波主编：《中国书院史资料》中册，浙江教育
出版社 1998 年版，第 1576 页。
⑦ 沈起元：《娄东书院教规》，王祖畲编：《太仓州志》卷九，民国 8 年刻本，第 7 页。

甫、温庭筠诗作，五、七律要读初唐诗作，五、七排律莫盛于本朝诗作，生徒要分类研习①。江苏钟山书院学规指出，学诗要首分雅俗，次分工拙，先古而后律者多健，先律而后古者易靡②。上述施教者在从事诗赋教育时，或由源及流，先古后今，或由流溯源，先今后古。由于诗歌主要有古体与近体之分、五言与七言之别，因此清代书院要求，将不同类别的诗歌分成不同的阶段进行研习。为了防止出现盲目化，一般要求在每一类型的诗歌中，选择几位代表诗人的诗作进行研习，这种分阶段以及择典型研习的方法具有很强的针对性，便于生徒在较短的时间内取得更大的收获。在中国诗歌史上，唐代诗歌登峰造极，深受后人推崇，明代作家袁宏道认为："盖诗文至近代而卑极矣，文则必欲准于秦、汉，诗则必欲准于盛唐。"③ 现代作家鲁迅认为："我以为一切好诗，到唐已被做完，此后倘非能翻出如来掌心之'齐天太圣'，大可不必动手。"④ 在唐代诗歌中，李白与杜甫的诗歌又备受后人青睐，宋代诗论家严羽认为："即以李杜二集枕藉观之，如今人之治经，然后博取盛唐名家，酝酿胸中，久之自然悟入"⑤，"论诗以李、杜为准，挟天子以令诸侯也"⑥。从上述事例中可知，清代一些书院在从事诗歌教育时，重视唐代诗歌尤其是李白与杜甫的诗歌教育，而康有为在广东万木草堂从事诗歌教育时，紧紧扣住李白、杜甫两位诗人，重点讲授两位以前的诗歌如何发展，两位以后的诗歌如何变化，列举纲要，娓娓道来⑦。除了诗歌研习需要得法外，赋作研习也需要得法，如台湾白沙书院学规指出："《三都》《两京》《子虚》《上林》，雄厚丽则之正规也。律赋始于唐，亦莫精于唐，宋人赋则单薄矣。读者于古

　　① 杨桂森：《白沙书院学规》，周玺编：《彰化县志》卷四，道光十四年刻本，第144—145页。

　　② 沈起元：《钟山书院规约》，邓洪波主编：《中国书院学规集成》第一卷，中西书局2011年版，第196页。

　　③ 袁宏道：《叙小修诗》，袁宏道著，钱伯城笺校：《袁宏道集笺校》卷四，上海古籍出版社1981年版，第188页。

　　④ 鲁迅：《致杨霁云》，鲁迅：《鲁迅全集》第十二卷，人民文学出版社1981年版，第612页。其中，"齐天太圣"原作"齐天大圣"，后改成"齐天太圣"。

　　⑤ 严羽著，郭绍虞校释：《沧浪诗话校释》，人民文学出版社2006年版，第1页。

　　⑥ 同上书，第168页。

　　⑦ 梁启勋：《"万木草堂"回忆》，陈谷嘉、邓洪波主编：《中国书院史资料》下册，浙江教育出版社1998年版，第2378页。

赋、律赋，俱要寻求正路，不可扯杂。"① 由于汉代是赋作发展的繁荣时期，唐代是律赋发展的形成时期，因此白沙书院施教者要求生徒研习这两个朝代的赋作名篇。其中，"读者于古赋、律赋，俱要寻求正路，不可扯杂"一语显示出，学赋只有路径正确、方法得当，才能不误入歧途。路径正确、方法得当，再加之不懈努力，最终方能有所造诣。

八股文是清代科考主要文体，是清代科考的重中之重，士子要想科考顺利，就必须认真研习八股文。在清代科考内容的设置中，试帖诗与律赋是八股文之后的附带内容，二者的地位远远不逮八股文。有鉴于此，应举士子往往倾情于八股文研习而忽视诗赋研习，尤其是对古诗赋不闻不问。为了端正士习、净化学风，清代一些书院的施教者对这种不良现象进行了批判，如湖南玉潭书院学规指出，自从八股文成为科考主要文体后，乡里俗儒多半不讲古诗赋，"有皓首不知叶韵者，甚且以诗古为制艺蟊贼，戒子弟毋学，恐荒举业，以致少年英俊半汩没于烂熟讲章、庸腐时文之中"。② 清代科考内容除了安排有八股文外，还安排有试帖诗、律赋、策、论、表、判等各种科考文体，各种科考文体都有着自身的价值与用途。清廷设置多种科考文体的用意在于，让应举士子在各个方面兼收并蓄，成为国家所需要的通才。有些施教者对清廷的这种科考用意进行了揭示，如广东端溪书院学规指出："二场之表以观其骈体，论以观其散体，判以观其律令之学。三场之策以观其时务。进而为翰林，则有馆课之诗赋以观其韵语（山长全祖望制定此学规时，乡试与会试尚未设置试帖诗，而翰林院中的各种考试采用诗赋）。"③ 诗赋（尤其是诗）是清代科考的一部分内容，忽视诗赋会直接影响到科考结果，再者，中进士后若能进入翰林院，还会面临着更多的诗赋考试，如果从长远的角度考虑，士子也应重视诗赋研习。贵州崧高书院学规就对诗赋的这两种价值做了具体阐发：一是在院试、乡试以及会试中，衡文者如果觉得考生的八股文不怎么出色，就会仔细审阅考生的诗作，如果诗作清新俊逸、风雅典丽，衡文者便有怜惜之意，给考生判以较高的成绩。八股文虽是清代科考主要文体，但八股文佳

① 杨桂森：《白沙书院学规》，周玺编：《彰化县志》卷四，道光十四年刻本，第144页。

② 周在炽：《玉潭书院条约》，周在炽编：《玉潭书院志》卷三，乾隆三十二年刻本，第9页。

③ 全祖望：《端溪书院讲堂条约》，傅维森编：《端溪书院志》卷四，光绪二十六年刻本，第5页。

而诗劣的考生在科考中落选的事例不胜枚举。二是士子登第进入翰林院后，散馆、大考等各种考试不用八股文，而是重视诗赋，一字不调，一韵不叶，即遭罢斥①。崧高书院施教者从远近两个角度揭示出，诗赋研习不可偏废，其思想可谓高瞻远瞩，其言辞可谓实而不虚。为了便于生徒进入翰林院后很快地适应诗赋考试，广东布政使王凯泰要求当地应元书院以翰林院散馆诗赋的格式来要求生徒②。在上述施教者中，端溪书院山长全祖望、应元书院创建者王凯泰都是翰林出身，他们要求书院重视诗赋教育，与他们的翰林出身应该有着重要联系，徐雁平、许结等人对此问题有过论述③，此不作赘。

清代书院施教者不仅对诗赋的价值与用途进行了发掘，而且从学理上找出诗赋与八股文之间的联系，有助于生徒正确地对待诗赋。八股文题目来自四书五经，重在阐发经学大义，宋代经义也重在阐发经学大义，八股文在内容表达上受到经义的影响。律诗重视格律要求，八股文也重视格律要求，八股文在外在形式上受到律诗的影响，湖南玉潭书院山长周在炽论及诗、赋以及八股文之间的关系时就指出，古赋为古诗之流，律诗为八股文之祖④。由于律诗为八股文之祖，因此清代书院施教者论及诗赋教育时，往往将律诗与八股文之间的联系凸显出来，以便生徒对照研习，如贵州崧高书院学规对试帖诗与八股文在浅深、虚实、来路、结束等笔法上的联系做了详细的说明："律诗之法，其浅深、虚实、来路、结束，与八股大略相同。用韵须五字浑成，章法须一气贯注。一句有擎天之力，一字有倒海之功。以对偶起者，承须流走；以单句起者，承须凝重。起势平缓者，承须健拔；起势陡峻者，承须和平。中幅或分疏题面，用典须要恰当；或浑写全神，炼字须要工稳。写景须新，言情须真。说理毋腐，论事毋迂。咏物毋粘皮带骨，咏古毋拖泥带水。后路或推之愈深，或放之弥

---

① 徐鋐：《崧高书院训饬条规八条》，徐鋐、萧琯编：《松桃厅志》卷十，道光十六年刻本，第9页。

② 王凯泰编：《应元书院志略》章程，同治九年刻本，第26页。

③ 徐雁平：《清代东南书院与学术及文学》，安徽教育出版社2007年版，第443—447页；许结：《论清代院与辞赋创作》，《湖北大学学报》（哲学社会科学版）2009年第5期，第40页。

④ 周在炽：《玉潭书院条约》，周在炽编：《玉潭书院志》卷三，乾隆三十二年刻本，第8—9页。

广；或以比例见义，或以烘托传神。结句须悠扬不尽，切忌直率；须冠冕堂皇，切忌衰飒。此应试律诗一篇之大略也。"① 试帖诗有六韵诗、八韵诗等各种类别，八韵诗与八股文在结构上有些相似，安徽复初书院学规在分析六韵诗、八韵诗的写作技巧时，对八韵诗与八股文在结构上的联系做了说明："大抵六韵者仍是一首五律，特中着四句，以足题理，使局面开展。故上二句不可上同于承，下二句不可下同于转。八韵势较宽，然大致亦复相同，其体裁略似八股，有起联，有颔联，有颈联，有腹联，有结尾，其法则浅深、虚实、起伏、照应尽之矣。"② 律赋也重视格律要求，有些施教者也对律赋与八股文在笔法上的联系进行了揭示，如云南彩云书院学规指出："律赋之法，其反正开合，亦与八股同，起宜挺健，结宜不竭，破宜赅浑，接宜超俊。"③ 上述施教者揭示诗赋与八股文之间的联系，其用意无外乎如下两点：其一，诗赋与八股文在学理上有着相通之处，研习诗赋与研习八股文可以相辅相成，互相促进，共同提高。若将诗赋与八股文联系起来研习，会有事半功倍的效果。其二，研习诗赋与研习八股文二者实相济而非相妨，生徒研习八股文时不可忽视诗赋研习，尤其不可倾心于八股文研习而将诗赋抛之脑外。

　　要而言之，处于科举背景下，清代很多书院重视试帖诗与律赋这种科考诗赋教育。有些书院在从事科考诗赋教育时，还从事其他各体诗赋教育。科考诗赋是由古诗赋演变而来，二者之间存在着源流关系，有着重要的内在联系，因此研习古诗赋有助于应付科考诗赋。一些书院在从事科考诗赋教育时也从事古诗赋教育，便有着重要的理论依据与实践价值。清代一些书院从事各体诗赋教育的意义在于：可使生徒所作的诗赋去俗趋雅，与朝廷推行的清真雅正衡文准则相符合；可使生徒在诗赋上有所造诣，而不仅仅把研习诗赋作为科考的敲门砖；可以促进生徒文学综合素养的形成，为国家培养通才服务。为了有效地指导生徒研习科考诗赋，很多书院要求生徒研读各体诗赋名作。清代书院在从事诗赋教育时，一般是要求生

---

① 徐錄：《崧高书院训饬条规八条》，徐錄、萧琯编：《松桃厅志》卷十，道光十六年刻本，第9—10页。

② 周广业：《复初书院条约》，周广业：《蓬庐文钞》卷八，《续修四库全书》第1449册，上海古籍出版社2002年版，第15页。

③ 佚名：《举业集说八条》，邓洪波主编：《中国书院学规集成》第三卷，中西书局2011年版，第1642页。

徒分类研习，循序渐进，选择不同阶段的代表作品进行研读。八股文是清代科考主要文体，士子往往倾情于八股文研习而忽视诗赋研习，一些施教者对这种不良现象进行了批判，他们要求书院重视诗赋教育，并对诗赋的价值与用途进行了发掘。诗赋与八股文都讲究格律要求，一些施教者还从学理上找出二者之间的联系，揭示出研习诗赋与研习八股文可以相辅相成，二者实相济而非相妨，既有利于改变生徒重八股而轻诗赋的思想认识，也有利于促进诗赋的发展与传播。

二　汉学书院诗赋教育

清代书院数量繁多，类型多样，或以理学教育为主，或以汉学教育为主，或以科举文教育为主，或以实学教育为主，其中，以汉学教育为主的书院（简称汉学书院）重视用考证的方法来从事研究。清代汉学书院往往寓考证于文学教育中，其文学教育具有浓厚的学术化色彩，这从诗赋教育中得到鲜明的体现①。为了能让读者正确地理解与诗赋有关的内容，学海堂、诂经精舍、经古精舍等清代汉学书院的一些诗赋课艺有时冠有考证性的题序。

道光四年（1824），阮元任两广总督期间创建学海堂这一重要的汉学书院。岭南物华天宝，人杰地灵，在岭南丰富的物产中，荔枝尤为著名。荔枝在中国古代为水果珍品，"日啖荔枝三百颗，不辞长作岭南人"②，荔枝不知令多少爱好者垂涎欲滴。汉代时期，南越王赵佗向汉武帝进献荔枝等诸多珍贵果木。汉武帝由于喜欢荔枝，还在上林苑建立扶荔宫，用于荔枝移植。"一骑红尘妃子笑，无人知是荔枝来"③，唐代杨贵妃也与荔枝有着不解之缘。据说杨贵妃所食荔枝贡自岭南，唐代以后，岭南文士多以荔枝为题赋诗作文。《学海堂集》便收录了赵均、林伯桐、吴应逵、熊景星、梁梅、谭莹、杨时济、李汝梅、梁国珍、吴梅修、黄光宗、黎国光、

---

① 徐雁平、宋巧燕等人对诂经精舍这一清代汉学书院的诗赋教育进行过个案研究（徐雁平：《清代东南书院与学术及文学》，安徽教育出版社 2007 年版，第 211—221 页；宋巧燕：《诂经精舍与学海堂两书院的文学教育研究》，齐鲁书社 2012 年版，第 219—233 页），笔者在已有研究的基础上对清代汉学书院诗赋教育做进一步的论述。

② 苏轼著，王文诰辑注，孔凡礼点校：《苏轼诗集》卷四十，中华书局 1982 年版，第 2194 页。

③ 杜牧著，冯集梧注：《樊川诗集注》卷二，上海古籍出版社 1978 年版，第 138 页。

谢光辅、张总章、徐智超、李凤修、黄乔松、黎昱、颜斯总、李燮、吴家树、李汝孚、李中楷、张其翰、崔弼、罗日章、黄位清、崔树良、阮福（阮元之子）等人以《岭南荔枝词》为题的一些诗作（《学海堂集》中的荔枝有时写作荔支，驳杂不一，此处引用时全部写成荔枝），其中，阮福所作的四首诗作冠有题序，内容如下：

> 岭南荔枝甲天下，杜牧之《过华清宫》诗"一骑红尘妃子笑，无人知是荔枝来"，此指岭南所贡而言。天宝中时，张九章为岭南节度使，贡献为天下最（见《唐书》），其贡荔枝必在此时。苏子瞻等谓"汉贡交州荔枝，唐贡涪州荔枝"，此乃惑于小说。杨贵妃父为蜀州司户，生于蜀，故嗜涪州荔枝而附会其说耳。考新、旧《唐书·地理志》，东西川土贡无荔枝而独著其名于岭南。又《唐书·礼乐志》载南方进荔枝事，若是蜀产当曰"西方"，然则开元所贡者为岭南产无疑矣。又杜子美诗曰"忆昔南海使，奔腾进荔枝"，又云"南方每续朱樱献"，皆是岭南贡荔枝，子美亲见其事，更为确实。又昔人有"七昼夜到长安"之说，亦妄也。白居易《荔枝图序》云："其实离本枝，一日而色变，二日而香变，四、五日外色香味尽去矣。"此果三日后色香俱变，岂有七昼夜汗马之上而尚可食者？况自广州至关中数千里，即飞骑置堠亦不能七日即至也。盖九章献进自必加意护惜，当如汉武移植扶荔宫故事，以连根之荔栽于器中，由楚南至楚北襄阳、丹河运至商州秦岭不通舟楫之处，而果正熟，乃摘取过岭，飞骑至华清宫，则一日可达耳。辛巳夏粤中作《荔枝词》者佳篇甚多，惟于唐贡一事及咸通中荔园一事未曾考实，故作数首附于末云。①

阮福在题序中指出，杨贵妃所食荔枝为岭南所贡，他对苏轼等人所谓"汉贡交州荔枝，唐贡涪州荔枝"以及昔人所谓"（运送荔枝需要）七昼夜到长安"等观点进行了反驳，并征引《唐书·地理志》《唐书·礼乐志》、杜甫诗作、白居易《荔枝图序》等资料加以论证，论证结果具有很强的说服力。针对运送荔枝如何克服岭南至长安路途遥远这一问题，阮福认为，需要先后采取两种方法：先运送连根带土的荔枝树至商州秦岭不通

---

① 阮福：《岭南荔枝词》，阮元编：《学海堂集》卷十五，道光五年刻本，第18—19页。

舟楫之处，然后摘取荔枝过岭，飞骑至华清宫。采取这两种方法运送荔枝，可使荔枝新鲜而不腐坏。这两种方法具有可行性，以至于清代朝廷仍用来作为运送荔枝的重要方法。阮福的题序内容与他的四首诗作内容相映照，阮福的四首诗作内容如下：

其一

坡老原为乡曲谈，唐家故事可曾谙。

闲征贡品翻唐志，不著涪州著岭南。

其二

色香未变映霞丹，飞骑红尘保护难。

纵有天闲千里马，那能七日到长安。

其三

移根带叶破蛮烟，扶荔宫中往事传。

博得玉环开口笑，百株也似太初年。

其四

百年新火与丹砂，贡荔园为节度家。

不读咸通旧诗句，红云祗道是昌华。①

第一首诗作内容显示：苏轼"唐贡涪州荔枝"的观点与史书不符，不足为信；第二首诗作内容显示：荔枝保护工作艰难，昔人所谓"（运送荔枝需要）七昼夜到长安"的观点不合情理；第三首诗作内容显示：汉武帝与杨贵妃都钟爱荔枝，荔枝是二人尤物。第四首诗作内容有些模糊，为了便于读者理解，阮福在该诗末尾又附上一段考证性的文字，内容如下：

广州城西荔枝湾，旧谓始于刘汉昌华苑，福谓不然。盖植荔非十余年不实，实矣非十余年不繁。伪刘僭窃，乃大侈奓至镊，仅廿年耳，而红云宴已特闻，则荔林非始于刘，可知矣。《文苑英华》有唐曹松南海陪郑司空游荔园诗云："叶中新火欺寒食，树上丹砂胜锦州。"所谓南园名园已具红云之胜概，然则昌华红云即因荔园故址为之耳。曹松者，《唐诗纪事》以为舒州人，字梦征，学贾浪仙为诗，

---

① 阮福：《岭南荔枝词》，阮元编：《学海堂集》卷十五，道光五年刻本，第19页。

天复初年七十余，始及第。松游广州作诗，当在天复之前、咸通之
间，距鋹宴八十余年矣。唐末，郑氏镇广州者，一为从谠，一为愚。
从谠节度岭南在咸通末年，愚两镇岭南在从谠前后，两郑皆拜平章，
其年与松皆相合。然从谠荥阳人，愚即番禺人，松诗有"他日为霖
不将去"之句，则司空为从谠无疑。又考《唐书》表传，从谠节度
岭南在咸通十三四年，至广明元年节度河东，始加检校司空。松诗题
司空者，文人诗稿从后改写，亦往往有之。愚固未尝检校司空也。夫
以唐咸通诗人吟宴之地岂不可传，乃独使刘汉首称之何可哉？①

阮福对广州城西荔枝湾始于五代南汉昌华苑这一旧说提出了质疑，他认
为，南汉统治时间短暂，而荔枝由种植到繁茂需要数十年时间，在时间上
不符，况且红云宴在南汉之前就已显名，因此荔枝湾并非始于五代南汉昌
华苑。他根据《文苑英华》所载唐代曹松陪同郑司空游荔园一事得出，
南汉昌华苑只是在唐荔园的故址上建设而成，又根据《唐诗纪事》内容
得出，曹松在广州游荔园作诗的时间当为唐代咸通与天复之间。阮福还对
《文苑英华》所载与曹松一同游荔园的郑司空的具体身份进行了考证并得
出，郑司空应为荥阳的郑从谠（曾为岭南节度使）而非番禺的郑愚。阮
福在考证中广征博引，信手拈来，除了援用《文苑英华》《唐诗纪事》、

---

① 阮福：《岭南荔枝词》，阮元编：《学海堂集》卷十五，道光五年刻本，第19—20页。像
阮福这样对自己所作的诗赋内容再进行考证或说明的事例在学海堂课艺中屡见不鲜，如《学海堂
集》中的《续和南海百咏》（廖纪作）、《拟元人十台诗咏粤东十台》（徐荣作）、《梓人诗》（李
应中作）、《岭南荔枝词》（赵均、林伯桐、吴应逵、熊景星、梁梅、谭莹、杨时济、李汝梅、吴
梅修、黄光宗、黎国光、徐智超、黄乔松、颜斯总、李汝孚、张其翰、崔弼、罗日章、黄位清
作），《学海堂二集》中的《龙眼赋》（侯康作）、《梦游罗浮拟李翰林〈梦游天姥吟〉》（林伯桐
作）、《越台怀古拟高常侍〈古大梁行〉》（林伯桐作）、《儒林乡渔庄图拟虞道园〈渔村图〉诗》
（胡调德作）、《岭南劝耕诗》（徐荣、黄钰、吴宗汉、张有年作）、《昔游诗效姜白石》（仪克中
作）、《白云洞》（崔弼作）、《木芙蓉》（侯康作），《学海堂三集》中的《画赋》（梁梅作）、《围
炉赋》（陈澧作）、《拟杜工部〈江头五咏〉》（李有祺作）、《读东坡岭外诗〈咏古〉六首》（梁
梅作），《学海堂四集》中的《述画赋》（谭宗浚作）、《雁来红赋》（梁起作）、《落花生赋》（梁
起作）、《读晋书载记小乐府》（林国赓作）、《南汉乐府》（梁以賡作）、《拟谢康乐山水诗》（刘
岳作），这些诗赋的中间或末尾都附有考证或说明性的内容，其中，胡调德所作的《儒林乡渔庄
图拟虞道园〈渔村图〉诗》正文有一百一十二字（七言排律），而诗中所附的考证或说明性的内
容远达一千六百二十二字。诗赋之前往往冠有考证性的题序以及诗赋中间或末尾往往附有考证或
说明性的内容成为学海堂诗赋写作的两大特征，从中可知，考证是学海堂诗赋教育的拿手好戏。

曹松诗作、《唐书》表传等众多资料外，还谙熟史实，有了渊博的学识为基础，考证结果自然可信。阮福此番考证有助于读者正确了解广州城西荔枝湾的悠久历史，对于古代岭南文化的发掘与再现有着重要贡献。

同学海堂一样，浙江诂经精舍中的一些诗赋课艺也冠有考证性的题序，如徐养原《咏葵》一诗的题序内容如下：

> 《豳诗》曰："七月烹葵及菽"，醢人曰："馈食之豆，其实葵菹蠃醢。"葵之为物可为菹，盖蔬类也，而注疏俱无释。考《尔雅》言葵者四："蒉，菟葵""芹，楚葵""菺，戎葵""蕵葵，繁露"，不知谁足当诗礼之葵。《东莱读诗记》独载蕵葵注，意者凡物各有正名，《尔雅》所释皆取名之异者。是故"蒉"一名"菟葵"，古但名"蒉"不名"葵"也，推之"芹"与"菺"皆然。惟"蕵葵"为正名，而"繁露"为异名，故取之与？《农书》曰："天有十日，葵与终始，故字从癸。"《本草》曰："一名露葵，古人采葵，必待露解也。一名滑菜，言其性也。"陶隐居曰："以秋种葵，覆养经冬，至春作子者，谓之冬葵，入药性至滑利。春葵子亦滑，不堪入药，故是常葵耳。"王桢曰："葵，阳草也，为百菜之主，备四时之馔，可防荒俭，可以菹腊，诚蔬茹之要品、民生之资益者也，而今人不复食之，亦无种者，此真诗礼之所谓葵矣。"《左传》云："葵犹能卫其足，及公仪子所拔者，胥是物也。"鲍照有《园葵赋》，白居易有《烹葵诗》，唐以前犹有食之者，今人既不复食，又其名为他物所乱，遂莫能定其种类耳。因释之而系以诗焉。[①]

徐养原征引《诗经》《左传》《尔雅》《春秋繁露》《东莱读诗记》《农书》《本草纲目》等作以及鲍照、白居易的诗赋等资料，对葵的种类、性能等一些问题进行了详细的梳理与考证，有着辨章学术、考镜源流的功效。一看此题序，便知作者学殖丰厚、功底扎实。除了徐养原的《咏葵》外，查揆的《西汉定陶共王陵鼎歌》以及阮元的《焦山旧藏周鼎，今以西汉定陶陵鼎并置焦山，诗以纪事》等诗也冠有题序。查揆在题序中征引《战国策》《史记》《汉书》《水经注》《太平寰宇记》《元和郡县志》

---

① 徐养原：《咏葵》，阮元编：《诂经精舍文集》卷十四，嘉庆六年刻本，第10—11页。

等作对西汉定陶共王陵鼎的所处位置以及相关内容进行了详细的考证，阮元在题序中征引《汉书》《后汉书》《续汉书》《水经注》诸作以及汾阴宫鼎铭文、上林鼎铭文对西汉定陶陵鼎的有关内容进行了详细的考证，这些考证性的题序也为读者正确理解诗作内容打开了方便之门。

江苏经古精舍的一些诗赋课艺也冠有考证性的题序，如吕景栴《咬菜根赋》的题序内容如下：

> 洛学昌矣，吕希哲、谢良佐、游酢、杨时为之魁而首师伊川者，实吕荥阳公，吕学著矣。汪革、黎确、谢逸、赵演，皆其眉目，而来学最先者，实唯汪青溪先生，固程门之再传而西江之巨子也。青溪笃实耿介，艰苦卓绝，荥阳当目为黄宪、茅容之俦（见《临川耆旧传》及《宋元学案》）。绍圣四年试南省第一（见《宋选举表》），分教长沙，张侍郎舜民为潭帅，与讲学极契（见吕本中《师友杂志》）。蔡京当国，召为宗正博士，力辞不就，曰："吾不能附名不臣传"。复为宿州、楚州教授，以卒荥阳，为志墓而晁景迂有词哀之（见《师友杂志》《紫薇集》《景迂生集》《宋元学案》）。其生平惟见吕文清公《师友杂志》为多，独"咬菜根"之语，则胡文定叹赏之，文清记之，邵子文《闻见后录》亦载之，楼攻媿又推论之。诚以伊川之学，以躬行实践为体，以淡泊明志、宁静致远为用。荥阳晚居符离，亦布衣疏食、刻苦自厉、怡然乐道，青溪言行相顾，力守师说，真洛学之嫡派宗传矣！"菜根"一言熟习人口，不知为学派宗旨所系，而士大夫负重致远、先忧后乐之所见端也。[①]

吕景栴论述的是以吃苦耐劳著称的北宋学者、作家汪革（江西诗派临川四才子之一），他在题序中对汪革的学术渊源、个人履历以及安贫乐道的高尚情怀等诸多内容进行了考述，尤其对汪革"咬菜根"一语的意义与影响进行了详细的论说，起到了开门见山的作用，有利于加深读者对赋作内容的理解。像这样冠有考证性题序的赋作在《经古精舍课艺》中还有很多，具体情况可见表5—1。

---

① 吕景栴：《咬菜根赋》，缪荃孙、华若溪编：《龙城书院课艺·经古精舍课艺》，光绪二十七年刻本，丙申词章中的第34页。

表 5—1

类别	赋题	作者
丙申词章	《元始中征天下通小学者令说文字于未央廷中赋》	陈佩实
	《大徐小篆徐熙竹赋》	张潮
	《刘子骏与扬子云书从取方言赋》	张潮
	《何易于腰笏引舟上下赋》	吕景梅
	《何易于腰笏引舟上下赋》	张潮
	《汉武帝令州郡察吏民有茂材异等可为将相及使绝国者赋》	张潮
	《咬菜根赋》	吕景梅
	《咬菜根赋》	陈佩实
	《炭昂铁低赋》	吕景梅
丁酉词章	《不以空言说经赋》	张恂
	《不以空言说经赋》	宋蔚
	《输攻墨守赋》	卜宗俊
	《输攻墨守赋》	吕景梅
	《夏造冰赋》	吕景梅
	《汉高堂生传士礼十七篇赋》	王景曜
己亥词章	《拟唐黄文江〈秋色赋〉》	汪燮元
	《小冠杜子夏赋》	刘蔼
	《因树为屋赋》	顾尹圻
	《芭苴前赋》	吕光辰
庚子词章	《孟敏堕甑赋》	王其倬
辛丑词章	《末丽花赋》	汪燮元
	《拟晋陆云〈逸民赋〉》	吴闻元
	《拟庾子山〈春赋〉》	程麐①

清代考证学的特点是，立义时重视证据，无征不信，这种学术的优点不少，"能使吾辈心细，读书得间；能使吾辈忠实，不欺饰；能使吾辈独

① 本表内容依据缪荃孙、华若溪编《龙城书院课艺·经古精舍课艺》（光绪二十七年刻本，丙申词章中的第1、6、8、13、16、20、34、36、39 页，丁酉词章中的第1、4、6、10、13、15 页，己亥词章中的第2、4、6、7 页，庚子词章中的第1 页，辛丑词章中的第1、3、6 页）整理制作而成。

立，不雷同；能使吾辈虚受，不敢执一自是"。① 从事考证学研究，可使人在为学与为人两个方面都能有所获益。学海堂、诂经精舍、经古精舍等一些汉学书院重视将考证用于诗赋教育中，此举既有利于增强生徒的考证能力，又有利于促进生徒优良品质的养成。

"赋者，铺也，铺采摛文、体物写志也。"② "铺采摛文"这一繁缛藻饰的创作要求是以博学为基础，尤其是要精擅于语言学。汉代时期，有些赋作家也是语言学家。阮元为浙江诂经精舍作记时，就对汉代一些赋作家精通语言学的现象做过评述，他认为："诗人之志，登高能赋，汉之相如、子云文雄百代者，亦由《凡将（篇）》《方言》贯通经诂。然则舍经而文，其文无质；舍诂求经，其经不实。为文者尚不可以昧经诂，况圣贤之道乎？"③ 其中，"相如"是指司马相如，"子云"是指扬雄（扬雄，字子云）。二位不仅在赋作创作方面成就斐然，而且在语言研究方面造诣深厚，如司马相如著有字书《凡将篇》，扬雄除了著有字书《训纂篇》外，还著有方言学开山之作《輶轩使者绝代语释别国方言》（简称《方言》）。由于作赋基于博学，因此清代汉学书院重视作赋，对一些学殖丰厚、考证精当的佳作给予表彰，这从《经古精舍课艺》的赋作评点中可窥一斑：

表 5—2

类别	赋题	作者	所得评点
丙申词章	《刘子骏与扬子云书从取方言赋》	张潮	序考著书年岁，极有依据。赋首尾一气，自成章法
	《何易于腰笏引舟上下赋》	张潮	序考据精核，赋工于取势。笔亦清邕澹雅，如读一则史论
	《雠书赋》	吕景梆	辨章学术，考镜源流，刘（歆）《（七）略》、班（固）《（汉书·艺文）志》、荀（勖）《（中经新）簿》、阮（孝绪）《（七）录》兼而有之

---

① 梁启超：《清代学术概论》，上海古籍出版社 1998 年版，第 48 页。

② 刘勰著，范文澜注：《文心雕龙注》卷二，人民文学出版社 1958 年版，第 134 页。

③ 阮元：《西湖诂经精舍记》，阮元编：《诂经精舍文集》卷三，嘉庆六年刻本，第 2 页。

续表

类别	赋题	作者	所得评点
丙申词章	《咬菜根赋》	吕景梆	削尽浮词，独标精蕴。学人之赋，异于词人者如是
丁酉词章	《汉高堂生传士礼十七篇赋》	王景曜	夫惟大雅卓尔不群，叙亦论断谨严
	《书景教流行中国碑后》	吕景梆	包扫一切，文洁体清
	《读〈汉书·艺文志〉书后》	周仁撰	气息纯深，词旨雅洁
庚子词章	《孟敏堕甑赋》	王其倬	才学并茂，声情激越①

在上述评点中，"序考著书年岁，极有依据""序考据精核""学人之赋，异于词人者如是""气息纯深""才学并茂"等语，充分表达了施教者对生徒学殖以及考证的肯定，毋庸置疑，这种积极肯定的方法是鞭策生徒继续努力的重要动力。

考证学是清代主流学术，清代考证学可与汉代经学、隋唐佛学、宋明理学相媲美。自从清代初期顾炎武等人重视以考证作为解籍津筏后，步武者甚众。清代乾嘉时期，在惠栋、戴震、王鸣盛、钱大昕、赵翼、梅文鼎、段玉裁、崔述、王念孙、王引之、阮元等众多学者的推动下，考证学臻于鼎盛，考证这种诠释文本的重要方式普遍使用在经、史、子、集各个领域。梁启超论及清代考证学时指出："乾嘉间考证学，可以说是清代三百年文化的结晶体，合全国人的力量所构成。"② 清代考证学的发展与繁荣，与众多人的积极参与、大力支持息息相关。在清代考证学的发展征途中，教育充当着重要推手，清代书院教育对清代考证学的发展有着推波助澜之功。学海堂、诂经精舍、经古精舍等众多汉学书院重视考证学教育，将考证方法使用在经史之学以及诗赋等文学的教育中。由于重视考证学，清代汉学书院培养出了一批批精擅考证学的生徒，有力推动了清代考证学的发展。

---

① 本表内容依据缪荃孙、华若溪编《龙城书院课艺·经古精舍课艺》（光绪二十七年刻本，丙申词章中的第12、19、26、35页，丁酉词章中的第18、35、36页，庚子词章中的第2页）整理制作而成。

② 梁启超：《中国近三百年学术史》，中国书店1985年版，第24页。

三　学海堂论诗绝句

在清代书院诗歌教育中，学海堂论诗绝句值得注意。论诗绝句是古代论诗诗中的一种最为常见的形式，它通过格律诗的形式来进行诗学批评，多以组诗出现，通过组诗揭示出不同朝代、不同地域的诗歌创作情况。自从杜甫创作《戏为六绝句》掀开论诗绝句的序幕后，效仿杜甫而成为诗中疏凿手者层出不穷，唐代元稹、李商隐、杜牧，宋代王安石、吴可、杨万里、戴复古，金代王若虚、元好问，明代方孝孺，清代王士禛、袁枚、姚莹、林昌彝、朱筱园、谭宗浚等人，都曾撰有论诗绝句。在历代论诗绝句中，元好问的论诗绝句影响最大、嗣响不绝，《学海堂四集》卷二十八收录有谭宗浚的论诗绝句四十八首，主要是效仿以及补充元好问的论诗绝句而作。谭宗浚在论诗绝句中，或对历代诗人及其诗歌进行评述，或对历代诗派、诗歌总集进行探讨，或对诗歌创作中的有关问题进行考辨，或对诗歌创作理论进行总结。为了便于读者理解，谭宗浚有时在论诗绝句的后面附上几句与所论内容有关的话语。谭宗浚（1846—1888），原名懋安，字叔裕，广东南海人，谭莹之子，同治十三年（1874）进士（榜眼），曾任学海堂学长、江南乡试副考官、云南粮储道等职，工诗文，尤擅骈文，著有《荔村草堂诗钞》十卷、《荔村草堂诗续钞》一卷、《希古堂集》八卷。为了展现清代书院诗歌研究的面貌，有必要对谭宗浚的论诗绝句进行分析。谭宗浚的论诗绝句主要是针对前人的观点而发，因此笔者探讨谭宗浚的论诗绝句时，紧紧扣住他对前人观点的不同取向问题展开论述。

首先，谭宗浚若认为前人的观点合理，便加以申述。西晋陆机、陆云创作了不少诗歌，成就斐然，不过也有不足，钟嵘评价陆机诗作时云："尚规矩，不贵绮错，有伤直致之奇。"① 谭宗浚对钟嵘所评表示赞同，他论曰："二陆才华震洛京，碑文赋颂果峥嵘。若论诗体多平直，应讶吴侬浪得名。"② 谭宗浚认为，二陆虽然才华横溢，但是优于文而拙于诗，未能在诗歌上有所建树。清新是诗歌创作的重要要求，杜甫就力挺清新，屡次将清新写入诗中，如其《寄彭州高三十五使君适、虢州岑二十七长史

---

① 钟嵘著，曹旭集注：《诗品集注》，上海古籍出版社 1994 年版，第 132 页。
② 陈澧、金锡龄编：《学海堂四集》卷二十八，光绪十二年刻本，第 18 页。

参三十韵》中的"更得清新否，遥知对属忙"①，《春日忆李白》中的"清新庾开府，俊逸鲍参军"②。谭宗浚对杜甫提出的清新要求表示赞同，他指出："凡拟古而不能出机杼者，皆未清新故也，明七子多犯此病。"他论曰："汉魏风谣易效颦，但防摹拟汩天真。杜陵谈艺洵千古，拈出清新最可人。"③ 谭宗浚认为，杜甫提出的清新要求洵为有识之见，清新在拟古诗的创作中也同样重要。南宋时期，与陆游、范成大、尤袤并称为"中兴四大诗人"的杨万里重视道德、讲求节操，诗风简易流畅、活泼可爱，有"诚斋体"之称。杨万里作诗往往随性而为，不加雕琢，有粗率鄙俚之失，遭到一些评论者的非议。谭宗浚对评论者之讥表示赞同，他指出："诚斋气节自足千古，诗则粗豪鄙俚，未为正宗。"他论曰："耻效韩门献媚徒，锦茵红绉漫相污。如君风节过韩杜，只惜篇章格稍粗。"④ 谭宗浚既表彰了杨万里的高尚节操，又揭示了杨万里的诗歌阙失。朱熹是伟大的理学家，也是杰出的诗人，在诗歌方面重视研习古体诗，明人胡应麟评价朱熹的诗歌成就时指出："大抵南宋古体当推朱元晦，近体无出陈去非。"⑤ 谭宗浚对胡应麟所评表示赞同，他论曰："感兴诗成笔有神，何尝语似腐头巾。崛兴南渡当推首，风格居然魏晋人。"⑥ 谭宗浚认为，朱熹深受魏晋诗风的影响，其诗歌高雅脱俗，在学习古体诗的南宋诗人中，朱熹首屈一指。明代初期，与杨基、张羽、徐贲并称为"吴中四杰"的高启才华卓荦，可惜三十九岁时获罪身亡。由于过早辞世，因此虽有诗才，但不能独树一帜，清代四库馆臣评云："启天才高逸，实据明一代诗人之上。其于诗，拟汉魏似汉魏，拟六朝似六朝，拟唐似唐，拟宋似宋，凡古人之所长，无不兼之。振元末纤秾缛丽之习而返之于古，启实为有力。然行世太早，殒折太速，未能熔铸变化，自为一家。"⑦ 谭宗浚也对高启过早夭折而未能在诗歌上取得伟绩深表遗憾，他指出："高青邱无家不学，无体不工，而究未自成面目，盖年限之也。"他论曰："妙笔能令百态呈，

①　杜甫：《杜工部诗集》卷十，中华书局 1957 年版，第 21 页。
②　杜甫：《杜工部诗集》卷九，中华书局 1957 年版，第 8 页。
③　陈澧、金锡龄编：《学海堂四集》卷二十八，光绪十二年刻本，第 23 页。
④　同上书，第 21 页。
⑤　胡应麟：《诗薮·杂编》卷五，中华书局 1958 年版，第 303 页。
⑥　陈澧、金锡龄编：《学海堂四集》卷二十八，光绪十二年刻本，第 20—21 页。
⑦　永瑢、纪昀等：《四库全书总目》卷一百六十九，中华书局 1965 年版，第 1471 页下—1472 页上。

独嫌骨格未坚贞。倘教年寿逾开府，应信波澜老更成。"① 谭宗浚认为，要是高启寿终正寝，定能在诗歌上大有作为。

其次，谭宗浚若认为前人的观点片面，便加以修订。《玉台新咏》是南朝徐陵编纂的一部诗歌总集，后来有些人不看好该作，多以"宫体诗"斥之。谭宗浚指出，《玉台新咏》皆宫体诗之说有失片面，"《玉台新咏》皆宫体诗，语极可厌。惟乐府诗如《孔雀东南飞》《翩翩堂前燕》等作，多有昭明所未收者，亦可存也"。② 他论曰："宫体轻浮世竞嗤，擘笺酬唱摠淫词。只应乐府多奇制，剩与萧楼作拾遗。"③ 谭宗浚认为，《玉台新咏》中的一些诗歌价值很高，与浮艳华靡的宫体诗迥然不同，可补《文选》收录之遗。南朝时期，艳情诗风靡一时，梁武帝、梁简文帝以及梁元帝等帝王也创作了一些艳情诗。艳情诗多写男欢女爱的缠绵爱意，内容有时色情庸俗，遭到后代很多学者、作家的批判。谭宗浚认为，南朝艳情诗并非一无是处，有些诗作时有《诗经》遗意，"如云'侬作北辰星，千年无转移'，即《大车》'皦日'之誓也。'若不信侬时，但看雪上迹'，即《鸡鸣》《风雨》之思也。'风波了无常，没命江南渡'，即《柏舟》'匪石'之旨也。若概以轻艳诋之，真眯目而道黑白者矣"。④ 他论曰："善写风情晋宋讴，发情止义最绸缪。试吟没命江南渡，凛凛何尝异《柏舟》。"⑤ 谭宗浚通过化用《诗经·周南·关雎》中毛诗序所评之语"变风发乎情，止乎礼义"⑥，以及援引《诗经·鄘风·柏舟》一诗（毛诗序解读这首诗的篇旨为，"共姜自誓也，卫世子共伯蚤死，其妻守义，父母欲夺而嫁之，誓而弗许，故作是诗以绝之"⑦，可见诗中女子是一位合乎礼义的贞妇），对南朝一些艳情诗的内容给予了充分肯定。西昆体是宋代初期出现的一个重要诗派，代表者有杨亿、刘筠、钱惟演等人。西昆体诗人在创作上遵奉李商隐，讲究辞采，表现才力，缺点是题材狭窄，外表华

---

① 陈澧、金锡龄编：《学海堂四集》卷二十八，光绪十二年刻本，第 22 页。

② 同上书，第 19 页。

③ 同上。

④ 同上书，第 18 页。

⑤ 同上。

⑥ 毛亨传，郑玄笺，孔颖达等正义：《毛诗正义》卷一，《十三经注疏》，中华书局 1980 年版，第 4 页上。

⑦ 毛亨传，郑玄笺，孔颖达等正义：《毛诗正义》卷三，《十三经注疏》，中华书局 1980 年版，第 44 页下。

丽，表达缺乏真情实感，贻人以格调低下之讥。宋人石介批评杨亿诗歌时云："穷妍极态，缀风月，弄花草，淫巧侈丽，浮华纂组。"① 谭宗浚指出，西昆体格调低下之说有失片面，他论曰："西昆格调岂全卑，藻密思清冠一时。解作杨刘非易事，胜如吴下性灵诗。"② 谭宗浚认为，西昆体格调并非全卑，有着不少闪光之处，而杨亿与刘筠的诗歌并非一般人所能解读。区大相，字用孺，号海目，明代岭南诗人，其诗歌深受朱彝尊推许，朱彝尊认为："海目持律既严，铸词必炼。""岭南山川之秀，钟此国琛。"③ 谭宗浚指出，朱彝尊对区大相诗歌的过高评价有失片面，他论曰："岭外钟奇比国琛，当年朱十最倾襟。太常法曲虽谐婉，恨少穿云裂石音。"④ 谭宗浚认为，区大相的诗歌并非尽善尽美，虽有着婉柔之美，但缺乏阳刚之气。在中国乃至西方，诗与史往往有所联系，诗人重视将史实写入诗歌，评论者重视史实与诗歌的互证，如杜甫创作的一些诗歌由于真实地反映现实而有"诗史"之称，毛诗序阐释《诗经》时使用以史释诗的方法，古希腊荷马创作的两部史诗《伊利亚特》《奥德赛》记录了公元前 11 世纪至公元前 9 世纪古希腊社会的历史，20 世纪 80 年代西方文论中出现的以斯蒂芬·格林布拉特、路易斯·蒙特洛斯、海登·怀特为代表的新历史主义流派重视以历史文本来解读文学文本。针对诗与史的关系问题，谭宗浚指出，诗与史有相融，也有区别，诗歌事事征实的观点有失片面，"杨瑀《山居新语》尝辨萨雁门宫词'紫衣小队'及'饮御沟'为不谐国制，然杜牧之诗'一骑红尘妃子笑，无人知是荔枝来'，《遁斋闲览》据《通纪》以纠其失，盖词人之作固不必事事征实耳"。⑤ 他论曰："饮马沟边语未宜，五京国制几人知。不论考证论风格，一骑离支句自奇。"⑥ 谭宗浚认为，诗歌讲求的是艺术风格而不是事事确凿，不征实之诗自有可取之处。清人方玉润在阐释《诗经·周南·芣苢》时也指出："佳诗不必尽皆征实，自鸣天籁，一片好音，尤足令人低回无限。若实而

---

① 石介：《怪说》，石介：《徂徕石先生文集》卷五，中华书局 1984 年版，第 62 页。

② 陈澧、金锡龄编：《学海堂四集》卷二十八，光绪十二年刻本，第 20 页。

③ 朱彝尊：《静志居诗话》卷十六，嘉庆二十四年刻本，第 10 页。

④ 陈澧、金锡龄编：《学海堂四集》卷二十八，光绪十二年刻本，第 23 页。

⑤ 同上书，第 22 页。

⑥ 同上。

按之，兴会索然矣。"① 从中可知，在诗歌是否要事事征实的问题上，方玉润与谭宗浚的见解一致。

再次，谭宗浚若认为前人的观点或做法有误，便加以反驳。杜甫在诗歌上深受庾信影响，清人陈祚明认为，杜甫在学习庾信诗歌方面，"不能青出于蓝，直是亦步亦趋"。② 谭宗浚对陈祚明之说不予认可，他论曰："少陵诗骨迥蹁跹，心折凌云笔似椽。冰火青蓝原定论，莫轻轩轾到前贤。"③ 谭宗浚认为，杜甫的诗歌成就超出庾信已成定论，难以翻案。唐代诗人许浑由于诗作囿于写水而有"千首湿"之称，许浑诗才平庸，不过清人陈云伯推崇许浑诗歌，谭宗浚对陈云伯之说不予认可，他指出："'许浑诗，李远赋，不如不作'，唐人已有定评，而陈云伯大令《颐道堂集》论诗极推尊之，深不可晓。"他论曰："丁卯诗名（许浑晚年居于丹阳丁卯桥村舍，故名其诗体为'丁卯体'）末造夸，风云气少似张华。从来甜俗投时易，争赏徐熙没骨花。"④ 谭宗浚既对许浑诗歌"风云气少"的缺点进行了揭示，又对后人追俗逐陋的不良现象提出了批判。在探讨诗歌总集收诗的问题上，谭宗浚也对前人的不当之举进行了批驳。宋代词人姜夔在诗歌上成就不菲，不过姜夔的诗学成就被其词学光环所掩盖，易被后人忽视。清初吴之振、吴自牧等人编纂《宋诗钞》时就未收录姜夔的诗歌，谭宗浚对此举不予认可，他论曰："尧章诗律迈南湖，近体清新态绝殊。却怪选诗吴孟举（吴之振，字孟举），遍搜鳞甲失骊珠。"⑤ 谭宗浚对姜夔的诗歌成就给予了肯定，并对《宋诗钞》未收录姜夔诗歌的做法深表惋惜。南宋叛臣刘豫在建炎二年（1128）投降金朝，建炎四年（1130）被金朝立为大齐皇帝，后改封为曹王，是一个地地道道的贰臣。元好问在《中州集》中收有刘豫诗歌，谭宗浚对此举不予认可，他论曰："野史亭边遍网罗，完颜文字萃千家。如何录到曹王作，真叹渊明白璧瑕。"⑥ 谭宗浚以"白璧瑕"为喻，对《中州集》由于收录刘豫诗歌而玷

---

① 方玉润：《诗经原始》卷一，同治十年刻本，第11—12页。

② 沈德潜：《说诗晬语》卷上，叶燮、薛雪、沈德潜：《原诗　一瓢诗话　说诗晬语》，人民文学出版社1979年版，第205页。

③ 陈澧、金锡龄编：《学海堂四集》卷二十八，光绪十二年刻本，第19页。

④ 同上书，第20页。

⑤ 同上书，第21页。

⑥ 同上。值得说明的是，元好问身处金朝，因此他在《中州集》中收录刘豫这一投降金朝的南宋叛臣诗作，是事出有因。

污全书一事深表遗憾。从对待诗歌总集收诗的问题上可知，谭宗浚有着文品基于人品的思想意识，人品一坏，文品便不足为道。

从以上分析中可知，谭宗浚论诗时重视诗歌的古雅、雄健、天真、清新与独创，如他盛赞朱熹的诗歌古雅，批判杨万里的诗歌不够古雅，批判许浑的诗歌风云气少，批判区大相的诗歌缺乏阳刚之气，揭示摹拟诗不能失去天真，盛赞杜甫提出的清新要求，盛赞姜夔的诗歌清新，盛赞杜甫的诗歌贵在创造而超越前贤。谭宗浚的这些思想大多能从元好问的论诗绝句中找出端倪，如元好问认为古诗高雅，与低俗文学截然不同："曲学虚荒小说欺，俳谐怒骂岂诗宜。今人合笑古人拙，除却雅言都不知。"盛赞杜甫的诗歌古雅："古雅难将子美亲，精纯全失义山真。论诗宁下涪翁拜，未作江西社里人。"盛赞建安诗歌雄健遒劲："曹、刘坐啸虎生风，四海无人角两雄。可惜并州刘越石，不教横槊建安中。"批判张华的诗歌风云气少："邺下风流在晋多，壮怀犹见缺壶歌。风云若恨张华少，温李新声奈尔何。"盛赞陶渊明的诗歌天真自然："一语天然万古新，豪华落尽见真淳。南窗白日羲皇上，未害渊明是晋人。"揭示诗歌创作不能步人后尘："窘步相仍死不前，唱酬无复见前贤。纵横正有凌云笔，俯仰随人亦可怜。"① 从这些实例中可知，谭宗浚论诗时受到了元好问思想的很大影响。此外，在观点表达上，谭宗浚有时也与元好问相同，如元好问对杜甫诗歌做了高度评价，认为元稹所评"排比铺张"一语未能道出杜甫诗歌的精髓："排比铺张特一途，藩篱如此亦区区。少陵自有连城璧，争奈微之（元稹，字微之）识碔砆。"② 谭宗浚也对杜甫诗歌做了高度评价，并对元好问的观点做了申述："余谓元微之云'排比铺张'此四字不足尽子美之长，以况子山诗却恰合。"③ 尽管谭宗浚受到元好问的惠泽匪浅，不过谭宗浚并非谨守元好问的思想而不敢越雷池一步，在论诗绝句中也会出现与元好问所论不相吻合的地方，如元好问认为宋初西昆体不够古雅："百年才觉古风回，元祐诸人次第来。讳学金陵犹有说，竟将何罪废欧梅。"④ 而谭宗浚对西昆体格调

---

① 元好问：《遗山先生文集》卷十一，《四部丛刊》初编，上海商务印书馆1922年版，第3—6页。

② 同上书，第4页。

③ 陈澧、金锡龄编：《学海堂四集》卷二十八，光绪十二年刻本，第19页。

④ 元好问：《遗山先生文集》卷十一，《四部丛刊》初编，上海商务印书馆1922年版，第6页。

低下这一旧说提出了质疑，并对西昆体中的重要作家杨亿与刘筠的诗歌成就进行了肯定。又如元好问对苏轼与黄庭坚的诗歌多有贬斥，谭宗浚便指出了此点："遗山深不满于坡、谷，尝云：'论诗宁下涪翁拜'，又云：'论人虽甚愧，诗亦岂不如'，盖指坡公也。"① 不过谭宗浚对元好问的观点并非认同，他论曰："乐府淋漓气格遒，何曾坡、谷肯低头。玉谿花柳西园树，闲杀累臣白发秋。"② 谭宗浚认为，苏轼与黄庭坚二人继承了乐府诗风，诗歌遒劲，光彩熠熠。综而观之，谭宗浚在作论诗绝句时，既秉承了元好问的论诗思想，又对元好问的论诗观点、论诗内容做了重要的修订与补充，为元好问诗学思想的弘扬与发展做出了重要贡献，也为清代诗学思想的发展做出了重要贡献。

　　谭宗浚的论诗绝句有着两大特点：其一，大量使用联系比较的方法，或揭示所评诗人的诗学渊源、诗学影响，以示诗歌创作的传承与延续，或将所评诗人的诗风与历代诗风进行比较，从而揭示二者之间的区别。用联系比较的方法论诗有着正本清源的功效，有助于加深读者对诗歌发展嬗变的理解。其二，谭宗浚的论诗绝句多是针对旧说而发，在对旧说进行分析考辨的基础上陈述己见。学海堂重视考证学，谭宗浚的论诗绝句也便具有鲜明的考证学特色。谭宗浚论诗时既尊重旧说，又勇于断见，得出不少全面而公允的结论，如不要一味贬斥南朝艳情诗，在对待庾信与杜甫的诗歌问题上不要厚古薄今，不要力挺许浑、区大相等诗歌有着明显缺陷的诗人，不要全盘否定西昆体格调，需要承认理学家朱熹的诗歌地位，需要承认词人姜夔的诗歌地位，这些观点为当今诗评提供了重要参考。有些观点如诗歌并非事事征实等，在当今诗评中仍具有进一步探讨的价值③。尽管谭宗浚的论诗绝句成就喜人，不过并非尽善尽

---

① 陈澧、金锡龄编：《学海堂四集》卷二十八，光绪十二年刻本，第21页。

② 同上。

③ 关于诗与史之间的关系，今人钱锺书做过详细的论述。他认为，诗史在写法上既相合又相分，区别在于，"史必征实，诗可凿空"。（钱锺书：《谈艺录》，生活·读书·新知三联书店2001年版，第122页）"诗是有血有肉的活东西，史诚然是它的骨干，然而假如单凭内容是否在史书上信而有征这一点来判断诗歌的价值，那就仿佛要从爱克司光透视里来鉴定图画家和雕刻家所选择的人体美了。"（钱锺书：《宋诗选注》序，人民文学出版社1989年版，第3页）钱锺书并非反对诗具史笔，而是反对以史实为准绳来对诗歌内容吹毛求疵，可见在对诗史关系的表述上，钱锺书与谭宗浚的观点相同。

美，有时论断不确，如他在评论陆机、陆云的诗歌时，有些过于贬低二位的诗歌成就，陆机、陆云的诗歌在钟嵘的《诗品》中分别居于上品、中品，清人刘熙载评论陆机诗歌时指出："士衡乐府，金石之音，风云之气，能令读者惊心动魄。"① 可见，陆机、陆云的诗歌有着不少亮点，评价时不应过于苛刻②。又如他论南朝阴铿诗曰："芜累从来笑子坚，想应佳句近稀传。我从《二酉遗书》见，片语何尝似谪仙。"③ 谭宗浚判断李白与阴铿的诗风不相类似，有失明智。阴铿对唐代诗风的影响很大，杜甫不仅通过诗句"李侯有佳句，往往似阴铿"④ 表明李白受其影响，而且通过诗句"孰知二谢将能事，颇学阴何苦用心"⑤ 表明自己受其影响。在李白是否受到阴铿诗风的影响这一问题上，我们当然会相信李白好友杜甫之说。

在学海堂课艺中，除了谭宗浚的论诗绝句外，还有梁梅的论诗绝句。梁梅，字锡仲，号子春，广东顺德人，道光八年（1828）优贡，工诗、骈文，乐于藏书，曾学于学海堂，著有《有寒木斋诗集》二卷、《有寒木斋文集》二卷。《学海堂二集》卷二十二收录有梁梅的论诗绝句十首，专论粤东诗人。梁梅在论诗绝句中，或对粤东诗人的诗歌贡献进行评价，如对唐代张九龄开创岭南诗派的贡献进行了表彰："岭南诗派曲江开，正字青莲鼎足陪。海日江春还手写，可知卿相总怜才。"⑥ 或对粤东诗人的才华进行评价，如对宋代余靖、李昴英二位诗人的才华进行了夸赞："谏草余公最有名，探花（李昴英曾中探花）才笔亦纵横。《武溪集》（余靖著作）与《文溪集》（李昴英著作），同学欧苏各老成。"⑦ 或对粤东诗人群

① 刘熙载：《艺概》卷二，上海古籍出版社1978年版，第53页。
② 薛时雨编纂的《惜阴书院西斋课艺》收录有冯煦的《论国朝诗绝句十六首，仿元遗山体》，冯煦对二陆的诗歌也有所论及，他论曰："痛饮高歌鹤唳秋，云间才调极清道。壮游借取东西屋，文栋英英郁两头。"（薛时雨编：《惜阴书院西斋课艺》卷七，光绪四年刻本，第72—73页）从中可知，冯煦同谭宗浚的态度截然不同，他对二陆的诗歌成就进行了充分肯定。
③ 陈澧、金锡龄编：《学海堂四集》卷二十八，光绪十二年刻本，第18页。
④ 杜甫：《与李十二白同寻范十隐居》，杜甫：《杜工部诗集》卷九，中华书局1957年版，第7页。
⑤ 杜甫：《解闷十二首》（其七），杜甫：《杜工部诗集》卷十五，中华书局1957年版，第9页。
⑥ 吴兰修编：《学海堂二集》卷二十二，道光十八年刻本，第31页。
⑦ 同上。

体的诗歌成就进行评价，如对明代南园五先生（孙蕡、王佐、赵介、李德、黄哲）远绍唐诗格调、力改萎靡之弊的诗歌成就进行了褒扬："吟轩不愧抗风名，尽斥淫哇出正声。一样唐音饶至味，五先生胜十先生。"① 要而言之，梁梅的论诗绝句为岭南诗歌宝库的开掘以及岭南诗歌成就的宣扬做出了贡献，也为中国诗歌的发展做出了贡献。

第二节　清代书院古文教育

同诗赋教育一样，清代书院古文教育也是处于科举背景下，与科举背景有着紧密的联系。在清代书院古文教育中，以古文为时文教育习见不鲜，若研究清代书院古文教育，就应对以古文为时文教育的问题进行论述。此外，《学海堂四集》收录有李保孺的论清代古文绝句二十二首，要了解清代书院古文研究，也有必要对李保孺的论清代古文绝句进行分析。

一　以古文为时文教育

时文是指流行于一个时代或一个时期的文体，在中国古代社会，时文往往特指科举文。八股文是明清科考主要文体，明清时期所言时文一般是指八股文。以古文为时文的历史悠久，宋代时期就有学者主张，应举士子要以古文为法，如唐庚认为："场屋之间，人自为体，立意造语，无复法度，宜诏有司，取士以古文为法。"② 明代时期，以古文为时文在应举途中经历了一个逐步接受的过程。洪武至弘治年间（1368—1505），士子作八股文时，"皆恪遵传注，体会语气，谨守绳墨，尺寸不逾"。正德、嘉靖年间（1506—1566），"作者始能以古文为时文，融液经史，使题之义蕴隐显曲畅，为明文之极盛"。③ 清代一些帝王也重视以古文为时文，如乾隆二十四年（1759）谕旨指出："归有光、黄淳耀等人皆能以古文为时

---

① 吴兰修编：《学海堂二集》卷二十二，道光十八年刻本，第31页。
② 唐庚：《上蔡司空书》，唐庚：《眉山唐先生文集》卷二十三，《四部丛刊》三编，上海商务印书馆1936年版，第5页。
③ 方苞：《进四书文选表》，方苞：《望溪先生文集·集外文》卷二，咸丰元年刻本，第27页。

文，至今俱可师法。"①《钦定四书文》是乾隆皇帝要求方苞编纂的一部时文著作，目的是通过编纂明代以及清代的一些时文佳作作为士子研习时文提供指导。方苞是清代古文家，乾隆皇帝将编纂《钦定四书文》这一光荣而重要的使命委托于他，说明了古文与时文二者之间有着相通之处。方苞在编纂《钦定四书文》时，对一些时文佳作进行了评点，他在评点中肯定了作家们的以古文为时文之举，如评点归有光的《周监于二代　一节》时云："以古文间架笔段驭题，题之层次即文之波澜，文之精蕴皆题之气象。"② 评点陈际泰的《天下有道　四节》时云："启祯名家于长章数节文，皆以古文为时文之法驭题，而陈之视黄，则有粗细之别，以所入之域有浅深也。"③ 评点艾南英的《民为贵　一章》时云："步步为营，其中，宾主轻重次第曲折起伏回旋古文义法，无一不备。"④ 归有光、陈际泰、艾南英都是明代时期精通时文以及古文的名家，其中，归有光在古文上大有建树，从上述评点中可知，他们擅长于援古文笔法于时文写作中。桐城派是清代古文重要流派，桐城派作家大多重视以古文为时文，将古文研习与时文写作很好地结合起来。方苞、刘大櫆、姚鼐在此方面深有体会，如方苞认为，士子若研究汉代书疏以及唐宋八大家古文，以求《春秋》《国语》《战国策》《史记》义法，"触类而通，用为制举之文，敷陈论策，绰有余裕矣"。⑤ 刘大櫆认为，对于应举者而言，"习其业者，必皆通乎六经之旨，出入乎秦汉唐宋之文，然后辞气深厚，可备文章之一体，而不至龃龉于圣人"。⑥ 姚鼐认为："大抵从时文家逆追经艺、古文之理甚难，若本解古文，直取以为经义之体，则为功甚易。"⑦ 可见，研习古文有助于

---

① 崑冈、刘启端编：《钦定大清会典事例》卷三百三十二，《续修四库全书》第 803 册，上海古籍出版社 2002 年版，第 300 页。

② 方苞编：《钦定四书文·正嘉四书文》卷二，《文渊阁四库全书》第 1451 册，台湾商务印书馆 1986 年版，第 19 页。

③ 方苞编：《钦定四书文·启祯四书文》卷八，《文渊阁四库全书》第 1451 册，台湾商务印书馆 1986 年版，第 10 页。

④ 方苞编：《钦定四书文·启祯四书文》卷九，《文渊阁四库全书》第 1451 册，台湾商务印书馆 1986 年版，第 35 页。

⑤ 方苞：《〈古文约选〉序例》，方苞：《望溪先生文集·集外文》卷四，咸丰元年刻本，第 14 页。

⑥ 刘大櫆：《〈方晞原时文〉序》，刘大櫆：《海峰文集》卷四，清刻本，第 90 页。

⑦ 姚鼐：《姚惜抱尺牍》，上海新文化书社印本 1935 年版，第 39 页。

时文写作，古文基础深厚者所作时文自然有闪光之处。总之，为了科举需要，历代很多士子重视时文写作，一些作家主张，在研习时文时还需研习古文，只有这样，在写作时文时方能做到以古文为时文，将古文笔法融入时文写作中，为时文写作提供有益的帮助。清代书院大多重视科举文教育，以古文为时文也就习见于清代书院教育中。

如同农民耕地、工人铸器一样，举业也是士子谋生的手段，士子通过读书应举来获取功名、谋求出路，因此士子对时文不可掉以轻心。不过，若只是倾心于时文研习而忽视综合素质的培养也不妥当，因为这种极端的做法会使应举士子目光短浅、文笔肤浅，不仅难构佳作，而且难成全人。为了引导生徒合理地研习时文，也为了促使生徒健康地成长，清代一些书院的施教者主张，研习时文时还需要汲取多方面的养料，其中，古文养料颇为重要，他们纷纷主张将古文纳入时文研习的范畴，如湖南玉潭书院山长周在炽指出，时文是士子进身之阶，士子应重视时文研习，不过，研习时文时还需研习古文，汲取古文养料，借鉴古文笔法①。依周在炽看来，古文研习与时文研习相济而不相妨，研习古文对应举有益无害。南朝时期的文学家刘勰论文时推崇风骨，他认为，"若丰藻可赡，风骨不飞，则振采失鲜，负声无力"，若使文学具有风骨，需要做到，"练于骨者，析辞必精，深乎风者，述情必显"。② 有些施教者由此指出，若使时文具有风骨，就要研习古文，如北京缙山书院山长孙万春指出，要使时文风骨端凝，儿童之年就应多读古文，并加以揣摩，之后，再研读时文名作，这样做的目的在于，"有风骨以为里，有采泽以为表，则表里均到。风骨储之于先，采泽办之于后，则先后咸宜"。③ 从言辞中可知，对风骨与采泽二者兼顾，所作时文方为美文。有些施教者还通过列举一些擅长于时文写作且博学多识的先贤为例告诫生徒，研习时文时不可忽视学识培养，如安徽学政汪廷珍指出，时文代古圣贤立言，述仁义之旨，名卿硕儒俱出其中，不可由于时文研习中出现一些不良现象而抹杀时文，国朝经学家李光地、古文家方苞、诗人王士禛、汉学家惠士奇、宋学家陆陇其以及蔡世远等人

---

① 周在炽：《玉潭书院条约》，周在炽编：《玉潭书院志》卷三，乾隆三十二年刻本，第10页。
② 刘勰著，范文澜注：《文心雕龙注》卷六，人民文学出版社1958年版，第513页。
③ 孙万春：《缙山书院文话》卷二，光绪十一年刻本，第36—37页。

都很重视时文研习，生徒研习时文时需要根柢学识，未有深于经学、古文而时文无一可观者，也未有目不见全经、手未披古籍而工为时文者①。先贤具有示范作用，汪廷珍列举清代一些娴熟时文而又精擅经学、古文的先贤事例，对生徒而言有着重要的正面教育价值，它可使生徒明白，研习时文需要学充养邃，要想作鸿文，需要丰厚殖。

研读古文可以提高时文的写作水准，使时文由庸俗走向雅醇。为了让生徒有效地从事古文研习，从古文中吸收养料来润泽时文，清代一些书院的施教者主张，生徒在时文写作训练时，要重视历代经典古文的研习，如广东端溪书院学规指出，时文与古文虽异，但气脉可从古文中导源，生徒需要研读贾谊的《过秦论》、董仲舒的《贤良三策》、司马迁的《项羽本纪》、韩愈的《原道》等汉唐时期的一些经典古文②。陕西味经书院教法指出，生徒若研习《春秋》《国语》《战国策》《史记》《汉书》《庄子》《离骚》以及唐宋八大家古文，所作时文定会古雅不俗③。江西白鹭洲书院学规指出，时文是以我之性灵阐发圣贤之道，生徒学时文时要效法先正，宋代古文家欧阳修为真文之师，其作品值得研习④。清代一些书院的施教者一般要求生徒研习先秦两汉以及唐宋时期的经典古文，通过研习经典古文来开阔视野，雄健笔力，使所作时文趋雅去俗。为了加深生徒对经典古文的认识，有些施教者还给一些经典古文集撰写叙录，如广东连山知县李来章曾为经、史、子、集中的一些经典著作撰写叙录，集部经典著作包括《唐宋八大家文钞》（明茅坤编）、《归震川集》（明归有光著）两种古文集，其中，《唐宋八大家文钞》的叙录为："文至唐宋，惟韩、柳、欧阳、三苏、曾、王得文之正统，茅鹿门坤拔其尤者，细为详批，途径分明，可循而至也。"《归震川集》的叙录为："有明以古文名者多矣，然惟震川为大宗，足继秦汉八家之后。"⑤ 该叙录扼要地交代了两种经典古文

① 汪廷珍：《学约五则》，陈谷嘉、邓洪波主编：《中国书院史资料》中册，浙江教育出版社1998年版，第1688—1689页。

② 冯鱼山：《端溪书院学规》，傅维森编：《端溪书院志》卷四，光绪二十六年刻本，第12页。

③ 刘光贲编：《味经书院志》教法下，陕西通志馆印《关中丛书》本1936年版，第3页。

④ 罗京：《白鹭洲书院馆规十三则》，刘绎编：《白鹭洲书院志》卷二，同治十年刻本，第7—8页。

⑤ 李来章编：《连山书院志》卷五，康熙四十八刻本，第15—16页。

集的价值与意义，为当地连山书院生徒研习古文指明了路径。

课艺评点是清代书院文学教育的重要方式，施教者通过评点生徒的课艺来进行教学。若研究清代书院文学教育，就应研读清代书院课艺评点这种原生态的教育资料。在清代书院的时文课艺中，生徒以古文为时文的善学之举往往得到施教者的肯定，如在江苏钟山书院的时文课艺中，傅良弼的《事前定则不困》所得评点为："中散如鹤，轩昂不群。见理明，论事切，良可宝贵。"杨炎昌的《君子固穷》所得评点为："无一笔不曲，无一语不深，无一字不雅。气味馚馥，神思幽微，直是散体文家妙境。此题得此文，吾满志矣。"① 其中，"中散如鹤，轩昂不群""直是散体文家妙境"等语表明作者娴熟于古文。在陕西关中书院的时文课艺中，顾德基的《叶公问孔子于子路，子路不对》所得评点为："亦疏落亦简练，古文作手，时文高手。"马承基的《孟子见梁惠王》所得评点为："古文苍莽浩落、古劲曲蟠，其笔力之大，可以上掩眉山议论之雄，足以追踪同甫。作者素以经济文章自命，于斯可睹一班。"② 其中，"眉山"是指宋代眉山三位古文家苏洵、苏轼、苏辙，"同甫"是指宋代学者、古文家陈亮（字同甫），"古文作手，时文高手""古文苍莽浩落、古劲曲蟠"等语表明作者善于借鉴古文笔法。在上海爨珠书院的时文课艺中，陈锜的《说筑傅岩之野惟肖》所得评点为："循题布局，写得曲折奥衍，可作一篇《傅岩记》观。"王全纲的《吉日维戊 一节》所得评点为："镂心鸟篆之中，织词鱼网之上，绮交脉注，不徒以脱胎萧《选》见长。"③ 其中，"《傅岩记》"是属于古文体裁的作品，"循题布局，写得曲折奥衍""织词鱼网之上，绮交脉注"等语表明作者将古文笔法融入时文写作中。钟山书院、关中书院以及爨珠书院的施教者在评点时文课艺时，要么对生徒写作时文时善于借鉴古文笔法的现象进行揭示，要么对生徒写作时文时受到古文家的影响进行分析，无论采取何种评价方式，施教者都对生徒在以古文为时文方面的研习收获给予肯定。

清代书院在进行以古文为时文教育时，重视疏通古文与时文之间的内在联系，分析古文对时文的有益借鉴，为以古文为时文教育提供了重要的

---

① 梁星海编：《钟山书院乙未课艺》，光绪二十一年刻本，第4、25页。
② 柏景伟编：《关中书院课艺》四书文与五经文，光绪十四年刻本，第71、137页。
③ 姚杨编：《爨珠书院课艺》，光绪八年刻本，第173、207页。

理论支持。

古文写作重视明道，时文写作重视代古圣贤立言，二者在思想表达上有着共通之处。中国新文化运动领袖陈独秀在批判古文与时文时指出："唐宋八家文之所谓'文以载道'，直与八股家之所谓'代圣贤立言'，同一鼻孔出气。"① 其言辞透露出，古文与时文都很重视道德教化。由于时文写作重视道德阐发，因此可以说，一篇时文佳作在思想价值上并不逊色于一篇古文佳作。正由于此，明清时期一些人认为，不可低估时文价值，如翁方纲在《示端溪书院诸生》的诗作中指出："时文非小技，孔孟留謦欬。"② 其中，"孔孟留謦欬"一语表明，时文写作要代古圣贤立言，其思想价值不可小觑。古文与时文不仅在思想表达上有着共性，而且在文理结构上有着共性。借鉴古文章法，有助于时文写作。清代一些书院的施教者便主张，写作时文时需要借鉴古文章法，如浙江龙湖书院山长余丽元从辨题体、审题窾、明作法、精结构、镕经义、浚心源、熟机杼等方面为生徒写作时文提供指导，他论及审题窾时指出，写作时文要借鉴古文章法，全章题所重在何节，全节题所重在何句，数句或单句题所重在何字，仰承来脉，俯注下文，寻求着眼点在何处，探骊得珠，确定题窾，通篇自然迎刃而解③。陕西味经书院山长史兆熊指出，初学作文者需要研读唐宋八大家古文，识其途径轨辙，学其谋篇布局，小到字法句法，大到篇法章法。具体要求是：先看主题以识一篇纲领，后看抑扬往复、运意运笔以及转换承接之法。在大段中看篇法，在小段中看章法，在章法中看句法，在句法中看字法。今日若能如此读文，他日自会如此作文④。写作时文若套用古文中的精彩语句，也会令人耳目一新，北京缙山书院的山长孙万春在应举时曾套用古文语句而被判卷官所欣赏。不过套用古文语句需要恰到好处，不能生拼硬凑，孙万春对此深有体会，他指出："其调适至，才恰合。故套，便不切。"⑤ 古文与时文是两种不同的文学，不少人认为，古文高雅

---

① 陈独秀：《文学革命论》，陈独秀：《陈独秀文章选编》上册，生活·读书·新知三联书店 1984 年版，第 173 页。

② 翁方纲：《示端溪书院诸生》，傅维森编：《端溪书院志》卷六，光绪二十六年刻本，第12 页。

③ 余丽元：《留别箴言》，余丽元编：《龙湖书院志》卷下，光绪十四年刻本，第 41 页。

④ 刘光蕡编：《味经书院志》教法下，陕西通志馆印《关中丛书》本 1936 年版，第 3 页。

⑤ 孙万春：《缙山书院文话》卷四，光绪十一年刻本，第 29 页。

而时文卑俗。不过也有作家不认可此说，如姚鼐认为，判断文之高卑的依据是作者的才学而非文体本身，"使为经义者能如唐应德、归熙甫之才，则其文即古文，足以必传于后世也，而何卑之有?"① 有些作家不仅以古文为时文，还以时文为古文，如清人王若霖认为，方苞既以古文为时文，又以时文为古文②。陕西潼川书院山长李元春也认为，时文与古文的共性不少，可以时文为古文③。以古文为时文与以时文为古文都是属于文体互参的现象，在明清时期的文学创作中习见不鲜，二者相比，以古文为时文易于得到重视，而以时文为古文不太受到认可。元人刘将孙指出："时文之精，即古文之理也。予尝持一论云：'能时文未有不能古文，能古文而不能时文者有矣。'"④ 从中可知，古文对时文有着重要作用，而时文对古文的作用并不大。蒋寅先生结合中国古代艺术以高行卑的美学原理对这种现象有过深究⑤，此不作赘。

韩愈位于唐宋八大家之首，地位显赫，影响深远，他的一些古文理念常被引到清代书院时文教育中。韩愈认为，作家需要重视养气，"气，水也；言，浮物也。水大而物之浮者大小毕浮，气之与言犹是也，气盛则言之短长与声之高下者皆宜"。⑥ 韩愈所言之气是指作家的内在修养，其养气说具有浓厚的道德学术色彩。孟子主张集义养气，韩愈在养气说上深受孟子思想的影响。养气也时常进入清代书院时文教育的视野，被一些施教者所强调，如河南学政汤右曾教育当地朱阳书院生徒时指出，研习时文需

① 姚鼐：《陶山四书义序》，姚鼐：《惜抱轩文集·后集》卷一，嘉庆三年刻本，第 22 页。
② 钱大昕：《与友人书》，钱大昕：《潜研堂文集》卷三十三，嘉庆十一年刻本，第 16 页。
③ 李元春编：《潼川书院志》，赵所生、薛正兴主编：《中国历代书院志》第六册，江苏教育出版社 1995 年版，第 10 页。
④ 刘将孙：《题曾同父文后》，刘将孙：《养吾斋集》卷二十五，《文渊阁四库全书》第 1199 册，台湾商务印书馆 1986 年版，第 14 页。
⑤ 蒋寅先生认为，古人很早就注意到在诗、词、曲之间，在古文与时文、辞赋与史传之间，甚至在韵文与散文两大类之间，都普遍存在着互参现象，并且在互参之际显示出以高行卑的体位定势，即高体位的文体可以向低体位的文体渗透，反之则不可。以高行卑的美学依据，实质就是木桶原理，即作品整体的风格品位取决于体位最低的局部，以高行卑可以提升作品的风格品味，反之就会降低作品的风格品位。不过，问题的复杂性在于，在跨文类互参之际，由于涉及文体的功能，也存在着不同程度的例外。（蒋寅：《中国古代文体互参中"以高行卑"的体位定势》，《中国社会科学》2008 年第 5 期，第 149 页）由于古文比时文的体位高，因此以古文为时文易于得到重视，而以时文为古文不太受到认可。
⑥ 韩愈：《答李翊书》，韩愈：《韩昌黎全集》卷十六，宣统二年扫叶山房印本，第 6 页。

要博学多识，需要研读先秦两汉以及唐宋名家古文，识得此理，养得此气，发言自是不凡①。河南学政邵松年教育当地明道书院生徒时指出，古文有古文体裁，时文有时文格调，不过二者有着共同之处，只有义理精实，才会气盛言宜，研习时文需要探本穷源，否则不足为道②。江苏钟山书院山长胡培翚指出，研习时文需要重视理精、辞足、气盛、法备。本之经传注疏、宋儒理学之书，参之子史、百家之说，以究其理，以赡其辞；熟读汉唐宋古文，以充其气；熟读前辈时文佳作，以习其法程③。由此可见，在时文写作的诸多要求中，气是一项重要的内容，若使气充盈于时文中，就要研习古文。明清时期一些古文家重视研习程朱理学，他们主张，在写作时文时，要以韩欧之气达程朱之理，如方苞评点归有光的《吾十有五而志于学 一章》时云："以古文为时文自唐荆川始，而归震川又恢之以闳肆，如此等文实能以韩欧之气达程朱之理，而吻合于当年之语意。"④ 以韩欧之气达程朱之理的思想在清代书院时文教育中多有反映，如浙江姚江书院山长邵廷采指出，先贤作文是以韩欧之气达程朱之理，理与气对于为文而言不可或缺，其中，理生法而气生才。理贵微而不贵凿，法贵老而不贵平，才贵横而不贵巧，气贵清而不贵粗。只有培德丰识发为文章，理、法、才、气才会一时俱到，才会做到理不伤气而法不掩才，所作之文方为大雅⑤。陕西味经书院山长史兆熊指出，清代名家之文是以韩欧之气达程朱之理，粹然道德之华，蔚然经籍之色，博大雅杰，允称极则⑥。湖南玉潭书院山长周在炽指出，时文研习要以读书养气为基础，宋代周敦颐、张载、程颢、程颐、朱熹等人之作无理不阐，

① 窦克勤编：《朱阳书院志》卷三"记录"，雍正年间刻本，第6页。

② 邵松年：《学程书院示诸生十六则》，吕永辉编：《明道书院志》卷五"学程"，光绪二十六年刻本，第6页。

③ 胡培翚：《钟山书院课艺序》，胡培翚：《研六室文钞》卷六，道光十七年刻本，第22页。

④ 方苞编：《钦定四书文·正嘉四书文》卷二，《文渊阁四库全书》第1451册，台湾商务印书馆1986年版，第9页。

⑤ 邵廷采：《姚江书院训约》，姚江书院弟子编：《姚江书院志略》卷上，乾隆五十九年刻本，第32页。

⑥ 刘光蒉编：《味经书院志》教法下，陕西通志馆印《关中丛书》本1936年版，第3页。

生徒需要认真研读①。清代时期，朝廷屡次颁布谕旨，要求以清真雅正作为衡文准则。要想时文写作不悖清真雅正，就应在理、法、辞、气上做功夫。只有研读经书以及宋代理学家的著作，理才会明；只有研读先秦以及唐宋古文，气才会昌。清代一些书院规定时文写作要以韩欧之气达程朱之理，体现了清真雅正的思想在清代书院时文教育中的渗透。

古文与时文在思想表达上相通，在文理结构上相融，研习古文有助于写作时文。明代时文家如王鏊、唐顺之、瞿景淳、薛应旂等人都是学习唐宋古文的好手，四川锦江书院的施教者论及学有本原时便指出："至王文恪公（王鏊，谥号文恪）始能自出机杼，变化离合，仿佛昌黎笔意；荆川（唐顺之，号荆川）纡徐顿挫，几入庐陵之室；昆湖（瞿景淳，号昆湖）深沉变化，酷似南丰；方山（薛应旂，号方山）出入经史，陡健真过临川。四家号为文章正宗。"② 此语彰显出时文与古文的关系密切，要想成为一名时文家，就应娴熟于古文。阮元论及古文时也指出："近代古文名家，徒为科名时艺之累，于古人之文有益时艺者，始竟趋之。"③ 此语说明了以古文为时文对应举有利，因此不少人重视研习古文。虽然以时文为古文会削弱古文的醇雅风格，不过以古文为时文会提高时文写作水准④。合理地把握古文研习与时文研习之间的关系，有利于应举。清代书院以古文为时文教育不仅有助于增强生徒的应举能力，而且有助于提升生徒的文学综合素养，为国家培养健康的人才，而诂经精舍、学海堂等少数书院不从事时文教育，这些书院从事古文教育就更为看重提升生徒的文学综合素养。此外，清代书院以古文为时文教育还有助于丰富时文写作的理论，促进古文在社会中的发展与传播。

在中国古代社会，经学与文学是两种不同的学科，不过二者之间存在着千丝万缕的联系。刘勰认为："经也者，恒久之至道，不刊之鸿教也。

---

① 周在炽：《玉潭书院条约》，周在炽编：《玉潭书院志》卷三，乾隆三十二年刻本，第10—11页。

② 张晋生：《晋江书院训士条约》，邓洪波主编：《中国书院学规集成》第三卷，中西书局2011年版，第1446页。

③ 阮元：《与友人论古文书》，阮元著，邓经元点校：《揅经室集·三集》卷二，中华书局1993年版，第610页。

④ 钱仲联先生对此问题有过论述。（钱仲联：《梦苕庵清代文学论集》，齐鲁书社1983年版，第78页）

故象天地，效鬼神，参物序，制人纪，洞性灵之奥区，极文章之骨髓者也。""论说辞序，则易统其首；诏策章奏，则书发其源；赋颂歌赞，则诗立其本；铭诔箴祝，则礼总其端；纪传铭檄，则春秋为根。"① 由于经是文学的总源头，各种文体导源于经，因此要学习文学，读经勿容忽视。清代一些书院的施教者在从事以古文为时文教育时，也通过揭示古文导源于经，要求生徒重视经书研读，将以古文为时文教育延伸到经书研读对时文写作的重要指导上来，如江苏钟山书院山长杨绳武认为，唐宋八大家古文是委而非源，古文源头当溯及六经。在六经中，《尚书》最古，也最重要。其中，典、谟为纪传之祖，禹贡为志乘之祖，誓、诰为诏令之祖，伊训、说命为章疏之祖。由于诸经各专一体，不能尽古今体势，《尚书》诸体皆备，因此《尚书》的地位格外重要。得《尚书》之传者为《左传》《国语》，得《左传》《国语》之传者为唐宋八大家，其余诸子百家也都不出《尚书》的范围。对于《尚书》而言，既要尊之为经，又要目之为文②。有些施教者认为，学习时文时需要研读经书，从研读经书中领悟笔法，如河南大梁书院山长桑调元认为，六经为天地大文，文成法立，不以文名而为文之至。如果研读经书并从中吸取笔法，所作的时文就会出落清、柱意明，"出落清，则如建章宫千门万户自有次第；柱意明，则肢股中血脉贯而不容左右互易"。③ 有些施教者认为，与其研读低俗的古文选本，倒不如研读经书，研读经书与研读低俗的古文选本在效果上迥然有别，如河北清漳书院山长章学诚认为，当时一些士子虽重视研读古文，但方法不对，他们只是研读一些低俗的古文选本，仍用时文识解为之评点，此举虽可使研习者的笔力略健、气局稍展，在流俗辈中高出一格，但不得古文精髓。善读古文者，必得古人之心，要得古人之心，必须研读经书，文章本于六经，六经一变而为诸子，再变而为文集，他以《诗经》《春秋》为例加以说明："盖《诗》之为教，中有'四方专对'一节，而战国纵横，引深比兴，敷张扬厉，斐然其文，则《诗》之变也。眉山苏氏得以上下排论，辨才无碍，则又一变矣。陈大士得其道以为时文，学者以

---

① 刘勰著，范文澜注：《文心雕龙注》卷一，人民文学出版社1958年版，第21—23页。

② 杨绳武：《钟山书院规约》，陈谷嘉、邓洪波主编：《中国书院史资料》中册，浙江教育出版社1998年版，第1493页。

③ 桑调元：《大梁书院学规》，陈谷嘉、邓洪波主编：《中国书院史资料》中册，浙江教育出版社1998年版，第1457页。

为陈之学苏，而不知彼固得其纵横之意而自通于《诗》教者也。《春秋》
之教，比事属辞，太史整齐故事，述往思来，亦《春秋》之一变也。伊
川程氏，得一推解《易》义，征事切理，则又一变矣。黄陶庵得其道以
为时文，学者以为黄之法程，而不知彼固得其属比之意而自通于《春秋》
之教者也。"① 从明代时文家陈际泰（字大士）写作时文时重视研习眉
山苏氏古文进而上求《诗经》这一事例中可知，尽管《诗经》是韵
文作品，但它对后来的古文以及时文写作都产生了重要影响。总之，
众多施教者通过强调经对文学的重要性，引导生徒研读经书，使经在
书院教育中深深扎下了根基。生徒研读经书，不仅可以借鉴经书笔
法，还可以提升道德修养、增强经世能力以及扩充学殖识见，可谓一
举多得。

　　在中国古代社会，古文与时文是两种不同的文学，它们在科举的作
用下交融在一起，以古文为时文习见于清代书院时文教育中。清代书院
在从事以古文为时文教育时，通过制定学规要求生徒，研习时文时还需
要研习历代经典古文，从经典古文中汲取丰富的养料来润泽时文；通过
给经典古文集撰写叙录，为生徒研习古文指明路径；通过评点时文课
艺，对生徒以古文为时文的善学之举给予肯定；通过分析古文与时文之
间的内在联系，将古文写作中的重要理念融入时文研习中来；通过揭示
经是文学的总源头，将以古文为时文教育延伸到经书研读对时文写作的
重要指导上来，在提高生徒时文写作水准的同时，又提升生徒的道德修
养、增强生徒的经世能力以及扩充生徒的学殖识见。古文对时文有着重
要的借鉴作用，合理地把握古文研习与时文研习之间的关系，有利于应
举。清代书院以古文为时文教育不仅有助于提高生徒的时文写作水准，
增强生徒的应举能力，而且有助于提升生徒的文学综合素养，为国家培
养健康的人才，还有助于丰富时文写作的理论，促进古文在社会中的发
展与传播。

　　二　学海堂论古文绝句

　　论古文绝句是通过格律诗的形式来进行古文批评，多以组诗出现，通

---

　　① 章学诚：《清漳书院留别条训》，章学诚：《章学诚遗书》佚篇，文物出版社 1985 年版，
第 674—675 页。

过组诗揭示出不同朝代、不同地域的古文创作情况。《学海堂四集》卷二十八收录有李保孺的论清代古文绝句二十二首，李保孺对清代古文家、古文家族、古文总集、古文选本等有关内容进行了评述（最后两首诗作未标注所评内容），其中，古文家有王猷定、傅山、黄宗羲、张尔岐、顾炎武、侯方域、毛奇龄、魏禧、汪琬、李颙、朱彝尊、陆陇其、唐甄、方苞、沈德潜、孙嘉淦、杭世骏、袁枚、纪昀、姚鼐、阮元等人，古文家族有宜兴储氏，古文总集有《明文海》，古文选本有《国朝二十四家文钞》。李保孺的论清代古文绝句大多为一人一诗，有时将有着共性的几位古文家放在一首诗中讨论（如将纪昀、阮元两位放在一起，将傅山、张尔岐、李颙三位放在一起）。李保孺，字慕堂，广东南海人，学于学海堂，著有《委怀书舫遗草》。为了展现清代书院古文研究的面貌，有必要对李保孺的论清代古文绝句进行分析。

中国古代文学创作往往与学识培养密切联系，古文创作更是如此。"水之积也不厚，则其负大舟也无力"，"风之积也不厚，则其负大翼也无力"①，学之积也不厚，则其作古文也无力。只有学识丰厚，方能创作上等古文。历代很多古文家都把学识培养作为创作古文的必经阶段，而学识的深浅又往往是判断古文家水平高低的重要依据，李保孺在论古文绝句中就对一些学识深厚的古文家给予肯定。与魏际瑞、魏礼并称为"宁都三魏"的魏禧以古文擅名，他研习古文时重视积理练识，清代四库馆臣评价清初古文时指出，"（汪）琬与宁都魏禧、商丘侯方域称为最工"，"然禧才杂纵横，未归于纯粹"②，对魏禧的古文成就与缺陷进行了揭示。李保孺论魏禧古文曰："老死隆中诸葛才，屈蟠兵策运风雷。圣贤根性纵横舌，谁道不从经术来。"③ 后两句主要针对四库馆臣的言辞而发，李保孺认为，魏禧纵横宏肆的文风并非意味着他根柢肤浅。与魏禧、侯方域并称为"清初古文三大家"的汪琬重视经学研习，所作古文根柢深厚，深受时人青睐，《清史稿》评价汪琬时指出："为文原本六经，疏畅类南宋诸家，叙事有法。公卿志状，皆争得琬文为重。"④ 李保孺论汪琬古文曰：

① 郭庆藩：《庄子集释》卷一上，中华书局 2004 年版，第 7 页。

② 永瑢、纪昀等：《四库全书总目》卷一百七十三，中华书局 1965 年版，第 1522 页中。

③ 陈澧、金锡龄编：《学海堂四集》卷二十八，光绪十二年刻本，第 15 页。

④ 赵尔巽等：《清史稿》卷四百八十四，中华书局 1998 年版，第 13337 页。

"十载尧峰冰雪情，高文典册老逾精。谢诗任笔俱千古，讵为微词判重轻。"① 李保儒认为，归隐尧峰十载的学识积累促进了汪琬古文的老成，并以"谢诗任笔"（化用了"沈诗任笔"② 一语）为喻说明汪琬诗文兼工。朱彝尊既是古文家，又是经学家（著有《经义考》），主张古文研习要以经学为依托，他认为："执事诚欲以古文名家，则取法者莫若经焉尔矣。"③ 魏禧评价朱彝尊时指出，古今博学者往往文不工，工文者往往学不博，朱彝尊不仅学博，而且文工，在作文时对经传注疏多有发明。④ 李保儒论朱彝尊古文曰："经术匡刘集众长，谁云考据误词章。六经自是文章祖，恪守南丰一瓣香。"⑤ 李保儒认为，六经为文学之祖，研习六经有助于文学创作，朱彝尊就是经学与文学兼擅之士。方苞创作古文以学见长，不过清人袁枚评价方苞古文时指出，"本朝古文之有方望溪（方苞，晚号望溪），犹诗之有阮亭（王士禛，号阮亭），俱为一代正宗，而才力自薄"⑥，虽对方苞的古文地位给予肯定，但对其才力（包括才情、学力）不予认可。李保儒论方苞古文曰："矩嫂终当重老成，文人从古善相轻。正宗才力何曾薄，莫以谰言作定评。"⑦ 李保儒认为，方苞才力不薄，袁枚所评不当，不可轻信。杭世骏潜心学术，著述宏富，关心教育，曾主讲广东粤秀书院以及江苏安定书院。李保儒论杭世骏古文曰："汩汩悬河炙辈谈，归田经籍久沉酣。流传纸贵神州遍，何止区区重岭南。"⑧ 李保儒认为，杭世骏文名的显赫源自学识的深厚。纪昀与阮元有着很多共性，都是三朝元老（纪昀历雍正、乾隆、嘉庆三朝，阮元历乾隆、嘉庆、道光三朝），都谥号文达，都在经学以及文学上造诣匪浅。李保儒论纪昀、阮元二位古文曰："目穷《七略》笔千秋，望重三朝督八州。仰止升平两文达，经师词伯古谁俦。"⑨ 李保儒认为，二位不仅德高望重，而且在学识

---

①　陈澧、金锡龄编：《学海堂四集》卷二十八，光绪十二年刻本，第15—16页。

②　钟嵘著，曹旭集注：《诗品集注》，上海古籍出版社1994年版，第316页。

③　朱彝尊：《答胡司臬书》，朱彝尊：《曝书亭集》卷三十三，康熙五十三年刻本，第4页。

④　魏禧：《朱锡鬯文集叙》，魏禧：《魏叔子文集》卷八，清易堂刻本，第37页。

⑤　陈澧、金锡龄编：《学海堂四集》卷二十八，光绪十二年刻本，第15页。

⑥　袁枚：《随园诗话》卷二，乾隆十四年刻本，第14页。

⑦　陈澧、金锡龄编：《学海堂四集》卷二十八，光绪十二年刻本，第16页。

⑧　同上。

⑨　同上。

以及古文上罕有能及。

古文家不仅重视文以明道，而且重视道德履践。优秀的古文家既要有作鸿文的创作能力，也要有高尚的道德情怀。由于道德之学对古文家而言至关重要，因此李保孺对清代一些古文家的道德素养问题进行了评述。傅山、张尔岐、李颙是明清易代之际的三位学者、古文家，他们在明代灭亡后守节不仕，过着隐居的生活，其中，傅山、李颙誓死不应清代博学鸿词科试。李保孺论傅山、张尔岐、李颙三位古文曰："几辈幽人在涧阿，西山方听采薇歌。文原载道无嚣论，心醉尧夫安乐窝。"① 李保孺通过征引"涧阿""采薇"等典故（"涧阿"出现在《诗经·卫风·考槃》以及元好问的《论诗三十首》等作品中，喻隐居之所，"采薇"是指周朝初期伯夷与叔齐两位贤者不食周粟，隐居首阳山采薇而食之事），对三位隐居不仕之举进行了歌颂。顾炎武重视操行，讲求经世，其"天下兴亡，匹夫有责"的思想激励了后代不少士子。顾炎武认为，文不贵多，贵在经世，"多则必不能工，即工亦必不皆有用于世"②，士子应重视道德学术，"养其器识而不堕于文人"③。李保孺论顾炎武古文曰："无意为文乃至文，亭林生耻作文人。苍苍绝壑松千尺，不斗人间桃李春。"④ 李保孺既肯定了顾炎武重视经世履践而耻作文人的思想，又揭示了顾炎武不刻意为文之举。李保孺对于道德高尚的古文家，盛赞其道德情怀，对于有着道德瑕疵的古文家，则采取揭示道德瑕疵与肯定古文成就这种一分为二的评价方法。侯方域是明末清初古文家，擅长以小说笔法入古文，其《李姬传》成功塑造了明末秦淮名妓李香君这一勇敢正直、深明大义的的艺术形象。入清以后，侯方域虽有故国情怀，但在顺治八年（1651）变节应举，这件事成为他人品的一个污点，引起一些人的指责与质疑。李保孺论侯方域古文曰："复社文高海内推（侯方域年轻时曾参加复社），夷门晚出壮心违。宁都不用分轩轾，全节终难俪李姬。"⑤ 李保孺既揭示了侯方域的变节行为，又肯定了侯方域的文学才华与古文成就。袁枚是清代异端分子，

① 陈澧、金锡龄编：《学海堂四集》卷二十八，光绪十二年刻本，第15页。
② 顾炎武：《文不贵多》，顾炎武著，黄汝成集释：《日知录集释》卷十九，同治十一年刻本，第1—2页。
③ 同上书，第9页。
④ 陈澧、金锡龄编：《学海堂四集》卷二十八，光绪十二年刻本，第15页。
⑤ 同上。

他言行举止放荡不羁，有伤社会风化，遭受世人非议，如章学诚就痛斥过他的人品。袁枚又是一位文学天才，在诗歌以及古文上造诣匪浅，好友程晋芳（号戢园）评论袁枚文学成就时称："古文第一，骈体第二，诗第三。"① 袁枚也对自己的古文信心十足，他在评价自己的诗文成就时有意凸显古文成就："仆诗兼众体而下笔标新，似可代雄。文章幼饶奇气，喜于议论，金石序事，徽徽可诵。古人吾不知，视本朝三家，非但不愧之而已。"② 李保孺论袁枚古文曰："疵累原难掩盛名，文妖何遽薄维桢。戢园老友非阿好，一语终当括毕生。"③ 李保孺以有"文妖"恶称的元代文学家杨维桢为喻说明，袁枚虽遭受一些世人的非议，但他的文学成就难以抹杀，并引用程晋芳所评之语对袁枚的古文成就给予了肯定。

古文以古为贵，研习古文时重视秦汉古文，理所当然。历代古文家都很重视研习秦汉古文，把秦汉古文列为重点研习对象，得秦汉古文精髓者也深受李保孺的好评。明清时期，宜兴储氏家族是一个名门望族，该家族以科举兴旺、文学显赫著称，在古文方面多有建树，如储欣、储方庆、储大文、储宝书等人都是当时古文高手，其中，储欣选编的《唐宋八大家类选》风靡一时。李保孺论储氏家族古文曰："规矩唐宋谨无差，经义宜兴萃一家。尤爱遁庵（储方庆，号遁庵）廷对策，清时得遇贾长沙。"④ 李保孺认为，储氏家族古文的特点是谨遵唐宋，与储氏家族其他古文家的古文相比，储方庆的政论文深得西汉贾谊的真传，因此更得他的喜爱。尽管李保孺重视研习秦汉古文，不过他认为，模仿秦汉古文不能刻意，刻意模仿有害无益。唐甄在创作《潜书》时深受秦汉古文的影响，魏禧读完该作五行文字后就惊叹道，"五百年无此文矣"⑤，潘耒为之作序时指出，"其文高处，闳肆如庄周，峭劲如韩非，条达如贾谊"⑥。李保孺论唐甄古文曰："长子（唐甄曾任山西长子知县）循声世寡俦，闲将健笔著徽猷。

① 程晋芳：《上简斋前辈》，王英志主编：《袁枚全集·续同人集》文类卷二，江苏古籍出版社1993年版，第300页。
② 袁枚：《答程鱼门书》，袁枚：《小仓山房文集》卷十八，乾隆年间刻本，第1—2页。
③ 陈澧、金锡龄编：《学海堂四集》卷二十八，光绪十二年刻本，第16页。
④ 同上。
⑤ 杨宾：《唐铸万传》，唐甄：《潜书》附录，中华书局1963年版，第224页。
⑥ 潘耒：《〈潜书〉序》，唐甄：《潜书》序，中华书局1963年版，第6页。

不须刻意摹秦汉，自是文章第一流。"① 李保孺认为，唐甄由于模仿秦汉
古文并非刻意，因此方能在古文上独树一帜，深受后人推崇。李保孺在主
张不要刻意模仿先贤古文的基础上进而指出，目无宗主者之文自有价值，
而谨守家法者之文并不可取。王猷定在性情上狂放不羁，在创作上敢于创
新，他写传记文时擅长以小说笔法入古文，其《汤琵琶传》《义虎记》等
文触及诡异之事，与醇雅的原则相悖，钱谦益、黄宗羲、彭士望、汪琬等
人对其古文进行过批评。李保孺论王猷定古文曰："上书何必慕欧陈，王
子文章本不群。未许虞山（钱谦益，人称'虞山先生'）下褒贬，高曾规
矩只云云。"② 李保孺认为，王猷定的古文卓尔不群，有其魅力所在，前
人批判不尽允当。毛奇龄为人爱争强好胜，为学爱标新立异，讥讽先哲、
抨击前贤之语在其著述中俯拾皆是，是一个不折不扣的狂士，不过毛奇龄
在学术以及文学上取得了一些可喜的成就，清代四库馆臣称："奇龄之文
纵横博辨，傲睨一世，与其经说相表里，不古不今，自成一格，不可以绳
尺求之。"③ 李保孺论毛奇龄古文曰："叱咤真看万马喑，气吞文苑扫儒
林。霸才无主休轻议，犹有承平雅颂音。"④ 李保孺认为，毛奇龄虽目无
尊主，但其古文有着可取之处。陆陇其是清代理学家，倾心于程朱理学，
"平生不屑为诗、古文辞，尤以滥刻文集为戒"。⑤ 李保孺论陆陇其古文
曰："渊源伊洛薄三苏，惟有文章偶步趋。扫尽昔人门户见，立朝三疏亦
訏谟。"⑥ 李保孺认为，陆陇其虽在古文上用力不多，但由于不立门户，
因此偶尔操觚便成佳作。姚鼐在古文上近承方苞、刘大櫆笔法，远绍宋代
古文家文风，《清史稿》评价姚鼐古文时指出："所为文高简深古，尤近
欧阳修、曾巩。"⑦ 李保孺论姚鼐古文曰："翱湜昌黎敢妄尊，准绳切切守
师门。爱他小景元人画，数点寒鸦浅水村。"⑧ 李保孺对姚鼐谨守师门以
及不学唐代韩愈、李翱、皇甫湜等人古文之举提出了批评，并以元人小景

① 陈澧、金锡龄编：《学海堂四集》卷二十八，光绪十二年刻本，第 16 页。

② 同上书，第 15 页。

③ 永瑢、纪昀等：《四库全书总目》卷一百七十三，中华书局 1965 年版，第 1524 页中一
下。

④ 陈澧、金锡龄编：《学海堂四集》卷二十八，光绪十二年刻本，第 15 页。

⑤ 永瑢、纪昀等：《四库全书总目》卷一百七十三，中华书局 1965 年版，第 1527 页上。

⑥ 陈澧、金锡龄编：《学海堂四集》卷二十八，光绪十二年刻本，第 16 页。

⑦ 赵尔巽等：《清史稿》卷四百八十五，中华书局 1998 年版，第 13396 页。

⑧ 陈澧、金锡龄编：《学海堂四集》卷二十八，光绪十二年刻本，第 16—17 页。

画为喻说明，姚鼐谨守师门导致题材狭窄、笔法单调（其"数点寒鸦浅水村"化用了秦观《满庭芳》中的"斜阳外，寒鸦万点，流水绕孤村"①）。

古文总集与古文选本在历代社会层出不穷，李保孺在论古文绝句中也对古文总集与古文选本有所关注。《明文海》是黄宗羲在康熙七年（1668）负责编纂的明文总集，该作四百八十二卷，收录明文二千余种，其编纂之意，"在于扫除摹拟，空所倚傍，以情至为宗"。② 李保孺论黄宗羲古文及《明文海》曰："海上归来鬓未星，剑锋磨钝笔峥嵘。平生手定《明文海》，后学硁硁奉典型。"③ 李保孺对《明文海》的积极影响进行了肯定。《国朝二十四家文钞》是清人徐斐然辑评的一部古文选本，该作采录顺治至乾隆年间（1644—1795）二十四家古文作品，对学习古文者有所裨益，不过清代一些书坊在刊刻《国朝二十四家文钞》时，由于技术不良、水平不高而影响了该作的声誉，李保孺指出："近坊刻有国朝廿四家之选，殊欠精备，非善本也。"④ 他论《国朝二十四家文钞》曰："一代雌黄莫漫加，谁从糟粕得菁华。鹿门偶袭西山论，时辈争谈廿四家。"⑤ 李保孺认为，当时的一些坊刻本虽然影响了《国朝二十四家文钞》的声誉，但是不可就此抹杀这部作品的成就。

李保孺在评述清代古文时，对古文与学识、古文创作中的摹拟与创新、文品与人品等问题进行了探讨。其中，有两点内容值得注意：其一，他在评价古文家时，将人品与文品剥离开来。尽管侯方域、袁枚在品行上有瑕疵，不过李保孺没有就此抹杀二位的古文成就，此举在历代书院文学教育中并不多见，很多施教者在道德力量的驱动下，力求人品与文品的统一，因人废文的评论在历代书院习见不鲜。将人品与文品剥离开来，体现了李保孺思想的开放性。其二，他在探讨古文时，重视雅但不排斥俗。王猷定与侯方域都以小说笔法入古文，与醇雅的原则相悖。"古文之体，忌小说，忌语录，忌诗话，忌时文，

---

① 秦观著、王辉曾笺注：《淮海词笺注》卷三"淮海居士长短句上"，中国书店1985年版，第13页。

② 永瑢、纪昀等：《四库全书总目》卷一百九十，中华书局1965年版，第1730页上。

③ 陈澧、金锡龄编：《学海堂四集》卷二十八，光绪十二年刻本，第15页。

④ 同上。

⑤ 同上。

忌尺牍"①，在以清真雅正作为衡文准则的清代社会，李保孺对以小说笔法入古文的做法给予肯定，勇气可嘉。李保孺的论古文绝句有着不少可圈可点之处，不过也有论断失允之处，如姚鼐是桐城派古文集大成者，与方苞、刘大櫆并称为"桐城派三祖"，而兼有方苞、刘大櫆二人之长，"世谓望溪文质，恒以理胜。海峰（刘大櫆，号海峰）以才胜，学或不及。先生（指姚鼐）乃理文兼至"。②李保孺在论古文绝句中对姚鼐古文的批判着墨最多，此举实属不该。有些古文家如陆陇其、杭世骏等人学名显赫而古文平平，李保孺在评价时有些过于拔高他们的古文成就。清代学者戴震主张，治学时要能祛蔽，力求做到"不以人蔽己，不以己自蔽"③。从李保孺的失当论断中可知，要想对古文家做出全面而客观的评价，谨慎与祛蔽不可或缺。

第三节　清代书院八股文教育

八股文是清代科考主要文体，八股文教育是清代书院教育的重要内容。在清代书院八股文教育中，有两个方面的内容值得关注：一是清真雅正与清代书院八股文教育，二是章学诚的八股文教育主张。

一　清真雅正与八股文教育

清真雅正是清代正文体运动中的一项重要准则。清代以前也出现过正文体运动，如唐代古文运动的倡导者韩愈要求恢复先秦两汉时期清新自然的古文，力斥有着浮华无实之弊的骈文，元代诗坛雅正运动的倡导者也要求，"咸宗魏晋唐，一去金宋季世之弊"。④中国古代正文体运动都是针对文学发展中的不良现象而发，通过拨乱反正使文学沿着健康有序的轨道

---

① 吴德旋：《初月楼古文绪论》第二条，刘大櫆、吴德旋、林纾：《论文偶记　初月楼古文绪论　春觉斋论文》，人民文学出版社1959年版，第19页。

② 姚莹：《朝议大夫刑部郎中加四品衔从祖惜抱先生行状》，姚莹：《东溟文集》卷六，同治六年刻本，第9页。

③ 戴震：《答郑丈用牧书》，戴震著，杨应芹、诸伟奇主编：《戴震全书》第六册，黄山书社2010年版，第371页。

④ 欧阳玄：《罗舜美诗序》，欧阳玄：《圭斋文集》卷八，《四部丛刊》初编，上海商务印书馆1922年版，第4页。

发展。

论及清真雅正，还得从八股文说起。八股文一直显要于明清科场，士子要想获取功名，必须认真研习八股文，过八股文这道难关。明代时期，八股文经历了由质朴典雅趋向艰深怪僻的演变过程。自洪武至成化、弘治年间（1368—1505），八股文初开，文多简朴。逮及正德、嘉靖年间（1506—1566），"作者始能以古文为时文，融液经史，使题之义蕴隐显曲畅，为明文之极盛"。① 隆庆（1567—1572）以降，八股文演变出现了异常现象，且每况愈下，"隆、万以机法为贵，渐趋佻巧。至于启、祯，警辟奇杰之气日胜，而驳杂不醇、猖狂自恣者，亦遂错出于其间。于是启横议之风，长倾诐之习"。② 自从隆庆、万历年间（1567—1620）八股文风滑坡之后，一些学者深表担忧，他们对当时社会上出现的艰深怪僻之文进行了批判，要求醇正文体，净化文风，这在当时的一些书院学规中有所体现，如河南百泉书院学规指出，生徒为文时，理期于精莹，词期于古雅，意期于浑融，义期于闳治，祛除泛言剿说、鄙俚艰深等弊端③。江苏虞山书院学规指出，先辈文字每于浑融古雅中求真，求到不新之新、不奇之奇、不玄之玄，此为举业正法，生徒应当遵循④。明代书院施教者虽未提出清真雅正一语，但其思想已经萌芽。

清代时期，科举作为文教的重要内容备受关注。由于文体乖戾会导致士风衰败，士风衰败会导致国运式微，因此，为了端正士习，最终达到国运昌盛的目的，有必要从规范文体开始。清代很多帝王重视规范文体，屡次将它写入谕旨。顺治二年（1645）谕旨指出："文有正体，凡篇内字句，务典雅醇正。"⑤ 康熙四十一年（1702）谕旨指出："文章归于醇雅，毋事浮华；轨度式于规绳，最防荡轶。"⑥ 雍正十年（1732）谕旨明确指出，以清真雅正作为衡文准则：

---

① 方苞：《进四书文选表》，方苞：《望溪先生文集·集外文》卷二，咸丰元年刻本，第27页。

② 永瑢、纪昀等：《四库全书总目》卷一百九十，中华书局1965年版，第1729页上一中。

③ 聂良杞编：《百泉书院志》卷一，万历六年刻本，第13页。

④ 孙慎行编：《虞山书院志》卷四，万历年间刻本，第5页。

⑤ 崑冈、刘启端编：《钦定大清会典事例》卷三百三十二，《续修四库全书》第803册，上海古籍出版社2002年版，第296页。

⑥ 丁善庆编：《长沙岳麓书院续志》卷一，同治六年刻本，第53页。

制科以四书文取士，所以觇士子实学且和其声以鸣国家之盛也。语云，"言为心声"，文章之道与政治通，所关巨矣。韩愈论文云，"惟陈言之务去"，柳宗元云，"文者所以明道，不徒务采色夸声音而以为能也"，况四书文号为经义，原以阐明圣贤之义蕴，而体裁格律先正具在，典型可稽。虽风尚日新华实并茂，而理法辞气指归则一。近科以来文风亦觉丕变，但士子逞其才气，词华不免有冗长浮靡之习。是以特颁此旨晓谕考官，所拔之文务令雅正清真，理法兼备。虽尺幅不拘一律，而支蔓浮夸之言所当屏去。①

雍正谕旨揭示出两点重要内容：其一，以清真雅正作为科考取法准则的原因是，当时科考文风存在着冗长浮靡等问题。其二，以清真雅正作为科考取法准则的要求是，研习先贤著作，在理、法、辞、气上做功夫。雍正皇帝提出的清真雅正衡文准则对后代帝王有所影响，如乾隆十年（1745）谕旨就以清真雅正来规范文体：

国家设制科取士，首重者在四书文，盖以六经精微尽于四子之书，设非读书穷理笃志潜修而欲握管挥毫发先圣之义蕴不大相径庭耶？我皇考有清真雅正之训，朕题贡院诗云："言孔孟言大是难"，乃古今之通论，非一人之臆说也。近今士子或故为艰深语，或矜为俳俪辞，争长角胜，风檐锁院中，偶有得售，彼此仿效，为夺帜争标良技，不知文风日下，文品益卑，有关国家抡才巨典，非细故也。夫古人之论文，以"浑金璞玉，不雕不琢"为比，未有穿凿支离可以传世行远者。至于诗赋，掞藻敷华，虽不免组织渲染，然亦必有真气贯乎其中，乃为佳作。今于四书文采掇辞华以示淹博，不啻于孔孟立言本意相去万里矣。先正具在，罔识遵从。习俗难化，职此之由。嗣自今其令各省督学诸臣时时训饬，乡会考官加以区择，凡有乖于先辈大家理法者摈弃弗录，则诡遇之习可息，士风还淳，朕有厚望焉。②

---

①　崑冈、刘启端编：《钦定大清会典事例》卷三百三十二，《续修四库全书》第803册，上海古籍出版社2002年版，第297页。

②　同上书，第299页。

嘉庆十年（1805）谕旨也指出："乡会试三场并设，经文策对原与制艺并重，然必须先阅头场文艺，择其清真雅正合格者，再合校二三场。取经文之赅洽，策对之详明，自能鉴拔通才。"① 朝廷推行的清真雅正衡文准则意义重大，在净化文风乃至净化学风等方面都有着重要贡献。

除了清廷谕旨对清真雅正做过说明外，一些清人也对清真雅正做过解释。为了更为全面地了解清真雅正，我们还需借助一些清人的解释。方苞认为，文贵清真古雅（清真古雅与清真雅正的意义大致相同），"文之清真者，惟其理之是而已，即（李）翱所谓创意也；文之古雅者，惟其辞之是而已，即（李）翱所谓造言也"。他认为，只有理明、辞当、气昌，方能清真古雅，只有博学多识，方能理明、辞当、气昌，"欲理之明，必溯源六经而切究乎宋元诸儒之说；欲辞之当，必贴合题义而取材于三代两汉之书；欲气之昌，必以义理洒濯其心而沉潜反覆于周秦、盛汉、唐宋大家之古文"。② 沈清任认为："雅则不俚其词，正则不诡于法，清真则不杂不支，理明而识远。"③ 路德认为："条理井井不杂一物谓之清，一题一文不可移置谓之真，诵法古人不随流俗谓之雅，范我驰驱不为诡遇谓之正。"④ 张之洞认为，清指书理透露、明白晓畅，真指有意义、不剿袭，雅指有书卷而无鄙语、有先正气息而无油腔滥调，正指不傲诡、不纤佻、无偏锋、无奇格⑤。上述说解虽然措辞有异，实质大致相同，都主要针对理、法、辞、气等内容加以诠释，都重视文体的雅洁不杂，文风的平正不诡。从清人的诸多解释中我们可知，要使所作之文符合清真雅正准则，尚古毋容忽视。中国古代文学具有尚古特征，这从清真雅正的要求中有所体现。

清真雅正对清代文学创作产生了巨大影响，在清代文学领域可谓无孔不入，张之洞论及清真雅正时就指出："不惟制义，即诗、古文词，岂能

① 崑冈、刘启端编：《钦定大清会典事例》卷三百三十二，《续修四库全书》第 803 册，上海古籍出版社 2002 年版，第 302 页。

② 方苞：《进四书文选表》，方苞：《望溪先生文集·集外文》卷二，咸丰元年刻本，第 29 页。

③ 沈清任：《草堂书院遵循规格》，陈谷嘉、邓洪波主编：《中国书院史资料》中册，浙江教育出版社 1998 年版，第 1656 页。

④ 路德：《仁在堂时艺课序》，路德：《柽华馆全集·文集》卷二，光绪七年刻本，第 49 页。

⑤ 张之洞：《輶轩语》，张之洞：《张文襄公全集》卷二百零五，中国书店 1990 年版，第 1 页。

有外于此?"①《古文渊鉴》《皇清文颖》《唐宋诗醇》《唐宋文醇》《钦
定四书文》等清代帝王诏令编纂的诸多大型的诗文集,都与清真雅正衡
文准则相契合。其中,《钦定四书文》的编纂者方苞在推行清真雅正方
面功不可没。乾隆元年(1736),方苞奉敕编写《钦定四书文》,凡四
十一卷,内容包括明文四集(化治文、正嘉文、隆万文、启祯文)、清
文一集,"去取之精,超前轶后"。② 该作在选文上以清真雅正为宗,编
成之后,对当时科考产生了重要影响,如乾隆九年(1744)谕旨规定:
"乡会试及岁科试,应遵《钦定四书文》为准。"③ 由此可见,《钦定四书
文》是当时朝廷为科考制定的重要教材,士子要想得意于科场,必须研
读《钦定四书文》。清代一些书院就要求生徒研读该作,从而提高自身的
写作水准,以便日后能够在科场中脱颖而出,如贵州崧高书院学规指出:
"至若时文,宜读《钦定四书文》,理法才气,无一不备,清真雅正,骨
肉停匀,于乡会场最利。"④ 台湾海东书院学规指出:"至于合选善本,如
《钦定四书文》外,王罕皆《分种八编》,殊有层级可循,无曲诡庞杂诸
弊,宜所传习。"⑤ 广东端溪书院学规指出:"拟选王、唐、归、胡文约三
十余篇,俾诸生诵读。又此所选出之文,大半皆《钦定四书文》内所选
之作,大约其佳者已尽于此,抄出熟读,即可得路。此等文字,皆所谓举
业正宗,历劫不坏者。"⑥ 由"清真雅正,骨肉停匀""无曲诡庞杂诸弊"
"此等文字,皆所谓举业正宗"等语中可知,《钦定四书文》符合清真雅
正准则,对于时文研习大有裨益,有鉴于此,清代一些书院对该作进行了
大力支持与积极拥护。

　　自从清廷以清真雅正作为衡文准则后,很多书院响应朝廷的号
召,纷纷将清真雅正纳入八股文教育的范畴,要求生徒写作八股文时

　　① 张之洞:《輶轩语》,张之洞:《张文襄公全集》卷二百零五,中国书店1990年版,第1页。

　　② 郑灏若:《四书文源流考》,阮元编:《学海堂集》卷八,道光五年刻本,第10页。

　　③ 崑冈、刘启端编:《钦定大清会典事例》卷三百三十二,《续修四库全书》第803册,
上海古籍出版社2002年版,第298页。

　　④ 徐鋐:《崧高书院训饬条规八条》,徐鋐、萧琯编:《松桃厅志》卷十,道光十六年刻
本,第8页。

　　⑤ 觉罗四明:《勘定海东书院学规》,邓洪波主编:《中国书院学规集成》第三卷,中西书
局2011年版,第1744页。

　　⑥ 冯鱼山:《端溪书院学规》,傅维森编:《端溪书院志》卷四,光绪二十六年刻本,第12
页。

能以此自律，如江西白鹭洲书院规定，生徒要以清真雅正为准则，以江西先贤为榜样，含咀经训，追溯圣贤道德之学，作文时按脉切理，不可陷入邪道，"至于奇字为崇，禅语离宗，堕入障魔，肆为蟊贼，有一于此，鸣鼓而攻"。① 广西藤州书院规定，要尊奉朝廷的谕旨，以清真雅正为准则，生徒作八股文时要发圣贤奥蕴，扬道德光华，千万不可步入歧途，"若使风云月露，徒夸浮靡之观；牛鬼蛇神，甘入诡奇之路。有乖正体，便属邪魔"。施教者要对有悖清真雅正的生徒实施惩罚，"是以轧茁累词，既勒红以著丑；魃骖怪语，复刊榜以明羞"。② 从"障魔""蟊贼""邪魔"等语中可知，艰深怪僻之文祸害匪浅，以清真雅正作为衡文准则很有必要。有些施教者通过揭示当时作文中的种种不良表现告诫生徒，只有以清真雅正为准则，方能医治这些弊病，如浙江龙湖书院山长余丽元认为，当时士子作文出现各种弊病：清刻者失之于沉晦，雄健者失之于板重，逞才华者失之于填砌，讲理法者失之于枯寂，走机神者失之于油滑。只有去其所短、学其所长，以清真雅正为宗，所作之文才会学养兼到③。清真雅正衡文准则不仅对清代书院文学教育有着重要影响，而且对国外书院文学教育有着重要影响，如朝鲜石室书院要求，"凡作文，必皆本之义理，毋得杂以异端诡怪之说"。④ 其中，"毋得杂以异端诡怪之说"一语便蕴涵有以雅正准则来指导为文的思想。

为了激励生徒认真研习，清代很多书院对生徒的优秀课艺进行了刊刻。清代书院在刊刻课艺时，往往将清真雅正作为甄选课艺是否入集的重要依据。广东粤秀书院自乾隆至道光年间（1736—1850）屡次从事课艺刊刻活动，从施教者所作的序文内容中可知，清真雅正是该院甄选课艺是否入集的基本要求：

---

① 王铭琮：《白鹭洲书院学规八则》，刘绎编：《白鹭洲书院志》卷二，同治十年刻本，第14页。

② 陈廷藩：《藤州书院规约》，胡毓璠编：《藤县志》卷八，光绪三十四年刻本，第280页。

③ 余丽元：《留别箴言》，余丽元编：《龙湖书院志》卷下，光绪十四年刻本，第42页。

④ ［朝鲜］金元行：《石室书院学规》，邓洪波主编：《中国书院学规集成》第三卷，中西书局2011年版，第1776页。

表5—3

作者	作序时间	序中语句选摘
冯成修	乾隆年间（1736—1795）	爰举平时所定月课之文，拔其尤雅者存之，共得若干首
熊为霖	乾隆五十年（1785）	勉其善于自爱，毋自是，毋作辍，毋佚佹，一奉清真雅正为趋
陈昌齐	嘉庆五年（1800）	我朝稽古崇儒清真雅正四言，而文与道胥在是焉。懿纲远播，多士舒翘。上也者，本道以为文，次亦因文以求道
韩崶	嘉庆十八年（1813）	余因偕滋畬山长裒集己巳以来课文，择其醇雅者刻之
何南钰	道光四年（1824）	因令其各将从前所作或制艺或诗赋曾列超等上取者，录送删定，详为差别，存其近于清真雅正者，得制艺二百二十首、赋四十首、诗一百首
区玉章	道光二十四年（1844）	所校文固一以清真雅正为宗①

河南彝山书院在道光年间（1821—1850）也屡次从事课艺刊刻活动，从施教者所作的序文内容中可知，清真雅正也是该院甄选课艺是否入集的基本要求：

表5—4

作者	作序时间	序中语句选摘
许乃钊	道光二十年（1840）	集肄业诸童，镉户程之。率皆清醇有法，不落腐烂窠臼，心窃异之
史致昌	道光二十年（1840）	斋课所积制艺以及诗赋杂作，择其理法清、词意醇者得若干首，出修脯所积，付之剞劂，使诸童歆动于绩古之荣
史致昌	道光二十二年（1842）	复选庚子以后官、斋各课文赋暨杂作明顺有理致者得若干首，以付剞劂
鄂顺安	道光二十三年（1843）	择其尤雅者，付诸剞劂，以示劝勉

---

① 本表内容依据梁廷枏编《粤秀书院志》（道光二十七年刻本，卷十四中的第34页，卷十五中的第17、18、27页，卷十六中的第8、18、25页）整理制作而成。

续表

作者	作序时间	序中语句选摘
史致昌	道光二十四年（1844）	爰依前刻，择其言尤雅者复得若干首，付之锓人，俾切磋砥砺之士，得志者因之益奋，不得志者不致怀疑自沮
刘定裕	道光二十七年（1847）	大抵皆爽朗清浩无握拳透爪之痕，绝涨墨浮烟之累。譬如美荫嘉柯，方其枝叶葱茏，即具有蔽日干云之势①

　　从"使诸童歆动于绩古之荣""以示劝勉""俾切磋砥砺之士，得志者因之益奋，不得志者不致怀疑自沮"等语中可知，刊刻符合清真雅正准则的课艺对于入选者与未入选者而言，都能起到积极的激励作用。史致昌自从道光二十年（1840）担任彝山书院山长后，倾心于书院教育事业，精心擘画教育蓝图。史致昌遵循欲速则不达的教育原则，力戒过高过速，重视循序渐进，引导生徒在清真雅正的研习征途中稳步前进。道光二十四年（1844），刘定裕督学河南，通过接触与了解，他对史致昌的人品修养以及教育方法称赞不已："其品学之纯粹，督课之专勤，邦人大吏固已心仪，久之而余尤服其于教示初学之法有深得其要者。"在史致昌的悉心栽培下，彝山书院取得了显著的教育成就，"数年之中来学者服其教而乐其宽，而丕变之速遂月异而岁不同"。②

　　清代一些书院的施教者在评点八股文课艺时，也重视从清真雅正方面加以评述，如在光绪十四年（1888）刊刻的《关中书院课艺》中，该院施教者通过评点来对生徒在清真雅正方面的善学之举给予肯定，此处选摘部分评点来作说明：

表5—5

题目	作者	科名	所得评点
《盖人心之灵　六句》	王恒晋	廪生	思清笔曲，理实气空，怡然涣然，应推此类
《诗云桃之夭夭　二节》	周毓棠	廪生	体认既真，措词亦雅洁可诵

---

　　① 本表内容依据史致昌编《彝山书院志》（道光二十六年刻本，第94、95、97、99、106、108页）整理制作而成。

　　② 史致昌编：《彝山书院志》，道光二十六年刻本，第107—108页。

续表

题目	作者	科名	所得评点
《夫子至于是邦也，必闻其政》	高蔚桢	拔贡	按部就班，层次井井，用笔亦条畅可喜
《不患人之不己知，患不知人也》	程学孔	举人	识高气爽，局度浑成，得此文斯不负此题
《子曰诗三百　一节》	董涛	举人	吐嘱名隽，骨秀神清，扫除一切，独标真谛
《子曰知之者　四句》	赵凤鸣	拔贡	词达理明，笔情疏畅
《志于道，据于德，依于仁》	封鉴圻	廪生	简练精当，是老斲轮手
《子贡问曰何如斯可谓之士矣两节》	方文华	举人	意精词湛，真力弥漫
《君子疾没世而名不称焉》	车道成	举人	言明且清，气疏以达
《孔子曰君子有九思　一章》	王天培	举人	起笔亦简老，亦凝重，以下条分缕析，惬心贵当
《曰学礼乎　鲤退而学礼》	张集祜	廪生	骨肉停匀，筋节灵动，无一沾滞之音
《信乎朋友有道　六句》	温恭	廪生	侧重诚身，既合题旨，竟体莹澈，亦绝无浮烟涨墨浇其笔端
《若民则无恒产　可为也》	张靖怡	附生	章安句妥，气静神完
《夫圣》	柏震蕃	廪生	不泛说圣字，脉理自真
《是以如是其急也》	讷尔吉善	贡生	轩轩霞举，理法双清
《夫公明高以孝子之心为不若是恝》	李绳先	举人	志和音雅，理明辞达
《吾闻观近臣　二句》	薛秉辰	举人	词严以则，亦复婉而多风，文品可称大雅。意中独注孔子，看题不平，尤为有识
《厥贡惟土五色　淮夷玭珠暨鱼》	寇卓	举人	前半顾视清高、气息深稳，后半尤古致错落
《周公曰王若曰》	李福善	举人	词章典雅，步伐整齐，是经籍湛深之作
《楚屈完来盟于师，盟于召陵》	任继升	廪生	洞悉当时情势，立论新䂮，词笔亦简当不支①

①　本表内容依据柏景伟编《关中书院课艺》（光绪十四年刻本，四书文与五经文中的第28、34、40、44、48、64、68、88、102、103、108、124、144、151、170、176、180、220、226、240页）整理制作而成。

上述施教者在评点课艺时，或是针对清真雅正中的一点内容而发，如"按部就班，层次井井，用笔亦条畅可喜"（清），"言明且清，气疏以达"（清），"轩轩霞举，理法双清"（清），"不泛说圣字，脉理自真"（真）；或是针对清真雅正中的两点内容而发，如"体认既真，措词亦雅洁可诵"（真与雅），"吐嘱名隽，骨秀神清，扫除一切，独标真谛"（清与真），"起笔亦简老，亦凝重，以下条分缕析，惬心贵当"（清与正），"词章典雅，步伐整齐，是经籍湛深之作"（雅与清）。施教者的积极评价会成为鞭策生徒前行的重要动力。

多读名作一篇，胜阅庸稿百首。由于名作论述独到、功底深厚、造诣精深，因此研习名作对提高生徒的理论认识以及增强生徒的写作能力都起着重要作用。为了便于生徒更好地理解清真雅正，清代很多书院要求生徒研习名作，明代王鏊、唐顺之、归有光、胡友信等八股文名家的作品时常进入清代书院教育视野。有些施教者在进行八股文教育时，既要求生徒研读经典古文，还要求生徒研读这些八股文名家的作品，如河北井陉知县周文煊为当地东壁书院作记时指出，八股文写作需要汲取诸多养料：在取材变化上，要研习先秦两汉以及唐宋时期的古文，在规矩绳墨上，要研习王鏊、唐顺之、归有光、胡友信等八股文名家的作品①。有些施教者认为，研读八股文名家的作品可以拓宽视野、雄健笔力，写作时方能游刃有余，如湖南玉潭书院山长周在炽指出，写好八股文并非易事，腹俭则辞不能骋，笔窘则意不能达，研习王鏊、唐顺之、归有光、胡友信等人作品，才会避免诸多弊病②。明代八股文名家的作品很多，为了使生徒集中精力研习，广东端溪书院精选出王鏊、唐顺之、归有光、胡友信等人三十余篇作品，要求生徒仔细揣摩。研习八股文时不仅需要重视名家作品，而且需要重视选择善本。由于研读低劣俗本只会给写作带来庸俗之气，对生徒写作有害无益，因此清代一些书院要求，应择善本研读，不可接触俗本，如四川草堂书院学规指出，劣本会误导士子，士子作文时不根之谈会捏笔纷来，腐秽之气会积于行间，阅者为

① 周文煊：《东壁书院记》，王用舟编：《井陉县志料》第十四编，民国23年刻本，第30页。

② 周在炽：《玉潭书院条约》，周在炽编：《玉潭书院志》卷三，乾隆三十二年刻本，第11页。

之塞鼻①。陕西味经书院教法指出，生徒研习八股文时不可研读坊间的卑靡之编以及关中的腐滥之作，而要研读善本，先精选清代名家范文百余篇以及明代名家范文二三十篇读之，然后精选清真雅正、警湛雄奇的墨卷四五十篇读之②。读书作文如同行路，行若未至，可以继续努力，途径若错，往往劳而无获。上述施教者在选择版本方面去劣存善，要求生徒择善而从，为生徒研习八股文指引了正确的途径，也为书院从事清真雅正教育指引了正确的方向。

宋代时期，江西之地为道德文章的渊薮。北宋时期，古文名家欧阳修、曾巩诞生于此。南宋时期，朱熹知南康军期间修建白鹿洞书院，力挺道德之学。明代时期，江西之地以科举业闻名于时，当地很多士子凭借科举跻身朝廷，时有"翰林多吉水，朝士半江西"③的美誉，其中，章世纯、罗万藻、陈际泰、艾南英是明代江西八股文名家（有"章、罗、陈、艾"之称）。明代江西八股文成就斐然，影响很大，有江西派之说。清代一些书院重视明代江西八股文教育，为了引导生徒合理研习，有些书院要求将明代江西八股文与艰深怪僻之文区分开来，如江苏钟山书院学规指出，当时八股文写作存在着两种弊病：枯槁面目，了无意味，这是假先辈之病；臃肿支体，不知何语，这是烂时文之病。有些人虽试图矫正此弊，但所作之文往往貌新奇而实庸腐，外崛强而内空疏，牛鬼蛇神，虎皮羊质，是假江西、假国初。只有效法古人，才能做到清真雅正，才会学江西者真江西，学国初者真国初，所作时文非烂时文④。台湾文石书院学规指出，凡为艰深怪僻之文，皆托名江西派八股文，其实艰深怪僻之文与江西派八股文截然有别。江西派八股文或意在笔先，或神游题外，条理井然，自成机杼。艰深怪僻之文只是剽窃险句，涂饰耳目，牛鬼蛇神，自欺欺人⑤。方苞在编纂《钦定四书文》时收录了明代江西八股文的大量作品，

①　沈清任：《草堂书院遵循规格》，陈谷嘉、邓洪波主编：《中国书院史资料》中册，浙江教育出版社1998年版，第1656页。

②　刘光蕡编：《味经书院志》教法下，陕西通志馆印《关中丛书》本1936年版，第3页。

③　钱谦益：《列朝诗集小传·乙集》，上海古籍出版社1983年版，第172页。

④　杨绳武：《钟山书院规约》，陈谷嘉、邓洪波主编：《中国书院史资料》中册，浙江教育出版社1998年版，第1494页。

⑤　胡建伟：《文石书院学约》，陈谷嘉、邓洪波主编：《中国书院史资料》中册，浙江教育出版社1998年版，第1557—1558页。

并对这些作品做出了很高评价，如评点罗万藻的《耕者九一 五句》时云："极清淡极平正，而非高挹群言不能道其只字。"① 评点陈际泰的《所藏乎身不恕 三句》时云："每字必析两义，气清笔锐，篇法浑成。"② 评点艾南英的《其愚不可及也》时云："清真明快，题无不尽之义。"③ 从上述评点中可知，明代江西八股文与清真雅正准则不悖，与艰深怪僻之文有别，将明代江西八股文与艰深怪僻之文相混之举并不可取。清代一些书院施教者通过辨析厘正，为明代江西八股文廓清了误说，还明代江西八股文以本来面貌。

清真雅正教育是属于文学教育的范畴，由于为文与为人往往有所联系，因此清代一些书院在从事清真雅正教育时，既有为文上的开导，又有为人上的训迪，通过为人上的训迪来对生徒展开道德教育。四川草堂书院学规指出，朝廷以清真雅正作为衡文准则后，主司本此以取文，士子宗此以应举，若自恃聪明，为文诡僻以求售于时，犹如南辕北辙。为文与为人密切联系，生徒不可忽视④。四川金华书院学规指出，生徒研习八股文时要遵循清真雅正的准则，不得作无稽之谈、险怪之语，行文诡异之人必定心术不正，他日必非善类⑤。广东粤秀书院要求生徒尊奉清真雅正的准则，在八股文训练中笃志古人之学，端正人品，为日后成为贤臣或醇儒夯实基础⑥。上述书院在进行清真雅正教育时，将为文与为人联系起来，进而要求生徒文行兼修，作醇正之文，做正直之人。乾隆十年（1745）谕旨以清真雅正规范文体时指出："嗣自今其令各省督学诸臣时时训饬，乡会考官加以区择，凡有乖于先辈大家理法者摈弃弗

---

① 方苞编：《钦定四书文·启祯四书文》卷七，《文渊阁四库全书》第 1451 册，台湾商务印书馆 1986 年版，第 13 页。

② 方苞编：《钦定四书文·启祯四书文》卷一，《文渊阁四库全书》第 1451 册，台湾商务印书馆 1986 年版，第 16 页。

③ 方苞编：《钦定四书文·启祯四书文》卷三，《文渊阁四库全书》第 1451 册，台湾商务印书馆 1986 年版，第 19 页。

④ 沈清任：《草堂书院遵循规格》，陈谷嘉、邓洪波主编：《中国书院史资料》中册，浙江教育出版社 1998 年版，第 1656 页。

⑤ 佚名：《金华书院学规条约十二则》，陈谷嘉、邓洪波主编：《中国书院史资料》中册，浙江教育出版社 1998 年版，第 1653 页。

⑥ 韩尌：《课艺序》，梁廷枏编：《粤秀书院志》卷十六，道光二十七年刻本，第 8 页。

录，则诡遇之习可息，士风还淳，朕有厚望焉。"① 可见文风有关士习、士风，意义重大，不可小觑。清代一些书院在从事清真雅正教育时，将为文与为人结合起来，与清廷颁布清真雅正谕旨的初衷相符合，也与书院重视传道授学的教育精神相一致，既会端正士习，又会端正文风，既有利于提高生徒的八股文写作水准，又有利于增强生徒的道德履践能力。此有力彰显出，在中国古代书院中，科举文教育与道德教育可以兼顾而不相背离。

二　章学诚与八股文教育

章学诚（1738—1801），字实斋，号少岩，浙江会稽人，乾隆四十三年（1778）进士，著名文史学家。他淡泊名利，潜心学术，著有《文史通义》《校雠通义》，负责编纂《史籍考》（入毕沅幕府期间编写，可惜未竟）以及《湖北通志》《和州志》《永清县志》等多部志书。他关心教育，曾主讲河北地区的敬胜书院、清漳书院、定武书院、莲池书院等多所书院，为清代教育事业做出了重要贡献。清代书院科举文教育盛行，加之自己又中过进士，因此章学诚执教各书院期间重视八股文教育。章学诚离开清漳书院之际所作的《清漳书院留别条训》，记载着他在八股文教育方面的大量心得，为今天研究章学诚的八股文教育提供了重要依据。

章学诚的八股文教育贡献主要体现在学理教育与方法教育两个方面。在学理教育方面，章学诚对研读经书对八股文写作的益处做了详细的阐述。

八股文与宋代经义有着重要渊源，章学诚论及八股文时便指出，宋代经义是由唐代帖经、墨义发展而来，而明代八股文又由宋代经义发展而来，"大义（即宋代经义）之体，始于唐人贴墨，宋人以贴墨之但取记诵，故即经书发问，令士子以读书心得之言，就题发明大义。其后又以大义法无一定，因作四书之义，截句为题，以杜散乱之义。明人法益加密，乃入圣贤语气，演为制义之格，诸生今所诵习之文是也。是大义与四书文同出一源，大义法疏而四书文密，诸生既已习四书文，断无不能更作大义

---

① 崑冈、刘启端编：《钦定大清会典事例》卷三百三十二，《续修四库全书》第803册，上海古籍出版社2002年版，第299页。

之理"。① 八股文与经义学理一致，二者相较，八股文在写作上要比经义更为严格，只有认真研读四书五经并熟知八股文法，才能写好八股文。为了给生徒写作八股文提供指导，章学诚对如何研读经书并从中获益做了详细的说明。他认为研读《周易》时需要理解卦图，感受卦图与文法之间的联系，"凡作《易》义，尤当先熟卦变之图。盖万物之一太极，而物物又有一小太极，题虽偏举，而妙义触处皆全。凡作经书题文皆然，而《易》义为尤甚。能得其妙，则如泰山出云肤寸可以崇朝雨也。作文最苦名理不足，熟于卦变之图，则是以四千九十六卦之义理，而发挥六十四卦之题旨，文章不可胜用矣"。② 针对《尚书》之义难于划一的问题，章学诚认为，研读时需要兼收并蓄，"大约《尧典》天文，《禹贡》地理，《洪范》五行，先为三门学术，其余题文，但须温淳尔雅，得训诂之遗意，乃是《书》义正格"。③ 在《十三经注疏》中，《诗》疏与八股文写作最为接近，《诗》疏遵循疏不破注的原则，郑笺与毛传若有牴牾，《诗》疏便从中调停。章学诚认为，《诗》疏这种严尊师法的思想虽然在学术上有着局限性，但是这种思想适用于八股文写作（如四书文写作就需要严尊朱熹的《四书集注》），可为八股文写作提供有益的指导，因此生徒应重视研读《诗》疏，"但以制义式法，则固可为金科玉律者矣。盖制义之体，必尊颁发学宫之说，不许别出异论。推原朝廷功令，所以必尊一家之说，亦非必以谓此中更无疑义也。特以事既定于制度，则必有所画一，而后有司得操规矩，以裁人之方圆。而天下之大，人才之众，亦必有所专主，而后学术文风出于一也。然则《诗》疏固为制义之最，而况征引该洽，文采葩流，其有益于经书文义，固又属其余事耶？然则就《诗》疏而为《诗经》之文，诚所谓就山鼓铸，实无事于旁求者矣。惟本题诂义，必遵朱传，而援引前后经文，直用注疏，固无伤也"。④ 八股文写作多涉及春秋列国诸侯大夫诸事，研读《春秋》可以熟知史事，为八股文写作

---

① 章学诚：《清漳书院条约（一）》，章学诚：《章学诚遗书》卷二十八，文物出版社 1985 年版，第 313 页下。

② 章学诚：《清漳书院留别条训》，章学诚：《章学诚遗书》佚篇，文物出版社 1985 年版，第 675 页。

③ 同上书，第 676 页。

④ 章学诚：《清漳书院留别条训》，章学诚：《章学诚遗书》佚篇，文物出版社 1985 年版，第 676—677 页。

提供可靠的史料保证。《春秋》注释的重要作品主要有早期的左传、公羊传、榖梁传以及宋代的胡安国传，这些作品对后代科考有着重要影响，如元代科考规定，《春秋》要用三传以及胡安国传①。章学诚认为，研读《春秋》时，也要重视三传以及胡氏传，不可厚此薄彼，"《春秋》经义，必遵胡传，亦定制也。但三传直束高阁，而斤斤焉独守宋儒凭空论理之说，则陋已甚矣"。"《左传》杜氏集解固足用矣，《公羊》何学徐疏，富赡典礼，《榖梁》范解杨疏，参质同异，并有可观，再益之以外传词命，则华实并茂，本末兼该，而经义之长，四书文义益加进矣。"②《礼记》是叙述古代礼制之作，章学诚认为，研读《礼记》中的各篇内容有助于八股文写作，"《王制》《月令》《名堂》诸篇，乃是制度之属，遂事先为考核，使其规模粗喻，乃可握掌为文。《郊特牲》《文王世子》《礼器》《曾子问》诸篇，乃典礼之属，类比经传，典章法制，可以触类而通，亦有补于四书典制文义"。"《学记》《表记》《缁衣》《坊记》诸篇，乃通论之属，与四书文义未甚悬殊，所谓相体裁衣，各自有攸当也。"③　总之，章学诚认为，研习八股文时要扎根于肥沃的经学土壤，从中汲取丰富的养料。清代时期，也有一些施教者强调经书对八股文写作的益处，不过他们往往在各门经书对八股文写作分别有何益处的表述上语焉不详，章学诚对此问题做了仔细梳理，为生徒研习八股文提供了重要帮助。

在方法教育方面，章学诚提出，在研习八股文时需要重视揣摩诵读与分类摘求两种方法。

阅读与作文有着密切联系，诵读佳作有助于增强写作能力。章学诚认为，研习八股文时需要诵读成文，明代八股文名家陈际泰初学八股文时就重视此法，"昔陈临川（陈际泰为江西临川人）初学时文，求得近科墨卷二十许首，诵而习之，至于自作家书，亦拟八股为式，亦是趣所入也。其后贯串驰骛，为三百年魁垒大家，岂以初学墨卷为嫌讳哉？"他认为，诵读成文时需要反复揣摩技法，"盖必设身处地，一如未有其文，就题先为拟议，揣其何以构思布局、遣调行机、措辞练字，至于筹

_____

① 宋濂：《元史》卷八十一，中华书局1976年版，第2019页。

② 章学诚：《清漳书院留别条训》，章学诚：《章学诚遗书》佚篇，文物出版社1985年版，第676—677页。

③ 同上书，第677—678页。

无遗计，而后徐阅其文，使之一字一句，皆从己心迎拒而去，不啻此心同其疾徐甘苦之致也。则作者止择一途，而读者遍虑及于四旁上下，是读文之难，较之作文之攻苦，殆不止于倍蓰焉。往往涉旬逾月之久，而始尽一篇之神妙也"。① 其中，"皆从己心迎拒而去"一语，脱胎于韩愈的"迎而距之，平心察之"②，表示用己意体验方能深得作品的神髓。这种读书方法也被清代其他一些书院所重视，如湖北墨池书院学规指出："每读一篇，先掩卷细思：我遇此题，当如何制局？如何用意？再开卷读之，看先辈之制局用意，以证我之得失。再看先辈之用笔：有提笔，有顿笔，有宕笔，有折笔，有横笔。熟读而深思之，不患无入处矣。"③ 由于岁月有限，精力有限，因此章学诚主张，没有必要诵读数百篇范文，精读五七十篇就已绰绰有余，诵读时要对成文技法仔细揣摩，烂熟于心，力求以一当百之用。宋人严羽论及学诗时指出："大抵禅道惟在妙悟，诗道亦在妙悟。"④ 学诗贵在感悟，学习其他各门艺术也贵在感悟，章学诚对此深有感触，他指出："昔蔡中郎渡江，得见《论衡》，北方人士觉其谈说有异，此因文章而得于语言者也。叶石林读《史记·货殖传》，见陶朱公'人弃我取，人取我与'之言，遂悟作文之法，此因语言而得于文章者也。担夫争道，草书何以入神？坏屋颓墙，绘画何以通妙？"⑤ 章学诚通过列举蔡邕（汉代文学家、书法家，曾任左中郎将，人称"蔡中郎"）、叶梦得（宋代文学家，自号石林居士）、张旭（唐代书法家，曾从公主与担夫在羊肠小道争道中悟出草书章法）、宋迪（宋代画家，曾用败墙张绢素的方法来画山水）等古代一些文学家、书画家受外物触动而领悟文理、书理、画理的众多事例，揭示出感悟习见于各门艺术的研习中，八股文诵读重视感悟，也就理所当然。除了章学诚外，清代其他一些施教者在进行八股文教育时，也往往

---

① 章学诚：《清漳书院留别条训》，章学诚：《章学诚遗书》佚篇，文物出版社1985年版，第669—670页。

② 韩愈：《答李翊书》，韩愈：《韩昌黎全集》卷十六，宣统二年扫叶山房印本，第6页。

③ 程家颖：《墨池书院学规》，邓洪波主编：《中国书院学规集成》第二卷，中西书局2011年版，第997页。

④ 严羽著，郭绍虞校释：《沧浪诗话校释》，人民文学出版社2006年版，第12页。

⑤ 章学诚：《清漳书院留别条训》，章学诚：《章学诚遗书》佚篇，文物出版社1985年版，第671页。

重视揣摩诵读，如北京缙山书院山长孙万春指出，揣摩对于学文而言至关重要，"余之读文，揣摩之功胜于读之功，盖以长进全在揣摩，有真得也。从口诵而心不维，虽熟读万篇，何益？"① 自己揣摩要比老师口授所得的收获更多，"从师口授者，反不如余所得之多，何也？口授由外入者也，浮也。揣摩由内出者也，真也。外入者，容有或忘之时，内出则全副精神均注在此，有一得即为心得，无或忘也。故曰：学者总以揣摩为上"。② 孙万春由此告诫生徒，在生文读至口熟时，就要细心揣摩一番，胸中只有数百篇揣摩烂熟之文，才能为佳文。

诵读成文数次后，心中自然会产生厌倦之情，只有变化方法，才能使诵读时有新意，不会令人生厌。章学诚认为，文有命意、立句、行机、遣调、分比变化、虚实相生、反正开合、顿挫层折、琢句、练字十端，由于佳作非一端所能尽，因此每次诵读时，要从一端加以揣摩研究，"仍用先如未见其文逐处平心迎拒之法，往复不已，则文虽一定，而我意转换无穷，即使万遍诵习，而揣摩光景，常如新脱于稿"，这种方法可称为"文之熟者，习之使生"③。章学诚的这种研读方法溯源于苏轼的八面受敌读书法，八面受敌读书法讲究立体思维，要求每次读书时需要选择从不同的角度加以研读，"谓事迹、典制、文章诸门，每读一次，专寻一端"。④ 这样研读数遍后，就能对所读之书进行全面而系统的掌握。英国教育家约翰·亨利·纽曼认为，认知事物往往需要经历一个渐进的过程，"人类心智纵然使出全副本领，面对这样广博的事实，仍不能窥其全貌，或是立即领悟，这没有什么可奇怪的。这就像个近视的读者，他的眼睛仔细注视着这卷在他面前打开、供其阅读的令人生畏的书，缓慢地移动着。抑或，正如对付那种由多部分、多侧面组成的庞大结构一样，我们的心智环绕着它四面端详，按照可能最好的做法，先记录下一点东西，然后再记录下另一点东西，并且从不同的角度去认识它，就这样，一步步地接近对整体的把握。就这样，心智逐步地螺旋式

---

① 孙万春：《缙山书院文话》卷三，光绪十一年刻本，第13页。

② 孙万春：《缙山书院文话》卷二，光绪十一年刻本，第23页。

③ 章学诚：《清漳书院留别条训》，章学诚：《章学诚遗书》佚篇，文物出版社1985年版，第671页。

④ 张之洞：《輶轩语》，张之洞：《张文襄公全集》卷二百零四，中国书店1990年版，第20页。

上升"。① 由此可见，苏轼的八面受敌读书法与章学诚的"文之熟者，习之使生"研读法符合约翰·亨利·纽曼所说的认知学规律，具有一定的科学性。著作浩如烟海而人的记忆有限，因此不可能对每一部著作揣摩诵读，针对这种情况，章学诚认为，可以采取分类摘求的方法进行研读，"先立空册，标分类例，逐日所得，按款而登，历旬涉月之后，按册复阅，但阅标题，不啻全文如见。至于积既久，类例充盈，若纵横检复，千态万状，俱会目前"，这种方法可称为"文之生者，习之使熟"②。如果既能做到揣摩诵读，又能做到分类摘求，临战时定能应用自如，不会出现机构生疏、文境单调而慌乱无神的窘况。治学有守约与博学之分，二者不可或缺，章学诚所言的揣摩诵读是针对如何守约，分类摘求是针对如何博学。八股文研习固然重视守约，但也不可忽视博学，只有博学方通神明，"盖积累不多，则神明变化不出，而数易尽也。举业既有简练揣摩之篇，则心有主识，一切名门大家房行窗稿程墨试牍，务宜触类旁通，少或三数千篇，多至万有余篇，上下窥其风气，分晰辨其派别，错综通其变化。譬彼山必积高而后能兴云雨，水必积深而后能产蛟龙。不使局脊狭隘，寡闻孤陋，仅成堆阜断港，以封其神明"。③

"引而伸之，触类而长之，天下之能事毕矣。"④ 为学莫要于知类，知类对为学有着提纲挈领、举一反三的功效。韩愈认为："记事者必提其要，纂言者必钩其玄。"⑤ 章学诚进一步指出，读书时既要做到提要钩玄，还要做到分类摘求，要能对不同类别的要点或内容逐一分类，使用此法既有助于巩固所学的知识，也为日后学习或查阅提供方便。章学诚在辨章学术、考镜源流上卓有成效，这与他娴熟的分类技巧密不可分。从人的生理发展特征来看，幼年以及年轻时期记忆力强，人事偏少，生活单纯，这一

---

① ［英］约翰·亨利·纽曼：《大学的理念》，高师宁等译，贵州教育出版社2003年版，第64—65页。

② 章学诚：《清漳书院留别条训》，章学诚：《章学诚遗书》佚篇，文物出版社1985年版，第671—672页。

③ 同上书，第670—671页。

④ 王弼、韩康伯注，孔颖达等正义：《周易正义》卷七，《十三经注疏》，中华书局1980年版，第68页下。

⑤ 韩愈：《进学解》，韩愈：《韩昌黎全集》卷十二，宣统二年扫叶山房印本，第2页。

阶段记诵知识快；三十岁以后记忆力衰减，人事增多，精力分散，这一阶段记诵知识慢。章学诚认为，前一阶段可用揣摩诵读法进行研读，后一阶段可用分类摘求法进行研读，其中，进行分类摘求时要求做到，大到制度典章，小到名物象数，标列宏纲细目，分类排纂，以意贯之。将分类摘求法用于读书与学文，成效显著，"以此为举业，即举业之上乘；以此为学问，即学问之首最"。① 针对有人提出的只需查阅《四书备考》《五经类编》等类书而不要分类摘求的说法，章学诚不予苟同。他认为，分类摘求是建立在深入研读著作并有所体会的基础上，其精神贯彻于全书，因此所得的知识难以忘记，直接查阅类书就没有这种效果，《四书备考》《五经类编》等作庸恶陋劣，蛊惑人心，为学术公害，不足为道，也不可为据。由于境遇不同或资禀有异，有些士子难以做到精研经书，想让这些士子通经服古实属无望。针对这种情况，章学诚认为，也可采取分类摘求法，假借经传余光来润色制举之文，"去其贯串摘录之繁，但取四书典实，分类命题，每类或五七篇或三四篇，暇日先阅经传，采取本类典实，就题结构成文，一类既毕，再窥一类，不过为文百数十篇，则遇典故题目，自能不窘拾掇"。② 章学诚认为，分类摘求法是中国古代学者治学的常见方法，在中国古代文论中习见不鲜，魏晋南北朝时期的《文章流别论》《文心雕龙》《诗品》等作以及后来层见叠出的文评诗话诸作，大多使用分类摘求法来进行文学批评，或就一篇发明大旨，或摘数语标识名隽，引而不发，举一赅三。分类摘求法对古代文论贡献很大，可惜后来很多文论丢失了古人评点的真谛而弊端丛生，"庸师俗儒，竟尚圈点批评之选，而后生小子，耳目为其所胶执，不复能自出性灵，推逐古人意匠经营之所在。而古人一隅三反，因端明委之法，亦从此而失其传矣"。③ 他认为，生徒研习八股文时要参照《文章流别论》《文心雕龙》《诗品》等作著述条例，别类标篇，按款摘记。如果见闻不多，也不妨即所窥及信手摘录，以期日后积少成多。

　　科举是士子谋生的手段，对于寒士而言，科举的意义更为重要，章学

① 章学诚：《清漳书院条约（二）》，章学诚：《章学诚遗书》卷二十八，文物出版社1985年版，第313页下。

② 章学诚：《清漳书院留别条训》，章学诚：《章学诚遗书》佚篇，文物出版社1985年版，第664—665页。

③ 同上书，第673页。

诚深有感触地指出："家贫亲老，不能不望科举。"① 经过坚持不懈的努力，章学诚终于在四十一岁时喜中进士，他述及自己中进士一事时指出："登第在四十外，则命使然。"② 尽管章学诚重视科举，也从中获得了快乐与满足，不过他对科举拥有一颗平常心，能够以清醒的态度来面对科举，他认为："科第自是君家旧物，偶然得之，虽亦足以快意，然亦何必振矜如非常之获。"③ 章学诚对社会上出现的惟科举是从而忽视学识培养的风气深有不满，他要求以学来祛除风气之弊，"风气既弊，学业有也挽之"④，"君子假兆以行学，而遇与不遇听乎天"⑤。章学诚将对待科举的这种思想应用到后来的书院教育中，他主讲书院期间虽从事科举文教育，但并非将目标紧紧锁定科举，而是重视科举与学识的结合，将学识培养引入科举文教育中。唐代史学家刘知幾认为，"史有三长：才、学、识"⑥，章学诚进一步指出，不仅史学如此，天下事莫不皆然，"即以举业而论，三者固阙一不可。学者莫不知有法度，而不知法出于理而识主之；其次莫不知有机局，而不知机出于气而才主之；其次莫不知有色采，而不知色采出于书卷而学主之。就三者分途而论，则才色本于天而学出于人，本于天者不可强勉，而由于人者不可力为。就三者递用而论，即学固所以养才而练识者也"⑦。他认为，应举士子应重视研读经书，扩充学识，仅在时文中讨生活者，其文必不佳。就以文而言，没有比经学更为尊贵，以经学佐时文与只攻时文二者之间判若霄壤，况且以经学佐时文还可因文见道⑧。他在十三经外增加《大戴礼记》与《国语》二作，名之为十五经，要求生徒尽量研读。清代时期，尽管有些书院在利禄的驱动下惟科举文教育是从，不过也有一些书院在施教者的合理引导下，重视将学识培养与应

① 章学诚：《与汪龙庄简》，章学诚：《章学诚遗书》卷二十九，文物出版社1985年版，第334页上。

② 同上。

③ 章学诚：《与王春林书》，章学诚：《章学诚遗书》卷二十九，文物出版社1985年版，第333页中。

④ 章学诚：《天喻》，章学诚：《章学诚遗书》卷六，文物出版社1985年版，第51页中。

⑤ 章学诚：《感遇》，章学诚：《章学诚遗书》卷六，文物出版社1985年版，第54页上。

⑥ 欧阳修、宋祁：《新唐书》卷一百三十二，中华书局1975年版，第4522页。

⑦ 章学诚：《清漳书院留别条训》，章学诚：《章学诚遗书》佚篇，文物出版社1985年版，第669页。

⑧ 同上书，第665—666页。

举训练结合起来，不被利禄左右，如章学诚主讲下的清漳书院便是如此。章学诚主讲清漳书院伊始，策问四书大义，诸生无一人应对，可见当时生徒学识肤浅。他主讲清漳书院期间重视学识培养，在他的精心培育下，"诸生以卓尔之才，斐然兴起"。[①] 清漳书院之所以能培养出一些品学兼优的科举人才，与章学诚合理得当的教育思想密不可分。章学诚的教育思想意义重大，不仅对昔日书院教育有着重要贡献，而且对当今学校教育有着重要启示。章学诚重视学识培养与当今学校重视素质教育二者之间息息相通，章学诚提出的"文之熟者，习之使生"以及"文之生者，习之使熟"的研读方法，也给当今中小学语文教学提供了有益的参考。

第四节　清代书院词曲教育

在清代书院文学教育中，词曲教育没有诗赋、古文、八股文的教育地位重要。尽管如此，但这并不影响研究，原因在于，本研究的重心不是评价清代书院词曲教育的成就，而是揭示清代书院词曲教育的现象以及剖析清代书院词曲教育的本质，即使是一些作为反面教育素材的淫词艳曲，在本研究中也有着重要价值。

一　词曲教育中的抑曲倾向

词与曲常相提并论，不过在清代书院教育中，词的教育地位要优胜于曲。在一些施教者的眼里，曲是低俗的代名词（有不少戏曲讲述男女风情故事），观赏戏曲会诱导生徒沉溺声色、消磨志气，使生徒不务正业、步入歧途，应加以杜绝。明代时期，就有不少书院施教者对戏曲持排斥态度，如吕柟的《泾野子内篇·端溪问答》记载着他同问者的一段对白：

> 问："动物感人，莫如音乐。尝见世之所谓戏子扮岳飞、秦桧故事，坐客往往泣下，而况先生之雅歌者与！故《天保》以上，《采薇》以下，《关雎》《鹿鸣》《棠棣》《伐木》《蓼莪》之章，苟时复咏歌，亦未必无补于德性。"

---

① 章学诚：《清漳书院留别条训》，章学诚：《章学诚遗书》佚篇，文物出版社1985年版，第662页。

曰："于田夫野老之前，扮岳飞、秦桧即泣下沾襟，若歌《采
薇》《关雎》等诗，虽千百遍恐亦不欲闻也。是故世变不同，人品亦
异，教君子小人亦异术。"①

从上述话语中可知，吕柟对戏曲并不看好，即使是具有布道思想的戏曲，
也不能引起他的重视。在明代书院教育中，像吕柟这样对戏曲持贬斥态度
的施教者习见不鲜，如陕西关中书院学规指出："毋看《水浒传》及笑资
戏文诸凡无益之书"，"毋撰造词曲杂剧及歌谣对联讥评时事"。② 福建共
学书院学规指出："院中止许会日设会馔席，不得张筵置酒及演戏鼓吹，
有伤雅道。"③ 清代时期，也有很多书院禁止生徒观赏戏曲，如福建鳌峰
书院学规指出："不许公宴演戏致妨功课，官府绅士一体禁止。"④ 江西象
山书院学规指出，书院为生徒肄业场所，不得作为官员的公馆、寓舍，
"城乡绅衿，更不得借地寓客、演戏、挟妓"。⑤ 陕西味经书院学规指出：
"少年轻妄，每好嬉游，往往三五成群，往来街市，不恤人言，不畏物
议，且自以为名士风流，实属荡检踰闲，败坏士习。诸生中有不经禀明擅
自出入观戏饮酒者，查出掌责。"⑥ 山西令德书院学规指出："诸生如有早
眠晏起、出不请假、夜出归迟、喧哗滥语、听戏醉酒、秽弃字纸、冠履不
整之类，有一于此者，均记一过。"⑦ 施教者往往将观戏与饮酒或贪色相
提并论，禁止生徒沾染，并对违背者实施惩罚，从而达到端正士习、纯正
学风的目的。

书院教育需要借助图书文本，与前代书院相比，清代书院藏书宏
富，在藏书的数量与类别方面都取得了重大进展，其中，不少书院藏有
词曲类著作，如广东端溪书院所藏的词曲类著作数量不菲，具体情况可
见表5—6。

---

① 吕柟：《泾野子内篇》卷四，中华书局1992年版，第28—29页。

② 何载图编：《关中书院志》卷三，万历年间刻本，第6页。

③ 岳和声编：《共学书院志》卷上，万历年间刻本，第54页。

④ 来锡蕃编：《鳌峰书院纪略》章程，道光十八年刻本，第108页。

⑤ 佚名：《象山书院章程》，赵所生、薛正兴主编：《中国历代书院志》第十一册，江苏教育出版社1995年版，第2页。

⑥ 刘光蕡编：《味经书院志》教法上，陕西通志馆印《关中丛书》本1936年版，第3页。

⑦ 佚名：《令德书院章程》，刚毅、安颐编：《晋政辑要》卷二十三，《续修四库全书》第884册，上海古籍出版社2002年版，第59页。

表 5—6

库别	词曲类书目
五十八库	《更生斋诗余》一卷（清洪亮吉著）
六十七库	《悔存词钞》二卷（清黄景仁著）
六十八库	《宋六十家词钞》八十四卷（重刻汲古阁本），《词律》二十卷（清万树著）
七十四库	《词评》一卷（明王世贞著）
七十五库	《桐花阁词钞》一卷（清吴兰修著）
七十六库	《词苑丛谈》十二卷（清徐釚著）
七十七库	《张子野词》二卷、《补遗》二卷（宋张先著），《阳春集》一卷（宋米友仁著），《石湖词》一卷（宋范成大著），《和石湖词》一卷（宋陈三聘著），《碧鸡漫志》五卷（宋王灼著），《乐府补题》一卷（宋陈恕可编），《花外集》一卷（宋王沂孙著），《草窗词》二卷、《补》二卷（宋周密著），《苹洲渔笛谱》二卷（宋周密著），《贞居词》二卷（元张雨著），《蜕岩词》二卷（元张翥著）
七十八库	《词源》二卷（宋张炎著），《日湖渔唱》三卷（宋陈允平著），《草堂诗余》三卷（佚名编，元凤林书院本），《饮水词集》二卷（清纳兰性德著），《嶰谷词》一卷（清马曰琯著），《南斋词》二卷（清马曰璐著）
七十九库	《乐府雅词》六卷、《拾遗》二卷（宋曾慥编），《阳春白雪》八卷、《外集》一卷（宋赵闻礼编），《词林韵释》二卷（佚名著），《梅边吹笛谱》二卷（清凌廷堪著）①

此外，福建鳌峰书院所藏的词曲类著作有：《草堂诗余》四卷（佚名编，元凤林书院本），《诗余图谱》三卷（明张綖著），《御定历代诗余》一百二十卷（清康熙皇帝御定），《词综》三十卷（清朱彝尊编），《浣雪词钞》二卷（清毛际可著）②。湖南箴言书院所藏的词曲类著作有：《宋名家词》四十七卷（明毛晋编），《茗柯词》一卷（清张惠言著），《词选》二卷、《附录》一卷、《续词选》二卷（清张惠言编）③。在清代书院所藏

---

① 本表内容依据傅维森编《端溪书院志》（卷七，光绪二十六年刻本，第36—69页）整理制作而成。

② 游光绎编：《鳌峰书院志》卷十，道光年间刻本，第14页。

③ 胡林翼编：《箴言书院志》卷中，同治五年刻本，第70页。

的词曲类著作中，词类著作较为多见，很多书院的图书著录虽以词曲类名之，但所藏著作基本上是词类。一些书院除了收藏词的别集、总集外，有时还收藏词话、词谱、词韵等各种类型的著作。清代时期，也有少数书院收藏曲类著作，如广东广雅书院、河南大梁书院都藏有《雨村曲话》二卷（清李调元著）①，广东连山书院藏有《二十七松堂集》二十五卷（清廖燕著），该作收有《醉画图》、《诉琵琶》、《镜花亭》三种自况杂剧②。总体观之，在清代书院藏书中，曲类著作远远不敌词类著作。

　　课试是清代书院文学教育的重要活动，文学教育常在课试中进行。为了激励生徒认真研习，清代很多书院对一些生徒的优秀课艺进行了刊刻。课艺是清代书院文学教育的重要成果，便于我们了解以及研究清代书院文学教育。清代书院刊刻的课艺主要收录生徒的各种习作，有时也有施教者的些许作品。其中，有些书院的课艺收录了一些词作，如《求志书院丁丑春季课艺》收录了汤日赞的《点绛唇·斗花》《点绛唇·斗草》《醉花阴·扑蝶会》，朱昌鼎的《南楼令·扑蝶会》《南楼令·万花舆》；《龙山书院课艺》收录了胡谦的《浪淘沙·刈麦词》《风入松·插秧词》，李堃的《满江红·若耶溪采菱曲》《鹊桥仙·络纬词》，王继皋的《虞美人·若耶溪采菱曲》《钗头凤·络纬词》，宁继武的《满江红·络纬词》；《紫阳书院课余选》收录了黄曾的《惜余春慢·绿阴》《桂枝香·蟹籪》《买陂塘·鸭阑》《望湘人·鱼罾》《晏清都·牛宫》，吴敬义的《消息·焙茶》《双双燕·缫茧》《镽阳台·刈麦》《桂枝香·种鱼》《苏武慢·纱幮》《探春·松棚》《台城路·竹帘》《西子妆·藤枕》《大江东去·陶侃运甓》《如此江山·顾荣挥扇》《金缕曲·谢安围棋》《绮罗香·咏珊瑚笔架》，周镛的《忆旧游·西溪观芦花》，周廉的《扫花游·西溪观芦花》；《经古精舍课艺》中的己亥词章收录了恽宝元的《洞仙歌·叙初去》《洞仙歌·叙已到》《洞仙歌·叙进香》《洞仙歌·叙归舟》，庚子词章收录了恽宝元的《洞仙歌·雪藕》《洞仙歌·浮瓜》《洞仙歌·浇花》《洞仙歌·芟茅》，辛丑词章收录了恽宝元

---

　　①　廖廷相编：《广雅书院藏书目录》藏书目录卷七，光绪二十七年刻本，第32页；顾璜编：《大梁书院藏书总目》，光绪二十四年刻本，第112页。

　　②　李来章编：《连山书院志》卷六，康熙四十八刻本，第15页。

的《一枝春·春色》《百字令·春声》《高阳台·春愁》《洞仙歌·春怨》《齐天乐·深闺》《齐天乐·羁舍》《齐天乐·长门》《齐天乐·绝塞》。上述词作题材多样，有咏物、写景、怀古、叙事等多种类型，词牌名也是丰富多样，生徒通过练习可以在词作创作上得到不同层面、不同角度的训练。除了收录词作外，有些书院的课艺还收录了一些讨论词曲的作品，如《诂经精舍三集》收录了以《宋词》《元曲》为题讨论词曲的作品（全为七言律诗的形式，作者不详），《求志书院戊寅春季课艺》收录了孙瑛、陈鼎、屈元燨、许景衡、朱逢甲、徐诵芬等人以《宋词》《元曲》为题讨论词曲的作品（全为七言律诗的形式）。有些作者在讨论元曲时，揭示了元曲的抒情特质、审美情趣，肯定了元曲的文学地位，给人以一种耳目一新的感觉，如屈光燨论元曲的诗作为："半壁河山事已非，故宫回首泪沾衣。未妨我辈钟情重，不信人间识曲稀。绿惨红愁呼欲出，酒阑灯炧送将归。一腔哀怨凭谁诉，谱入弦歌托意微。"许景衡论元曲的诗作为："滥觞早自宋词成，此事元人技独精。儿女英雄均写照，悲欢离合各传情。巧将史事翻新样，却使吟坛有变声。最怪琵琶工寓意，中郎薄幸致留名。"朱逢甲论元曲的诗作为："白雪曾歌绝妙词，清尊檀板耐人思。一朝长技俳优末，杂剧登场妇孺知。世事悟来皆院本，文章真处让传奇。红牙试拍乌丝写，犹记声情逼肖时。"① 诂经精舍以及求志书院这种讨论元曲之举，在中国书院文学教育的史册上有着可圈可点之处，甚至值得大书特书。总之，在一些开明的施教者的积极引导下，清代一些书院的生徒可以漫步于词曲（尤其是词）这块靓丽的花园，惬意地吸取一股股异样的芳香。

　　课艺评点是清代书院文学教育的重要方式，清代一些书院在刊刻课艺时，也将施教者的评点刻入其中。评点多含褒奖之语，如在《求志书院丁丑春季课艺》中，汤日赞的《点绛唇·斗花》《点绛唇·斗草》《醉花阴·扑蝶会》三首词作所得评点为："皆有词意"，朱昌鼎的《南楼令·扑蝶会》《南楼令·万花舆》两首词作所得评点为："词有可采"②，在《经古精舍课艺》中，恽宝元的《洞仙歌·叙初去》《洞仙歌·叙已到》《洞仙歌·叙进香》《洞仙歌·叙归舟》四首词作所得评点为："心灵手

---

① 佚名编：《求志书院戊寅春季课艺》词章，光绪四年刻本，第112—114页。

② 佚名编：《求志书院丁丑春季课艺》词章，光绪三年刻本，第91—92页。

敏，绝似茶烟阁体物词"，《齐天乐·深闺》《齐天乐·羁舍》《齐天乐·长门》《齐天乐·绝塞》四首词作所得评点为："无语不新，无字不炼，名作也"①，这种积极肯定的评点方法有助于增强生徒的创作信心。若仔细研读课艺的内容不难发现，评点中的褒奖之语洵非虚言，不少词作有着可观之处，如在《龙山书院课艺》中，宁继武的《满江红·络纬词》为："试问秋虫，缘何事，终宵唧唧。料得汝，愁花泣露，御寒无策。轧轧当窗幽女怨，凄凄向壁征人戚。对西风，欲整旧寒衣，缫车急。　　疏篱下，牵牛侧。更欲尽，声未息。似杜鹃春怨，年年啼血。银烛光中凄悄夜，碧纱窗外玲珑月。怪窦家，机畔辘轳声，难成匹。"② 该词叙述一位思妇忙于给远征在外的丈夫做寒衣一事，作者对思妇的心理刻画淋漓尽致、入木三分。在《经古精舍课艺》中，恽宝元的《洞仙歌·春怨》为：

> 僝风僽雨（宋刘筠《送春诗》"莫移风雨怨"），早困人天气，粉盝余香懒重理（宋薛极诗《春人怨》"遥夕慵理旧妆台"）。算缠绵，清恨宛转相思。都被那，一片柳花兜起（唐杜牧诗"楚管能吹柳花怨"）。　　江南人独去，题遍残红，谁解殷勤付流水（唐于佑诗"曾闻叶上题红怨"，按：即御沟流叶事，《清异录》谓"在暮春时"）。多事恼啼莺，好梦惊回。依旧是，筝床空倚（梁何逊《春怨诗》"已切空床怨"）。拼悬泪镇朝立花前，但极目邮亭（元杨允孚《春别诗》"当时不信邮亭怨，始信邮亭怨转多"），莫烟无际（宋辛弃疾《春望诗》"莫烟怨煞渡江人"）。③

作者广学博识，创作时以学入词，或援引典故，或化用旧语，丰富了词作的内容，扩大了词作的表现力，充分体现了清代汉学书院词学教育中的学术化色彩。胸中有学识，笔下无俗气。寄以性情，涵以学识，所作之词定会庄重典雅，增色不少。

---

① 缪荃孙、华若溪编：《龙城书院课艺·经古精舍课艺》，光绪二十七年刻本，己亥词章中的第48—49页，庚子词章中的第32页，辛丑词章中的第31页。

② 佚名编：《龙山书院课艺》词，清刻本，第2页。

③ 缪荃孙、华若溪编：《龙城书院课艺·经古精舍课艺》辛丑词章，光绪二十七年刻本，第29页。

在清代书院文学教育中，词曲教育与古诗文、八股文教育有所不同。八股文是清代科考主要文体，研习八股文会大大增强生徒的应举能力。清代科考还安排有策、论、试帖诗等文体，研习古诗文也会有助于生徒应举。词曲地位卑微且对科考没有多少益处，为何一些书院从事词曲教育？原因在于，这些书院重视素质教育，词曲教育作为文学素质教育的一部分内容而被这些书院所接受（与词学教育相比，清代书院曲学教育不太多见）。当然，词曲在这些书院中的教育地位远远不及经史之学，此毋庸置疑。

二　学海堂论词绝句

除了练习作词外，清代一些书院也从事词学研究，如论词绝句。论词绝句是通过格律诗的形式来进行词学批评，多以组诗出现，通过组诗揭示出不同朝代、不同地域的词作创作情况。论词绝句在清代大量出现，厉鹗、郑方坤、汪筠、孙尔准、沈道宽、宋翔凤、周之琦、程恩泽、王僧保、谭莹、梁梅、潘飞声等人都著有论词绝句。论词绝句也出现在清代书院文学研究中，如《学海堂三集》卷二十四收录有谭莹与梁梅的部分论词绝句，其中，谭莹四十二首，梁梅二十六首。谭莹（1800—1871），字兆仁，号玉生，广东南海人，道光二十四年（1844）举人，历任化州训导、琼州教授、学海堂学长以及越华书院、端溪书院、粤秀书院监院等职，好辑粤中文献，著有《乐志堂诗集》十二卷、《乐志堂文集》十八卷。梁梅的个人情况在本章第一节"清代书院诗赋教育"中有过介绍，此不作赘。学海堂论词绝句是清代书院词学研究的重要代表，为了展现清代书院词学研究的面貌，有必要对谭莹与梁梅的论词绝句进行分析。

评价词人是论词绝句的一项重要内容，评价词人往往涉及对词人生存状态以及由此带来的创作情怀的评价。张孝祥是南宋爱国词人，力主抗金，作品多表现忠愤情怀，南宋抗金重臣张浚读其词作《六州歌头》后为之罢席，清人陈廷焯评价这首词作时指出："淋漓痛快，笔饱墨酣，读之令人起舞。惟'忠愤气填膺'一句，提明忠愤，转浅转显，转无余味。或亦耸当途之听，出于不得已耶！"[1]谭莹论张孝祥词曰："红罗百匹总无

---

① 陈廷焯：《白雨斋词话》卷六，光绪二十年刻本，第3页。

嫌，想亦无心学子瞻。至使魏公缘罢酒，一腔忠愤洗香奁。"① 谭莹通过征引张浚（被宋孝宗封为魏国公）罢席一事，表彰了张孝祥词作中的忠愤情怀。汪元量是宋末元初词人，宋亡后创作了一些表现亡国苦痛以及眷恋故国的词作，梁梅论汪元量词曰："不与遗民心共顽，墨痕常带泪痕斑。伤心一阕莺啼序，哀甚江南庾子山。"② 梁梅揭示了汪元量在亡国后的伤心情怀，认为其代表作《莺啼序》在表达感伤情怀上不比庾信的《哀江南赋》逊色。评价词人有时也会涉及对词人人品的评价。叶梦得在创作上虽然受到苏轼的影响，但是有着贬斥苏轼的思想，元人方回认为他"专主半山而阴抑苏黄"③。叶梦得在人品上也有为人诟病之处，他曾参与炮制臭名远扬的元祐奸党案，引来士林一片骂声。谭莹论叶梦得词曰："轻诋苏黄太刻深，倚声一事却倾心。流莺不语啼莺语，狡狯真怜叶石林。"④ 谭莹既通过"轻诋苏黄太刻深"一语对叶梦得在创作上的阳奉阴违之举进行了批判，又通过"狡狯真怜叶石林"一语对叶梦得的人品进行了批判。

词论往往涉及对词人的词学成就做出评价，论词绝句也是如此。李白是唐代伟大的浪漫主义诗人，素有"诗仙"之誉。李白也曾创作几首词作，被后人推为词家鼻祖。清人刘熙载对李白的词学成就做了高度评价，他指出："梁武帝《江南弄》，陶弘景《寒夜怨》，陆琼《饮酒乐》，徐孝穆《长相思》，皆具词体，而堂庑未大。至太白《菩萨蛮》之繁情促节，《忆秦娥》之长吟远慕，遂使前此诸家，悉归环内。""太白《菩萨蛮》《忆秦娥》两阕，足抵少陵《秋兴》八首。"⑤ 梁梅论李白词曰："千秋诗圣亦词仙，逸韵谁堪与比肩。不作人间筝笛响，笙吹缑岭月当天。"⑥ 梁梅也对李白的词学成就做了充分肯定，认为后代词人无出其右。张炎是宋元之交时期的词人，宋亡后创作了一些感伤的词作，谭莹论张炎词曰："悲凉激楚不胜情，秀冠江东擅倚声。词格若将

① 张维屏编：《学海堂三集》卷二十四，咸丰九年刻本，第16页。

② 同上书，第12页。

③ 方回选评，李庆甲集评校点：《瀛奎律髓汇评》卷二十四，上海古籍出版社1986年版，第1093页。

④ 张维屏编：《学海堂三集》卷二十四，咸丰九年刻本，第16页。

⑤ 刘熙载：《艺概》卷四，上海古籍出版社1978年版，第107页。

⑥ 张维屏编：《学海堂三集》卷二十四，咸丰九年刻本，第11页。

诗格例，玉溪生（李商隐，号玉溪生）让玉田生（张炎，号玉田）。"① 谭莹认为，若将词与诗放在一起比较，那么张炎的词学成就要胜于李商隐的诗学成就。诗词相较，前尊后卑，谭莹将诗词并提，有助于词学地位的提高以及有益于词学的发展。宋代时期，周邦彦、姜夔、吴文英、张炎等一些词人精通音律，重视将音律之学吸纳到词作创作上来，谭莹对宋代词人的这种成就进行了揭示，他论周邦彦词曰："敢说流苏百宝装，唐人诗语总无妨。移宫换羽关神解，似此宜开顾曲堂。"② "顾曲堂"是周邦彦的居所名，此名彰显他擅长音律之学，王国维曾以"创调之才多"③ 一语对周邦彦的音律学成就给予肯定，谭莹也对周邦彦的音律学成就给予肯定。

一谈起词，我们会想起豪放与婉约两种类型，明人张綖述及词体时云："词体大略有二：一体婉约，一体豪放。婉约者欲其词情酝藉，豪放者欲其气象恢宏。"④ 我们有时也以这两种类型来对词人做出划分，如将苏轼、辛弃疾等人划为豪放派词人，将柳永、李清照等人划为婉约派词人。当然，这种分野为我们了解中国词学概貌带来了便捷，不过这种划分不无缺憾，因为历代很多词人是词作创作的多面手，若以一种风格对其定位会有失偏颇，谭莹与梁梅就明确表明了此点。谭莹论苏轼词曰："海雨天风极壮观，教坊本色复谁看。杨花点点离人泪，却恐周、秦下笔难。"⑤ 谭莹通过"海雨天风极壮观"一语揭示出苏轼词作中的豪放风格，又通过"杨花点点离人泪"一语揭示出苏轼词作中的婉约风格（语出苏轼《水龙吟》中的"不是杨花点点，是离人泪"⑥，抒写离人缠绵悱恻的忧伤之情），而从"周（邦彦）、秦（观）"二人以及"教坊本色"的衬托中可知，苏轼对豪放与婉约二者兼擅。梁梅论辛弃疾词曰："大声镗鞳小铿锵，吊古伤今最激昂。却为词家留本色，有时儿女亦情长。"⑦ 梁梅通

① 张维屏编：《学海堂三集》卷二十四，咸丰九年刻本，第 17 页。
② 同上书，第 15 页。
③ 王国维：《人间词话》卷上，上海古籍出版社 1998 年版，第 8 页。
④ 张綖：《诗余图谱》凡例，万历二十七年谢天瑞刻本，第 1 页。
⑤ 张维屏编：《学海堂三集》卷二十四，咸丰九年刻本，第 15 页。
⑥ 苏轼著，邹同庆、王宗堂编年校注：《苏轼词编年校注》，中华书局 2002 年版，第 314 页。
⑦ 张维屏编：《学海堂三集》卷二十四，咸丰九年刻本，第 12 页。

过"吊古伤今最激昂"与"有时儿女亦情长"等语表明，辛弃疾兼擅豪
放与婉约两种词风。

基于角度不同，不同评论者对于同一词人的词作所作的评价往往
有别。对于李煜词作，梁梅论曰："翰林才笔律深娴，托旨悲凉感艳
顽。可惜提鞋词唱遍，不传一曲念家山。"① 谭莹论曰："伤心秋月与
春花，独自凭栏度岁华。便作词人秦、柳上，如何偏属帝王家。"② 李
煜的词作创作以降宋为畛域分为前后两期，前期多描写宫中奢靡颓废
的生活，后期多抒发亡国苦痛以及思念故国之情。梁梅主要对李煜早
期的艳顽而不问政事之举进行了批判，其中，"提鞋"一语是对李煜
与小周后的偷情行为进行了讽刺。谭莹通过化用李煜后期词作中的语
句表明李煜具有很高的词学禀赋，并对命运之神给李煜所开的不当玩
笑——让这位不谙政事的词学翘楚为人君主——深表惋惜。对于李清
照词作，梁梅论曰："声声慢赋雨声声，毁者原苛誉过情。自是村姬
好风韵，乱头粗服未装成。"③ 谭莹论曰："绿肥红瘦语嫣然，人比黄
花更可怜。若并诗中论位置，易安居士李青莲。"④ 针对李清照词作褒
贬不一的问题，梁梅认为，毁者与誉者都有其失允之处，后两句诗揭
示出，李清照词作的成功之处在于自然而然、不加雕饰。谭莹先寓评
价李清照的词作成就于摘录名句中，后将李清照词作置于诗词这一广
袤的领域来对其词学地位给予肯定。在评述李清照的词作时，梁梅重
在破旧说，谭莹重在立己见。

谭莹与梁梅的论词绝句在清代论词绝句中占有重要地位，而谭莹
的论词绝句格外引人瞩目，其论词绝句的数量高达一百七十七首，其
中，论唐宋词人一百零一首，论岭南词人三十六首，论清代词人四十
首，在论词绝句史上罕有其匹（梁梅的论词绝句有一百六十首，比谭
莹少十七首）。谭莹与梁梅的论词绝句尽管有着不少可圈可点之处，
不过并非尽善尽美，就是地位稍胜一筹的谭莹，其论词绝句也存在着
一些瑕疵，清人丁绍仪在《听秋声馆词话》中对谭莹的失当之处做过

---

① 张维屏编：《学海堂三集》卷二十四，咸丰九年刻本，第11页。
② 同上书，第14页。
③ 同上书，第12页。
④ 同上书，第17页。

评述①。综而观之，谭莹与梁梅的论词绝句大醇小疵，他们对历代词人、词作以及词风做了许多鞭辟入里的论析，为清代词学的发展做出了重要贡献。

三 词曲教育与道德教化

清代书院在从事词学教育时，重视词作与道德教化之间的联系，排斥一些淫秽低俗的词作。题材影响内容，词作创作便是如此，对于某些不利于道德教化的题材，作者作词时就要多加留神，千万不可步入有悖道德的歧途。进香活动是历代词作创作的一种题材，进香活动本身有着一定的积极意义，"惟沿习既久，神爽式凭，况以春日之载阳作升平之点缀，乡傩遗意亦采风者所不遗耳"。② 不过进香活动与嬉戏有所联系，此又不利于道德教化，经古精舍生徒恽宝元在茅山进香词的序中指出："茅山进香不见于古，且充街塞陌，聚戏朋游，缁素不分，男女杂遝，非益于化，实损于民，洵江南之薄俗也。"③ 恽宝元创作了《洞仙歌·叙初去》《洞仙歌·叙已到》《洞仙歌·叙进香》《洞仙歌·叙归舟》四首茅山进香词，创作时能够很好地把握住分寸，虽对进香途中的嬉戏场景进行了描写，但用笔有所顾忌，未将笔触滑入轻佻的泥淖。有鉴于此，施教者评价这四首词作时云："用意隽，用笔雅，应课之作，只宜如此，再过则嫌佻矣。序亦浑成。"④

由于一些内容淫秽低俗、唱腔靡靡颓废的词曲等文学不仅无补于道德之学，反而有悖于道德教化，败坏风俗，蛊惑人心，因此历史上才会有"淫词艳曲"的恶称。淫词艳曲不合于道德教化，不合于清廷推行的清真雅正衡文准则，清代很多书院的施教者对这种野狐禅进行过口诛笔伐。江西白鹿洞书院要求，生徒应重视培植经史根柢，不可研习淫词艳曲，"惟异端曲学之业不可谬习，以坏学术也。他如淫词艳曲最荡人心，则当一见而即焚之，非士君子所宜入目者也"。⑤ 四川草堂书院要求，生徒应重视

---

① 丁绍仪：《听秋声馆词话》卷二十，同治八年刻本，第5—6页。
② 缪荃孙、华若溪编：《龙城书院课艺·经古精舍课艺》己亥词章，光绪二十七年刻本，第48页。
③ 同上。
④ 同上书，第49页。
⑤ 毛德琦、周兆兰编：《白鹿洞书院志》卷六，宣统二年刻本，第18页。

一些经典著作的研读，"若夫浮词艳曲、稗官野史，昏志损神，大丧元德，且非案头应贮之物，急须屏绝。不遵者，罚无宥"。① 广东学海堂要求，甄选生徒入院时一定要重视品行考察，"诸生等有喜为浮艳诲淫之词者，无庸举列；其曾攻刀笔者，亦勿列入"。② 高廷珍在《东林书院志》中述及东林先贤张弦所的轶事时，对其不沾低俗作品的爱好进行了肯定，"性喜读书，自举业家言、古今名家诗文外，酷爱先贤语录，若稗官小史、淫词艳曲，鲜所涉猎"。③ 梁梅在论词绝句的序中指出，作词时要力斥淫词而回归雅正，"惟斥绝淫哇，薙除硬语。属词婉约，行气清空。萧寂以致其幽，隽永以深其味。毋过炼以入晦涩，毋太纤而乖雅醇"。④《诂经精舍课艺七集》收录费有容的《重刻六十一家词书后》一文，该文对选词中的四蔽做了重点分析，其中，第一蔽在于选淫词、鄙词等一些佻薄之词，"夫其翠谑红笑，好搜艳歌。粉怨珠啼，但罗妍唱。溺志丁娘之索，塞耳秀师之诃。雅音不存，哇响竞奏。古怨写意，闲情署题。强须眉之容，涂饰粉黛。袭闺房之语，评骘履舃"。费有容在文末对选词原则进行了总结，并对后学给予厚望，"今兹选录悉祛四蔽，祖《国风》之好色，体《楚辞》之缘情。山谷、东坡为峭拔纵横之本，梅溪、竹屋有清新俊逸之神。外如白石道人，尤推绝唱。西樵语业，足媲高风"。"所愿后之研脍取芳聚珠成，采者引申其琴趣，循守其玉律，而勿为蚓唱蛙歌所淯惑也。"⑤ 其中，"祖《国风》之好色""而勿为蚓唱蛙歌所淯惑也"等语表明，选词时不可让一些淫词混入其中（司马迁《史记·屈原贾生列传》云，"《国风》好色而不淫"⑥，此处"祖《国风》之好色"实取不淫义，而"蛙歌"是指淫邪之声）。由于遵循雅正准则，敦崇道德之学，清代很多书院将词曲教育纳入道德教化的范畴，淫词艳曲只不过是作为道德教化的反面素材。尽管有

---

① 沈清任：《草堂书院禁饬条约》，陈谷嘉、邓洪波主编：《中国书院史资料》中册，浙江教育出版社 1998 年版，第 1658 页。

② 林伯桐、陈澧编：《学海堂志》文橄，光绪年间刻本，第 3 页。

③ 高廷珍编：《东林书院志》卷二十二，光绪七年刻本，第 23 页。

④ 张维屏编：《学海堂三集》卷二十四，咸丰九年刻本，第 10 页。

⑤ 俞樾编：《诂经精舍课艺七集》卷十二，光绪二十一年刻本，第 3—4 页。

⑥ 司马迁著，裴骃集解，司马贞索隐，张守节正义：《史记》卷八十四，中华书局 1959 年版，第 2482 页。

些书院在进行文学教育时淡化道德说教，不过这些书院一般不会容忍有伤风化的文学作品进入教育视野，因为这类作品会毒害生徒的心灵，不利于生徒健康成长。由此可见，淡化道德说教并非意味着就无道德羁绊，只不过与其他书院相比，有些书院文学教育中的道德说教不够鲜明，在表现形式上偏重于隐性而非显现。汪正龙论及中国古代文学时指出："严格说来，我国古代缺乏纯审美或纯娱乐的文学观念，所谓文学的审美怡情也往往是在修身养性的道德框架之内实现的。"① 此语不仅适合于中国古代文学，也适合于中国古代文学教育，尤其是中国书院文学教育。

　　清代很多书院的施教者对戏曲持排斥态度，即使有的施教者对戏曲持宽容态度，其宽容往往也得基于不悖道德教化这一先决条件，如江西铅山知县郑之侨为当地鹅湖书院制定学规时指出，书院应重视道德学术教育，"根柢乎孝悌忠信以端其本，讲究儒先性理诸书以验其实，参考乎诸史百家以疏其材，涉猎乎射御书数以博其趣"。如果生徒能以此自律，就会胸襟远大，不染俗累，"即或临流赋诗，可悟出活水之源头。登高作赋，花鸟禽鱼仍是天人性命之借鉴。人情天理，到是一串，非有二事。即如今人逢场看戏，苟能会出忠孝节义凛然如生处，则恻隐、羞恶、辞让、是非之心勃发难已，其于读书本领未尝无济"。② 郑之侨在接受戏曲上虽比一些施教者显得开明，但他所接受的也只是一些彰显"忠孝节义"以及使人"恻隐、羞恶、辞让、是非之心勃发难已"的戏曲，道德教化的色彩于此灼然可见。郑之侨绝不容忍离经叛道的戏曲存在于书院教育中，他论及古今性情观时指出，古人重视性与情的统一，根之于性而后发之于情，今人将性与情剥离开来，结果是放其情、残其性③。郑之侨在肯定古人性情观的同时，对今人性情观进行了批判，包括对今人吟唱淫词艳曲这一畸形现象的批判。

　　在中国古代文学的发展征途中，复古与载道是两大显著特征。中国古代文学多与道德相关，中国古代文学教育也多与道德教育相连。

---

　　① 汪正龙：《文学与文化、道德及意识形态》，陶东风主编：《文学理论基本问题》，北京大学出版社2005年版，第307页。

　　② 郑之侨编：《鹅湖讲学会编》卷九，乾隆九年刻本，第16—17页。

　　③ 同上书，第16页。

清代一些书院从事词曲教育的目的是弘扬词曲艺术，不过词曲教育的本身也往往含有道德教化的因素，一般不得突破道德底线这一前提条件①。尽管道德教化如同紧箍咒一样对清代书院词曲教育产生了约束作用，不过书院从事词曲教育还是有着重要意义，它打破了古诗文等高雅文学以及八股文等利禄文学统治书院文学教育的局面，使书院文学教育呈现出百花争妍、欣欣向荣的景象。书院从事词曲教育，有利于改变生徒文学研习中的偏食现象，有利于提升生徒的文学综合素养，也有利于促进词曲的发展与传播。

---

① 孙万春在《缙山书院文话》中进行时文教育时，述及了元曲《西厢记》。他认为，金圣叹所评《西厢记》中的那辗方法对于为文尤其是八股文写作大有裨益，"《西厢》评语中论作文之法甚多，余最喜其那辗二字。那之为言搓那，辗之为言辗开也"。"金圣叹批《西厢》有那辗之法，固从题那辗，而从文那辗未之及也。知此法者，《左传》《国策》、马之《史记》、班之《汉书》是也。顾此法用于古文，尽人而知之矣，而不知用于时文为尤佳。"他进一步指出，《西厢记》作者若作八股文，会为高手，"恨鲥鱼多骨，恨金橘味酸，恨莼菜性冷，恨海棠无香，恨曾子固不能诗，此彭渊材五恨也。余尝欲补三恨于后，云：'恨金某未及批《红楼梦》，恨蒲松龄未修《明史》，恨作《西厢记》者未作八股文。'或曰：'彼作八股文，安见其必好？'余曰：'事虽未必，而其传神之笔空前绝后，如其文并非说行步而玩之若行步者，并未言举手摇头而玩之仿佛举手者仿佛摇头者，有此传神之心，济之以传神之笔以及摹题中数虚字之神，有不栩栩欲活者乎？'或又曰：'《西厢》乃淫词，君言出是教人看《西厢》也。'余曰：'余言其文，非言其事。所谓文者见之谓之文，淫者见之谓之淫也。'"（孙万春：《缙山书院文话》卷一，光绪十一年刻本，第10、12—13、38—39页）孙万春撇开《西厢记》中有伤风化的"淫词"内容而力推佛作为文技巧的思想很有可取之处，不过这种思想在中国书院教育中极为罕见，并不普遍，很多施教者在进行词曲教育时，都不会忽视道德教化。

第 六 章

中国书院文学教育影响

论及中国书院文学教育，教育影响不得不说。中国书院文学教育有着多方面的影响，既有显现的影响，又有隐现的影响，既有对古代生徒的影响，又有对当今学子的影响。归纳起来，中国书院文学教育影响主要体现在如下四个方面：促进生徒文学素养的形成，推动地方文学的发展，助长文派思想的传播，惠泽当今一些学校的文学教育。

第一节　促进生徒文学素养的形成

中国书院文学教育的最大影响，莫过于促进生徒文学素养的形成。为了不泛泛而谈，笔者选择以江西白鹿洞书院文学教育与生徒文学素养的形成、河南嵩阳书院文学教育与生徒文学素养的形成为例进行考察。

一　白鹿洞书院生徒文学素养的形成

白鹿洞书院位于江西庐山五老峰下。唐代贞元年间（785—805），李渤、李涉兄弟二人读书于庐山，其中，李渤养了一只白鹿，人称李渤为"白鹿先生"。宝历年间（825—827），李渤任江州刺史时在故居创建台榭，引流植花。南唐昇元年间（937—943），在李渤、李涉读书之地建立庐山国学。宋代初期，庐山国学易名为白鹿洞书院。太平兴国二年（977），朝廷接受知州周述的请求，给该院赐予九经。淳熙六年（1179），朱熹知南康军期间重修白鹿洞书院，亲主洞事并为之制定学规。淳熙八年（1181），陆九渊应朱熹的邀请前往该院，以"君子喻于义，小人喻于利"为题进行演讲，影响很大。元代至元年间（1264—1294），南康路总管陈炎酉修复白鹿洞书院。大德年间（1297—1307），郡守崔翼之为该院增添学田。至正十一年（1351），毁于兵燹。明代正统、景泰以及成化年间（1436—1487），翟溥福、陈敏政、李龄等地方官员相继重修白鹿洞书院。万历七年（1579），张居正禁毁书院，该院名列其中，万历十一年（1583），又得以恢复。清代顺治十四年（1657），江西巡抚蔡士英重修白鹿洞书院。康熙二十六年（1687）以及乾隆九年（1744），朝廷分别赐予"学达性天""洙泗心传"的匾额。光绪二十七年（1901），朝廷要求书院改制，白鹿洞书院停办。宣统二年（1910），该院改为江西林业高等学堂。

自从五代以迄清季，白鹿洞书院培养出了很多生徒，不少生徒在文学方面取得了可喜的成就，笔者对部分生徒的有关资料进行了整理①，以此展现该院文学教育之一斑。

五代时期，庐山国学部分生徒的情况如下：

李中，字有中，江西德化人，曾任淦阳县令，著有《碧云集》。

杨徽之（921—1000），字仲猷，福建蒲城人，后周太祖显德二年（955）进士，历官工部侍郎、礼部侍郎等，谥号文庄。少与邑人江文蔚齐名，"酷好吟咏，每对客论诗，终日忘倦"。②奉诏参与编纂《文苑英华》，负责诗歌部分的内容。宋太宗钟爱其诗，曾选其诗十联书于屏风。著有诗集二十卷。

蒯鳌，安徽宣城人，宋初进士，任殿中丞。与诸葛涛、卢绛号称"庐山三友"，晚年隐居庐山，以诗酒自娱。

江为，祖籍河南商丘，后徙居福建建阳，南朝文学家江淹的后代。师从陈贶学诗，与江文蔚、杨徽之齐名。著有诗集一卷。

伍乔，安徽庐江人，南唐时期进士（状元），所作的《八卦赋》深受李璟赏识。曾任户部员外郎，后归隐不仕。少时天资聪颖，认为淮人无出其右。爱好赋诗，内容多写个人生活情趣，著有诗集一卷。

刘洞，江西庐陵人，师从陈贶学诗，诗作《夜坐》闻名一时，有

---

① 周銮书主编的《千年学府：白鹿洞书院》第十一章"历代人物"的内容包括历代师长、生徒、有功人物、名人踪迹四个部分，此处主要依据其中的生徒部分内容（江西人民出版社2003年版，第274—279、285—296、311—312、321—322、339—343页），并结合其他相关资料（在文中引用时做了注释），对历代白鹿洞书院部分生徒的文学素养概貌进行了勾勒。由于白鹿洞书院在五代时期名为庐山国学，因此笔者也对庐山国学部分生徒的文学素养概貌进行了勾勒。

② 脱脱等：《宋史》卷二百九十六，中华书局1977年版，第9869页。

"刘夜坐"之称。南唐后主李煜执政时，刘洞献诗百首，由于内容悲怆，触动了李煜的伤感情怀，未能见用。擅长五言律诗，自号五言金城，著有《五言金城诗集》。

夏宝松，江西吉阳人，师从江为学诗，后授徒传诗。由于授徒时重视敛财，贻人以讥。

宋代时期，白鹿洞书院部分生徒的情况如下：

黄灏，字商伯，号西坡，江西都昌人，隆兴元年（1163）进士，历官信州知府、广东提刑等，谥号文懿。著有《西坡集》。

彭方，字季直，号强斋，江西都昌人，绍熙五年（1194）进士，历官池州教授、兵部侍郎等，谥号文定。朱熹知南康军时，随父前往受业，与伯父彭寻、父彭蠡并称为"都昌三彭"。著有《强斋集》。

黄榦（1152—1221），字直卿，号勉斋，福建福州人，朱熹女婿、得意弟子，历知汉阳军、安庆府等，谥号文肃。重视教育，有惠政。嘉定十年（1217），朱熹之子朱在知南康军时重修白鹿洞书院，黄榦为之作记。潜心学术，著有《礼记集注》十四卷、《论语通释》十卷。工诗文，著有《勉斋集》四十卷。

曹彦约（1157—1228），字简甫，号昌谷，江西都昌人，淳熙八年（1181）进士，官至兵部尚书，谥号文简。在朱熹弟子中，论学统则黄榦第一，论经济则曹彦约第一。工诗文，"其间奏议大都通达政体，可见施行。所论兵事利害，尤确凿有识，不同撏拾游谈"。① 著有《昌谷集》二十二卷。

蔡沈（1167—1230），字仲默，号九峰，福建建阳人，蔡元定次子，朱熹晚年得意弟子。淡泊名利，不事科举，长期隐居九峰山下，谥号文正。专心为学，著有《书集传》《洪范皇极内外篇》。工诗文，著有《九峰公集》。

陈宓（1171—1230），字师复，号复斋，福建莆田人，名相陈俊卿四子，历官知南康军、南剑知州等，知南康军期间重修白鹿洞书院。少时登朱熹门，得到朱熹的赏识，后从黄榦游。精通经史，著有《论语注义问答》《春秋三传抄》《唐史赘疣》。工诗文，著有《复斋文集》。

江万里（1198—1275），字子远，号古心，江西都昌人，宝庆二年

---

① 永瑢、纪昀等：《四库全书总目》卷一百六十一，中华书局1965年版，第1385页下。

（1226）进士，所作的策论深得考官赏识，历官监察御史、刑部侍郎、吏部尚书、参知政事、左丞相等，谥号文忠。淳祐元年（1241），知吉州期间创建白鹭洲书院。德祐元年（1275），元军攻破饶州，携子及随从投水殉国。刘辰翁认为他与欧阳修的相似处甚多，"其好士似欧公，论谏似欧公，变文体似欧公，而又得谥似欧公，受乡人毁似欧公"。①

吴革，号恕斋，江西德安人，历官临安知府、建康知府、福州知府等，有惠政。著有《恕斋诗存稿》。

元代时期，白鹿洞书院部分生徒的情况如下：

冷应凯，字才夫，江西武宁人，咸淳年间（1265—1274）贡生，宋亡后归隐不仕，长期讲学于龙崖，人称"龙崖先生"。著有《龙崖集》十卷。

黄异，字民同，号节庵，江西都昌人，曾任惠州学录、道源书院山长。陈友谅据江州，聘之不就。有《游白鹿洞》等诗传世。

明代时期，白鹿洞书院部分生徒的情况如下：

李春童，字日乡，号柳峰，江西武宁人，隆庆年间（1567—1572）岁贡。与高应芳、胡龙川等人一起学于白鹿洞书院，嗜学能文。

高应芳，字惟实，江西金溪人，嘉靖三十二年（1553）进士，历官山东巡抚、太仆寺卿等。工诗文，著有《羊洞遗稿》《谷南集》。

盛应律，字元坡，江西武宁人，曾任兴山知县，有惠政。天资聪颖，与新建李长卿、靖安陈回溪等人结社会文，"豫章八俊"之一。

李长卿，名鼎，江西新建人，万历十六年（1588）进士。精通《春秋》学，擅长诗歌创作，才思敏捷，下笔立就。著有《长卿集》。

余弼，字相之，号柳溪，江西武宁人。嘉靖年间（1522—1566），与李长卿等人结匡山诗社，推崇魏晋诗风。著有《楚声》四卷、《江湖奏草》二卷、《宾阳唱和》二卷。其子余长祚也擅长诗歌创作，与盛家龄、潘元龄、林维干并称为"豫宁四杰"。

清代时期，白鹿洞书院部分生徒的情况如下：

万承风（1752—1813），字卜东，号和圃，江西修水人，乾隆四十六年（1781）进士，历官广东学政、山东学政、兵部侍郎、工部侍郎等，

---

① 刘辰翁：《白鹭洲书院江文忠公祠堂记》，刘绎编：《白鹭洲书院志》卷五，同治十年刻本，第6页。

为官清廉，道德高尚，谥号文恪。年轻时在外祖父家教私塾，后入白鹿洞书院研习。喜好藏书，博学多识。工诗文，诗宗黄庭坚，文宗欧阳修。著有《思不辱斋诗集》四卷、《思不辱斋文集》四卷、《赓飏集》四卷。

戴衢亨（1755—1811），字荷之，号莲士，江西大庾人，乾隆四十三年（1778）进士（状元），历官兵部尚书、工部尚书、体仁阁大学士等，有惠政，谥号文端。乾隆二十七年（1762），学于白鹿洞书院。与父戴第元、叔戴均元、兄戴心亨并称为"西江四戴"。工诗善画，著有《震无咎斋诗稿》。

查淦，字少海，号章乔。潜心为学，工诗文，作文法先正，不趋时好，深得山长顾镇以及熊为霖的赏识。著有《章乔文稿》。

李盖，字素波，号永堂，江西武宁人，岁贡。品学兼优，与张锡、王子音一起学于白鹿洞书院。著有《永堂文稿》。

王子音，江西武宁人，由贡生官至知县，宦游三十余年，潜心为学，工诗文，重视文学的经世功用。著有《湖上半亩园诗》《循陔文集》。

卢浙，字让澜，号容庵，江西武宁人，嘉庆四年（1799）进士，历官户部主事、太仆寺卿等。中进士前学于白鹿洞书院，深得山长侯学诗的赏识。精通经史，著有《周易说约》《春秋三传评注》《读史随笔》。工诗文，著有《三惜斋诗文》。

熊镇澜，江西武宁人，举人，工诗文，他在《新峰寺记》中记述读书白鹿洞书院期间与友人游新峰寺等事。

二　嵩阳书院生徒文学素养的形成

嵩阳书院位于河南登封嵩山南麓。北魏太和八年（484），高僧生禅师在此地创建嵩阳寺。隋代大业年间（605—618），隋炀帝改嵩阳寺为嵩阳观，作为炼丹场所。唐代弘道元年（683），唐高宗游嵩山时，将嵩阳观作为行宫。后周世宗显德二年（955），嵩阳观改为太乙书院，招收生徒肄业其中。宋代至道元年（995），朝廷给该院赐予九经。至道三年（997），太乙书院易名为太室书院。景祐二年（1035），又改称为嵩阳书院。宋神宗时期，该院由于程颢、程颐、司马光等一些著名学者的讲学而名扬天下。南宋时期，吕祖谦、王应麟等人将嵩阳书院与白鹿洞书院、岳麓书院、睢阳书院并称为"天下四大书院"。元代至正年间（1341—1368），嵩阳书院改为嵩阳宫。明代嘉靖年间（1522—1566），登封知县侯泰重修嵩阳书院，并修建二程祠。明代末期，毁于兵燹。清代康熙十三年（1674）、康熙十六年（1677），知县叶封、理学家耿介相继修复嵩阳书院。清代末期，该院改为登封县师范传习所以及嵩阳高等小学堂。

同白鹿洞书院一样，自从五代以迄清季，嵩阳书院培养出了很多生徒，不少生徒在文学方面取得了可喜的成就，笔者对部分生徒的有关资料进行了整理①，以此展现该院文学教育之一斑。

五代时期，太乙书院部分生徒的情况如下：

冯吉（919—963），字惟一，河南洛阳人，五代名相冯道之子，曾任太常少卿。淡泊名利，爱好艺术，性情俊逸。善弹琴、赋诗、舞蹈，时人谓之"三绝"。

李度（932—988），河南洛阳人，后周太祖显德四年（957）进士，历官永宁县主簿、殿中丞、歙州知州等。善赋诗，有名句"醉轻浮世事，老重故乡人"，诗作传入宫中，得到宋太宗赏识。著有《奉使南游集》，未成而卒。

安德裕（940—1002），字益之，河南洛阳人，开宝二年（969）进士，历官大理寺丞、秘书丞、金部郎中等。沉潜经史，尤通礼传。性嗜酒，工诗文，著有文集四十卷。

宋代时期，嵩阳书院（包括宋初太乙书院、太室书院，学于太乙书院、太室书院的生徒在文中分别做了说明）部分生徒的情况如下：

吕蒙正（946—1011），字圣功，河南洛阳人，太平兴国二年（977）进士（状元），历官参知政事、同中书门下平章事等，曾三度为相，谥号文穆。学于太乙书院，为太子师时，所作《破窑赋》令狂傲的太子（后为宋真宗）深受感动。

赵安仁（958—1018），字乐道，河南洛阳人，雍熙二年（985）进士，官至御史中丞。学于太乙书院，善书法，工诗文，著有文集五十卷。

钱若水（960—1003），字长卿，河南新安人，雍熙年间（984—987）进士，历官同州推官、谏议大夫、工部侍郎等。学于太乙书院，天资聪

---

① 宫嵩涛的《嵩阳书院》第三章第九节的内容为"历代培养人才例举"，此处主要依据本节内容（当代世界出版社 2001 年版，第 32—42 页），并结合其他相关资料（在文中引用时做了注释），对历代嵩阳书院部分生徒的文学素养概貌进行了勾勒。由于嵩阳书院在五代以及宋初名为太乙书院、太室书院，因此笔者也对太乙书院、太室书院部分生徒的文学素养概貌进行了勾勒。

颖，十岁能文，著有文集二十卷。

魏野（960—1019），字仲先，号草堂居士，河南陕州人。学于太乙书院，宋初隐逸诗人，乐于交游，多写酬唱赠答的诗作，表现闲适生活与乐观心态。深受白居易诗风的影响，语言平朴自然，"其诗固无飘逸俊迈之气，但平朴而常不事虚语"。① 大中祥符年间（1008—1016），契丹派使者请求宋廷赐予魏野的全部诗作，可见其诗歌影响之大。著有《草堂集》十卷。

陈尧佐（963—1044），字希元，祖籍河南焦作，后徙居四川阆州，端拱元年（988）进士，历官枢密院副使、参知政事等，谥号文惠。学于太室书院，擅书画，工诗文，著有《陈文惠公文集》三十卷。

孙仅（969—1017），字邻几，河南汝阳人，咸平元年（998）进士（状元），历官谏议大夫、给事中等。学于太室书院，精研儒学，工诗文，著有文集五十卷。

滕宗谅（991—1047），字子京，河南洛阳人，大中祥符八年（1015）进士，历官大理寺丞、刑部员外郎、岳州知州等。学于太室书院，任岳州知州期间重修岳阳楼，范仲淹为之作记。擅长奏议，尤工律诗。

张载（1020—1077），字子厚，河南大梁人，后徙居陕西凤翔府郿县横渠镇，人称"横渠先生"，嘉祐二年（1057）进士，历官祁州司法参军、丹州云岩令、崇文院校书等，谥号明公。宋代关学创始人，主张气是世界万物的本体，具有唯物主义思想。著有《崇文集》十卷。

范纯仁（1027—1101），字尧夫，江苏吴县人，范仲淹次子，皇祐元年（1049）进士，官至观文殿大学士。勤政爱民，谥号忠宣。著有《忠宣文集》二十卷。

吕大钧（1029—1080），字和叔，陕西蓝田人，嘉祐二年（1057）进士，历官秦州司里参军、三原知县、后供知县等。师从张载、程颢、程颐，与兄大防及弟大临编写《吕氏乡约》。著有《诚德集》三十卷。

吕大临（1040—1092，或作1042—1090、1046—1092），字与叔，号芸阁，陕西蓝田人，历官太学博士、秘书省正字等。师从张载、程

①　释文莹：《玉壶野史》卷七，《文渊阁四库全书》第1037册，台湾商务印书馆1986年版，第3页。

颢、程颐，与杨时、游酢、谢良佐并称为"程门四先生"。著名金石学家，著有《考古图》《考古图释文》。工诗文，著有《玉溪集》《玉溪别集》。

杨时（1044—1130，或作 1053—1135），字中立，号龟山，福建将乐人，熙宁九年（1076）进士，官至龙图阁直学士。与游酢一起学于程颢、程颐，有程门立雪的佳话。博学多识，有理学、经济、气节以及文章四长。著有《龟山集》四十二卷。

游酢（1053—1123），字定夫，号广平，又号廌山，福建建阳人，元丰五年（1082）进士，历官监察御史、舒州知州、濠州知州等，谥号文肃。著有《游廌山集》四卷。

邵伯温（1057—1134），字子文，河南洛阳人，邵雍之子，元祐年间（1086—1094）被举荐为大名府助教。著有《河南集》。

崔鶠（1058—1126），字德符，河南雍丘人，元祐年间（1086—1094）进士，历官凤州司户参军、筠州推官等，后被蔡京免官，居郏城十余年。擅长作诗，"清婉敷腴，有唐人风"①，陈与义少时向他学诗。著有《婆娑集》三十卷。

尹焞（1061—1132），字彦明，河南洛阳人，程颐弟子，历官左宣教郎、礼部侍郎等。著有《和靖集》八卷。

江端友，字子我，河南陈留人，靖康元年（1126）赐进士出身，任王宫教授。工诗文，江西诗派诗人，著有《自然斋集》。

江端本，字子之，河南陈留人，江端友弟，以父荫补官。工诗文，江西诗派诗人，著有《陈留集》。

许顗，字彦周，河南襄邑人，曾任永州军事推官，后出家为僧。著有《彦周诗话》一卷，该作"议论多有根柢，品题具有别裁"，"论其大致，瑕少瑜多，在宋人诗话之中犹善本"。②

朱敦儒（1081—1159），字希真，号岩壑，河南洛阳人，绍兴五年（1135）赐同进士出身，历官兵部郎中、鸿胪少卿等。为官短暂，长期隐

---

① 晁公武：《昭德先生郡斋读书志》卷四下，《万有文库》，上海商务印书馆 1937 年版，第486 页。

② 永瑢、纪昀等：《四库全书总目》卷一百九十五，中华书局 1965 年版，第 1782 页下—1783 页上。

居。工诗文，著有《岩壑老人诗文集》。善填词，两宋之交著名词人，有"词俊"之誉，其词作重视抒发自我感受，"早年以婉丽明快为主，中年以悲壮慷慨为特色，晚年以清疏晓畅见长"①，语言通俗平实。著有《樵歌》。

赵师使，字介之，河南开封人，燕王德昭七世孙。擅长作词，著有《坦庵长短句》一卷。其词作的成就在于，"萧疏淡远，不肯为剪红刻翠之文，洵词中之高格"，缺点在于，"微伤率易，是其所偏"。②

陈与义（1090—1138），字去非，号简斋，河南洛阳人，政和三年（1113）进士，历官中书舍人、翰林学士、参知政事等。两宋之交著名诗人，有"诗俊"之誉。其诗以南渡为分界线，前期多写生活情趣，后期多写忧国忧民，有"简斋体"之称。诗宗杜甫，与黄庭坚、陈师道并称为"江西诗派三宗"，而与陈师道的诗风有别，"师道得杜骨，与义得杜肉；无己瘦而劲，去非赡而雄；后山多用杜虚字，简斋多用杜实字"。③著有《简斋集》十六卷、《无住词》一卷。

张九成（1092—1159），字子韶，号横浦居士，祖籍河南开封，后徙居浙江钱塘，绍兴二年（1132）进士（状元），官至礼部侍郎，谥号文忠。精研学术，著有《孟子传》二十九卷。工诗文，著有《横浦集》二十卷。

曹勋（1098—1174），字公显，号松隐，河南阳翟人，宣和五年（1123）赐同进士出身，历官忠州防御使、昭信军节度使等，曾三次出使金国。工诗文，善填词。在诗文写作上，"其来有原，其发不苟。慷慨论事，有古烈士之气；雍容适意，有隐君子之风。又未易以一端尽也"。④著有《松隐文集》四十卷。

元代时期，嵩阳书院部分生徒的情况如下：

马祖常（1279—1338），字伯庸，号石田，河南光州人，延祐二年（1315）进士（榜眼），历官监察御史、礼部尚书、枢密副使等，谥号文

①　袁行霈主编：《中国文学史》第三卷，高等教育出版社2005年版，第108页。
②　永瑢、纪昀等：《四库全书总目》卷一百九十八，中华书局1965年版，第1813页中。
③　胡应麟：《诗薮·外编》卷五，中华书局1958年版，第205—206页。
④　楼钥：《曹忠靖公〈松隐集〉序》，曹勋：《松隐文集》序，《嘉业堂丛书》，民国9年刻本，第2页。

贞。工诗文，"文则富丽而有法，新奇而不凿；诗则接武隋唐，上追汉魏"。① 作品多描写民生疾苦，具有强烈的现实主义精神。著有《石田集》十五卷。

滑寿（1304—1386），字伯仁，晚号樱宁生，祖籍河南襄城，后徙居江苏仪征及浙江余姚等地。著名医学家，对《素问》《难经》等作多有研究，著有《读素问钞》三卷、《难经本义》二卷。爱好儒学，工诗文，擅长乐府诗。

廼贤（1309—1368），字易之，又名纳新，别号河朔外史，蒙古葛逻禄氏人，后徙居河南南阳，曾任浙江东湖书院山长、国史院编修。淡泊名利，爱好游历。擅书法，工诗文，是元代少数民族诗人的翘楚，诗作影响很大，每一篇出，士人争相传之。诗风清新秀逸，明快自然，不限陈规，不事雕饰，"粹然独有中和之气，上可以追媲昔贤，下可以鸣太平之治，温柔敦厚，清新俊迈，使人读者，隽永而不厌"。② 著有《金台集》二卷。

明代时期，嵩阳书院部分生徒的情况如下：

李敏，字公勉，河南襄城人，景泰五年（1454）进士，历官漕运总督、户部尚书等。关心教育事业，曾在家乡建立紫云书院。工诗文。

刘绘（1505—1573），字子素，一字少质，河南光州人，嘉靖十四年（1535）进士，历官户科给事中、重庆知府等。著有《嵩阳集》十五卷。

孟化鲤（1545—1597），字叔龙，号云浦，河南新安人，万历八年（1580）进士，曾任户部主事。著有《云浦集》八卷。

刘景耀（1587—1639），字嵩曙，河南登封人，官至山东巡抚。著有《永平杂诗》《面壁文集》。

王铎（1592—1652），字觉斯，号嵩樵，河南孟津人，天启二年（1622）进士，明末礼部尚书、南明东阁大学士、清初礼部尚书，谥号文安。精书画，善赋诗，"或一挥而数制，或一饮而百篇，行则口占，卧则腹稿"。③ 生平赋诗超过万首，多抒发忧国忧民以及身为贰臣的苦闷心情，

---

① 苏天爵：《〈石田文集〉序》，马祖常：《石田文集》序，《文渊阁四库全书》第1206册，台湾商务印书馆1986年版，第2页。

② 李好文：《〈金台集〉序》，廼贤：《金台集》序，《文渊阁四库全书》第1206册，台湾商务印书馆1986年版，第2页。

③ 钱谦益：《皇清宫保大学士孟津王公墓志铭》，钱谦益：《牧斋有学集》卷三十，《四部丛刊》初编，上海商务印书馆1922年版，第5页。

诗风雄壮、险怪。著有《拟山园初集》《王觉斯诗》。

焦贲亨（1625—1695），字汝将，河南登封人，顺治五年（1648）举人，官至瑞州府同知。工诗文。

焦复亨，字阳长，河南登封人，焦贲亨弟。专心学术，工诗文。

清代时期，嵩阳书院部分生徒的情况如下：

李如瑜，字泐石，河南登封人，顺治四年（1647）进士，曾任临晋知县。著有《若谷子遗诗》。

傅而师（1636—1663），字左启，号余不，河南登封人，顺治八年（1651）举人。天资聪颖，可惜英年早逝。著有《枕烟亭诗集》。

焦钦宠（1644—1722），字锡三，号樗林，河南登封人，焦贲亨之子，康熙年间（1662—1722）岁贡。博学多识，工诗文，著有《樗林诗存》《樗林文存》。

乔廷谟，字祗承，号鲁庵，河南偃师人，康熙二十五年（1686）拔贡，历官商水县教谕、归德府教授等，深得汤斌赏识。著有《思诚堂存稿》。

谢锟，字子重，号阅阃，河南登封人，康熙三十五年（1696）举人。著有《抱青斋诗集》《雕虫小技诗》。

李宏志（1667—1742），字子重，号桥水，河南宝丰人，康熙四十七年（1708）拔贡。专心著述，爱好藏书，曾主持编纂《宝丰县志》。工诗文，著有《桥水文集》四卷。

孙祚隆，字伯生，河南巩义人，康熙年间（1662—1722）廪贡，著有《酿密园诗文集》。

张翰，字子仪，号庸斋，河南登封人，工诗文。

郜锦，字文江，河南登封人，为人忠厚孝道。博学多识，善书法，工诗文，深得耿介赏识。著有《卧云轩诗集》《卧云轩文集》。

裴清修，字学洙，偃师人，著有《层轩集》。

刘俱新，河南登封人，著有《蠡测集》。

王朋，字锡我，别号青庐，河南登封人，乾隆十七年（1752）举人，曾任辉县教谕。著有《青庐诗草》。

朱世阶，福建建宁人，乾隆十八年（1753）拔贡，历官德化教谕、黄县知县等。著有《筠园诗稿》《和红蕉山房诗录》《鸿雁集》《赋钞》。

三 结语

白鹿洞书院与嵩阳书院的一些生徒之所以能在文学上有所收获，与问学于这两所书院密不可分。有些生徒在文学上造诣匪浅，如白鹿洞书院中的杨徽之、万承风、戴衢亨，嵩阳书院中的魏野、崔鷗、朱敦儒、陈与义、马祖常、廼贤、王铎，其中，魏野、朱敦儒、陈与义、马祖常、廼贤、王铎等人甚至能在中国古代文学史上占有一席之地。由于宋代时期白鹿洞书院与嵩阳书院多被理学家主持，成为宣传理学的重要阵地，因此这两所书院在宋代时期培养出了不少理学诗人，如白鹿洞书院中的黄榦、蔡沈、陈宓、江万里，嵩阳书院中的张载、吕大钧、吕大临、杨时、游酢、尹焞。白鹿洞书院与嵩阳书院多培养当地生徒，也收录少部分外地生徒，体现了书院教育的地域性与开放性。

生徒文学素养的形成与师长（包括山长与师儒）的施教密不可分。此处选择对白鹿洞书院与嵩阳书院部分师长的文学成就概貌进行勾勒，从而揭示中国书院文学教育的另一重要面。

自从五代以迄清季，在白鹿洞书院所聘的诸多师长中，不少师长文学造诣深厚，笔者对部分师长的有关资料进行了整理①，以此展现该院文学教育之一斑。

五代时期，庐山国学部分师长的情况如下：

陈贶，福建人，孤贫力学，隐居庐山数十年，苦思于诗，诗播远近，学者多师之。南唐元宗闻其名，以布帛往征，陈贶献《景阳宫怀古诗》，元宗称善。

宋代时期，白鹿洞书院部分师长的情况如下：

王阮（1140—1208），字南卿，名元隆，江西德安人，宋代名将王韶曾孙，隆兴元年（1163）进士，历官都昌主簿、濠州知州、抚州知州等。朱熹知南康军时，随之赴白鹿洞书院讲学，晚年归隐庐山。工诗文，"论边事则晁、贾其伦也，为记铭则韩、柳其亚也"。"酬唱嘲咏，笔力雄放，

---

① 周銮书主编的《千年学府：白鹿洞书院》第十一章"历代人物"的内容包括历代师长、生徒、有功人物、名人踪迹四个部分，此处主要依据其中的师长部分内容（江西人民出版社2003年版，第273—274、280—285、311—313、314—321、330—339页），并结合其他相关资料（在文中引用时做了注释），对历代白鹿洞书院部分师长的文学成就概貌进行了勾勒。由于白鹿洞书院在五代时期名为庐山国学，因此笔者也对庐山国学部分师长的文学成就概貌进行了勾勒。

皆有深意，杜少陵其比也。"① 著有《义丰集》一卷。

周耜，字植叟，江西星子人。博雅好古，有诗名，襄阳帅臣张杓见而奇之，待以殊礼。执教白鹿洞书院期间，勤于训诲，讲学不倦。明代配享白鹿洞宗儒祠，清代从祀紫阳祠。

陈文蔚，字才卿，号克斋，江西上饶人，朱熹弟子，曾中进士，晚年屡主白鹿洞书院。潜心为学，常以诗文自娱，著有《克斋集》十七卷。

左膺午，个人情况不详，绍定年间（1228—1233）知南康军，讲学于白鹿洞书院，有诗集行世。

林夔孙，字子武，号蒙谷，福建古田人，朱熹弟子，南宋名臣江万里的老师。著有《蒙谷集》。

元代时期，白鹿洞书院部分师长的情况如下：

高若凤，江西吉水人，任南康路判官期间，与白鹿洞书院师生赋诗唱和，并评定生徒的诗文等级。

明代时期，白鹿洞书院部分师长的情况如下：

胡居仁（1434—1484），字叔心，号敬斋，江西余干人，吴与弼弟子。成化三年（1467）与成化十六年（1480），先后两次主讲白鹿洞书院，造就人才良多。著有《胡文敬公集》三卷。

薛应旂（1500—1575），字仲常，号方山，江苏常州人，嘉靖十四年（1535）进士，历官慈溪知县、建昌通判、浙江提学副使等。精史学，著有《宪章录》四十七卷。工诗文，为明代八股文名家，著有《方山薛先生全集》六十八卷。

刘世扬，字实夫，福建闽县人，正德十二年（1517）进士，历官刑科给事中、礼部都谏等。嘉靖十年（1531），任白鹿洞书院山长。留有不少诗文。

吴国伦（1524—1593），字明卿，号川楼子，湖北兴国人，嘉靖二十九年（1550）进士，历官兵科给事中、高州知州、贵州提学签事等。任兵科给事中时，因忤严嵩而贬为南康推官，主讲白鹿洞书院，远近之士，翕然宗之。工诗文，诗名很高，与李攀龙、王世贞、谢榛、宗臣、徐中行、梁有誉并称为"明代后七子"，在当时，"求名之士，不东走太仓

---

① 吴愈：《〈义丰集〉序》，王阮：《义丰集》序，《文渊阁四库全书》第1154册，台湾商务印书馆1986年版，第1—2页。

（太仓指王世贞，王世贞为江苏太仓人），则西走兴国（兴国指吴国伦）"。① 著有《甗甄洞稿》五十四卷、《续稿》二十七卷。

舒日敬（1558—1636），字元直，江西南昌人，万历二十年（1592）进士。万历四十五年（1617），主讲白鹿洞书院。明代江西地区文学家。

方大镇（1560—1629），字君静，号鲁岳，安徽桐城人，方学渐（人称"明善先生"）长子，方以智祖父，万历十七年（1589）进士，曾任大理寺少卿。与高攀龙、顾宪成、邹元标等人讲学于首善书院，后来归隐庐山，讲学于白鹿洞书院。著有《宁瞻居诗集》十三卷、《宁瞻居文集》十二卷。

李明睿（1585—1671），字太虚，江西南昌人，天启二年（1622）进士，官至礼部侍郎。崇祯十三年（1640），主讲白鹿洞书院。著有《萧江集》。

清代时期，白鹿洞书院部分师长的情况如下：

张自烈（1597—1673），字尔公，号芑山，江西宜春人，南京国子监生。明代灭亡后，屡征不起。康熙十年（1671），主讲白鹿洞书院。精通小学，著有名作《正字通》。工诗文，著有《芑山诗集》《芑山文集》。

汤来贺（1607—1688），字佐平，号惕庵，江西南丰人，崇祯十三年（1640）进士，官至南明兵部侍郎，明亡后归隐不仕。康熙二十四年（1685），主讲白鹿洞书院。著有《内省斋文集》三十二卷。

干特（1640—1715），字达士，号荐庵，江西星子人，康熙二十三年（1684）恩贡。有文名，著有《达士文存》。

干建邦，号庐阳，江西星子人，干特之子，康熙三十九年（1700）进士，曾任舞阳知县。康熙四十二年（1703），主讲白鹿洞书院。工诗文，诗宗陶渊明，著有《湖山堂集》。

欧阳齐，字东一，号以亭，江西吉安人，康熙三十六年（1697）进士。淡泊名利，以读书论文为乐。

陈宏谋（1696—1771），字汝咨，广西临桂人，雍正元年（1723）进士，历官江西巡抚、湖广总督、兵部尚书、东阁大学士等，谥号文恭。任江西巡抚期间，讲学于白鹿洞书院。著有《培远堂全集》。

熊为霖，江西新建人，乾隆七年（1742）进士，曾主讲白鹿洞书院、

---

① 张廷玉等：《明史》卷二百八十七，中华书局 1974 年版，第 7379 页。

岳麓书院等多所著名书院。博学多才，尤擅文学。

邓梦琴（1723—1808），字虞撣，号簣山，江西浮梁人，乾隆十七年（1752）进士，历官江津知县、高州知州、西安知府等，晚年主讲白鹿洞书院。著有《懋亭文稿》。

戴第元（1728—1789），字正宇，号簋圃，江西大庾人，乾隆二十二年（1757）进士，历官安徽学政、湖北学政、太仆寺少卿等。乾隆二十七年（1762），主讲白鹿洞书院，其子戴心亨、戴衢亨随之就读。工诗文，编有《唐宋诗本》八十卷。

翁方纲（1733—1818），字正三，号覃溪，直隶大兴人，乾隆十七年（1752）进士，历官广东学政、江西学政、内阁学士等。任江西学政期间，讲学于白鹿洞书院。论诗倡导肌理说，主张"为学必以考证为准，为诗必以肌理为准"。[1] 精研经学，著有《礼记附记》十卷。擅长金石学，著有《两汉金石记》二十二卷。工诗文，著有《复初斋诗集》七十卷、《复初斋文集》三十五卷、《石洲诗话》八卷、《杜诗附记》二十卷。

谢启昆（1737—1802），字良璧，号蕴山，江西南康人，翁方纲弟子，乾隆二十五年（1760）进士，历官浙江按察使、山西布政使、广西巡抚等。乾隆五十四年（1789），主讲白鹿洞书院。精通经史、小学，著有《西魏书》二十四卷、《小学考》五十卷。工诗文，尤善为诗，著有《树经堂诗集》二十三卷、《树经堂文集》四卷。

徐秉霖，字廷桢，号楮山，江西丰城人，乾隆三十一年（1766）进士，历官建昌教谕、长汀知县等。著有《楮山文集》。

张锦枝，字斯制，江西彭泽人，嘉庆元年（1796）进士，曾任国子监祭酒，屡次主讲白鹿洞书院。著有《识山堂集》。

徐谦，字益卿，号白舫，嘉庆十六年（1811）进士。为官清廉，深受百姓爱戴，曾讲学于多所书院。著有《悟雪楼诗集》《白舫文集》《丰溪瓣香集》。

骆应炳（1750—1834），字光国，江西德化人。初学八股，下笔惊人，不过科第多舛，嘉庆十年（1805）方中进士，历官郓城知县、东阿知县等。善书画，工诗文。

吴嵩梁（1766—1834），字兰雪，又称莲花博士，江西东乡人，嘉庆

---

① 翁方纲：《〈志言集〉序》，翁方纲：《复初斋文集》卷四，清李彦章校刻本，第327页。

五年（1800）举人，历官内阁中书、黔西知州等。嘉庆十八年（1813），主讲白鹿洞书院。有诗才，与黄景仁齐名，诗作远播日本、朝鲜等国，"高丽使臣得其所著诗，称为诗佛，而筑一龛以供之"。① 著有《香苏山馆诗集》三十六卷。

张维屏（1780—1859），字子树，号南山，广东番禺人，道光二年（1822）进士，历官黄梅知县、南康知府等。清末爱国诗人，著有《松心诗录》十卷、《松心文录》十卷、《听松庐诗钞》十六卷、《听松庐骈体文钞》四卷，编有《国朝诗人征略》六十卷（曾两次出任学海堂学长，后文"学海堂与广东地区文学发展"对其个人情况做了补充介绍）。

帅方蔚（1790—1872），字叔起，号石村，江西奉新人，道光六年（1826）进士（探花），曾任京畿道监察御史。精研经学，有"真经师"美誉。工诗文，著有《咫闻轩诗稿》。

自从五代以迄清季，在嵩阳书院所聘的众多师长中，不少师长文学造诣深厚，笔者对部分师长的有关资料进行了整理②，以此展现该院文学教育之一斑。

五代时期，太乙书院部分师长的情况如下：

郑遨（866—939），字云叟，河南滑县人。淡泊名利，与李道殷、罗隐之相友善，时人称为"三高士"。工诗文，著有文集二十卷。

宋代时期，嵩阳书院（包括宋初太室书院，太室书院师长在文中做了说明）部分师长的情况如下：

种放（？—1015），字名逸，河南洛阳人，曾任工部侍郎，长期主讲太室书院。著有诗集六卷。

范仲淹（989—1052），字希文，祖籍陕西邠州，后徙居江苏吴县，大中祥符八年（1015）进士，官至参知政事，著名政治家、文学家，谥号文正。北宋诗文革新的先驱，兼擅诗、文、词、赋，重视文学的社会性与现实性，倡导质朴高雅的文风。反对西昆体，主张诗歌反映真性情。敦

---

① 梁绍壬：《两般秋雨盦随笔》卷二"梅龛诗佛"，道光十七年刻本，第24页。

② 宫嵩涛的《嵩阳书院》第三章第八节的内容为"历代讲学名师例举"，此处主要依据本节内容（当代世界出版社2001年版，第26—32页），并结合其他相关资料（在文中引用时做了注释），对历代嵩阳书院部分师长的文学成就概貌进行了勾勒。由于嵩阳书院在五代以及宋初名为太乙书院、太室书院，因此笔者也对太乙书院、太室书院部分师长的文学成就概貌进行了勾勒。

崇品学，其名作《岳阳楼记》中的"先天下之忧而忧，后天下之乐而乐"广为流传，对后代国人产生了重大影响。著有《范文正公集》。

韩维（1017—1098），字持国，河南雍丘人，官至翰林学士。工诗文，著有《南阳集》三十卷。

司马光（1019—1086），字君实，号迂夫，山西夏县人，宝元元年（1038）进士，历官枢密副使、资政殿学士、尚书左仆射等，著名政治家。精研史学，著有《资治通鉴》二百九十四卷。工诗文，主张"言之美者为文，文之美者为诗"①，创作诗歌一千二百余首，倡导自然平淡的诗风。著有《传家集》八十卷、《续诗话》一卷。

程颢（1032—1085），字伯淳，人称"明道先生"，河南洛阳人，嘉祐二年（1057）进士，历官上元主簿、监察御史等。宋代洛学创始人，与弟程颐著有《二程文集》十三卷。

程颐（1033—1107），字正叔，人称"伊川先生"，河南洛阳人，历官汝州团练推官、崇政殿说书等。宋代洛学创始人，与兄程颢著有《二程文集》十三卷。

李邴（1085—1146），字汉老，山东任城人，崇宁五年（1106）进士，历官兵部侍郎、参知政事等。工诗文，著有《草堂集》一百卷。

金元时期，嵩阳书院部分师长的情况如下：

元好问（1190—1257），字裕之，号遗山，山西秀容人，兴定五年（1221）进士，历官南阳知县、内乡知县、左司都事等。金代著名文学家，在诗、文、词、曲等方面造诣很深，尤擅于诗，诗作多表达国家灭亡时的悲愤之情，诗风刚健苍劲。著有《遗山集》四十卷、《遗山诗集》二十卷，编有《中州集》十卷、《中州乐府》一卷，其中，《中州集》是一部重要的金代诗歌总集，在中国古代文学史上享有盛誉。其诗歌理论《论诗三十首》也对后代诗论产生了很大影响。

明代时期，嵩阳书院部分师长的情况如下：

湛若水（1466—1560），字元明，号甘泉，广东增城人，弘治十八年（1505）进士，历官南京国子监祭酒、礼部尚书、兵部尚书等。明代理学家，主张随处体认天理。著有《甘泉集》三十二卷。

----

① 司马光：《赵朝议文稿序》，司马光：《温国文正司马公文集》卷六十五，绍熙年间刻本，第16页。

王守仁（1472—1528），字伯安，号阳明，浙江余姚人，弘治十二年（1499）进士，官至南京兵部尚书。明代心学大师，重视致良知。工诗文，"为文博大昌达，诗亦秀逸有致，不独事功可称，其文章亦自足传世"。① 其诗歌创作深受心学思想的影响，"在诗歌创作过程中，诗人的人格性情、思想境界成为决定诗歌优劣的重要因素"。② 著有《王阳明集》十六卷。

清代时期，嵩阳书院部分师长的情况如下：

高一麟（1635—1709），字玉书，号矩庵，河南登封人，岁贡。工诗文，著有《矩庵诗质》《矩庵文汇》。

李来章（1653—1721），原名灼然，号礼山，河南襄城人，康熙十四年（1675）举人，历官连山知县、兵部主事等，长期讲学于多所书院。工诗文，为文重视模仿欧阳修、曾巩，著有《礼山园诗集》《礼山园文集》。

付树崇（1686—1743），字林宗，号嵩樵，河南登封人，康熙五十七年（1718）进士，历官安东知县、中卫知县等。以文学见称于世。

吕鼎祚，字元臣，河南偃师人，雍正元年（1723）进士，曾任信阳知县。著有《恕庵诗集》《恕庵文集》。

李觐光，字文耿，河南登封人，岁贡，曾任封丘县训导。善于作诗，著有《言年堂诗集》二卷。

张铸，字仲匋，河南登封人，岁贡，曾任修武县训导。学诗于高一麟，为文有奇气。

田依渠，字牧村，河南长葛人，咸丰六年（1856）进士，历官神池知县、稷山知县等。著有《茹古山房读史余吟》六卷、《茹古山房诗集》四卷、《茹古山房课徒赋草》二卷、《茹古山房骈体文》二卷。

上述白鹿洞书院与嵩阳书院的很多师长在文学上造诣良深，如白鹿洞书院中的薛应旂、吴国伦、翁方纲、谢启昆、吴嵩梁、张维屏，嵩阳书院中的范仲淹、元好问、王守仁，其中，范仲淹、元好问、吴国伦、翁方纲、吴嵩梁、张维屏等人甚至能在中国古代文学史上占有一席之地。有了文学造诣深厚的师长施教，白鹿洞书院与嵩阳书院才会培养出一批批有着

---

① 永瑢、纪昀等：《四库全书总目》卷一百七十一，中华书局1965年版，第1498页下。
② 左东岭：《良知说与王阳明的诗学观念》，《文学遗产》2010年第4期，第74页。

较高文学素养的生徒，为江西、河南二地输送了文行兼优的大量人才，也为中国古代文学的发展贡献了重要力量。

上面展现的只是白鹿洞书院与嵩阳书院少许优秀生徒以及师长的有关情况，由于资料匮乏，绝大多数生徒以及师长的情况已经淹没在厚重的历史尘埃中，今人难以知晓，不过幸运的是，上述少许佼佼者的有关情况已为我们解读这两所书院的文学教育提供了重要的资料保证。

第二节　推动地方文学的发展

书院文学教育有助于推动地方文学的发展（促进生徒文学素养的形成也是推动地方文学发展的一方面内容），在书院文学教育推动地方文学的发展中，雅集创作是一种重要的助动力。在本书第四章第三节"雅集创作活动"中，笔者探讨了岳麓书院、石鼓书院、朱阳书院、信江书院的雅集创作活动，这些书院的雅集创作活动有力推动了当地文学的发展。为了更为全面地了解书院文学教育对地方文学发展的推动之功，笔者选择对明代虞山书院与江苏地区文学发展、清代学海堂与广东地区文学发展分别做个案研究。具体研究时，雅集创作也是其中的一项内容。

一　虞山书院与江苏地区文学发展

虞山书院位于江苏常熟，是一所祭祀子游的书院（江苏常熟为子游故里）。子游姓言名偃，春秋吴国人，孔子的得意弟子之一。虞山书院创建于宋代庆元年间（1195—1200），原名为文学书院，元代时期颓圮。明代正统年间（1436—1449），该院得以修复，名为学道书院。嘉靖四十四年（1565），知县王叔杲修复该院，名为文学书院。万历三十四年（1606），知县耿橘修复该院，易名为虞山书院。

耿橘，号蓝阳，河北献县人，万历二十九年（1601）进士，曾任河南尉氏知县，万历三十二年（1604），调任江苏常熟知县。耿橘重视教育，担任常熟知县后不久，修复虞山书院，将它作为宣传道德学术的重要阵地，通过会讲的方式吸引了江南学者、文士前来砥砺问学、讲道较文，耿橘是每次会讲活动的重要组织者与参与者。该院会讲时，设立宾簿一册，来访宾客都要登名入簿，并为远方的宾客安排住所，提供茶饭。会讲之际，又设立会簿一册，不同年龄、不同地域以及不同身份之人，只要愿意参会，都可在前一日或当日报名入簿，等到堂上宾主齐集，让吏书领人，照规矩行礼。若胸中有见，也允许他们上堂讲说。《虞山书院志》卷八记载了两次会讲的内容，时间分别为万历三十四年（1606）以及万历三十五年（1607）的重阳节。每次会讲为期三天，汇集了乡邑缙绅贤士以及远方鸿彦硕儒，人才济济，规模宏大。会讲采取问答的方式，内容有时也会涉及文学，他们对于文学的讨论多具有道德教化的色彩，如在虞山书院会讲中，两浙巡盐御史左宗郢提出，莫将读书作文与学道视为二事，原因在于，"试思读书作文者是谁？都是我这身心在此运用圣贤所说言语，都是说身心上事，文字总是发挥这道理，我尚不认得自己，岂能透得书中旨趣？岂能发挥得书中义理？不过是饾饤掇拾，岂能动得人？今须着实在自家身上研求体认，将来道德文章总在这里"。① 布道思想在左宗郢的会讲言辞中灼然可见。孔子弟子被分为德行、言语、政事、文学四类，子游位居文学类（此文学是包括狭义文学在内的一个宽泛的文化概念）。在虞山书院会讲中，生徒奎光问曰："孔门四科，子游独居文学之选，而曰南方之学得其精华，何也？"耿橘回答道："先哲云'四科之说皆俗论也'，此非虚语。圣门哪有四样？岂颜、闵不会言语、不通政事、不能文学？而求、赐诸贤若无德行，又成甚么言语、政事、文学也？且如子游武城之治不知是何等作用，岂得其华而遗其实者？"② 从答语中可知，耿橘不认可孔门四科之说。他认为，孔子弟子个个博学多识，并非拘于一隅，子游虽以文学名之，但在德行、言语、政事方面也有所成就。弦歌是中国古代的一种歌诗，郑玄解释弦歌时云："弦，谓琴瑟也。歌，依咏诗也。"③ 弦歌是以诗为依托，既有歌咏，又有奏乐。《论语·阳货》篇记载了孔子同子游讨论弦歌一事，具体内容为："子之武城，闻弦歌之声。夫子莞尔而笑，曰：'割鸡焉用牛刀？'子游对曰：'昔者偃也闻诸夫子曰：君子学道则爱人，小人学道则易使也。'子曰：'二三子，偃之言是也，前言戏之耳。'"④ 由于子游任武城县令期间重视用弦歌的方式来化育民

① 孙慎行编：《虞山书院志》卷七，万历年间刻本，第12—13页。
② 孙慎行编：《虞山书院志》卷八，万历年间刻本，第48—49页。
③ 郑玄注，贾公彦疏：《周礼注疏》卷二十三，《十三经注疏》，中华书局1980年版，第159页上。
④ 何晏注，邢昺疏：《论语注疏》卷十七，《十三经注疏》，中华书局1980年版，第68页中一下。

众，因此孔子对子游此举进行了肯定。耿橘在解释"子之武城，闻弦歌之声"时指出："歌，歌诗也。古人学诗必歌，歌必比于琴瑟，所以和顺性情而即于道也。子游以生平所学而施之于政，所谓以斯道觉斯民者，非第富强之粗而已。"① 从言辞中可知，弦歌与道德教化紧密偎依。在虞山书院会讲中，生徒陆羽明论及弦歌时也指出："弦歌不是如今歌唱之类，乃弦诵也。民间俱诵诗读书，咏先王之风，此何等气象！子游之文学断非浅浅者！"② 陆羽明既揭示了弦歌的弦诵特点，又阐明了弦歌的布道功效，此番解释言简意赅，因此得到耿橘的认可。

由于重视传道授学，虞山书院会讲活动讨论到的文学多与道德教化密切联系，因此每次会讲活动既促进了道德学术的交流，又将该地的文学引入道德之域。虞山书院建有有本室，作为会艺场所，武进薛敷教、吴江吴墨、邑人钱时俊、邑人瞿汝说等人曾为有本室会艺作序，从诸多序文中可知，这些学者都很重视文学与道德的紧密联系。钱时俊在序中指出，当时社会上存在着一些不良学风，"雕龙绣虎之彦，辄诋讲学为土苴，而墨矩绳规之儒，又辄唾文章为罄帨"，结果是，道自为道，文自为文，文与道剥离开来。他认为，文应载道，道应经文，二者相贯，不可分割③。瞿汝说在序中论及到了八股文，他认为，八股文格卑而道尊，八股文格卑是由于八股文写作往往局限于形式要求而不能大畅士之才情，八股文道尊是由于八股文写作要代古圣贤立言，非根本于道德、潜心于学问者不能。他主张，研习八股文时需要提升修养，扩充学识，文虽习而本不存的行为不足为道④。《虞山书院志》的编纂者张鼐为该志中的艺文志作序时也指出，有德之言才会有补于世教，斯为至言，由于书院中的碑志咏歌是一些载道之言，因此才将它们收录于志中⑤。在诸多学者的主导下，道德教育成为虞山书院的重要教育内容，虞山书院文学教育由此打

---

① 孙慎行编：《虞山书院志》卷二，万历年间刻本，第2页。

② 孙慎行编：《虞山书院志》卷八，万历年间刻本，第49页。

③ 钱时俊：《虞山书院有本室会艺序》，孙慎行编：《虞山书院志》卷十，万历年间刻本，第16—17页。

④ 瞿汝说：《虞山书院有本室会艺序》，孙慎行编：《虞山书院志》卷十，万历年间刻本，第18—19页。

⑤ 张鼐：《〈虞山书院艺文志〉序》，孙慎行编：《虞山书院志》卷九，万历年间刻本，第1—2页。

上鲜明的道德烙印。

耿橘修复虞山书院后，举行了多次的会讲活动，一些学者、文士在会讲期间创作出了不少诗作，有力推动了江苏地区的文学发展，如邑人颜枃的《耿老师书院成，丙午重九大会，四方名公巨卿、孝廉文学一时群集，枃听讲三日，不觉茅塞之顿开也，敬步湛源先生、道澈家伯二韵》，邑人徐待聘的《陪耿令公会讲喜述》，邑人何允济的《陪耿令公书院会讲漫赋》，云间姜云龙的《同俞仲济赴虞山讲学之会发泖上作》，古粤王安舜的《虞山书院重辟，邑令主盟，乡绅有述，舜以数千里至，适逢其盛，步韵一首以识一时》。有的学者虽未参加会讲，但也寄诗以示祝贺，如武进薛敷教的《赴虞山会泾里阻风寄耿令公》等。万历某年（1573—1619）雪夜，耿橘同诸友会讲至夜分，参与者有邑人翁应祥、邑人程玉润、邑人张大受、邑人严澂、邑人孙森、邑人徐待任、邑人李乔新、邑人瞿纯仁、邑人王宇春、邑人陆铣、邑人钱世美、汀州黄家谋、黄州化大顺、宁国朱朝选、维扬王道新等人。会讲结束后，耿橘要求诸友以"他年遇雪时，不能忘此夜"分韵赋诗，此处选摘部分诗作来作说明：

表6—1

作者	得字情况	诗作内容
翁应祥	得"他"字	虞仲山前雪一蓑，言公祠畔月痕多。 一时名理供谈吐，满座清风和咏歌。 道在性天原有要，学惟精一更无他。 良宵此会知难得，肯把寻常错认过
黄家谋	得"年"字	盛腊雪弥天，虞山厂法筵。 谈玄飞玉屑，析理听河悬。 客讶阳春会，人歌大有年。 夜来腾紫气，太史觇多贤
朱朝选	得"遇"字	此日天花飞，铎音不少住。 谭心析主宾，论文失章句。 豁我凝冰胸，怜兹立雪孺。 环桥观听人，千载称殊遇

续表

作者	得字情况	诗作内容
颜澂	得"雪"字	显德树邹鲁，休风煽吴越。 世道两交丧，微言线几绝。 不有砥柱贤，狂澜孰回折。 卓哉瀛东侯，挺生振前哲。 振前愍胥溺，觉援一何切。 销意存正容，启瞆匪腾说。 湘蘅谢芬芳，狭松逊孤洁。 山坐凝夜光，泉谈霏玉屑。 纷糺释丸弄，要眇晰研别。 径僻蓁莽除，衢康日月揭。 大小竞从迈，暇邃固缠结。 爰构精华庐，迢遥迥城阙。 庪宇既参差，寮垣亦巉嵲。 危楼插丹霄，雕楹写虹蜺。 平临北海烟，近带西山雪。 广座并晨敷，长筵复宵别。 已周上国观，讵数文翁烈。 嗟予醯中覆，开天冀朝澈
李乔新	得"时"字	一色弥空遍霭时，政逢皋座抚瑶枝。 消融不畬红炉焰，韵调真同白雪词。 三尺夜深犹候教，九年时至始投师。 一番彻骨梅香馥，寒谷回春只是谁
程玉润	得"不"字	孔门溥甄陶，十哲擅其尤。 文学撷英华，南方独言游。 暇踪邈难追，谁与浚余流。 斯文蔚复兴，千载遇贤侯。 弦诵嗣遗音，讲道集名俦。 仰止务陟巅，俯探必穷幽。 共坐春风中，燠如御重裘。 积雪摇寒光，中宵语不休。 偕咏傲谢公，远泛薄子猷。 启口飞天花，片辞足千秋。 至趣默饮心，道机烂盈眸。 幸哉此胜缘，切磋藉玄修。 他年遇雪时，能忘此夜不

作者	得字情况	诗作内容
王宇春	得"能"字	胜会端非偶，披襟得未曾。 松风寒入座，岭雪迥侵灯。 欲辩言何有，相看气倍澄。 个中真况味，识取几人能
瞿纯仁	得"忘"字	同云吹不断，万里抹寒光。 花舞瑶台迥，尘凝燕寝香。 昔人夸授简，兹夕快行觞。 夫子盟牛耳，郡才列雁行。 冰心清互映，风骨炼成刚。 玄箸供劙划，天真付发皇。 经常卑二氏，礼乐奉先王。 片语遗珠出，当年化瑟张。 针头无废疾，鞭影失留良。 不办千秋业，焉知此夜长。 聚星惊太史，气色动文昌。 莫以真传接，虽教胜会常。 席间思聚散，诗兴共飞扬。 谱入阳春调，弦歌永不忘
王道新	得"此"字	灵峤莫严城，先贤旧桑梓。 至今东海滨，被泽无涯涘。 千载遭良牧，斯文复兴起。 讲幄敞寒山，雍容集多士。 启发揅微言，剖析皆玄旨。 时有弦诵音，洋洋满人耳。 朔风吹长林，西日下濛汜。 飞雪弥入弦，群山俱玉峙。 参差重岩树，缤纷落瑶蕊。 授简有大夫，兴文抑何绮。 玄醴互献酬，众宾成乐只。 悠悠天地间，聚散一弹指。 匪存不朽业，百岁亦徒尔。 别去限川途，畴能不怀此

续表

作者	得字情况	诗作内容
陆铣	得"夜"字	讲坛励群材，至人司教化。 愧予和阳春，幸师起长夜。 山色有无间，水向源头泻。 悠悠仁智心，岂曰娱良夜①

上述诗作，或描绘讲道较文的热闹场面，如翁应祥的"一时名理供谈吐，满座清风和咏歌"，黄家谋的"谈玄飞玉屑，析理听河悬"，程玉润的"幸哉此胜缘，切磋藉玄修"，王宇春的"欲辩言何有，相看气倍澄"，瞿纯仁的"席间思聚散，诗兴共飞扬"；或歌颂虞山书院的教育贡献，如朱朝选的"环桥观听人，千载称殊遇"，颜澂的"卓哉瀛东侯，挺生振前哲"，程玉润的"斯文蔚复兴，千载遇贤侯"，瞿纯仁的"不办千秋业，焉知此夜长"，王道新的"千载遘良牧，斯文复兴起"，陆铣的"讲坛励群材，至人司教化"。邑人邵濂闻知耿橘雪夜同诸友会讲至夜分并分韵赋诗其乐融融，自己由于目疾未能参与，也怅然赋诗一首，诗作内容为："千山积素照书台，相见幨帷雾色开。辞泻玉河矗理窟，人依琼树集英才。临风鼓瑟寒光转，向月裁诗斗气回。蓬户敞貂凄自拥，问谁立雪夜深来。"②邵濂在诗中对虞山书院的教育贡献给予表彰。

"君子之于学也，藏焉，修焉，息焉，游焉。"③在会讲之暇进行雅集游玩，有助于舒展肢体，调节身心。虞山书院西边建有读书台，该台原为南朝昭明太子萧统的读书之地。弘治年间（1488—1505），知县杨子器在旧址修建读书台，不久后废置。万历三十五年（1607），此台得以重建。重建之后，当地的一些学者、文士常来此台游玩并赋诗唱和，如邑人邵濂的《耿老师由弦歌楼开径属之读书台，引水通渠，傍植树木，暇日寻游赋此》，邑人钱希言的《虞山昭明读书台五歌为耿令公赋》，邑人徐培的《读书台》，邑人徐渊的《耿令公重修昭明读书台，严邵武记以述之》，邑

---

① 本表内容依据孙慎行编《虞山书院志》（卷十，万历年间刻本，第26—31页）整理制作而成。

② 孙慎行编：《虞山书院志》卷十，万历年间刻本，第32页。

③ 郑玄注，孔颖达等正义：《礼记正义》卷三十六，《十三经注疏》，中华书局1980年版，第294页中。

人钱达道的《读书台次耿令公韵》《读书台又次耿令公韵》《读书台又次颜道澈韵》。除了读书台外，弦歌楼也是该院雅集的重要场所。《虞山书院志》收录了弦歌楼雅集的一些诗作，如姑苏王世仁的《秋夕耿令公招饮弦歌楼，见方池荷始花且喜，诸文学读书其旁，口占二绝》，金陵何栋如的《弦歌楼宴集赠耿令公》。万历三十五年（1607）重阳节，虞山书院举行了一次会讲，可能是兴味未尽，一个多月后，耿橘又集江南学者、文士四十余人举行了一次会讲，之后，他们在弦歌楼举行了雅集活动，张㻐为之作记。当时雅集景色优美，"宾筵雅饬，四座清爽。山光在牖，月影在帘。觞咏恬恬，谭尘菲菲。轻音自和，不以丝竹"。此景美不胜收，令人赏心悦目，不过张㻐指出，他们并非以游玩觞咏为目的，而是以传道授学为旨归，雅集活动也可净化心灵、提升修养，"今夫讲学者传圣人之精神者也，众人执讲学以求圣人，而圣人之精神不传，则或于觞咏谯游之间而传之，然而知此者鲜也。则犹之乎一堂之讲学也，众人以为义理在圣人所传之书，其讲明分析在明道者之口与吾之耳，而于吾所讲之人了不相干，则圣人之精神何时而传乎？"① 英国教育家约翰·亨利·纽曼认为，知识交流是心智扩展的一种手段，这种扩展不仅在于把以前未知的观念被动地接受到心智中，还在于心智同涌来的各种观念展开生气勃勃的富于建构力的对话②。虞山书院就是通过会讲以及雅集等各项交流来扩展心智，使参与者们在交流中增加对道德之学以及文学的深切体认，既有力推动了道德之学的发展，又使得道德之学在文学创作的领域中渗透开来。

要而言之，虞山书院以会讲为纽带，吸引众多学者、文士前来切磋学术、讲道论文。会讲之暇雅集唱酬，创作出了大量诗作。他们在会讲以及雅集中进行的文学评述或文学创作多与道德教化有关，既为弘扬道德正气以及纠正不良学风发挥着重要作用，又将虞山书院文学教育引入道德之域，对江苏地区的文学发展起到了重要的道德导向作用。

二　学海堂与广东地区文学发展

嘉庆二十二年（1817），阮元由湖广总督调任两广总督。担任两广总

---

① 张㻐：《弦歌楼纪会》，孙慎行编：《虞山书院志》卷十，万历年间刻本，第2页。
② ［英］约翰·亨利·纽曼：《大学的理念》，高师宁等译，贵州教育出版社2003年版，第130页。

督伊始，阮元就做出了三件嘉惠士林的美事：其一，召集一批学者编纂
《广东通志》，三年乃成，该志三百三十四卷，成就很大，影响深远，"视
前黄《志》、郝《志》详加纠正，搜讨最精，粤东百年文献赖以不坠"。①
其二，在道光元年（1821）恩科临监时，发现粤东贡院号舍狭隘，立即
捐俸扩建，使应考士子免受雨淋之苦。在此后的几年时间内，当地士子在
科场中频频高捷，取得了一名会元、一名状元的佳绩，"咸谓双元之兆，
符公姓名，又皆公门生门下之士，公以文人之福衣被及千万人，而方隅僻
陋，乃集其成，桃李之盛，传为佳话"。② 其三，嘉庆二十五年（1820）
三月二日，在广州开设学海堂，选拔佼佼者肄业其中。当时并无实地，阮
元只是书写"学海堂"匾额，悬挂于城西文澜书院。学海堂开办以后，
声名不小，引起粤地士子翘首跂足，希登此堂。为了满足众多渴学者的读
书愿望，道光四年（1824）九月，阮元在粤秀山半的茂林中选择建设用
地，正式创建学海堂，三个月后竣工。"学海"一语源自东汉学者何休，
何休木讷多智、学问渊博，与郑玄齐名。在东汉时期，郑玄有"经神"
之称，何休有"学海"之誉。

　　同诂经精舍一样，学海堂也不从事科举文教育。为了防止课试过多而
影响生徒研习，学海堂实行一季一课。学海堂的东西边各有楹联一副，其
中，东联内容为："公羊传经，司马记史；白虎德论，雕龙文心。"分别
是指何休的《春秋公羊解诂》、司马迁的《史记》、班固编纂的《白虎通
德论》、刘勰的《文心雕龙》四部著作。学海堂的南门前也有楹联一副，
内容为："智水仁山，在此堂宇；经神学海，发为文章。"③ 从楹联内容中
可知，学海堂重视经史之学以及文学教育，其文学教育是以经史之学教育
为基础。具体教育时，学海堂既重视专精，又重视宏通。阮元为《学海
堂集》作序时指出："多士或习经传，寻义疏于宋齐；或解文字，考故训
于《仓》《雅》；或析道理，守晦庵之正传；或讨史志，求深宁之家法；
或且规矩汉晋，熟精萧《选》，师法唐宋，各得诗笔。虽性之所近，业有
殊工，而力有可兼，事亦并擅。"④ 由于阮元的教育思想得当，所以学海

① 崔弼：《新建粤秀山学海堂记》，阮元编：《学海堂集》卷十六，道光五年刻本，第18页。
② 吴岳：《新建粤秀山学海堂碑》，阮元编：《学海堂集》卷十六，道光五年刻本，第3页。
③ 林伯桐、陈澧编：《学海堂志》石刻，光绪年间刻本，第36页。
④ 阮元：《〈学海堂集〉序》，阮元编：《学海堂集》序，道光五年刻本，第2页。

堂教育朝气蓬勃，被时人所称道。学海堂未建之前，广东士子关心的只是科举，所作的只是没有根柢的虚浮时文，"本朝广南人士不如江浙，盖以边省少所师承，制举之外，求其淹通诸经注疏及诸史传者，屈指可数。其藏书至万卷者，更屈指可数。故州郡书院，止以制艺试帖与诸生衡得失，而士子习经亦但取其有涉制艺者，简炼以为揣摩，积习相沿，几于牢不可破"。① 学海堂建成后，在阮元等人的积极引导下，广东学风以及文风有了明显改善，士子所作的多为有根柢的纯熟之文，"缀学之士，承流景风，翕然振奋。始犹襞积恆钉，鳞次獭祭，久之见闻日扩，而其文亦渐近纯熟，岭海人物蒸蒸日上，不致为风气所囿者，学海堂之力也"。② 自古以来，广东地区建堂无数，有广平堂、众妙堂、石屏堂、大雅堂等多所堂室，其中，"广平堂，燕公之撰文也；众妙堂，坡公之作记也；石屏堂，蒋颖叔之因月峡而侈游观也；大雅堂，赵志皋之就浮邱而开觞咏也"。③ 不过，此前所建之堂由于限于一人一事，未能传诸久远，很难与学海堂相媲美。陈澧论及学海堂教育时指出："天下为真学问者，岂敢谓无人？然师友讲习者，则惟吾粤有学海堂。"④ 学海堂之所以令人心驰神往且名垂不朽，是由于学海堂为广东地区文苑精华、儒林胜地，有着海纳百川的气概，在造士方面成就卓著。

道光六年（1826），阮元改任云贵总督，临别之际，为学海堂制定章程八则。他要求学海堂不立山长，也不允许推荐山长，而是设立八位学长同司课事，学长若因事辞出，就由其他七位学长公举补充。自道光六年至光绪年间（1826—1908），学海堂先后聘请了五十五位学长，这些学长的姓名分别为：赵均、吴应逵、林伯桐、吴兰修、曾钊、马福安、熊景星、徐荣、张杓、张维屏（两次出任）、黄子高、谢念功、仪克中、侯康、谭莹、黄培芳、梁廷枏、陈澧、杨荣绪、金锡龄、邹伯奇、李能定、沈世良、陈良玉（两次出任）、朱次琦（以疾辞不赴，而学海堂虚位待之）、陈璞、李光廷、周寅清、李征霨、樊封、何如铨、许其光、陶福祥、谭宗

① 崔弼：《新建粤秀山学海堂记》，阮元编：《学海堂集》卷十六，道光五年刻本，第18页。

② 同上。

③ 赵均：《新建粤秀山学海堂记》，阮元编：《学海堂集》卷十六，道光五年刻本，第2页。

④ 陈澧：《陈兰甫先生澧遗稿》，《岭南学报》1931年第2卷第2期，第161页。

浚、廖廷相、陈瀚、黎维枞、高学燿、张其翻、林国赓、林国赞、苏梯云、黄钰、伍学藻、潘乃成、刘昌龄、黄绍昌、周汝钧、范公诒、杨裕芬、漆葆熙、韩贞元、姚筠、丁仁长、吴道镕①。其中，陈澧、金锡龄、李能定、陶福祥、廖廷相、陈瀚、黎维枞、高学燿、张其翻、林国赓、林国赞、伍学藻、潘乃成、刘昌龄、黄绍昌、周汝钧、范公诒、杨裕芬、漆葆熙等人，之前曾为学海堂生徒。学海堂中的不少学长精通诗文，并取得了一些可喜的成就。张维屏自少时就有诗名，翁方纲目睹其诗作后，曾击节赞叹。道光年间（1821—1850），张维屏同林则徐、龚自珍等人在京城结宣南诗社，鸦片战争时期，作有《三元里》《三将军歌》等很多反对外寇的爱国诗篇。张维屏才华出众，与黄培芳、谭敬昭三人并称为“粤东三子”，著有《松心诗录》十卷、《松心文录》十卷、《听松庐诗钞》十六卷、《听松庐骈体文钞》四卷。张维屏不仅擅长文学创作，还从事文学研究，著有大型诗话汇编《国朝诗人征略》六十卷。谭莹天资聪颖，阮元游山寺时见其题壁之诗，大为欣赏，告诉县令，“邑有才人，勿失之”。② 谭莹好辑粤中文献，编有《岭南遗书》三百四十八卷、《粤十三家集》一百八十二卷、《楚南耆旧遗诗》七十四卷（这些著作都是友人伍崇曜捐资刊刻）。工诗文，著有《乐志堂诗集》十二卷、《乐志堂文集》十八卷。其子宗浚，工骈文，同治十三年（1874）进士（榜眼），著有《荔村草堂诗钞》十卷、《荔村草堂诗续钞》一卷、《希古堂集》八卷。陈澧九岁能文，道光十四年（1834），被选为学海堂专课肄业生徒，师从张维屏学诗以及师从侯康习经。“与诸生讲论文艺，勉以笃行立品，成就甚众”。③ 著有《东塾集》六卷。陈澧爱好作词，著有《忆江南馆词》一卷，近人陈乃乾编纂《清名家词》时，于广东词人独收陈澧。陈澧也从事词学研究，著有《白石词评》。梁廷枏是清代著名的戏曲家，嗜曲成癖，著有小四梦杂剧《圆香梦》一卷、《江梅梦》一卷、《昙花梦》一卷、《断缘梦》一卷以及戏曲理论著作《曲话》五卷，其作品深得日本汉学家青木正儿的推许。除了精通戏曲外，梁廷枏也工诗歌、骈文，著有《藤花亭诗集》四卷、《藤花亭骈体文》四卷。此外，学海堂中的其他一

① 容肇祖：《学海堂考》，《岭南学报》1934 年第 3 卷第 3 期，第 2 页。

② 赵尔巽等：《清史稿》卷四百八十六，中华书局 1998 年版，第 13432 页。

③ 赵尔巽等：《清史稿》卷四百八十二，中华书局 1998 年版，第 13285—13286 页。

些学长也在文学上造诣匪浅，如林伯桐著有《修本堂稿》四卷，吴兰修著有《桐花阁词钞》一卷，曾钊著有《面城楼集钞》四卷，马福安著有《止斋文钞》二卷，张杓著有《磨甋斋文存》一卷，仪克中著有《剑光楼集》五卷，黄培芳著有《香石诗话》四卷，陈璞著有《尺冈草堂遗诗》八卷，陶福祥著有《爱庐文集》二十四卷。有些学长主讲学海堂时间漫长，如谭莹、陈澧等人执教学海堂达数十年之久，培养了众多英彦俊才。陈澧晚年担任广东菊坡精舍山长时，继承了学海堂的教育方法，"澧既应聘，请如学海堂法，课以经史、文笔"。① 在推动广东地区的文学发展方面功不可没。

　　学海堂重视刊刻课艺，曾经刊刻过四次课艺。其中，《学海堂集》刻于道光五年（1825），《学海堂二集》刻于道光十八年（1838），《学海堂三集》刻于咸丰九年（1859），《学海堂四集》刻于光绪十二年（1886）。在学海堂课艺中，诗赋课艺独占鳌头。诗赋课艺的题材多样，大致可以分为写景状物、记人叙事、咏史怀古、谈艺论道四个方面。其中，写景状物的诗赋如：《学海堂集》中的《拟元人〈十台诗〉咏粤东十台》《端溪砚石赋》《孔雀赋》，《学海堂二集》中的《听琴诗拟欧阳永叔〈赠沈遵〉》《西郊游拟柳柳州〈南涧中题〉》《拟庾子山〈春赋〉》，《学海堂三集》中的《咏学海堂中草木九首》《红梅驿赋》《五仙观大钟赋》，《学海堂四集》中的《岭外游仙诗七首拟郭景纯〈游仙〉次原韵》《拟谢康乐山水诗》《海潮赋》；记人叙事的诗赋如：《学海堂集》中的《梓人诗》，《学海堂二集》中的《岭南劝耕诗》《岭南刈稻词》《半塘采菱词》，《学海堂三集》中的《拟唐人〈十樵诗〉》《海幢寺放生羊二首》《采桑词》，《学海堂四集》中的《拟杜工部〈诸将〉五首》《恭拟〈平定新疆回部铙歌〉十二首》《重修广州府学宫庆成恭赋》；咏史怀古的诗赋如：《学海堂二集》中的《拟左太冲〈咏史〉八首》《越台怀古拟高常侍〈古大梁行〉》《宋代三贤咏》，《学海堂三集》中的《读东坡岭外诗〈咏古〉六首》《和陈独漉〈怀古〉十首》，《学海堂四集》中的《追和厉太鸿〈秦淮怀古〉四首》《七夕咏古五首》《岭南怀古》；谈艺论道的诗赋如：《学海堂二集》中的《论诗绝句》《励志赋》，《学海堂三集》中的《论词绝句》《赋赋》《画赋》，《学海堂四集》中的《补元遗山、王渔洋论诗绝句》《论国朝古文绝句》《广文赋》《述画

---

① 陈澧：《菊坡精舍记》，陈澧：《东塾集》卷二，光绪十八年菊坡精舍刻本，第29页。

赋》。除了诗赋外，学海堂课艺还收录论辨、序跋、奏议、杂记、碑志、箴铭、颂赞、哀祭等各种文体的习作，如《学海堂集》中的《白沙学出濂溪说》《新建粤秀山学海堂诗序》《昆山顾氏〈日知录〉跋》《学海堂种梅记》《新建粤秀山学海堂碑》《端州石室铭》，《学海堂二集》中的《〈南唐书〉马陆两家孰长论》《〈晋书〉跋》《周濂溪先生像刻石记》《拟〈重修广州城南三大忠祠碑〉》《拱北楼延祐铜漏壶铭》《何邵公赞》，《学海堂三集》中的《除夕小港看桃花诗序》《拟〈袁督师祠堂碑〉》《镇海楼铭》《明太祖功臣颂》《两汉循吏赞》《拟〈清明节祭共冢文〉》，《学海堂四集》中的《陶渊明大贤笃志论》《新刻〈庾开府集〉序》《拟王元长〈议给虏书疏〉》《学海堂补种花木记》《越王井铭》《东汉高士赞》。此外，学海堂课艺还收录一些文学作品或文学理论考释方面的习作，如《学海堂集》中的《〈文选〉注考》《〈文选〉序注》《文笔考》等。从课艺内容中可知，学海堂文学教育具有两大特征：其一，重视摹拟古人作品。生徒通过拟古训练来学习古人的创作思想与创作方法，提高自身的写作水准。学海堂往往通过游山玩水、瞻仰古迹、听琴观月等方式为诗赋摹拟提供类似的背景，这种创设情境的摹拟方法是让生徒在摹拟前身临其境，通过类似情境的触发来体会与古人情感相通的地方，摹拟出来的作品才会更为逼真、传神，富有感染力。其二，具有岭南地方特色。出生于岭南的学海堂生徒对岭南文化耳濡目染，他们在创作时以岭南文化为背景，为挖掘以及宣传岭南文化做出了重要贡献。学海堂课艺既有生徒作品，又有学长作品，作者分别来自广东各个地区。百川异源，皆归于海。学海堂吸纳了广东各地的一些生徒前来问学，通过教育为广东各地输送了大量的优秀人才，有力推动了广东地区的文学发展。

阮元重视文笔之辨，曾撰《文言说》《文韵说》《书梁昭明太子〈文选〉序后》等文对文笔进行了辨析。阮元认为，文应溯及孔子的《文言》，文与笔在写法上有别，"孔子于乾、坤之言，自名曰'文'。此千古文章之祖也。为文章者，不务协音以成韵，修词以达远，使人易诵易记，而惟以单行之语，纵横恣肆，动辄千言万字，不知此乃古人所谓直言之言，论难之语，非言之有文者也，非孔子之所谓文也，《文言》数百字，几于句句用韵"。他从文字学的角度揭示出，文不仅讲求用韵，还讲求比偶，后来出现的古文不符合这些要求，算不上文，也称不上古，"凡偶皆文也。于物两色相偶而交错之，乃得名曰'文'。文即象其形也，《考工记》曰：'青与白谓之文，赤与白谓之章。'《说文》曰：'文，错画也，象交文。'然则千古之文，莫大于孔子之言《易》。孔子以用韵比偶之法，错综其言，而自名曰'文'，何后人之必欲反孔子之道，而自命曰'文'，且尊之曰'古'也？"① 由于《文选》收录诸多文的作品，因此阮元推崇《文选》。针对《文选》所选之文有一些不押脚韵的问题，他提出，韵既可指脚韵，又可指章句中之音韵，"梁时恒言所谓韵者，固指押脚韵，亦兼谓章句中之音韵，即古人所言之宫羽，今人所言之平仄也"。"昭明所选不押韵脚之文，本皆奇偶相生有声音者，所谓韵也。"② 阮元进一步指出，南北朝时期的骈文重视押章句中之音韵，是属于文的范畴，可惜唐宋时期的古文家推崇古文而鞭笞骈文，骈文一蹶不振，"自齐梁以后，溺于声律，彦和《雕龙》，渐开四六之体。至唐，而四六更卑。然文体不可谓之不卑，而文统不得谓之不正。自唐宋韩、苏诸大家以奇偶相生之文为八代之衰而矫之，于是昭明所不选者，凡皆为诸家所取，故其所著者，非经即子，非子即史，求其合于《昭明序》所谓文者，鲜矣；合于班孟坚《两都赋序》所谓文章者，更鲜矣"。③ 阮元创办学海堂后，要求学海堂课试文笔，他曾出文笔策问的试题，先让其子阮福作对，试题为："问：六朝至唐皆有长于文、长于笔之称，如颜延之云'竣得臣笔，测得臣文'是也。何者为文？何者为笔？何以宋以后不复分别此体？"阮福在文中对文笔做了仔细考证，并得出："盖文取乎沉思翰藻，吟咏哀思，故以有情辞声韵者为文。笔从聿，亦名不聿。聿，述也。故直言无文采者为笔。"④ 由于阮福在作对时搜集到了与《文选序》相印证的材料《金楼子·立言篇》，因此阮元甚为喜悦。《学海堂集》收录了四篇以《文笔考》为题的课艺，作者分别为南海生员刘天惠、番禺生员梁国珍、番禺生员侯康、三水廪生梁光钊，这四位作者对文笔之辨做了详细的考证。归纳起来，学海

---

　　① 阮元：《文言说》，阮元著，邓经元点校：《揅经室集·三集》卷二，中华书局 1993 年版，第 605—606 页。

　　② 阮元：《文韵说》，阮元著，邓经元点校：《揅经室集·续三集》卷三，中华书局 1993 年版，第 1064—1065 页。

　　③ 阮元：《书梁昭明太子〈文选〉序后》，阮元著，邓经元点校：《揅经室集·三集》卷二，中华书局 1993 年版，第 608 页。

　　④ 阮福：《学海堂文笔策问》，阮元著，邓经元点校：《揅经室集·三集》卷五，中华书局 1993 年版，第 709、712 页。

堂文笔之辨的基本观点为：其一，文讲求骈俪翰藻，笔讲求单行纪事。其二，骈文为文而非笔，古文家所尊之古文为笔而非文。其三，宋代以后，文笔之称多混。学海堂文笔之辨的意义在于，有利于加深生徒对骈文的认识，有利于骈文教学工作的开展，也有利于促进骈文的发展与传播。阮元以及学海堂师生处于清代骈散之争的历史背景中，他们为改变重笔轻文的不良现象以及争夺骈文的正统地位发挥着重要作用。一般而言，古文家推崇宋学，骈文家推崇汉学，清代骈散之争是汉宋学术之争延伸到文学领域的重要反映，而阮元等人的骈文正统论成为挽救当时汉学颓势的一种手段①。学海堂文笔之辨对清代其他书院有所影响，如《致用书院文集》收录力钧的《文笔辨》。力钧在文中指出，有韵与无韵是理解文笔之分的重要依据，不过还要用辩证的观点看待文笔，这是由于，"文与笔固不混而一也。然文之顿挫搏扼则笔见焉，不必无韵也；笔之排算比合则文见焉，不必有韵也。未有无文而可谓之笔者，亦未有无笔而可谓之文者，若沾沾无韵有韵之分，亦泥矣"。②康有为主讲广东万木草堂期间也从事过文笔之辨，他认同"有韵者文也，无韵者笔也"之说，并提出："笔有二体：曰散，曰骈。文有二体：曰铭赞，曰诗赋。"与阮元不同的是，康有为将骈文划入笔的范畴，不过他又认为，文笔之分并非壁垒森严，"骈散之谐协者，亦曰文；诗赋之单行者，亦为笔。盖韵者，非徒句末叠韵之谓，五色相宣、八音协畅是也"。③其中，"盖韵者，非徒句末叠韵之谓，五色相宣、八音协畅是也"一语与阮元的见解相类似。

为了抵制惟利禄是图的浮风，阮元要求学海堂不从事科举文教育。值得说明的是，不从事科举文教育并非意味着阮元反对生徒从事科举文研习，这是由于，书院教育与生徒研习有着不尽重合之处。阮元虽然要求学海堂不从事科举文教育，但是生徒可以私自研习科举文，在科举文问题上，阮元要求生徒自谋而书院不代谋，后来四川学政张之洞在教育当地尊经书院生徒时也持如此的观点。科举是士子获取功名、实现抱负的重要渠道，清代应举士子都要学习八股文。八股文写作要代古圣贤立言，八股文

①　陈志扬：《阮元骈文观嬗变及历史意义》，《文学评论》2008 年第 1 期，第 98 页。

②　佚名编：《致用书院文集》，光绪十五年刻本，第 83 页。

③　康有为：《长兴学记》，邓洪波主编：《中国书院学规集成》第三卷，中西书局 2011 年版，第 1318 页。

在提升道德修养方面要远胜于科考诗赋，阮元对此深有体会，他认为："若以四书文囿之，则其聪明不暇旁涉，才力限于功令，平日所诵习惟程朱之说，少壮所揣摩皆道理之文，所以笃谨自守，潜移默化，有补于世道人心者甚多，胜于诗赋远矣。"[①] 阮元重视骈文，八股文在文体上接近于骈文，因此阮元也对八股文的地位进行了肯定，他认为："是《四书》排偶之文，真乃上接唐宋四六为一脉，为文之正统也。"[②] 由此可见，阮元只是反对惟八股文教育是从的浮风，并非反对八股文本身。鉴于唐宋诗话多、文话少而明代以来四书文话更为罕见，阮元任两广总督期间，让学海堂诸生周以清、侯康、胡调德等人编写《四书文话》，分为原始、功令、格式、法律、体裁、命题、程文、稿本、选本、墨卷、社稿、元镫、名誉、考核、师承、风气、兴废、流弊、起衰、假借、咎毁、谈薮、轶事、经文二十四门类。编成的《四书文话》录成二部，一部存放学海堂，一部携归江南。《学海堂集》收录有周以清、侯康、梁杰、杨懋建、郑灏若五人所作的《四书文源流考》（每人各一篇）以及阮元所作的《〈四书文话〉序》，为我们了解《四书文话》提供了方便。阮元主持编写的《四书文话》，既推动了广东地区的八股文研究，又推动了清代时期的八股文研究，可惜该作未刊行于世，在影响上受到了一定的限制。

阮元赴任云贵总督之际，学海堂师生进行了送别。临别之际，依依不舍。番禺举人杨荣、番禺举人莫光仁、番禺生员何端义、番禺生员莫光仪、南海举人谭瑀、南海监生石炳、南海贡生颜寿增、顺德举人麦觐光、花县生员杨瑜、广府生员麦瑞光、香山生员詹钧等人写下了一些临别诗作，通过诗作来颂扬阮元的文教之功，如杨荣的"莅粤十载千秋光，士林民俗功难量"，莫光仁的"培英幸值传衣在，题句遥承玉尺操"，何端义的"造士千人俊，兼官六印持"，石炳的"宜民晨布令，校士夜亲檠"，颜寿增的"枕葄弦歌遍瀛澨，迄今此地群英萃"，杨瑜的"深固椝根柢，菁英猎羽鳞"[③]。清代时期，广东地区学术以及文学的发展得力于学海堂，

---

① 阮元：《〈四书文话〉序》，阮元编：《学海堂集》卷八，道光五年刻本，第52页。

② 阮元：《书梁昭明太子〈文选〉序后》，阮元著，邓经元点校：《揅经室集·三集》卷二，中华书局1993年版，第609页。

③ 吴兰修编：《学海堂二集》卷二十二，道光十八年刻本，第34—42页。

而阮元在其中扮演着重要角色，因此学海堂师生诗中所言发自肺腑，实而不虚。阮元离开广东后，卢坤接任两广总督。他任两广总督期间传承阮元的教育薪火，要求学海堂重视经史之学以及文学教育，"课业诸生于《十三经注疏》《史记》《汉书》《后汉书》《三国志》《文选》《杜诗》《昌黎先生集》《朱子大全集》，自择一书肄习，即于所颁日程簿首行注明习某书，以后按日作课填注簿内"。① 卢坤在教育方式上听从了阮元弟子钱仪吉的建议，改变以前学海堂生无专师、业无专授的弊端，道光十四年（1834），设立了专课肄业生徒的制度（刚开始名额只有十位，后来增至二十位），肄业生徒可在八位学长中择师而从，谒见请业，获得亲炙教诲的宝贵机会。同治年间（1862—1874），郭嵩焘任广东巡抚，他对阮元的施教方法击节赞赏："叹阮文达公遗法之善，其故有二：一在不使人居之以为利；一在学长八人必择有学行者，缺则补之，不必皆劳以事，而名数必备，以能一脉相承，无稍间断。"② 郭嵩焘任广东巡抚期间，也秉承阮元的教育思想，为学海堂建设添砖加瓦。

学海堂重视雅集活动，《学海堂志》就有专门记载："君子之学，息焉游焉。从于舞雩，未忘讲习。陈经庚子，当得献酬。自有宇宙，即有此山。促膝一堂，无负佳日。永怀千古，有美弗谖。当鱼鸟相亲，花木成列，人生而静，会心不在远也。筑堂以来，岁有小集。讲礼于斯，会友于斯。"③ 学海堂在春夏秋冬四季都有雅集活动，其雅集内容可见表6—2。

表6—2

时间	雅集内容选摘
春季	每年春孟，同人团拜于堂。仰止师承，如亲提命，因定于正月二十日期会，仪征公寿日也。四方之宾，一国之望，渊源渐被，介祉偕来，堂中翘楚，少长咸集。日景方长，衣冠气盛，春光明丽，四坐同欢。开岁雅游，斯为首路
	花朝上巳，堂中人士，游者如云。春课汇卷，多于展上巳日拟定，卷后稍有余闲。木棉遍山，垂杨夹路。花光鸟语，依依可人。联袂清游，欣然欲赋

① 林伯桐、陈澧编：《学海堂志》课业，光绪年间刻本，第25—26页。
② 郭嵩焘：《郭嵩焘日记》第四卷，湖南人民出版社1983年版，第133页。
③ 林伯桐、陈澧编：《学海堂志》雅集，光绪年间刻本，第38页。

续表

时间	雅集内容选摘
夏季	盛夏溽暑，肉山如蒸，堂中有期，曝书一集。清晓登山，陈书就日，各携所业，从容讨论。山似太古，日如小年。荔子传觞，荷叶包饭，缥囊缃帙，可以镇心。藏弆既周，晚凉斯发，徘徊树阴，不觉月出矣
秋季	七月五日，是为生朝，同人有约，即于堂中修释菜之仪。与此会者，凡若而人，坐无杂宾，人怀奉手，或则作记，或者赋诗，亦以志一时也
	中秋前后，月色如昼，相约为坐月之游。不设灯檠，爝火未光也。不及俗事，只谈风月也。有坐论者，有行吟者，随意所如。倦则假寐，焚香瀹茗，动辄彻宵。当万籁俱寂，一轮最高，翛翛然，飘飘然，固知随月读书，前人兴复不浅
	重阳寒食，虚度非宜。堂中此时，游者坌至，同人秋集，不必依期，有菊即重阳也。霜气在叶，草痕微芳。展宋玉之赋，诵泉明之诗。不出户庭而携壶翠微，惟此堂为然
冬季	长至日近，梅花大开，冬课汇卷，适当其际。公事既毕，遂登山亭，赏奇析疑，抗言高论，满身香雪，不见纤尘。岁寒之盟，年年如是①

学海堂雅集活动的参与者们既有学长，又有生徒，有时也有来访友人。其中，"联袂清游，欣然欲赋""或则作记，或者赋诗，亦以志一时也"等语透露出，文学创作在学海堂雅集中习见不鲜；"展宋玉之赋，诵泉明之诗""赏奇析疑，抗言高论"等语显示出，文学欣赏与讨论也是学海堂雅集中的重要内容。学海堂课艺收录有不少雅集赏景后的诗作，如《学海堂集》收录以《夏日游广州城外诸山林园馆，用杜工部〈游何将军山林〉韵》为题的诗作十首，作者分别为：候选教谕赵均（作有二首）、顺德生员梁梅（作有一首）、南海监生石炳（作有二首）、南海贡生张达翔（作有二首）、番禺生员黄子高（作有二首）、三水生员梁伯显（作有一首）；收录以《九日登白云山望海上白云》为题的诗作五首，作者分别为：顺德生员梁梅、长阳知县张维屏、粤秀监院吴兰修、番禺监生仪克中、新会廪生李有祺；收录以《春日访南园故址》为题的诗作三首，作者分别为：顺德举人陈同、顺德生员梁梅、番禺生员陶克昌。《学海堂二集》收录以

---

① 本表内容依据林伯桐、陈澧编《学海堂志》（雅集，光绪年间刻本，第38—39页）整理制作而成。

《晚游万松山，拟余武溪〈晚至松门僧舍〉》为题的诗作三首，作者分别为：南海生员胡调德、新会监生李森、新会廪生李有祺；收录以《至山亭观梅歌》为题的诗作三首，作者分别为：番禺布衣郑菜、番禺生员居镐、汤汉章（个人情况不详）。学海堂既通过雅集活动愉悦师生的心情，使他们在研习之余得到放松，又通过雅集活动激发师生的创作灵感，使他们创作出一些清新活泼的诗作。

综而言之，阮元任两广总督期间创建学海堂，以学海堂为纽带，吸引广东地区的士子前来问学。学海堂一改当时书院教育之弊，重视经史之学以及文学教育，不课试科举文，不立山长，而是设立八位学长同司课事，很多学长精通文学，便于实施文学教育。学海堂刊刻过四次课艺，课艺内容丰富，文学题材多样，作者分别来自广东各个地区。学海堂重视文笔之辨，此举有利于加深生徒对骈文的认识，有利于骈文教学工作的开展，也有利于促进骈文的发展与传播。由于八股文在文体上接近于骈文，因此阮元也对八股文的地位进行了肯定。鉴于唐宋诗话多、文话少而明代以来四书文话更为罕见，阮元任两广总督期间主持编写《四书文话》，既推动了广东地区的八股文研究，又推动了清代时期的八股文研究。阮元离开广东后，卢坤、郭嵩焘等一些官员传承阮元的教育薪火，使学海堂文学教育得到了进一步的发展，为广东地区输送了大量的具有较高文学素养的优秀人才。在课试之余，学海堂师生以及来访友人经常举行雅集活动，创作了很多富有生机的诗作，有力推动了广东地区的文学发展。

第三节　助长文派思想的传播
——以清代书院文学教育与桐城派古文思想的传播为例

桐城派是清代古文重要流派，绵延清代文坛二百余年，桐城派的发展与清代书院文学教育密不可分。为了深入了解中国书院文学教育如何推动文派的发展，笔者选择对清代书院文学教育与桐城派古文思想的传播问题展开论述。

一　姚鼐主讲书院期间的古文思想传播

方苞、刘大櫆、姚鼐并称为"桐城派三祖"，在三祖中，姚鼐成就最大，影响最巨。姚鼐出生于雍正九年（1731）十二月，辞世于嘉庆二十

年（1815）九月，后半生基本上是在书院中度过。姚鼐主讲书院的具体
情况为：乾隆四十一年（1776），任江苏梅花书院山长，迄乾隆四十三年
（1778）；乾隆四十五年（1780），任安徽敬敷书院山长，迄乾隆五十二年
（1787）；乾隆五十三年（1788），任安徽紫阳书院山长，迄乾隆五十四年
（1789）；乾隆五十五年（1790），任江苏钟山书院山长，迄嘉庆五年
（1800）；嘉庆六年（1801），任安徽敬敷书院山长，迄嘉庆九年（1804）；
嘉庆十年（1805），任江苏钟山书院山长，迄嘉庆二十年（1815）①。姚鼐
从事书院教育的时间长达三十九年，其中，梅花书院三年，敬敷书院十二
年，紫阳书院两年，钟山书院二十二年。

在教育上，方苞、刘大櫆远远不及姚鼐。方苞的活动中心在政治而非
教育上，后半生大多时间忙于官场，虽然也带弟子，但多为私自传授。刘
大櫆功名不显，曾两次中乡试副榜，晚年担任黟县教谕以及主讲安徽问政
书院、安徽敬敷书院，不过时间不是很长。姚鼐具备二人之长，他虽然没
有方苞的官运亨通，但是政治上的不作为促使他后半生潜心于教育事业。
他中过进士，在科第上要比刘大櫆幸运，在名声上要比刘大櫆显赫（刘
大櫆由于穷居闾里，名声不显，"难以掖起世之英少"②）。乾隆三十八年
（1773），朝廷开设四库馆，纂修官多为学界名流，姚鼐名列其中。姚鼐
是桐城派集大成者，桐城派的发展得力于姚鼐，书院是姚鼐传播桐城派古
文思想的重要舞台，姚鼐借助书院有力推动了桐城派古文的发展。姚鼐后
半生若不投身于书院教育，历史上或许不会有桐城派这一重要的古文流

---

①　此处所述姚鼐主讲书院的有关内容参考了郑福照的《姚惜抱先生年谱》（同治七年刻
本，第8—28页）、孟醒仁的《桐城派三祖年谱》（安徽大学出版社2002年版，第172—253页）
二作。需要指出的是，乾隆四十一年，姚鼐主讲梅花书院，乾隆四十三年闰六月一日，姚鼐继室
张宜人卒于扬州，八月，运张宜人灵柩还乡。乾隆四十四年，姚鼐是否还主讲梅花书院？关于此
问题，笔者仔细考察了郑福照的《姚惜抱先生年谱》与孟醒仁的《桐城派三祖年谱》二作。郑
福照仅在乾隆四十四年的记事条下详细介绍姚鼐编写《古文辞类纂》一事，是否还主讲梅花书
院，语焉不详。孟醒仁在乾隆四十一年的记事条下注明："孝纯在扬州，兴建梅花书院，邀请姚
鼐任书院山长。此后，主讲扬州凡三年。"通观《桐城派三祖年谱》可知，孟醒仁所言姚鼐主讲
各书院的时间总数是按虚年计算，根据这一体例不难判断，孟醒仁所言姚鼐主讲梅花书院的时间
应为乾隆四十一年至乾隆四十三年，这与他在乾隆四十四年的记事条下所注"春，姚鼐继续乡
居"相吻合。（孟醒仁：《桐城派三祖年谱》，安徽大学出版社2002年版，第173、181页）鉴于
以上分析，笔者梳理姚鼐在乾隆四十四年的事迹时，并非按主讲梅花书院而是按照乡居处理，
特作说明。

②　姚鼐：《刘海峰先生八十寿序》，姚鼐：《惜抱轩文集》卷八，嘉庆三年刻本，第1页。

派，即使有，也不会如此波澜壮阔。

姚鼐主讲书院期间，培养了很多弟子。在众多弟子中，方东树是深受姚鼐青睐的一位弟子。方东树（1772—1851），字植之，晚年号仪卫老人，安徽桐城人。乾隆五十八年（1793），方东树前往钟山书院，师从姚鼐学习，嘉庆二年（1797）归里。嘉庆十二年（1807），在姚鼐的邀请下，方东树前往钟山书院，教其长孙姚诵。嘉庆十三年（1808），客居池州，嘉庆十五年（1810），又进入钟山书院学习。方东树在学术以及古文方面造诣匪浅，"学问出于程朱，欲因文见道，穷理尽性，于古今文法知之最深，其文罄抒心得，如万斛泉源不择地而涌出。或前人所未言而不能无待于后人之推阐，或后人所欲言而不能自达其意者，悉为疏通而曲畅之。又博极儒先诸书，探天人之旨，究性命之归"。① "其文醇茂昌明，言必有本，随事阐发，皆关世教。"② 方东树从弟方宗诚认为："（姚鼐）门人中传其学者，则以吾从兄植之先生为最博且精。"③ 阮元任两广总督期间，方东树居阮元幕府，并协助审阅学海堂课艺（《学海堂集》卷九收录有方东树的《汉晋名誉考》一文）。方东树学术以及古文上的成就，得益于在钟山书院期间的问学。方东树学殖丰厚而科途多舛，应乡试十次均告失败，道光八年（1828）以后，不再应举。科考失败虽让方东树与仕途失之交臂，却玉成了他的教育事业，促使他在教育上同样书写着壮丽的篇章。

陈用光是深受姚鼐青睐的另一位弟子。陈用光（1768—1835），字硕士，江西新城人，嘉庆六年（1801）进士，官至礼部侍郎。乾隆时期，新城陈氏家族为当地望族，敦德崇教，人才辈出，姚鼐在《陈约堂六十寿序》中指出："陈氏之多才也，盖天固相其家而兴之，而亦其累世仁德笃行之蓄有以致之矣。"④ 姚鼐与陈家长辈多有交往，之前，曾在京城结识陈用光的伯父陈守诚，之后，又在南昌、京城等地分别结识陈用光的祖父陈道、父亲陈守诒（陈守诒，号约堂）。陈用光在年少时，曾随舅父鲁絜非拜见姚鼐。乾隆五十八年（1793），陈用光师从姚鼐学于钟山书院，

① 刘声木：《桐城文学渊源考　桐城文学撰述考》，黄山书社1989年版，第265页。

② 郑福照：《方仪卫先生年谱》，《新编中国名人年谱集成》，台湾商务印书馆1978年版，第16页。

③ 方宗诚：《〈姚惜抱先生年谱〉序》，郑福照：《姚惜抱先生年谱》序，同治七年刻本，第2页。

④ 姚鼐：《陈约堂六十寿序》，姚鼐：《惜抱轩文集》卷八，嘉庆三年刻本，第4页。

历时八个月。姚鼐钟爱陈用光，对他做了很高的评价："年少才骏而志远，固世之异士也。"① 陈用光在钟山书院期间孜孜于学，离开书院后还同姚鼐保持联系，其《太乙舟文集》卷五收录有致姚鼐的书信十二封，多表达姚鼐对他的谆谆教导以及关切之情。陈用光有时还特地前来看望姚鼐，姚鼐的《惜抱轩诗集》收录有他们相聚或相约未至时的一些诗作，如《喜陈硕士至舍，有诗见贻，答之四十韵》《阻风三山夹，因偕陈硕士及儿侄游三华庵，庵内牡丹颇盛而僧不知惜也》《硕士约过舍，久俟不至，余将渡江留书与之，成六十六韵》等。陈用光笃守姚鼐的古文法，"义法谨严，言有体要，淡而弥旨，气韵胚胎欧、曾"。② 他将桐城派古文传入江西地区，如陈学受、陈溥等人便受其惠泽。

除了方东树、陈用光外，姚鼐的其他一些得意弟子如梅曾亮、管同、刘开、毛岳生、姚椿、姚莹等人也师从姚鼐学于书院，其中，方东树、梅曾亮、管同、刘开四人并称为"姚门四杰"③。这些弟子不负姚鼐厚望，都在古文方面有所建树。梅曾亮在为文上，"义法一本之桐城，稍参以归有光，精悍简质，清夷往复，独深于性情，实有精到处，能窥昌黎门径"。管同在为文上，"理精词洁，奇气盘郁而深稳，不轶准绳，如农夫之有畔"。刘开在为文上，"飘忽而多奇，博辨驰骋，光气发露，不可掩遏；体兼众妙而能事各呈，固由圣籍之贯穿，实乃天才之瑰异"。毛岳生在为文上，"根本经术，泽以义法，坚质峻整，铲削生峭；不欲因袭陈轨，随人俯仰"。姚椿在为文上，"文义法高洁，不事雕琢，磅礴而出，和平淳雅，穆然雅音，实以度胜，而中含实理，得桐城之正绪"。姚莹在为文上，"洞达世务，激昂奋发，磊落自喜，论事之作尤能自出机杼"。④ 姚鼐学识渊博，待人宽厚，喜导人善，诲人不倦，有口皆碑，深受爱戴。《清史稿》称："（姚鼐）接人极和蔼，无贵贱皆乐与尽欢，而义所不可，

---

① 姚鼐：《陈约堂六十寿序》，姚鼐：《惜抱轩文集》卷八，嘉庆三年刻本，第4页。

② 刘声木：《桐城文学渊源考　桐城文学撰述考》，黄山书社1989年版，第161页。

③ 姚莹在《惜抱先生〈与管异之书〉跋》中指出："当时异之与梅伯言、方植之、刘孟涂称姚门四杰。"（姚莹：《东溟文集·后集》卷十，同治六年刻本，第13页）曾国藩在《〈欧阳生文集〉序》中述及姚鼐四大弟子时，易刘开为姚莹。（曾国藩：《曾文正公文集》卷三，同治十三年刻本，第19页）

④ 刘声木：《桐城文学渊源考　桐城文学撰述考》，黄山书社1989年版，第159、160、171、222、243页。

则确乎不易其所守。世言学品兼备，推鼐无异词。"① 姚鼐主讲书院期间，士子蜂拥而至，以投入门下为荣事，"或越千里从学，四方贤隽自达官以致学人士，过先生所在必求见焉"。② 姚鼐对待学术兼容并蓄、不斥异己，即使学术与其异趣者，也见之必亲，"退居四十余年，学日以盛，望日以重，其初学者尚未知信从，及既老而依慕之者弥众，咸以为词迈于望溪而理深于海峰，盖天下之公言，非从游者阿好之私言也"。③ 姚鼐这种虚怀若谷的精神，既有力成就了自身古文，又大大增强了他的影响力。

姚鼐主讲书院期间，常同友人、弟子互致书信谈学论文，通过书信的方式来传播古文思想。嘉庆元年（1796），姚鼐主讲钟山书院期间曾致信秦小岘（秦受古文法于姚鼐），他在信中提出，学问有义理、文章、考证之分：

> 鼐尝谓天下学问之事有义理、文章、考证三者之分，异趋而同，为不可废。一途之中歧分而为众家，遂至于百十家。同一家矣，而人之才性偏胜，所取之径域，又有能有不能焉。凡执其所能为而呲其所不为者，皆陋也。必兼收之，乃足为善。若如鼐之才，虽一家之长犹未有足称，亦何以言其兼者？天下之大，要必有豪杰兴焉，尽收具美，能祛末士一偏之蔽，为群材大成之宗者。④

这种思想在姚鼐为友人王昶《述庵文钞》所作的序中也有所体现，他在序中指出，应处理好义理、文章、考证三者之间的关系：

> 余尝论学问之事有三端焉，曰：义理也，考证也，文章也。是三者苟善用之，则皆足以相济；苟不善用之，则或至于相害。今夫博学强识而善言德行者，因文之贵也；寡闻而浅识者，因文之陋也。然而世有言义理之过者，其辞芜杂俚近如语录而不文；为考证之过者，至繁碎缴绕而语不可了当。以为文之至美而反以为病者，何哉？其故由

---

① 赵尔巽等：《清史稿》卷四百八十五，中华书局1998年版，第13396页。
② 姚莹：《朝议大夫刑部郎中加四品衔从祖惜抱先生行状》，姚莹：《东溟文集》卷六，同治六年刻本，第9页。
③ 陈用光：《姚先生行状》，陈用光：《太乙舟文集》卷三，道光二十三年刻本，第15页。
④ 姚鼐：《复秦小岘书》，姚鼐：《惜抱轩文集》卷六，嘉庆三年刻本，第21—22页。

于自喜之太过而智昧于所当择也。①

清代学者戴震也指出："古今学问之途，其大致有三：或事于理义，或事于制数，或事于文章。事于文章者，等而末者也。"② 戴震虽然认为学问有义理、制数（即考证）、文章之分，不过他轻视文章。戴震主要的精力虽然是忙于考证，不过其终极关怀在于义理。义理、考证、文章对于戴震而言，义理为上，考证次之，文章为末③。从姚鼐歧学问为义理、文章、考证三类以及认为此三类不可偏废的观点中，我们可以得出如下两点认识：其一，与戴震有所不同，姚鼐既重视文章，又重视义理与考证。只不过在对待义理与考证的问题上，姚鼐尊奉义理为主、考证为辅的原则，刘开为姚鼐八十寿辰作序时一语道破此点："天下习义理者之游心高远而薄视典物，矜考据者之专心制度而不通理宜，其势必至于相争而不已也，故兼取古人之长，使之相反而可相资，而必义理为主以正其原，考据为辅以致其确。"④ 需要说明的是，戴震与姚鼐虽然都重视义理，不过二者有别，姚鼐重视宋代理学，而戴震的义理观与宋代理学多相抵触。其二，文章之

① 姚鼐：《〈述庵文钞〉序》，姚鼐：《惜抱轩文集》卷四，嘉庆三年刻本，第20—21页。姚鼐提出的学问有义理、文章、考证之分的观点对清代书院文学教育有所影响。有些施教者认为姚鼐此说精当，如湖南玉潭书院学规指出："学问之事，不外姚先生惜抱所称义理、考据、辞章者是也。"（逊学斋主人：《玉潭书院学约》，邓洪波主编：《中国书院学规集成》第二卷，中西书局2011年版，第1132页）有些施教者认为姚鼐此说有待补充，如四川东川书院学规指出："姚姬传氏谓学问之途有三：曰义理，曰辞章，曰考据。湘乡曾文正公论学添入经济一门，尤为完备。盖四者即孔门之四科也，学者资性各有所近，当择而为之。"（江瀚：《东川书院学规》，邓洪波主编：《中国书院学规集成》第三卷，中西书局2011年版，第1419页）有些施教者认为姚鼐此说多余，如湖南澧阳书院学规指出："学问之事，惜抱姚氏分义理、考据、词章为三，此骈枝之说也。考据者，据义理而考之，典章文物，必考其合义理否也，不然，何取乎考据也。词章者，所以发挥义理也，不然，何以异于庸滥之八股也。周秦汉魏诸子，其说理多粹，唐宋大家，自韩、李、欧、曾而外，其说理多浮，国朝顾、阎、毛、戴诸先生，虽皆逐末忘本，而其中亦不无可取。惟据义理以定取舍，庶不成为猖狂浮游之说。所谓义理者，即此心之虚灵不昧，而好恶与人相近者也，岂有他哉！"（李瀚昌：《澧阳书院学约》，邓洪波主编：《中国书院学规集成》第二卷，中西书局2011年版，第1205—1206页）

② 戴震：《与方希原书》，戴震著，杨应芹、诸伟奇主编：《戴震全书》第六册，黄山书社2010年版，第373页。

③ 余英时先生在《戴震的选择——考证与义理之间》一文中对戴震的学术选择做过详细的论述。（余英时：《人文与理性的中国》，何俊编，程嫩生、罗群等译，上海古籍出版社2007年版，第175—200页）

④ 刘开：《姬传先生八十寿序》，刘开：《刘孟涂文集》卷六，道光六年刻本，第9页。

学在中国古代社会长期处于压制的状态，姚鼐通过将文章与义理、考证相提并论来对文章加以肯定，从而拔擢了文章的地位。古文思想的传播基于文章地位的确立，充分肯定文章的地位，大大有利于古文思想的传播，就此点而言，姚鼐的《复秦小岘书》以及《〈述庵文钞〉序》等文，为桐城派古文思想的传播夯实了基础。

乾隆三十八年（1773），在刘统勋、朱筠的引荐下，姚鼐有幸成为四库馆臣，不过时间短暂，翌年（1774）秋就以疾辞。姚鼐乞归的原因与纂修期间的学术环境有关，当时四库馆臣多为考证学家，尊奉汉代训诂考证之学，诋毁宋代义理性命之学。姚鼐尊崇程朱，视程朱为不祧之祖，他认为，程朱学术虽有缺失，"正之可也，正之而诋毁之、讪笑之，是诋讪父师也"。① 因此，姚鼐对一些四库馆臣诋毁程朱之举多有不满（主要是对以戴震为首的考证学家深有不满②）。加之姚鼐优于古文而拙于考证，

① 姚鼐：《再复简斋书》，姚鼐：《惜抱轩文集》卷六，嘉庆三年刻本，第 19 页。
② 姚鼐与戴震同为安徽人，二人之间的关系有些复杂。姚鼐曾拜戴震为师，遭婉言拒绝。戴震认为，友为师之半，为人师不如与人友，愿与姚鼐结为友人。（戴震：《与姚孝廉姬传书》，戴震著，杨应芹、诸伟奇主编：《戴震全书》第六册，黄山书社 2010 年版，第 371 页）尽管戴震轻视文章，不过他拒绝姚鼐与学术兴趣的不同没有多少关联，原因有二：其一，学术兴趣可以转移，中国古代学者转移学术兴趣的事例不胜枚举，如戴震经历了由考证学到义理学的学术转变，王国维经历了由哲学到文学再到文字学与史学的学术转变。其二，热衷于考证学的段玉裁在后来拜戴震为师时也遭受拒绝。由于段玉裁在拜师上过于执著，因此最终方获成功，如果姚鼐在拜师上锲而不舍，成功的几率也很高。戴震比姚鼐年长八岁，比段玉裁年长十二岁，他拒绝姚鼐与段玉裁，应该与年龄相仿有关。纵观戴震一生，授徒课业是常有之事，不过所授之徒如王念孙、裘行简、孔广森、汪灼等人都比戴震年幼二十岁以上，因此对于年龄相仿者而言，戴震最愿意结为友人而不是为人师。他拒绝段玉裁也是以结为友人为由，在段玉裁的再三请求下，戴震才勉强收他为徒。（详见段玉裁著，杨应芹先生订补《戴东原年谱订补》，戴震著，杨应芹、诸伟奇主编：《戴震全书》第七册，黄山书社 2010 年版，第 155 页）今天看来，姚鼐拜师失败是件好事，正是由于遭拒，姚鼐才能安心地从事古文的创作与研究，为桐城派古文的发展做出了卓越贡献。要是拜师成功，姚鼐也会像段玉裁一样成为一名皖派弟子，潜心于考证学研究，清代文坛就不会出现桐城派这一光彩夺目的古文流派（皖派可以没有姚鼐，但是桐城派不能没有姚鼐，因为姚鼐是桐城派集大成者，没有姚鼐，也就没有桐城派）。姚鼐早年拜戴震为师，后来却与戴震交恶，之所以出现这样巨大的反差，与姚鼐在四库馆中受到以戴震为首的考证学家的学术冲击有着重要关联，张成权、王达敏、潘务正等人对此问题有过论述。［张成权：《从清代前期学术流变看桐城派与"汉学"关系——"桐城派与汉宋学之争"札记二》，《合肥学院学报》（社会科学版）2007 年第 6 期，第 11 页；王达敏：《姚鼐与乾嘉学派》，学苑出版社 2007 年版，第 31—45 页；潘务正：《姚鼐辞四库馆探因》，《安庆师范学院学报》（社会科学版）2007 年第 6 期，第 81—83 页］在孤立无援的情形下，姚鼐只得退出四库馆这块是非之地。对于姚鼐而言，四库馆既是荣耀

处于四库馆这一考证学大本营会深感压力重重，姚鼐为姚鼐撰写行状时，曾述及当时的尴尬情形，"纂修者竞尚新奇，厌薄宋元以来儒者，以为空疏，掊击讪笑之不遗余力。先生往复辩论，诸公虽无以难而莫能助也"。[①] 鼐在势单力薄的窘境中急流勇退，应为明智之举。姚鼐从四库馆中退出后的第三年，即乾隆四十一年（1776），姚鼐好友、两淮盐运使朱孝纯在扬州修建梅花书院，聘请姚鼐为山长。姚鼐自从出任梅花书院山长后，在书院教育上一发而不可收，后来又相继担任敬敷书院、紫阳书院以及钟山书院的山长，献身书院教育事业长达近四十年的时间。姚鼐主讲各地书院期间，将书院作为传播古文思想的重要阵地，为桐城派古文的发展做出了卓越贡献。

古文重视明道，姚鼐不仅将明道贯穿于古文创作中，而且将明道应用于日常生活中。姚鼐主讲书院期间，屡次将自己所得的束脩以及友人、门生馈赠的礼物转送于宗族中的一些贫困知交，出手时毫不吝惜。晚年主讲钟山书院期间，原本有着集资建房定居江宁的打算，不过后来由于资助贫友而未果。从这些鲜活的事例中我们可以看出，姚鼐不仅是一位成就卓荦的古文家，而且是一位乐善好施的仁者，能将作文与修身很好地结合起来，在为文与为人两个方面都堪称典范。正如杰出的古文成就对弟子有着重大影响一样，姚鼐高尚的道德情怀也会对弟子产生重大影响。

二 《古文辞类纂》的编纂与流布

方苞、刘大櫆、姚鼐都重视编纂古文选本，分别编有《古文约选》《唐宋八家文选》《古文辞类纂》（清人李承渊认为，"纂"是"篹"的讹字，笔者论述时采用通行的"纂"字，特作说明）。由于当时的坊刻没有

场（荣幸入选四库馆臣），又是失乐园（处于困境被迫退出）。在四库馆中发生的种种不快会成为姚鼐的一个心结，后来对包括戴震在内的一些反朱学者爆发的泄愤之辞，正是姚鼐释放这个心结的重要表现。值得注意的是，乾隆年间在四库馆中呈现出来的汉、宋学术之争在嘉道之交的阮元幕府中重演。嘉庆末年至道光初年，阮元任两广总督，当时不少著名学者汇聚于阮元幕府，这其中就有惠栋的再传弟子江藩以及姚鼐的得意弟子方东树。江藩曾撰有《国朝汉学师承记》，标榜汉学而诋毁宋学，引起方东树的强烈不满，方东树在幕府期间撰写《汉学商兑》，力陈汉学诸弊，又将汉、宋学术之争推进了一步。

① 姚莹：《朝议大夫刑部郎中加四品衔从祖惜抱先生行状》，姚莹：《东溟文集》卷六，同治六年刻本，第7页。

古文善本，加之康熙皇帝御选的《古文渊鉴》闳博深远，初学者难以遍观①，因此方苞筛选两汉书疏及唐宋八家之文而成《古文约选》，为初学古文者提供方便。刘大櫆编纂《唐宋八家文选》历时漫长，"自少至老，稿凡数易，行年八十，乃有定本，寝疾之时，犹皇皇厘定评录"。该作"广大宽博，评定精审"②，不过可惜的是，该作未刊行于世，后多散佚，遂不为人知。《古文辞类纂》是姚鼐在乾隆四十四年（1779）编纂而成，姚鼐编纂该作是为了书院教学的需要，为生徒研习提供有益的指导。姚鼐在年少时，师从伯父姚范以及刘大櫆研习古文，深受二位思想的影响，"少究其义，未之深学也。其后游宦数十年，益不得暇，独以幼所闻者置之胸臆而已"。③尽管刘大櫆的《唐宋八家文选》散佚不传，但其思想被姚鼐在《古文辞类纂》中继承了下来。

方苞在古文上倡导义法说，他认为："义即《易》之所谓'言有物也'，法即《易》之所谓'言有序'也。义以为经而法纬之，然后为成体之文。"④可见，义指内容而法指形式。方苞的义法理论有些宽泛，其弟子刘大櫆又做了进一步的阐发。刘大櫆主张，为文重视神气，要尊奉以神为主、以气为辅的原则，"神者，文家之宝。文章最要气盛，然无神以主之，则气无所附，荡乎不知其所归也。神者气之主，气者神之用。神只是气之精处。古人文章可告人者惟法耳，然不得其神而徒守其法，则死法而已"。刘大櫆进而指出，除了重视神气外，还要注意音节与字句，他对神气、音节以及字句三者之间的关系做了如下阐述：

　　神气者，文之最精处也；音节者，文之稍粗处也；字句者，文之最粗处也。然论文而至于字句，则文之能事尽矣。盖音节者，神气之迹也；字句者，音节之矩也。神气不可见，于音节见之；音节无可准，以字句准之。

　　音节高则神气必高，音节下则神气必下，故音节为神气之迹。一

---

　　① 方苞：《〈古文约选〉序例》，方苞：《望溪先生文集·集外文》卷四，咸丰元年刻本，第 13 页。

　　② 萧穆：《刘海峰先生〈唐宋八家文选〉序》，萧穆：《敬孚类藁》卷二，光绪三十三年刻本，第 15—16 页。

　　③ 姚鼐编：《古文辞类纂》序目，光绪二十七年求要堂刻本，第 1 页。

　　④ 方苞：《又书货殖传后》，方苞：《望溪先生文集》卷二，咸丰元年刻本，第 20 页。

句之中，或多一字，或少一字；一字之中，或用平声，或用仄声；同一平字仄字，或用阴平、阳平、上声、去声、入声，则音节迥异，故字句为音节之矩。积字成句，积句成章，积章成篇。合而读之，音节见矣；歌而咏之，神气出矣。①

刘大櫆从精粗的角度将文划为神气、音节、字句三个部分，尽管三者精粗有别，但是它们环环相扣，缺一不可。书要读得通贯，方能见其精髓。刘大櫆认为，学习神气、音节时要重视诵读古文，在诵读时用心揣摩，才会做到与古人的思想相通，"其要只在读古人文字时，便设以此身代古人说话，一吞一吐，皆由彼而不由我。烂熟后，我之神气即古人之神气，古人之音节都在我喉吻间，合我喉吻者便是与古人神气音节相似处。久之，自然铿锵发金石声"。②刘大櫆所言诵读法是古人读书的常用方法，如宋代朱熹就极为重视此法，他认为："大抵观书先须熟读，使其言皆若出于吾之口；继以精思，使其意皆若出于吾之心，然后可以有得尔。"朱熹还以吃果子为喻说明，书经反复诵读，方能深得滋味，"大凡读书，须是熟读。熟读了，自精熟，精熟后，理自见得。如吃果子一般，劈头方咬开，未见滋味，便吃了。须是细嚼教烂，则滋味自出，方始识得这个是甜是苦是甘是辛，始为知味"。③可见，无论是习文抑或问学，诵读都是值得使用的佳法。

在古文理论方面，姚鼐吸收并发展了刘大櫆的思想。姚鼐认为，文有八种要素：神、理、气、味、格、律、声、色。他也从精粗的角度将文划分为二："神、理、气、味者，文之精也；格、律、声、色者，文之粗也。"姚鼐也认为，研习古文需要经历一个由粗趋精的过程，"然苟舍其粗，则精者亦胡以寓焉？学者之于古人，必始而遇其粗，中而遇其精，终则御其精者而遗其粗者"。姚鼐进一步指出，研习古文重在模仿，模仿时要由粗趋精，先袭其貌、后遗其貌而得其神。他认为，在众多作家中，韩愈最擅长模仿古人，模仿时由于尽变古人形貌，因此难寻其迹，其他一些

① 刘大櫆：《论文偶记》第十三条、第十四条，刘大櫆、吴德旋、林纾：《论文偶记　初月楼古文绪论　春觉斋论文》，人民文学出版社 1959 年版，第 3—6 页。

② 刘大櫆：《论文偶记》第二十九条，刘大櫆、吴德旋、林纾：《论文偶记　初月楼古文绪论　春觉斋论文》，人民文学出版社 1959 年版，第 12 页。

③ 黎靖德编：《朱子语类》卷十，中华书局 1986 年版，第 167、168 页。

作家模仿时由于过似古人形貌，因此易寻其迹。不过对于一些泥古之作，姚鼐认为，也有必要研习，不可摒弃，只是研习时要能了解其蔽①。只有了解其蔽，才能有所警觉，避免以后作文重蹈覆辙。姚鼐所言由粗趋精的观点，不仅对清代书院文学教育有所影响，而且对清代书院经学教育有所影响，如四川学政张之洞教育当地尊经书院生徒时指出，各门经学难易不一，学习时需要灵活对待，其中，"《易》道深微，语简文古，训诂、礼制在他经为精，在《易》为粗。所谓至精，乃在阴阳变化消息，然非得其粗者，无由遇其精者（此姚姬传论学古文法，援之以为治《易》法，精者可遇而不可凿，凿则妄矣）"。②

刘大櫆在《唐宋八家文选》中将古文分为八类：议论、奏疏、书、序、记、碑志、祭文、杂文，姚鼐在《古文辞类纂》中将古文辞分为十三类：论辨、序跋、奏议、书说、赠序、诏令、传状、碑志、杂记、箴铭、颂赞、辞赋、哀祭。刘大櫆与姚鼐都在文体划分上清晰了然，一改过去繁琐之病。他们的文体分类虽然数量有别，内容大致相同。与刘大櫆相较，姚鼐拓宽了古文范围，将辞赋类作品纳入其中。《古文辞类纂》序目对十三类古文辞做了提纲挈领的综述，有着辨章学术、考镜源流的功效，此处试以碑志类序目为例来作说明：

> 碑志类者，其体本于《诗》，歌颂功德，其用施于金石。周之时有石鼓刻文，秦刻石于巡狩所经过，汉人作碑文，又加以序。序之体，盖秦刻琅邪具之矣。茅顺甫讥韩文公碑序异史迁，此非知言。金石之文，自与史家异体，如文公作文，岂必以效司马氏为工耶？志者，识也。或立石墓上，或埋之圹中，古人皆曰志。为之铭者，所以识之之辞也。然恐人观之不详，故又为序。世或以石立墓上，曰碑曰表。埋，乃曰志。及分志、铭二之，独呼前序曰志者，皆失其义。盖自欧阳公不能辨矣。③

---

①　姚鼐编：《古文辞类纂》序目，光绪二十七年求要堂刻本，第16页。
②　张之洞：《輶轩语》，张之洞：《张文襄公全集》卷二百零四，中国书店1990年版，第16页。
③　姚鼐编：《古文辞类纂》序目，光绪二十七年求要堂刻本，第10页。

姚鼐首先指出，碑志类文体源于《诗经》，历史悠久，用于金石，多为歌功颂德，然后对碑序是否要合乎史笔以及志、铭、序三者有何区别等问题进行了考辨。他将考证方法贯穿于文体源流的阐述中，使得论述的可信度大大增强。

姚鼐认为，文无所谓古今，惟其当而已。"得其当，则六经至于今日，其为道也一。知其所以当，则于古虽远，而于今取法，如衣食之不可释"。①《古文辞类纂》是姚鼐筛选历代精当的古文作品而成，其时代上启秦汉、下逮明清，如先秦《楚辞》《战国策》，汉代《史记》《汉书》以及贾谊、晁错、东方朔、司马相如、扬雄、淮南小山、班固、张衡等人古文辞，唐宋八大家古文，明代归有光古文，清代方苞、刘大櫆古文，凡七百余篇。在这些作品中，姚鼐对唐宋古文佳构的搜集着力最多，此举深受刘大櫆的影响（刘大櫆认为"八家之外无文"②，他编写《唐宋八家文选》就是为了阐扬唐宋古文）。《古文辞类纂》的成就巨大，吴本刊刻者吴启昌评价该作时云："搜之也博，择之也精，考之也明，论之也确。"③四川学政张之洞评价该作时云："文以国朝姚鼐《古文辞类纂》最为善本，为其体例分明，评点精妙，校雠详审。"④ 文献学家刘声木评价该作时云："超然远识，古雅有法，奄出历代选本之上，为六经以后一书，尤为海内所传诵；世之欲学文者不由是而进之，譬由行荆棘而弃康庄，欲至国都不可得也。"⑤《古文辞类纂》分类简明、选文精当，为古文选本佳作，对后来古文研习以及古文发展产生了重大影响，王拯、吴汝纶、姚永概、高步瀛等众多桐城派后学对《古文辞类纂》进行过评点、校勘或注释，曾国藩的《经史百家杂钞》、黎庶昌的《续古文辞类纂》等作在文体

---

① 姚鼐编：《古文辞类纂》序目，光绪二十七年求要堂刻本，第 1 页。清人刘熙载也指出，为文虽重视法古，但更重视得当，"文贵法古，然患先有一古字横于胸中。盖文惟其是，惟其真。舍是与真，而于形模求古，所贵于古者果如是乎？"（刘熙载：《艺概》卷一，上海古籍出版社1978 年版，第 46 页）刘熙载所言之"是"与"真"和姚鼐所言之"当"实质相同。

② 萧穆：《刘海峰先生〈唐宋八家文选〉序》，萧穆：《敬孚类藁》卷二，光绪三十三年刻本，第 16 页。

③ 吴启昌：《吴刻〈古文辞类纂〉序》，姚鼐编：《古文辞类纂》附录，光绪二十七年求要堂刻本，第 6 页。

④ 张之洞：《輶轩语》，张之洞：《张文襄公全集》卷二百零四，中国书店 1990 年版，第25 页。

⑤ 刘声木：《桐城文学渊源考　桐城文学撰述考》，黄山书社 1989 年版，第 157 页。

分类上受到《古文辞类纂》的惠泽。当然，《古文辞类纂》也存在着缺憾，如未收录先秦诸子散文（姚鼐未收录这些作品的理由是，"孔孟之道与文，至矣。自老庄以降，道有是非，文有工拙，今悉以子家不录，录自贾生始"①），将楚辞类作品肢解为辞赋类与哀祭类。总体观之，《古文辞类纂》的成就斐然，备受后人推崇。

《古文辞类纂》的初稿成于乾隆四十四年（1779），姚鼐在后来的书院教学中，又进行了反复修订、详加评注："盖先生之学与年俱进，晚年造诣益深，其衡鉴古人文字尤精且密矣。"② 由于《古文辞类纂》未能及时刊刻，因此该作在很长的时间内都以抄本的形式流传，直到嘉庆末年才有刻本，此后刻本层出不穷。《古文辞类纂》刻本的诞生意义重大，可使该作流布海内（刘大櫆的《唐宋八家文选》由于未能刊刻，影响力远远不逮《古文辞类纂》）。在《古文辞类纂》的所有刻本中，有三种版本具有代表性：其一，嘉庆二十五年（1820）的康本。姚鼐弟子康绍镛依据李兆洛所藏姚鼐在乾隆年间（1736—1795）的订本刊刻，保留了姚鼐的评点，凡七十四卷。其二，道光五年（1825）的吴本。姚鼐弟子吴启昌依据姚鼐晚年在钟山书院的订本刊刻，未保留姚鼐的评点，凡七十五卷。其三，光绪二十七年（1901）的求要堂本。李承渊依据姚鼐晚年传给幼子的订本以及参照众本刊刻，保留了姚鼐的评点，凡七十五卷。《古文辞类纂》是姚鼐主讲书院期间的重要教材，刊刻以后又成为众多书院古文教育的重要范本，如福建致用堂的施教者认为："《古文辞类纂》分十三类，各体皆备，循而习之，古文之法思过半矣。"③ 四川东川书院的施教者认为："姚氏《古文辞类纂》操觚家圭臬也，永当人置一编。"④ 直至民国时期，浙江灵峰精舍的施教者还主张："古文以姚氏《古文辞类纂》

---

① 姚鼐编：《古文辞类纂》序目，光绪二十七年求要堂刻本，第1页。方苞在《古文约选》中也不收录先秦诸子散文，原因是，"主于指事类情，汪洋自恣，不可绳以篇法，其篇法完具者间亦有之，而体制亦别，故概弗采录，览者当自得之"。（方苞：《〈古文约选〉序例》，方苞：《望溪先生文集·集外文》卷四，咸丰元年刻本，第14页）可见，在不收录先秦诸子散文的问题上，姚鼐受到了方苞的影响。

② 李承渊：《校刊〈古文辞类纂〉后序》，姚鼐编：《古文辞类纂》附录，光绪二十七年求要堂刻本，第1页。

③ 吴崧甫：《两浙校士录》，王凯泰编：《致用堂志略》规约，同治十二年刻本，第29页。

④ 江瀚：《东川书院学规》，邓洪波主编：《中国书院学规集成》第三卷，中西书局2011年版，第1421页。

所选为善，就姚选中择精数百篇读之，必须字字烂熟胸中，方能得益。"①
由于重视《古文辞类纂》研习，清代一些书院藏有该作，如广东端溪书
院、浙江凤梧书院、河南明道书院、河北天桂书院、江西象山书院、福建
致用堂等诸多书院都重视收藏《古文辞类纂》。从清代书院重视研习以及
重视收藏《古文辞类纂》的举动中可知，姚鼐的古文思想对清代书院文
学教育产生了重要影响，在众多书院深深扎下了根基。

三 桐城派后学主讲书院期间的古文思想传播

桐城派的发展与壮大，得力于桐城派作家在各地书院的讲学。方苞、
刘大櫆、姚鼐的诸多弟子先后主讲过全国各地大大小小的书院。在方苞弟
子中，刘大櫆主讲过安徽问政书院、安徽敬敷书院，叶酉主讲过江苏钟山
书院，官献瑶主讲过福建鳌峰书院；在刘大櫆弟子中，姚鼐主讲过江苏梅
花书院、安徽敬敷书院、安徽紫阳书院、江苏钟山书院，王灼主讲过安徽
东山书院，张敏求主讲过陕西、河南等地的一些书院；在姚鼐弟子中，方
东树主讲过广东韶阳书院、安徽庐阳书院、安徽松滋书院、安徽东山书
院，梅曾亮主讲过江苏梅花书院，刘开主讲过大雷书院（地址不详），姚
椿主讲过湖北荆南书院、河南彝山书院（或作夷山书院），姚莹主讲过广
东榄山书院。这些作家主讲书院期间都重视桐城派古文教育，有力推动了
桐城派古文思想的传播。教育思想重在薪火相传，文派的发展与壮大，需
要有很多追随者为之摇旗呐喊。除了方苞、刘大櫆、姚鼐的一些弟子执教
书院传授古文外，他们的很多再传弟子或后学者们也将书院作为传授古文
的重要阵地。为了不泛泛而谈，笔者选择以安徽桐乡书院以及河北莲池书
院的古文教育为例展开论述。

道光至咸丰年间（1821—1861），桐城派古文思想在安徽本土的传播
得力于桐乡书院。桐乡书院位于桐城北乡孔城，是由戴钧衡、文汉光等人
创建。戴钧衡（1814—1855），字存庄，号蓉洲，安徽桐城人，道光二十
九年（1849）举人。文汉光，原名聚奎，字钟甫，安徽桐城人，咸丰元
年（1851）举孝廉方正。道光二十年（1840），方东树自广东归里，戴钧
衡、文汉光、方宗诚师从他研习古文。道光二十年（1840）五月，举人

---

① 夏震武：《灵峰精舍学规》，邓洪波主编：《中国书院学规集成》第一卷，中西书局2011
年版，第346—347页。

刘宅俊在桐城乡居期间，与戴钧衡、文汉光言及创建桐乡书院一事，戴、文二人此时正在编纂《古桐乡诗选》，闻之欣然[①]。戴钧衡、文汉光后来又联络了其他一些乡绅、文士，在该年秋天购得当地汪氏住宅，拟改建为桐乡书院。翌年（1841）二月动工，九月竣工。

为了给桐乡书院教育提供具体的指导，戴钧衡撰写了《书院杂议四首》，内容包括择山长、祀乡贤、课经学、藏书籍四个方面。他在祀乡贤中指出，书院祭祀是为了景仰先贤、培植道德，桐城在唐宋以前贤哲罕见，自明代正德以迄清代，敦行讲学者不乏其人，其中，明代何省斋、方学渐以及清代方苞、姚鼐四位学识渊博、声名远扬。何省斋始开桐城学风，方学渐讲学四方，方苞学行笃实纯粹，而姚鼐出类拔萃，这四位是明代以来桑梓名贤，名在当时，功垂后世，应该供奉祭祀，不过在这四贤当中难以产生主祀。由于桐城隶属安庆，安庆与朱熹故里徽州毗邻，这四贤又都尊崇朱熹，因此戴钧衡建议，将朱熹作为主祀[②]。古文创作要以学识为根基，在明清桐城四贤中，方苞与姚鼐的为文分别以学、识取胜，方东树为方苞年谱作序时指出："望溪之学、海峰之才、惜抱（姚鼐，室名惜抱轩，人称'惜抱先生'）之识，尤各臻其独胜焉。"[③] 在才、学、识三者之中，识显得尤为重要，清人刘熙载指出："文以识为主。认题立意，非识之高卓精审，无以中要。才、学、识三长，识为尤重，岂独作史然耶？"[④] 姚鼐之所以成为桐城派集大成者，是由于其识高卓，超越前贤。桐乡书院将方苞、姚鼐作为祭祀对象，表明该院以弘扬桐城派古文以及传播桐城派古文思想作为重要使命。

戴钧衡、文汉光等人建成桐乡书院后，招收生徒肄业其中，为家乡教育做出了重要贡献，也为桐城派古文的发展做出了重要贡献。当时桑梓俊

---

① 道光六年，邑人刘存庄、潘楫在桐城西乡双港建立天城书院，此时贡生伍鸾谋求在北乡建立书院，可惜当时知音稀少而此事未遂。道光二十年，刘宅俊、戴钧衡、文汉光三人复兴此议并获得了成功，终于在北乡孔城建立桐乡书院。此次兴建桐乡书院，与刘宅俊、戴钧衡、文汉光三人的一次笑谈有关，刘宅俊后来述及此事时指出，"曩庚子岁，桐乡诸君议建书院不决，余偶因谈笑间以言激钟甫、存庄二子，遂决然议兴"。（佚名编：《桐乡书院志》卷六，清刻本，第22页）

② 戴钧衡：《书院杂议四首》，佚名编：《桐乡书院志》卷六，清刻本，第15—17页。

③ 方东树：《〈望溪先生年谱〉序》，方东树：《考盘集文录》卷四，光绪二十年刻本，第34页。

④ 刘熙载：《艺概》卷一，上海古籍出版社1978年版，第38页。

才刘宅俊、马瑞辰、光聪谐纷纷赋诗颂扬他们的办学之举，诗作内容可见表6—3。

表6—3

诗题	作者	诗作内容
《将之任广西，留别桐乡书院诸友》	刘宅俊	移家向山市，得亲诸子贤。 谈笑起胶庠，任事何精坚。 我行入京师，小别今五年。 归来展旧欢，惊我霜盈颠。 一官除广西，万里孤帆悬。 走别精庐中，乃值开讲筵。 群英萃济济，抒藻何翩翩。 人才若春草，随地根荄全。 但得东风来，勃尔生芊芊。 吾乡夙诗礼，矧此时陶甄。 我去苦依恋，诸友皆流连。 他时归去来，愿老于此间
《寄题桐乡书院》	马瑞辰	金台首善万方宗，课启桐乡秀特钟。 三载功成前大令，千秋地属汉司农。 西河风味先弦诵，东道师资仗率从。 安得龙眠如虎踞，卅年教授接鸡笼
《桐乡书院落成》	光聪谐	桐乡山市未尘氛，只为名贤递有闻。 两世卯金曾竞爽，一时连璧又超群。 况传精舍开新构，更卜英才接远芬。 我若老容陪讲席，频遭论夺也欣欣①

上述诗作，或表彰戴钧衡、文汉光等人的教育贡献，如刘宅俊的"群英萃济济，抒藻何翩翩"；或勉励戴钧衡、文汉光等人继承姚鼐的教育遗志，如马瑞辰的"安得龙眠如虎踞，卅年教授接鸡笼"（马瑞辰自注此处的诗句为："先太舅姚惜翁主讲钟山最久，鄙意亦望桐乡山长之得人也"②）；或肯定戴钧衡、文汉光等人卓越的才华，如光聪谐的"两世卯金

---

① 本表内容依据佚名编《桐乡书院志》（卷六，清刻本，第22—23页）整理制作而成。
② 佚名编：《桐乡书院志》卷六，清刻本，第22页。

曾竞爽，一时连璧又超群"。

　　戴钧衡主讲桐乡书院期间，不仅关注家乡的教育事业，而且关注家乡的文学发展。咸丰二年（1852）春，戴钧衡与方宗诚在一起讨论桐城文学时一致认为，桐城文学以清代为盛，出现了方苞、刘大櫆、姚鼐三位文学巨匠，"（三位）如太华三峰，矗立云表，虽造就面目各不相同，而皆足继唐宋八家文章之正规，与明归熙甫相伯仲"，此外，还涌现了一批娴熟文学的作家，"三先生外，其前后及同时者，无虑五六十家，虽不足尽登作者之堂，而其各有所得，堪以名家者复数人"。① 康熙年间（1662—1722），桐城文士何存斋与李芥须编有桐城文集《龙眠古文》，多为明代时期桐城作家的作品。为了使清代时期桐城作家的作品很好地保存下来，从而达到以先贤的流风余韵来激励桐城后人的目的，戴钧衡与方宗诚商议编纂《桐城文录》。该作在收录作品时，以有关义理、经济、事实、考证者为主，尊奉理高词雅的原则，空文无事理或有事理而文鄙俗者不录，按照时代划分卷次，"其大家或数卷至十余卷，其足名一家者或数卷至一卷，而杂家则数人一卷以附之"。② 该作编纂后来由于太平军攻破桐城而受阻，"自城陷后，藏书之家，多被焚掠，心所知者，尚有数人，无可访问"③，而戴钧衡赴怀远避乱期间闻知全家遇难，悲愤而死。之后，方宗诚在方宗屏、萧穆等友人的帮助下完成了该作。

　　光绪年间（1875—1908），桐城派古文思想在河北地区的传播得力于莲池书院。张裕钊、吴汝纶既是莲池书院的两位山长，又是中兴桐城派古文的两员健将，在桐城派古文教育方面成就卓著。张裕钊（1823—1894），字廉卿，湖北武昌人，道光二十六年（1846）举人。吴汝纶（1840—1903），安徽桐城人，字挚甫，同治四年（1865）进士。张裕钊尊崇桐城派古文，"自少时治文事，则笃耆桐城方氏、姚氏之说，常诵习其文，私尝怪雍、乾以来百有余年，天下文章乃罕与桐城俪者"。④ 吴汝纶生于桐城故里，年幼时就对乡邦文化耳濡目染，弘扬桐城派古文思想是

---

　　①　方宗诚：《〈桐城文录〉序》，杨怀志主编：《清代文坛盟主桐城派》，安徽人民出版社2002年版，第336页。

　　②　同上书，第337页。

　　③　同上。

　　④　张裕钊：《吴育泉先生暨马太宜人六十寿序》，张裕钊：《濂亭文集》卷三，光绪八年刻本，第10页。

他义不容辞的责任。张裕钊、吴汝纶都曾入曾国藩幕府，与黎庶昌、薛福成四人并称为"曾门四弟子"，深受曾国藩推许，曾国藩认为，"吾门人可期有成者，维张、吴两生"。① 光绪九年（1883）四月，张裕钊任莲池书院山长，光绪十四年（1888）秋，离开莲池书院而任湖北江汉书院山长。光绪十五年（1889）二月，不愿仕途有为而心系教育的吴汝纶辞去冀州知州一职，改任莲池书院山长，迄光绪二十八年（1902）初。

张裕钊与吴汝纶二人主讲莲池书院近二十年，造就人才良多。张裕钊主讲莲池书院之际，"日以高文典册，磨砺多士。一时材俊之辈，奋起朋兴，标英声而腾茂实者，先后相继不绝"。② 刘若曾、张以南、孟庆荣、安文澜、纪钜湘、白钟元、蔡如梁、刘彤儒、崔栋等人，是此时的佼佼者。吴汝纶主讲莲池书院之际，以李刚己名声最为响亮。吴汝纶任冀州知州期间，年仅十三岁的李刚己赴冀州试，所作之文深得吴汝纶激赏，由于爱惜其才，吴汝纶将他留在身边，亲自教导。吴汝纶主讲莲池书院期间，也让李刚己入院研习。李刚己在每次课试时成绩突出，其资质令诸生五体投地，他中进士以后，方才离开书院（可惜英年早逝）。除了天才李刚己外，吴汝纶主讲莲池书院期间，还培养了其他一些优秀生徒，如吴镗、刘乃晟、刘登瀛、魏兆麟、赵宗抃、齐福丕、赵衡、王仪型、王振尧、贾恩绂、傅增湘、谷钟秀、常育璋、武锡珏、李景濂、梁建章、韩德铭、尚秉和、马鉴滢、杜之堂、刘培极、刘春堂、刘春霖（清代末科状元）、王延纶、王笃恭、高步瀛、籍忠寅、邓毓怡、邢赞亭。这些生徒大多在古文上有所建树，不少生徒有诗文集传世。由于张裕钊、吴汝纶二人主讲莲池书院期间重视古文教育，"惟上自群经、子、史，下逮百家之言，一以文章衡之，易使人萌偏重之念"，因此及门之士，"以词章蜚声者居多数，而专门经、史考据之学者，十无二三"。③ 张裕钊、吴汝纶二人主讲莲池书院的意义重大，他们一改桐城派古文思想在东南一带传播的现状，将桐城派古文思想引入北方，为桐城派古文在北方的发展夯基铺路。张裕钊与吴汝纶担任山长期间，一些日本学生如冈千仞、宫岛勖斋、上野岩太郎、梅

---

① 赵尔巽等：《清史稿》卷四百八十六，中华书局1998年版，第13442页。

② 邢赞亭：《莲池书院忆旧》，河北省政协文史资料委员会编：《河北文史集粹》教育卷，河北人民出版社1991年版，第2页。

③ 同上书，第7—8页。

原融等人前来问学，又将桐城派古文传入日本，使得桐城派古文在海外产生了一定的影响。

在莲池书院古文教育中，《古文辞类纂》是一部重要的教材，吴汝纶反复强调该作的重要性，他认为："姚选《古文（辞类纂）》为古今第一善本，曾文正一生佩服此书。"① "因思《古文辞类纂》一书，二千年高文略具于此，以为《六经》后之第一书。此后必应改习西学，中国浩如烟海之书，行当废去，独留此书，可令周孔遗文绵延不绝。"② 当时社会上流传的《古文辞类纂》在文字上多有讹谬，为了给士子研读提供一个善本，"（吴汝纶）曾集资买纸，校勘吴、康二本误字，拟于上海石印"。③ 可惜的是，光绪二十六年（1900）八国联军入侵中国后，集资尽失，出版一事遂成泡影。庆幸的是，光绪二十七年（1901），吴汝纶好友萧穆负责校勘的李承渊刻本试版。光绪二十七年（1901）秋，萧穆委托吴汝纶对试版后的样本进行校勘，翌年（1902）三月二十六日，吴汝纶回到莲池书院后着手进行此项工作。尽管吴汝纶之前校勘出书的愿望未能实现，但是协助好友校勘李刻本也是一件美事。在吴汝纶的帮助下，李刻本终于在光绪三十二年（1906）正式刊刻④。民国3年（1914），吴汝纶所作的二卷本《古文辞类纂校勘记》也由京师国群铸一社铅印出版。

吴汝纶是桐城派后学的重要代表，不过他并非以擅长古文自许。当有人请求刊刻他的古文时，遭到了拒绝，他认为："古文最难成，我所作甚少，皆凡下无卓立者。" "岂敢遽刻拙文，以贻讥后贤？"⑤ 吴汝纶深感自己的文章并非鸿文佳构，不配传世，因此把文章传世这一莫大的殊荣寄托

① 吴汝纶：《与裴伯谦》，吴汝纶著，施培毅、徐寿凯校点：《吴汝纶全集》第三册"尺牍卷二"，黄山书社2002年版，第251页。

② 吴汝纶：《答严几道》，吴汝纶著，施培毅、徐寿凯校点：《吴汝纶全集》第三册"尺牍卷二"，黄山书社2002年版，第231页。

③ 吴汝纶著，施培毅、徐寿凯校点：《吴汝纶全集》第四册"日记卷十三"，黄山书社2002年版，第814页。

④ 关于李刻本的刊刻时间以及刊刻经过，周远政、汪祚民等人做过详细的论述。[周远政：《〈古文辞类纂〉版本述略》，《古典文学知识》2003年第5期，第98—105页；汪祚民：《〈古文辞类纂〉李刻本校勘原委与学术价值》，《安庆师范学院学报》（社会科学版）2009年第5期，第1—7页]

⑤ 吴汝纶：《与王子翔》，吴汝纶著，施培毅、徐寿凯校点：《吴汝纶全集》第三册"尺牍卷二"，黄山书社2002年版，第249—250页。

给子孙。吴汝纶非常关心自家孩儿的古文教育，为了给孩儿研读提供有效的指导，光绪二十八年（1902）三月十日，他撰写了《启儿幼读书目录》，内容包括：先秦诸子散文，《战国策》及楚辞，汉代古文，唐宋八大家古文，明代归有光古文，清代方苞、刘大櫆、姚鼐、梅曾亮、曾国藩、张裕钊等人古文。他在《启儿幼读书目录》中所选的古文作品与姚鼐在《古文辞类纂》中所选的古文作品大致相同，不同之处在于，增加了先秦诸子散文以及姚鼐以后的桐城派古文。在所选的桐城派古文作品中，方苞三篇：《送左未生南归序》《白云先生传》《杜苍略先生墓志铭》，刘大櫆两篇：《息争》《送沈荼园序》，姚鼐七篇：《复张君书》《复鲁絜非书》《赠钱献之序》《南园诗存序》《刘海峰先生八十寿序》《朱竹君先生传》《仪郑堂记》，梅曾亮四篇：《闲存诗草跋》《书杨氏婢》《管异之文集书后》《陈拜芗诗序》，曾国藩五篇：《圣哲画像记》《复刘中丞蓉书》《送刘椒云南归序》《欧阳生文集序》《祭汤海秋文》，张裕钊三篇：《书元后传后》《书魏其武安传后》《唐端甫墓志铭》①。光绪二十八年（1902）是吴汝纶主讲莲池书院的最后一年，从该年所著《启儿幼读书目录》也可看出吴汝纶主讲莲池书院期间进行古文教育的大致状况。

刘大櫆八十寿辰之际，姚鼐借助友人程晋芳、周永年之口道出了桐城古文的影响："曩者，鼐在京师，歙程吏部、历城周编修语曰：'为文章者，有所法而后能，有所变而后大。维盛清治迈逾前古千百，独士能为古文者未广。昔有方侍郎，今有刘先生，天下文章，其出于桐城乎？'"②　其中，"天下文章，其出于桐城乎"一语，只不过是程晋芳与周永年的一句戏言，当时无人认可此说，"以当时诸老，存者犹夥，略一举口，则诘难蜂起，故匿而不见"。③　有趣的是，当时程晋芳与周永年的戏言却成为后来桐城派古文雄霸文坛的预言。桐城派古文之所以迅猛发展、日益壮大，因素主要有如下两点：其一，书院是桐城派繁衍的重要场所，桐城派很多作家将书院作为传授古文的重要阵地，在全国范围内形成了一个以传播桐

---

①　吴汝纶著，施培毅、徐寿凯校点：《吴汝纶全集》第四册《日记卷四》，黄山书社 2002年版，第 298—301 页。

②　姚鼐：《刘海峰先生八十寿序》，姚鼐：《惜抱轩文集》卷八，嘉庆三年刻本，第 1 页。

③　李详：《论"桐城派"》，杨怀志主编：《清代文坛盟主桐城派》，安徽人民出版社 2002年版，第 401 页。郭绍虞先生对李详此说做了申述。（郭绍虞：《中国文学批判史》，百花文艺出版社 2008 年版，第 484—485 页）

城派古文思想为导向的巨大网络结构。其二，清廷要员曾国藩是桐城派古文发展的中兴力量，他重视桐城派古文的研习，对当时文风起着重要的引领作用。

四　顺应天命的科举观与桐城派古文的发展

桐城派古文之所以能绵延清代文坛二百余年，除了上述两个显性因素外，还有一个隐性因素，那就是很多作家有着顺应天命的科举观。这种不戚戚于贫贱、不汲汲于富贵的淡泊名利思想，也有力推动了桐城派古文的发展。

桐城派三祖的科举顺畅程度不一，其中，方苞最为得意，姚鼐次之，而刘大櫆科举荆棘载途。方苞在康熙三十八年（1699）中举人（解元），康熙四十五年（1706）会试第四名，惜闻母疾归里而未应殿试，在孝悌与科名不可兼得时，舍科名而取孝悌。姚鼐在乾隆十五年（1750）中举人，乾隆二十八年（1763）中进士。刘大櫆应乡试数次，仅在雍正七年（1729）、雍正十年（1732）两次中副榜。刘大櫆科第多舛，不过他能以释然的心态面对科举，有着顺应天命的科举观，这从他对弟子方晞原（或写作方希原）的教诲中可以知晓。方晞原，安徽歙县人，在经学上师从江永，在古文上师从刘大櫆。方晞原虽在经学以及古文方面造诣匪浅，但难获科名，而他的一些友人多获科名。刘大櫆认为，方晞原的一些友人中第是天命所为，方晞原未能中第也是天命所为，只有顺应天命，方为不累，"彼其得之者，自喜以为术之工，而不知其为天之授也。天苟授之，使其为晞原之文岂遂不得邪？夫学为速化之术者多矣，岂其皆得邪？为晞原之文而得，所谓两得之也。为速化之文而不得，所谓两失之也"。① 乾隆五十四年（1789），姚鼐主讲紫阳书院期间见到了方晞原，翌年（1790），方晞原过世。姚鼐为他作传时，以"果君子"一语对他进行了高度评价，并以方晞原为例说明，对待科举要顺应天命，抱以释然的心态，"遇不遇，曷足论？士有所以自处其身者，足矣"。② 姚鼐主讲钟山书院期间，陈仰韩学于姚鼐，惟姚鼐之言是听，所作之文深得姚鼐称许，不过陈仰韩久困科场。姚鼐认为，这并非由于其文不善，也并非由于其文有

① 刘大櫆：《〈方晞原时文〉序》，刘大櫆：《海峰文集》卷四，清刻本，第 90—91 页。
② 姚鼐：《方晞原传》，姚鼐：《惜抱轩文集》卷十，嘉庆三年刻本，第 5 页。

悖于时风，而是由于时机未到，只有顺应天命，等待时机，最终会获得成功，他以草木为例加以说明，"夫草木之荣华同本，而迟速异时。夫守己不变以俟时者，此亦士信道笃自知明之一端也"。①

科举是士子获取功名的重要渠道，也是国家网罗人才的重要渠道，科举对于士子以及国家而言都至关重要。对待科举，只有抱以正确的态度，不为之所累，对士子、对国家都会大有裨益；若态度不当，惟之是从，不仅会毒害士子，而且会祸及国家。自从科举诞生后，历代受其益者不乏其人，受其害者也不乏其人，朱熹曾经感叹道："科举累人不浅，人多为此所夺。但有父母在，仰事俯育，不得不资于此，故不可不勉尔。其实甚夺人志。"② 顾炎武更为严厉地指出："八股之害等于焚书，而败坏人材有甚于咸阳之郊所坑者但四百六十余人也。"③ 功名权势取决于时运，人生境界取决于修养。由于科举结果不可预测，因此刘大櫆与姚鼐勉励弟子，只有以释然的心态面对科举，以超脱的精神面对功名，才会不堕入利薮，不自寻烦恼。刘大櫆与姚鼐在教育弟子上煞费苦心，他们不仅重视为文上的教育，而且重视心灵上的启迪，将为文问题引入生活领域之中，将应举问题引入人生期待之中。他们顺应天命的科举观对众多后学者深有影响，如鲁絜非在对待科举的问题上以"得失，命也"④一语自勉，管同教导时人曰："君子疾没世而名不称，不当汲汲求富贵，故愿足下姑置时文，稍留心于实学。至于科名，盖有命而不可求也。"⑤ 吴汝纶也认为："凡在贱求贵，用贫求富，皆势利之见。豪杰之士，安于时命，不忧贫贱，但一志力学。"⑥ 由此可见，对于桐城派后学者而言，继承古文文脉固然重要，拥有淡泊之心也毋容忽视。

在对待名利的问题上，姚鼐弟子刘开是一个具有争议的人物，此处值

---

① 姚鼐：《〈陈仰韩时文〉序》，姚鼐：《惜抱轩文集》卷四，嘉庆三年刻本，第24—25页。

② 黎靖德编：《朱子语类》卷十三，中华书局1986年版，第246页。

③ 顾炎武：《拟题》，顾炎武著，黄汝成集释：《日知录集释》卷十六，同治十一年刻本，第17页。

④ 姚鼐：《夏县知县新城鲁君墓志铭并序》，姚鼐：《惜抱轩文集》卷十三，嘉庆三年刻本，第9页。

⑤ 管同：《答某君书》，管同：《因寄轩文集·初集》卷六，道光十三年刻本，第2页。

⑥ 吴汝纶：《答王子翔》，吴汝纶著，施培毅、徐寿凯校点：《吴汝纶全集》第三册"尺牍卷一"，黄山书社2002年版，第107页。

得一说。刘开,字明东,一字方来,号孟涂,安徽桐城人,"姚门四杰"之一。刘开少时天资聪颖,深受姚鼐赏识,"年十四,以文谒鼐,国士之誉,尽授以文法。游客公卿,才名动一时"。① 姚鼐常谓人曰:"此子他日当以古文名家,望溪、海峰之坠绪赖以复振,吾乡之幸也。"② 管同读了刘开的诗文集后也认为:"辨博驰骋,光气发露,不可掩遏,予既叹为奇才,益以生平不再见明东为恨。"③ 刘开科场蹭蹬,他曾作一些干谒诗文以冀得到权贵赏识,时人讥之曰:"明东学于姚先生,不务守师训而奔走公卿形势,朝上一书以求名,暮进一诗以钻利,此战国游士苏、张之流耳!"④ 管同对时人的非议进行了回应,他认为,刘开重视功名有其因缘,与追名逐利的战国游士有别,"明东自负其才,欲为世用,踬于诸生身屯而道塞,借势王公大人思以振厉,彼所谓不羞小节而耻功名不显于天下者也,岂游士伦哉?"⑤ 姚莹也为刘开鸣不平,他指出:"(刘开)数应南北乡试不举而未尝戚戚,盖所抱负甚大,欲自高异,将有待也,岂如世之汲汲功名不得而遂沉困潦倒者哉?"⑥ 管、姚二人与刘开同为姚门弟子,他们为刘开的开脱之举或许给人有庇护之嫌,不过若细加推究,其言有适当之处。刘开命运坎坷,生活于困苦之中,为了生计不得不周游四方。嘉庆年间(1796—1820),应顺天府乡试落第后,在京城为官的陈用光招待了他,刘开告诉陈用光,"家贫,不能不客游,游则恐妨其所学。今且当涉嵩华、登衡岳,循楚而归东,揽西湖天目之秀,而息影敝庐以终,习先生之所传者。科名之得失,姑听之,不介吾意也"。⑦ 此番言辞既含有顺应天命的科举观,又显示家贫不得不客游四方的无奈心情。刘开在临终前不久,还赴亳州修志贴补家用,修志期间寓居于寺庙之中,生活遭遇着实令人同情,他曾对自己的怀才不遇以及穷塞辛酸的生活发出了喟叹,"不幸制举之学败之于其中,时俗之累扰之于其外,而又身遭困厄,凡人世所称

---

① 赵尔巽等:《清史稿》卷四百八十六,中华书局 1998 年版,第 13426—13427 页。
② 陈方海:《刘孟涂传》,刘开:《刘孟涂文集》传,道光六年刻本,第 1 页。
③ 管同:《〈刘明东诗文集〉序》,管同:《因寄轩文集·二集》卷四,道光十三年刻本,第 7 页。
④ 同上书,第 7—8 页。
⑤ 同上。
⑥ 姚莹:《祭刘明东文》,姚莹:《东溟文集》卷六,同治六年刻本,第 31 页。
⑦ 陈用光:《送刘孟涂南归序》,陈用光:《太乙舟文集》卷七,道光二十三年刻本,第 4 页。

险阻艰难者无不备历"。① 更为不幸的是，刘开辞世时年方四十一，辞世
后不久，女儿又夭折，其妻悲痛不已自缢身亡，刘开家庭的悲惨遭遇着实
令人唏嘘。因此，在评价像刘开这样的士子时，我们不能过于刻薄，只有
设身处地从其生活遭遇的角度进行考虑，方能做出公允的评价。

桐城派一些作家淡泊名利，顺应天命，潜心于古文研习，在研习时文
时重视以古文为时文。桐城派作家的整体科考结果喜人，取得进士与举人
的作家较多，在徐雁平整理的执教书院的七十九位桐城派重要作家的资料
中，进士三十三位，举人二十一位（其中，姚永概为举人，汪宗沂为进
士，徐雁平对此二位的科名作阙疑，笔者统计时补入）②，可以说，这些
科考成功的作家大多在以古文为时文方面有着丰富的经验。他们在书院讲
学期间会将研习心得授之于徒，其结果是，既推动了桐城派古文的发展，
又增强了生徒的应举能力。

既然以古文为时文有助于科考，那么刘大櫆、方晞原、刘开等人为何
科名不显？要解释这种现象，还得从科考本身说起。明清时期，科考命中
率低，竞争激烈，而乡试竞争尤为激烈，素有"金举人、银进士"之说，
因此明清时期的士子参加科举，可谓千军万马过独木桥，脱颖而出并非易
事，如果时运不佳，天资聪颖、学识渊博者也会久困科场。在明清时期的
乡试与会试中，屡屡受挫者司空见惯，场场高捷者凤毛麟角。科考失败者
往往会找出一些理由，其中，有些士子将科考失败归因为所作的时文不合
时风，不过也有人提出了不同意见，如江苏钟山书院山长胡培翚就应举士
子是否要关注时风这一问题同生徒进行了交流：

> 道光壬辰为大比之岁，诸生来谒，有以风气之说询者，余曰：
> "学亦尽其在己而已，奚以风气为？夫所谓风气者，将以规衡文者之
> 好尚也。然两主司之好尚异，十八房考之好尚更异，且有一人之身而
> 后之好尚与前又异者，安能一一投其所好哉？"曰："科举之学如是，
> 其无凭软？"曰："是，又不然。夫好尚之不一者，清奇浓淡之迹而
> 其中有至一者，则理之精也，辞之足也，气之盛也，法之备也。本之
> 经传注疏、宋儒理学之书，参之子史百家之说，以究其理，以赡其

---

① 刘开：《复陈编修书》，刘开：《刘孟涂文集》卷三，道光六年刻本，第3页。
② 徐雁平：《清代东南书院与学术及文学》，安徽教育出版社2007年版，第68—74页。

辞；熟读汉唐宋古文，以充其气；熟读前辈时艺之佳者，以习其法程。其平居则博观载籍，汲汲皇皇若唯恐不得乎圣贤立言之指，而其于天文、地舆、河工、水利、积贮、教化、武备、刑法、治世诸大政，无不讲明切究熟悉于中，一旦入场，则直抒其胸之所得而清奇浓淡之迹不拘焉。夫如是，称心而出，无剿袭之弊，无寒俭之容，无依仿束缚之姿，其文必见赏于有司，由是而登仕版，以其学之所得为世用，亦必有裨于国家。"①

胡培翚认为，应举士子应顾及学识而非风气，风气是随着判卷官喜好的变化而变化，每次判卷官众多且喜好不同，不能一一投其所好。士子只有博览群书，应举时才会游刃有余，所作之文才会符合清真雅正准则而被判卷官赏识。嘉庆七年（1802），安徽学政汪廷珍也指出，应举士子不要追逐时风，那些揣摩科场时风之说只不过是庸人欺世，不足为道②。光绪元年（1875），四川学政张之洞也指出，应举士子不要揣摩风气，只求作文不僻、不怪、不晦、不涩，华实兼备，定能得到判卷官赏识③。胡培翚、汪廷珍、张之洞三人都中过进士，其中，胡为嘉庆二十四年（1819）进士，汪为乾隆五十四年（1789）进士（榜眼），张为同治二年（1863）进士（探花），因此他们的此番言论并非虚语，而是肺腑之言。科考成功与否，与所作的时文是否合乎时风并非有着必然的联系，久经科场的明代古文家归有光所言"科举自来皆撞着，必无穿杨贯虱之技"④，道出了科考受命运主宰的无奈心情（归有光六十岁时，方中进士）。在清代科举中，不关注时风者并非一定科名不显，如方苞、姚鼐虽不关注时风，但都在科名上如愿以偿，姚鼐中了进士，方苞算得上是准进士。鲁絜非研习时文不徇俗好，有人告诫他难过科举关，不过鲁絜非在乾隆三十五年（1770）中举

①　胡培翚：《〈钟山书院课艺〉序》，胡培翚：《研六室文钞》卷六，道光十七年刻本，第22—23页。

②　汪廷珍：《学约五则》，陈谷嘉、邓洪波主编：《中国书院史资料》中册，浙江教育出版社1998年版，第1690页。

③　张之洞：《輶轩语》，张之洞：《张文襄公全集》卷二百零五，中国书店1990年版，第6—7页。

④　归有光：《与沈敬甫》，归有光著，周本淳校点：《震川先生集·别集》卷七，上海古籍出版社1981年版，第864页。

人，乾隆三十六年（1771）中进士。方晞原不趋时风，不过乾隆五十一年（1786）朱珪主江南乡试时，就欲取他为解元（可惜此时方晞原未应举）。由此可见，士子需要关注时风之说并非科考至言。值得一提的是，在科考中，士子与考官有无连带关系这一因素毋容忽视，若有沾亲带故的考官相助，会易于胜出，如道光五年（1825）管同应乡试时，陈用光为考官，因此管同荣幸中举。当然，应举士子能否遇到沾亲带故的考官也是天命所致，如同是姚鼐弟子，刘开就没有管同幸运。

质言之，科举具有不可预测性，只有顺应天命，方为不累。桐城派一些作家对待科举顺应天命，潜心于古文研习，重视作文弘道，有力推动了桐城派古文的发展，也有力推动了道德之学的发展。在众多作家的合力下，桐城派古文最终成为清代文坛乃至中国古代文坛中的一朵奇葩，为后人津津乐道。

第四节　惠泽当今一些学校的文学教育

书院是中国古代教育园地中的一道靓景，不仅在古代社会教育中发挥着重要作用，而且对当今学校教育有着重要影响。书院教育价值受到越来越多的当今教育者的重视，书院一千多年来积淀的教育精华也被越来越多的当今学校所吸收，其教育光芒辐射到了当今一些学校的角角落落。笔者从事中国书院文学教育研究，因此有必要考察中国书院文学教育对当今学校文学教育的影响，以示展现书院文学教育现实意义的重要一面。

一　素质培养融入当今一些学校的文学教育

中国古代一些书院的文学教育与道德学术教育有着紧密的联系，不少施教者主张，书院应重视道德学术教育，不要将教育目标紧紧锁定科举文。尽管历代都有一些书院在利禄的驱动下惟科举文教育是从，但是历代仍有不少书院重视道德学术教育，重视将道德学术教育与科举文教育结合起来。中国书院道德学术教育与科举文教育的纠葛在当今学校重演，其表现形式是应试教育与素质教育的纠葛。应试教育是以升学考试为目的而将分数作为衡量学生优劣的惟一标准，素质教育是以提升学生的思想道德素质、科技文化素质、身体素质、心理素质、审美素质等综合素质为目的而不将分数作为衡量学生优劣的惟一标准。以前学校重视应试教育，片面追求升学率，不利于学生的健康成长。当今国家推行素质教育，以素质教育来取代应试教育，实现教育目标的转移。在素质教育的主导下，当今学校需要理性地处理素质教育与升学考试之间的关系，不应把升学考试作为惟一的目标，也不应把造就出少数精英分子作为炫耀的资本，而应把提升所有学生的综合素质以及为社会培养众多身心健康的良好成员作为光荣的使命①。如同古代一些书院重视道德学术教育并非意味着抛弃科举文教育一样，当今各类学校重视素质教育也并非意味着抛弃升学考试，只不过在升学考试的方式上灵活多样②。

素质教育取代应试教育是中国教育发展史上的一大进步，此举有利于促进学生健康成长，为国家培养所需要的人才。素质教育已被写入当今九年制的义务教育法中，如义务教育法第三条规定："义务教育必须贯彻国家的教育方针，实施素质教育，提高教育质量，使适龄儿童、少年在品德、智力、体质等方面全面发展，为培养有理想、有道德、有文化、有纪律的社会主义建设者和接班人奠定基础。"第三十五条规定："国务院教育行政部门根据儿童、少年身心发展的状况和实际情况，确定教学制度、教育教学内容和课程设置，改革考试制度，并改进高级中等学校招生办法，推进实施素质教育。"③ 为了端正士习、净化学风，古代一些书院在从事科举文教育时重视道德学术教育。为了与素质教育相适应，当今很多学校在从事语文教学时重视素质培养。语文教学要与素质培养结合起

---

① 英国教育家约翰·亨利·纽曼论及大学教育时指出，大学并非要培养诗人、作家、学校创始人、民族英雄，并非要造就新一代的亚里士多德、牛顿、拿破仑、华盛顿、拉斐尔、莎士比亚，也并非满足于培养批评家、经济学家、实验师、工程师。大学的目标应该是，提高社会的心智水平，提高国民的品位，总之，为社会培养良好成员。（［英］约翰·亨利·纽曼：《大学的理念》，高师宁等译，贵州教育出版社 2003 年版，第 161 页）

② 素质教育应该采取怎样的评价方式，又如何合理地对待升学考试，是当今教育管理者面临的重要问题。为了弥补高考制度的缺陷，从而推动素质教育的发展，国家制定了给特长生进行加分的政策，不过这种政策容易被不法分子所利用，结果导致加分的学生有时来自一些有权势有关系的家庭，各地媒体曾对这类不良现象进行过曝光。因此，在升学考试方面，如何将素质教育的重要要求与公平公正的基本原则有效地结合起来，显得尤为重要。此外，还有必要说明的是，尽管当今国家推行素质教育，但是依然有不少中小学重视应试教育，素质教育要想在整个社会全面推广并真正贯彻到位，仍有一段艰难的历程。

③ 中华人民共和国教育部网页，http：//www.moe.edu.cn/publicfiles/business/htmlfiles/moe/moe_ 619/200606/15687.html.

来的理论依据在于，语文教材在内容上具有丰富性，往往覆及语言学、文学、史学、哲学、美学、心理学等诸多学科，教师在讲授语文课程时需要研习这些知识，并将这些知识有效地传递给学生。当今很多教育者主张，小学、中学以及大学的语文教学要与素质培养结合起来，这从一些论文的标题中便可知晓。笔者分别选摘主张小学、中学以及大学的语文教学要与素质培养结合起来的一些论文（2010 年发表，各十篇）的标题来作说明。其中，主张小学语文教学要与素质培养结合起来的十篇论文的标题可见表 6—4。

表 6—4

论文标题	作者	刊名	年/期
《新时期小学语文教师必备的专业素质》	刘彩梅	《语文学刊》	2010/02
《小学语文素质教育实践中的识字教学》	陆国英	《小学时代》（教育研究）	2010/03
《素质教育背景下的小学语文教学创新》	陈洁	《新课程》（小学）	2010/05
《小学语文教育中提高学生素质的方法》	鲁群燕	《小学时代》（教育研究）	2010/06
《农村小学语文课堂教学如何体现素质教育初探》	冉国光	《科学咨询》（教育科研）	2010/06
《也谈素质教育在小学语文教学中的实施》	梁宇清	《基础教育参考》	2010/08
《内因决定外延——浅谈素质教育下的小学语文教学》	谈林芝	《新课程学习》（基础教育）	2010/10
《浅谈小学语文人文教育的真正落实》	嵇仙红	《新课程》（小学）	2010/11
《论素质教育思想观念——浅谈小学语文作业的布置与设计》	周恒	《经营管理者》	2010/14
《在小学语文革新工作中教师的素质要求探讨》	刘辉	《中国教育技术装备》	2010/34

主张中学语文教学要与素质培养结合起来的十篇论文的标题可见表 6—5。

表 6—5

论文标题	作者	刊名	年/期
《农村中学语文教学中的素质教育》	郭建军	《中国校外教育》	2010/03
《在中学语文教学中实施素质教育的一点尝试》	李联庆	《现代语文》（教学研究版）	2010/06
《中学语文教育与学生人文精神的培养》	李炳焘	《新课程》（教师）	2010/08

续表

论文标题	作者	刊名	年/期
《刍议在中学语文教学中培养学生的素质》	周海燕	《新课程学习》（综合）	2010/09
《素质教育下的中学语文阅读教学初探》	李翔	《新课程研究》（基础教育）	2010/10
《中学语文教学中人文素养的培养》	冯岚	《教育教学论坛》	2010/17
《中学语文素质教育与素质评价模式建构》	冯淑敏	《经营管理者》	2010/21
《农村中学语文素质教育应重视什么》	林涛	《青春岁月》	2010/22
《中学语文素质教育小议》	陈改民	《才智》	2010/29
《如何加强中学语文教师的素质培养》	姜凌	《考试周刊》	2010/49

主张大学语文教学要与素质培养结合起来的十篇论文的标题可见表6—6。

表6—6

论文标题	作者	刊名	年/期
《〈大学语文〉与医科大学生人文素质培养研究》	贾婀娜	《职业时空》	2010/02
《在大学语文教学中加强人文素质教育的思考》	朱丽华	《新课程研究》（中旬刊）	2010/04
《简论大学语文教学与人文素质培养》	谢珍红	《资治文摘》（管理版）	2010/05
《大学语文教学与人文素养教育》	王志华	《教育教学论坛》	2010/08
《高职高专〈大学语文〉教学与学生沟通素质的培养刍议》	韩留勇	《文学界》（理论版）	2010/10
《谁持彩练当空舞——大学语文教师的人文素养》	王学深	《新课程学习》（基础教育）	2010/11
《大学语文：行走在人文素质教育的大道上》	叶志新	《中国科教创新导刊》	2010/20
《论大学语文教学与大学生人文素质培养》	程嫩生、陈海燕	《中国成人教育》	2010/21
《利用〈大学语文〉教学，培育高职学生的人文素质》	蒋晓光	《价值工程》	2010/26
《大学语文与公安院校学生人文素质教育》	张志卿	《考试周刊》	2010/31

由于高校类型多样，因此以上研究既有对大学语文教学与大学生素质培养
的问题所做的宏观论述，也有对不同类型的高校如医科院校、公安院校、
高职高专中的大学语文教学与大学生素质培养的问题所做的微观考察。在

中小学语文教学研究中，除了素质教育方法、评价模式等宏观论述外，还有识字教学、阅读教学等微观考察。由于教师素质与课堂教学的效果息息相关，因此有些教育者还对语文教学中的教师素质问题展开研究。与城里中小学相比，农村中小学在素质教育方面较为滞后，可喜的是，不少教育者对农村中小学语文教学与中小学生素质培养的问题进行了研究，并提出了一系列行之有效的解决方法。

大学语文是为非中文专业的大学生开设的一门通识课程，自从1978年南京大学校长匡亚明倡导在全国高校开设大学语文课程以来，很多高校陆续设置了这门课程。由于语文教材的得当与否直接关系到素质培养的成败，因此大学语文教材的编写者们在选文方面精益求精，力求选文与素质培养密切联系，此处试以徐中玉主编的《大学语文》、丁帆主编的《新编大学语文》以及张新颖主编的《大学语文实验教程》三种教材为例加以说明。徐中玉主编的《大学语文》在选文上兼收古今中外的作品，涉及诗、词、曲、小说、散文等多种文体。为了扩充学生的视野，该教材的后面还安排有附录，包括中国文学史概述、常用语文工具书简介、古代诗词格律常识、中国历史朝代简表四个方面的内容。徐中玉认为，大学生是未来国家建设的主要力量，在大学阶段除了掌握知识、技术外，还要具有高尚的品德修养以及丰富的人文精神，大学语文教学需要承担起培养大学生综合素质的重任①。丁帆主编的《新编大学语文》分为通古今之变、乡土中国、文明中的冲突与对话、人世间、盗火者、道法自然、我的信仰、天工开物、美的历程、文心诗品、为学之道十一个单元，本着人文性、审美性、工具性、趣味性和新经典的原则，该教材从人的生命与发展、需要与追求、自由与创造、人格与尊严等方面审视人类文化现象，弘扬现代人文精神，该教材在体例上设置了简短的单元导语，对每个单元的人文内涵作出了意向性的阐释②。张新颖主编的《大学语文实验教程》分为重新发现母语、汉语文学的长河、汉语中的译文、立意与构思、组织与结构、修辞与风格、说话的艺术、日常生活与写作、语文常谈九个部分，陈思和为该教材作序时指出，人文教育是母亲式的教育，在人性培养方面起着根本性的作用，大学语文作为人文教育的基础课程是由语言文学的特征决定的。

---

① 徐中玉主编：《大学语文》修订版前言，高等教育出版社2004年版，第1页。
② 丁帆主编：《新编大学语文》编写说明，外语教学与研究出版社2007年版，第2页。

一个民族的历史与感情容载于语文中，语文是以最感性的形式来传播人文教育，我们不仅通过学习语文来了解古代的历史知识和民族感情，还通过学习语文来认识当今的社会发展与感情世界①。从三种教材的编写意图中可知，编写者们都有将大学语文教学与大学生人文素质培养结合起来的强烈愿望，都想通过大学语文教育为社会培养有着人文素养以及人文情结的健康人才。由于语文教学与素质培养关系密切，因此编写者们都希望教师在文学作品的欣赏中来培养学生的综合素质，其过程是自然而然、水到渠成，而不是流于简单的说教。

在当今升学考试中，高考备受关注。由于高考事关学生的前途，是一次重要的选拔考试，因此视高考为科举，未尝不可。在高考语文试卷中，作文分值最大，权重最高。同其他种类的语文考试一样，高考语文安排作文也是为了检验学生的思辨能力、写作能力以及知识素养。尽管作文只是区区数百字，但是写好这数百字并非易事。南宋爱国诗人陆游告诫儿子，学诗时，功夫在诗外。作文也是如此，若想做好文，需要积厚识，只有重视文外之功，重视日常积累，多阅读、多观察、多思考、多练笔，方能有所长进。可惜的是，当今一些语文老师在从事作文教学时，不是向学生强调课外阅读、关注生活、感悟人生、多写多练的重要性，而是要求学生背诵数篇范文，以便高考时套用或抄录，有的老师甚至炫耀此法是应考作文的法宝。写作需要借鉴，合理地吸收范文技法有益于写作，不过，若以背诵范文临场套用作为写作的不二法门，害处良多，此举不仅有损文风（套作看不出学生真实的写作水平，不少套作是机械套用，甚至有时扭曲套用材料的原意），而且有伤学风乃至社会风气。鉴于作文套作现象的危害性匪浅，当今高考作文的出题者往往在试题末尾附上"不得套作，不得抄袭"等字样，一些阅卷者也通过给套作作文打低分来对投机取巧者进行惩罚，如杭州高级中学钟峰华老师参加 2012 年浙江省高考作文评卷时，就对套作作文做了如下四种处理：第一，严重套作的文章，上限为10 分；第二，生搬硬套、掐头去尾的文章，上限为 25 分；第三，与命题含义和范围基本沾边，但所列材料与观点不能扣住命题关键词的文章，上限为 36 分；第四，基本符合题意，语言流畅，思路清晰，但有材料套用

---

① 张新颖主编：《大学语文实验教程》序言，复旦大学出版社 2007 年版，第 1—2 页。

痕迹的文章，上限为 40 分[①]。为了减少套作现象的发生，一些高考作文的出题者费尽了心思。通观历年高考作文，其试题主要有命题作文、话题作文、材料作文等多种形式。命题作文不利于学生思维空间的拓展，套作的几率也很高，话题作文、材料作文有利于开拓学生的思维空间，套作的可能性不大。由于话题作文、材料作文弥补了命题作文的一些缺陷，因此当今高考作文试题出现了由命题作文向话题作文、材料作文转变的趋势。2013 年高考语文就采用了很多新颖独特的话题作文、材料作文，如辽宁地区的《沙子与珍珠》，江苏地区的《探险者与蝴蝶》，重庆地区的《大豆与豆腐》，湖北地区的《上善若水任方圆》，江西地区的《中学生有三怕》，四川地区的《过一种平衡的生活》，广东地区的《捐助》，天津地区的《_ 而知之》。由这些试题可知，出题者的用意在于考察学生的思辨能力、写作能力以及知识素养，检测学生的日常积累与训练，其中，《探险者与蝴蝶》《中学生有三怕》《过一种平衡的生活》《捐助》《_ 而知之》等试题没有固定的答案可循，也很难找到合适的范文可套，只有思维敏捷、写作能力突出以及知识素养全面的考生方能脱颖而出。从当今高考作文的出题以及评卷中可知，很多教育者都有着作文教学不能急功近利的思想，都有着作文教学应与素质培养相结合的主张，这与古代一些书院在从事科举文教育时又重视道德学术教育的思想相符合，是古代书院教育思想在当今学校教育中的延续。

汉语是我们的国语，语文教育是我国的基础教育，语文学科在我国很多学校尤其是中小学的各类学科中处于领先地位。不过可惜的是，在当今和谐社会的构建进程中，不和谐的事件屡有发生，如前几年上海四所高校自主招生时取消了语文考试，在汉语以及中国文化越来越受到国际社会重视的今天出现这种情况，实在令国人寒心，这与以前复旦大学校长苏步青提出的若允许单独招生先考语文的做法背道而驰。上海四所高校此举一出，立即引起轩然大波，四所高校由此成为众矢之的。在社会舆论的巨大压力下，四所高校不得不改变初衷，回归正轨。

---

① 钟峰华：《高考作文评卷对"套作"的四种处理——以 2012 年浙江省高考作文阅卷为例》，《语文学习》2012 年第 10 期，第 62—63 页。

二　当今一些学校的文学教育方法多元化

海纳百川，有容乃大。中国古代书院在文学教育方法上兼容并包，除了重视使用讲授法外，还重视使用研讨、辩难等教育方法，这种自由灵活、形式多样的教育方法对当今一些学校的文学教育有着重要影响。

在当今中国，教育方法多元化已经成为各类学校语文教育的基本要求。很多语文老师在教学过程中抛弃了单调的、填鸭式的授课方式，而是采取多样化的教学方法，从而调动学生的积极性与主动性，拓宽学生的思维空间与学习空间，提高学生的分析能力与评判能力，既美化了课堂教学，又促进了学生综合素质的提高。除了使用讲授法外，有些老师还针对文学作品的不同特点使用研讨、朗读、表演、比较等方法。福建省泉州市第三实验小学陈志勇老师在讲解《索溪峪的野》时，将全班同学划分成几个小组，每一小组的同学合作学习，自主选择水"野"、动物"野"、游人变"野"三个方面中的一个或多个方面的内容进行研讨，研讨结束后，再抽取每一小组的代表在班上交流；在讲解《童年的发现》时，设置一些问题，要求学生带着问题研读课文，并在研读后进行交流；在讲解《梅花魂》时，要求学生按照不同的方式朗读课文，让学生在不断的朗读中体会外祖父眷恋祖国的感情[①]。甘肃省兰州师范学校曾文君老师在讲解《孔雀东南飞》时，让学生分角色扮演诗中的不同人物，通过表演理解课文，对人物形象所赋予的含义进行感悟；在讲解《祝福》《翠翠》时，要求学生对这两篇文章进行比较，包括人物塑造、主题思想以及语言特色方面的比较[②]。哈尔滨金融学院刘欣老师在讲解鲁迅的小说时，使用知其人、读其文这种逐层渗透的方法，先给学生补充讲解许广平笔下的鲁迅、名人眼中的鲁迅、鲁迅与青年们的故事等一些资料，增强鲁迅在生活中的真实感，加深学生对鲁迅的了解，改变"其人遥远，其文生涩"的刻板印象；在讲解《离骚》《静夜思》时，使用研讨的方法，让学生在研讨中理解诗中的字词含义，引导学生养成独立思考的能力[③]。为了增强授课的

---

① 陈志勇：《依据文本特点　灵活组织教学——人教版语文第十一册略读课文教学例谈》，《中小学教学研究》2008 年第 11 期，第 21、25 页。

② 曾文君：《新形势下语文教学例谈》，《中国科技信息》2007 年第 12 期，第 235 页。

③ 刘欣：《大学语文教学方法例谈》，《教育探索》2012 年第 5 期，第 63—64 页。

生动性与趣味性，有些老师还重视利用图片、影像等一些多媒体资料进行教学。江苏省如皋市安定小学陈培娟老师在讲解《乡下孩子》时，通过播放五彩缤纷的野菊、不同品种的野菜以及一望无边的农田等一些活灵活现的图片，来调动学生的思维，营造轻松愉快的学习氛围，让学生感受快乐语文①。广东省和平县四联中学叶小玲老师在讲解《我与地坛》时，通过播放地坛景物图片以及与图片相配合的富有感染力的文字录音，引导学生进入课文情境，活跃课堂气氛，提高教学效率②。中国人民解放军国际关系学院同林、钟海、那军老师在讲解《科学的春天》时，通过播放中央电视台焦点访谈节目《科学的春天》，来开拓学生的视野，让学生真正体会到科教兴国的战略意义③。有些老师还利用网络教学平台将课堂教学延伸到课外交流，既有因材施教的效果，又会加深师生之间的感情，这种方法在当今高校的教学中流传开来。南开大学陈洪副校长要求大学语文老师重视利用网络教学平台，通过网络教学平台与学生展开对话，给学生提供帮助。他所建立的网络教学平台有模有样，包括六十七份电子教案，六十七篇教学设计，七十万字参考资料，八百多张图片，四十多段多媒体教学资料④。西华大学武小军老师在从事大学语文教学时，重视利用网络教学平台。他认为，网络教学平台是课堂教学的延伸，学生上完课后登陆平台，或查看作业，或讨论作品，或从事创作，或交流经验，在此广阔的空间里自由地发表意见，为思维空间、学习空间的拓展提供了重要舞台⑤。综而言之，单一的、封闭式的教育方法不再适应当今各类学校语文教学的要求，多元化的、开放型的教育方法已被各类学校的语文老师所重视，在当今学校文学教育中深受欢迎。《礼记·学记》云："善歌者，使人继其

---

① 陈培娟：《架设情境桥梁　走向快乐语文——〈乡下孩子〉教学例谈》，《阅读与鉴赏》2011 年第 10 期，第 27 页。

② 叶小玲：《浅谈中学语文教学方法》，《文学教育》2011 年第 11 期，第 111 页。

③ 同林、钟海、那军：《大学语文〈科学的春天〉多媒体教学例谈》，《宁波大学学报》（教育科学版）1999 年第 5 期，第 81 页。

④ 陈洪：《对大学语文课程开设情况的调查及思考——在高等学校大学语文教学改革研讨会上的讲话》，《湖南文理学院学报》（社会科学版）2006 年第 6 期，第 4 页。

⑤ 武小军：《大学语文课程体系与教学方法改革探略》，《高等教育研究》（成都）2012 年第 4 期，第 20 页。

声。善教者，使人继其志。"① 中国书院教育者的伟大之处在于，不仅能使时人继其志，而且能使后人继其志。当今学校教育者正在继承古代书院的教育思想，学习古代书院的教育方法，在他们的积极努力下，古代书院的教育薪火才会愈燃愈旺，永不熄灭！

为了弘扬中国古代书院的教育精神，达到以古代教育为今所用的目的，当今中国一些高校陆续建立了书院。早在 1949 年秋季，钱穆为了给内地难民的孩子提供读书的机会，在香港九龙租赁两间教室创办了一所夜校。1950 年春季，该校改成日校，并命名为新亚书院。新亚书院重视弘扬中国传统文化，将中国古代书院独立自主的教育精神与西方学校的导师制度融合起来。1963 年，香港政府将新亚书院与联合书院、崇基书院合并成香港中文大学。1986 年以后，香港中文大学又相继建立了逸夫书院、晨兴书院、善衡书院、敬文书院、伍宜孙书院、和声书院。除了香港中文大学外，当今中国还有一些高校陆续建立了书院，如复旦大学建立了志德书院、腾飞书院、克卿书院、任重书院，华东师范大学建立了孟宪承书院，西安交通大学建立了彭康书院、崇实书院、启德书院、宗濂书院、文治书院、励志书院、仲英书院、南洋书院，苏州大学建立了敬文书院、唐文治书院，南方科技大学建立了致仁书院。这些高校一般将不同学院不同专业的学生混合编入若干书院，并进行有效的管理（与西方一些高校如美国哈佛大学、耶鲁大学的住宿学院制管理有些相似），专业课讲授由学院负责，通识课讲授、实践能力的培养以及日常事务管理等诸多内容由书院负责。实行书院制管理，有利于不同专业的学生在学习上互补与相融，使他们在获得专业知识的同时，又能汲取其他方面的丰富养料，进而提高综合素养以及增强实践能力，最终成为社会所需要的既精又博的实用人才。实行书院制管理，也使得古代书院灵活多样的文学教育方法在当今一些高校得到很好的借鉴。笔者深信，随着国人对传统文化以及古代教育的日益重视，书院制管理将会在今后的更多高校推广开来。

中国古代书院教育除了对当今中国学校教育有着重要影响，还对当今国外学校教育有着重要影响，原香港中文大学校长金耀基谈及英国剑桥大学教育时感叹道："谈剑桥，可从不同的角度与观点着眼，就教育制度来

---

① 郑玄注，孔颖达等正义：《礼记正义》卷三十六，《十三经注疏》，中华书局 1980 年版，第 295 页下。

说，剑桥的特色是她的书院制（collegiate system）。剑桥大学不止是一大群'学部'（faculty）的组合，更是一大群'书院'（college）的结合。她是一个由书院结合而成的联邦团体，故剑桥亦称为'书院式的剑桥'（collegiate Cambridge）。剑桥现在共有 30 个书院。最老的圣彼得书院已有七百年的高寿，最新的罗宾逊书院则刚刚诞生不久。30 个书院，有 30种风格，30 种情调。从伦敦去剑桥，你心目中只有一个剑桥大学，但到了剑桥，你只看到一个个的书院。诚然，书院是剑桥的灵魂，讲剑桥不讲书院，就像讲《王子复仇记》漏了丹麦王子。"① 从中国古代书院的教育理念对剑桥大学这一世界著名学府的深远影响中可知，中国古代书院教育是一个巨大的宝库，取之不尽，用之不竭，有待今天的全球教育者们不断地开采与挖掘。

---

① 金耀基：《剑桥书院制的特色》，金耀基：《大学之理念》，生活·读书·新知三联书店2001 年版，第 128—129 页。

参考文献

（按音序排列）

B

白新良：《中国古代书院发展史》，天津大学出版社 1995 年版。

柏景伟编：《关中书院课艺》，光绪十四年刻本。

班固：《汉书》，中华书局 1962 年版。

包恢：《敝帚藁略》，《文渊阁四库全书》，台湾商务印书馆 1986 年版。

C

蔡呈韶、胡虔编：《临桂县志》，光绪六年刻本。

曹凤来编：《无极县续志》，光绪十九年刻本。

曹勋：《松隐文集》，《嘉业堂丛书》，民国 9 年刻本。

常明编：《四川通志》，嘉庆二十一年刻本。

晁公武：《昭德先生郡斋读书志》，《万有文库》，上海商务印书馆 1937 年版。

陈伯陶编：《东莞县志》，民国 10 年刻本。

陈独秀：《陈独秀文章选编》，生活·读书·新知三联书店 1984 年版。

陈谷嘉、邓洪波：《中国书院制度研究》，浙江教育出版社 1997 年版。

陈谷嘉、邓洪波主编：《中国书院史资料》，浙江教育出版社 1998 年版。

陈洪：《对大学语文课程开设情况的调查及思考——在高等学校大学语文教学改革研讨会上的讲话》，《湖南文理学院学报》（社会科学版）2006 年第 6 期。

陈澧：《陈兰甫先生澧遗稿》，《岭南学报》1931 年第 2 卷第 2 期。

陈澧：《东塾集》，光绪十八年菊坡精舍刻本。

陈澧、金锡龄编：《学海堂四集》，光绪十二年刻本。

陈亮：《陈亮集》，中华书局 1974 年版。

陈培娟：《架设情境桥梁　走向快乐语文——〈乡下孩子〉教学例谈》，《阅读与鉴赏》2011 年第 10 期。

陈士桢编：《兰州府志》，道光十三年刻本。

陈寿祺：《左海文集》，清刻本。

陈水根：《试论凤林书院词人的樟镇唱和词》，《江西社会科学》2009 年第 10 期。

陈廷焯：《白雨斋词话》，光绪二十年刻本。

陈文蔚：《陈克斋集》，中华书局 1985 年版。

陈雯怡：《由官学到书院——从制度与理念的互动看宋代教育的演变》，台湾联经出版社 2004 年版。

陈献章：《白沙子》，《四部丛刊》三编，上海商务印书馆 1936 年版。

陈用光：《太乙舟文集》，道光二十三年刻本。

陈元晖、尹德新、王炳照：《中国古代的书院制度》，上海教育出版社 1981 年版。

陈志扬：《阮元骈文观嬗变及历史意义》，《文学评论》2008 年第 1 期。

陈志勇：《依据文本特点　灵活组织教学——人教版语文第十一册略读课文教学例谈》，《中小学教学研究》2008 年第 11 期。

程珌：《洺水集》，《文渊阁四库全书》，台湾商务印书馆 1986 年版。

程端礼：《程氏家塾读书分年日程》，《四部丛刊》续编，上海商务印书馆 1934 年版。

程端学：《积斋集》，《文渊阁四库全书》，台湾商务印书馆 1986 年版。

程钜夫：《雪楼集》，《文渊阁四库全书》，台湾商务印书馆 1986 年版。

程敏政编：《新安文献志》，《文渊阁四库全书》，台湾商务印书馆 1986 年版。

程千帆、徐有富：《校雠广义》，齐鲁书社 1991 年版。

程廷祚：《青溪集》，民国 4 年蒋氏慎修书屋校印本。

程章灿编：《中国古代文学文献学国际学术研讨会论文集》，凤凰出版社 2006 年版。

D

戴凤仪编：《诗山书院志》，光绪三十一年刻本。

戴絅孙编：《昆明县志》，光绪二十七年刻本。

戴震著，杨应芹、诸伟奇主编：《戴震全书》，黄山书社 2010 年版。

［德］康德：《判断力批判》，宗白华译，商务印书馆 1964 年版。

［德］伊曼努尔·康德：《论教育学》，赵鹏、何兆武译，上海世纪出版集团 2005 年版。

邓洪波：《中国书院史》，东方出版中心 2006 年版。

邓洪波编：《中国书院楹联》，湖南大学出版社 2004 年版。

邓洪波主编：《中国书院学规集成》，中西书局 2011 年版。

丁帆主编：《新编大学语文》，外语教学与研究出版社 2007 年版。

丁钢、刘琪：《书院与中国文化》，上海教育出版社 1992 年版。

丁善庆编：《长沙岳麓书院续志》，同治六年刻本。

丁绍仪：《听秋声馆词话》，同治八年刻本。

丁申：《武林藏书录》，古典文学出版社 1957 年版。

窦克勤编：《朱阳书院志》，雍正年间刻本。

杜甫：《杜工部诗集》，中华书局 1957 年版。

杜牧著，冯集梧注：《樊川诗集注》，上海古籍出版社 1978 年版。

杜受田、英汇编：《钦定科场条例》，《续修四库全书》，上海古籍出版社 2002 年版。

杜预注，孔颖达等正义：《春秋左传正义》，《十三经注疏》，中华书局 1980 年版。

E

［俄］车尔尼雪夫斯基：《车尔尼雪夫斯基文学论文选》，辛未艾译，上海译文出版社 1998 年版。

F

［法］雨果：《雨果论文学》，上海译文出版社 1980 年版。

樊克政：《书院史话》，中国大百科全书出版社 2000 年版。

方苞：《望溪先生文集》，咸丰元年刻本。

方苞编：《钦定四书文》，《文渊阁四库全书》，台湾商务印书馆 1986 年版。

方东树：《考盘集文录》，光绪二十年刻本。

方回选评，李庆甲集评校点：《瀛奎律髓汇评》，上海古籍出版社 1986 年版。

方玉润：《诗经原始》，同治十年刻本。

方宗诚编：《枣强敬义书院志》，光绪五年刻本。

房玄龄等：《晋书》，中华书局 1974 年版。

傅抱石：《中国绘画变迁史纲》，上海古籍出版社 1998 年版。

付琼：《文学教育视角下的文学选本研究——以家塾文学选本为中心》，江西人民出版社 2010 年版。

傅维森编：《端溪书院志》，光绪二十六年刻本。

G

刚毅、安颐编：《晋政辑要》，《续修四库全书》，上海古籍出版社 2002 年版。

高步青、苗毓芳编：《交河县志》，民国 5 年刻本。

高廷珍编：《东林书院志》，光绪七年刻本。

耿介编：《嵩阳书院志》，康熙二十三年刻本。

龚嘉俊编：《杭州府志》，民国 11 年印本。

宫嵩涛：《嵩阳书院》，当代世界出版社 2001 年版。

［古罗马］贺拉斯：《诗艺》，杨周翰译，人民文学出版社 1962 年版。

［古希腊］柏拉图：《柏拉图文艺对话集》，朱光潜译，人民文学出版社 1997 年版。

［古希腊］亚里士多德：《政治学》，吴寿彭译，商务印书馆 1965 年版。

顾璜编：《大梁书院藏书总目》，光绪二十四年刻本。

顾炎武著，黄汝成集释：《日知录集释》，同治十一年刻本。

管同：《因寄轩文集》，道光十三年刻本。

归有光著，周本淳校点：《震川先生集》，上海古籍出版社 1981 年版。

桂超万编：《栾城县志》，道光二十六年刻本。

贵中孚、赵佑宸编：《宝晋书院志》，光绪年间刻本。

郭伯荫编：《鳌峰课艺初编》，咸丰五年刻本。

郭晋、管粤秀编：《太谷县志》，乾隆六十年刻本。

郭庆藩：《庄子集释》，中华书局 2004 年版。

郭绍虞：《中国文学批判史》，百花文艺出版社 2008 年版。

郭嵩焘：《郭嵩焘日记》，湖南人民出版社 1983 年版。

郭英德：《中国古代文体学论稿》，北京大学出版社 2005 年版。

郭英德：《中国古代文学史研究中的文学教育研究》，《文学遗产》2006 年第 2 期。

郭英德主编：《中国古代文学与教育之关系研究》，北京大学出版社 2012 年版。

H

韩浚、张应武编：《嘉定县志》，万历三十三年刻本。

韩愈：《韩昌黎全集》，宣统二年扫叶山房印本。

河北省政协文史资料委员会编：《河北文史集粹》，河北人民出版社 1991 年版。

何俊：《南宋儒学建构》，上海人民出版社 2004 年版。

何嵩泰编：《遵化通志》，光绪十二年刻本。

何心隐著，容肇祖整理：《何心隐集》，中华书局 1960 年版。

何晏注，邢昺疏：《论语注疏》，《十三经注疏》，中华书局 1980 年版。

何载图编：《关中书院志》，万历年间刻本。

呼延华国编：《狄道州志》，乾隆二十八年刻本。

胡居仁：《胡敬斋集》，中华书局 1985 年版。

胡林翼编：《箴言书院志》，同治五年刻本。

湖南大学岳麓书院文化研究所编：《岳麓书院一千零一十周年纪念文

集》，湖南人民出版社 1986 年版。

胡培翚：《研六室文钞》，道光十七年刻本。

胡青：《书院的社会功能及其文化特色》，湖北教育出版社 1996
年版。

胡应麟：《诗薮》，中华书局 1958 年版。

胡毓璠编：《藤县志》，光绪三十四年刻本。

黄榦：《黄勉斋先生文集》，中华书局 1985 年版。

黄溍：《黄文献公集》，中华书局 1985 年版。

黄璟、谢述孔编：《山丹县志》，道光十五年刻本。

黄彭年：《陶楼文钞》，《续修四库全书》，上海古籍出版社 2002
年版。

黄以周编：《南菁讲舍文集》，光绪十五年刻本。

黄以周编：《南菁文钞二集》，光绪二十年刻本。

黄宗羲辑，全祖望订补：《宋元学案》，道光二十六年刻本。

慧能著，郭朋校释：《坛经校释》，中华书局 1983 年版。

J

蒋瑞藻编：《小说考证》，上海古籍出版社 1984 年版。

蒋士铨著，邵海清校，李梦生笺：《忠雅堂集校笺》，上海古籍出版
社 1993 年版。

蒋寅：《中国古代文体互参中"以高行卑"的体位定势》，《中国社会
科学》2008 年第 5 期。

揭傒斯著，李梦生标校：《揭傒斯全集》，上海古籍出版社 1985
年版。

［捷克］夸美纽斯：《大教学论》，傅任敢译，人民教育出版社 1984
年版。

金耀基：《大学之理念》，生活·读书·新知三联书店 2001 年版。

旧题孔安国传，孔颖达等正义：《尚书正义》，《十三经注疏》，中华
书局 1980 年版。

K

崑冈、刘启端编：《钦定大清会典事例》，《续修四库全书》，上海古

籍出版社 2002 年版。

L

来锡蕃编：《鳌峰书院纪略》，道光十八年刻本。

老舍：《文学概论讲义》，复旦大学出版社 2004 年版。

黎靖德编：《朱子语类》，中华书局 1986 年版。

李安仁、王大韶编：《石鼓书院志》，万历十七年刻本。

李兵：《书院：科举应试教育的承担者与矫正者》，《寻根》2006 年第 2 期。

李兵：《书院与科举关系研究》，华中师范大学出版社 2005 年版。

李才栋：《江西古代书院研究》，江西教育出版社 1993 年版。

李承熙编：《锦江书院纪略》，咸丰八年刻本。

李德淦、洪亮吉编：《泾县志》，民国 3 年印本。

李觏：《李觏集》，中华书局 1981 年版。

李国钧主编，王炳照、李才栋副主编：《中国书院史》，湖南教育出版社 1994 年版。

李来章：《南阳书院学规》，康熙年间刻本。

李来章编：《连山书院志》，康熙四十八刻本。

李来章、李琇璞编：《敕赐紫云书院志》，乾隆年间刻本。

李临编：《浏东洞溪书院志》，光绪二十六年刻本。

李梦阳编：《白鹿洞书院新志》，《白鹿洞书院古志五种》，中华书局 1995 年版。

李瑞良：《中国出版编年史》，福建人民出版社 2006 年版。

李文烜、郑文彩编：《琼山县志》，咸丰七年刻本。

李扬华编：《国朝石鼓志》，光绪六年刻本。

李应昇编：《白鹿书院志》，天启二年刻本。

李元春编：《潼川书院志》，《中国历代书院志》，江苏教育出版社 1995 年版。

李贽：《藏书》，中华书局 1974 年版。

李贽：《焚书》，中华书局 1974 年版。

梁鼎芬、丁仁长编：《番禺县续志》，民国 20 年刻本。

梁启超：《清代学术概论》，上海古籍出版社 1998 年版。

梁启超：《中国近三百年学术史》，中国书店 1985 年版。

梁绍壬：《两般秋雨盦随笔》，道光十七年刻本。

梁实秋著，徐静波编：《梁实秋批评文集》，珠海出版社 1998 年版。

梁廷枏编：《粤秀书院志》，道光二十七年刻本。

梁星海编：《钟山书院乙未课艺》，光绪二十一年刻本。

廖恩树、萧佩声编：《巴东县志》，光绪六年刻本。

廖腾煃、汪晋征编：《休宁县志》，康熙三十三年刻本。

廖廷相编：《广雅书院藏书目录》，光绪二十七年刻本。

廖文英编：《白鹿洞书院志》，康熙十二年刻本。

林伯桐、陈澧编：《学海堂志》，光绪年间刻本。

林希逸：《竹溪鬳斋十一藁续集》，《文渊阁四库全书》，台湾商务印书馆 1986 年版。

凌燮、夏应麟编：《巨鹿县志》，光绪十二年刻本。

刘伯骥：《广东书院制度》，台湾中华丛书编审委员会 1978 年版。

刘大櫆：《海峰文集》，清刻本。

刘大櫆、吴德旋、林纾：《论文偶记　初月楼古文绪论　春觉斋论文》，人民文学出版社 1959 年版。

刘鹗：《惟实集》，《文渊阁四库全书》，台湾商务印书馆 1986 年版。

刘光蕡编：《味经书院志》，陕西通志馆印《关中丛书》本 1936 年版。

刘海峰：《科举考试的教育视角》，湖北教育出版社 1996 年版。

刘海峰：《科举学导论》，华中师范大学出版社 2005 年版。

刘海峰：《科举制与"科举学"》，贵州教育出版社 2004 年版。

刘将孙：《养吾斋集》，《文渊阁四库全书》，台湾商务印书馆 1986 年版。

刘开：《刘孟涂文集》，道光六年刻本。

刘克庄：《后村诗话》，中华书局 1983 年版。

刘懋官编：《重修泾阳县志》，宣统三年刻本。

刘声木：《桐城文学渊源考　桐城文学撰述考》，黄山书社 1989 年版。

刘实：《略论我国书院的教学与刻书》，《浙江师范学院学报》（社会科学版）1982 年第 1 期。

刘熙载：《艺概》，上海古籍出版社 1978 年版。

刘勰著，范文澜注：《文心雕龙注》，人民文学出版社 1958 年版。

刘欣：《大学语文教学方法例谈》，《教育探索》2012 年第 5 期。

刘绎编：《白鹭洲书院志》，同治十年刻本。

刘玉才：《清代书院与学术变迁研究》，北京大学出版社 2008 年版。

刘运新、廖徯苏编：《大通县志》，民国 8 年印本。

柳开：《河东先生集》，《四部丛刊》初编，上海商务印书馆 1922 年版。

柳宗元：《柳宗元集》，中华书局 1979 年版。

楼钥：《攻媿集》，《四部丛刊》初编，上海商务印书馆 1922 年版。

卢文弨：《抱经堂文集》，乾隆六十年刻本。

鲁迅：《鲁迅全集》，人民文学出版社 1981 年版。

路德：《柽华馆全集》，光绪七年刻本。

陆机著，张少康集释：《文赋集释》，人民文学出版社 2002 年版。

陆继萼、洪亮吉编：《登封县志》，乾隆五十二年刻本。

吕懋勋、袁廷俊编：《蓝田县志》，光绪元年刻本。

吕柟：《泾野子内篇》，中华书局 1992 年版。

吕永辉编：《明道书院志》，光绪二十六年刻本。

罗文俊编：《诂经精舍文续集》，同治十二年刻本。

M

马端临：《文献通考》，中华书局 1986 年版。

马积高：《历代辞赋研究史料概述》，中华书局 2001 年版。

马一浮编：《复性书院讲录》，《中国历代书院志》，江苏教育出版社 1995 年版。

马祖常：《石田文集》，《文渊阁四库全书》，台湾商务印书馆 1986 年版。

毛德琦、周兆兰编：《白鹿洞书院志》，宣统二年刻本。

毛亨传，郑玄笺，孔颖达等正义：《毛诗正义》，《十三经注疏》，中华书局 1980 年版。

［美］亨利·罗索夫斯基：《美国校园文化——学生·教授·管理》，谢宗仙等译，山东人民出版社 1996 年版。

［美］科南特：《科南特教育论著选》，陈友松主译，人民教育出版社
1988 年版。

［美］雷纳·韦勒克：《近代文学批评史》，杨自伍译，上海译文出版
社 1997 年版。

［美］罗伯特·梅纳德·赫钦斯：《美国高等教育》，汪利兵译，浙江
教育出版社 2001 年版。

孟庆云、杨重雅编：《德兴县志》，同治十一年刻本。

孟醒仁：《桐城派三祖年谱》，安徽大学出版社 2002 年版。

缪荃孙、华若溪编：《龙城书院课艺》，光绪二十七年刻本。

N

廼贤：《金台集》，《文渊阁四库全书》，台湾商务印书馆 1986 年版。

聂良杞编：《百泉书院志》，万历六年刻本。

牛海蓉：《〈元草堂诗余〉——宋金遗民词的结集》，《古籍整理研究
学刊》2007 年第 2 期。

O

欧阳守道：《巽斋文集》，《文渊阁四库全书》，台湾商务印书馆 1986
年版。

欧阳修、宋祁：《新唐书》，中华书局 1975 年版。

欧阳修著，李逸安点校：《欧阳修全集》，中华书局 2001 年版。

欧阳玄：《圭斋文集》，《四部丛刊》初编，上海商务印书馆 1922
年版。

P

潘务正：《姚鼐辞四库馆探因》，《安庆师范学院学报》（社会科学
版）2007 年第 6 期。

皮锡瑞：《经学历史》，中华书局 2008 年版。

平翰、郑珍编：《遵义府志》，道光二十一年刻本。

Q

钱大昕：《潜研堂文集》，嘉庆十一年刻本。

钱穆：《中国文学论丛》，生活·读书·新知三联书店 2002 年版。

钱谦益：《列朝诗集小传》，上海古籍出版社 1983 年版。

钱谦益：《牧斋有学集》，《四部丛刊》初编，上海商务印书馆 1922 年版。

钱鎔、卢钰编：《庐江县志》，光绪十一年刻本。

钱锺书：《宋诗选注》，人民文学出版社 1989 年版。

钱锺书：《谈艺录》，生活·读书·新知三联书店 2001 年版。

钱仲联：《梦苕庵清代文学论集》，齐鲁书社 1983 年版。

秦观著，王辉曾笺注：《淮海词笺注》，中国书店 1985 年版。

邱昌员、黄敏、谢精兵：《"凤林书院"词人群体略论》，《赣南师范学院学报》2002 年第 2 期。

R

［日］平板谦二：《日本的兴让馆——〈白鹿洞书院揭示〉还活在日本》，熊庆年译，《江西教育学院学报》1997 年第 1 期。

容肇祖：《学海堂考》，《岭南学报》1934 年第 3 卷第 3 期。

阮元编：《诂经精舍文集》，嘉庆六年刻本。

阮元编：《学海堂集》，道光五年刻本。

阮元著，邓经元点校：《揅经室集》，中华书局 1993 年版。

［瑞士］费尔迪南·德·索绪尔：《普通语言学教程》，高名凯译，岑麟祥、叶蜚声校注，商务印书馆 2004 年版。

S

商衍鎏：《清代科举考试述录及有关著作》，百花文艺出版社 2004 年版。

盛朗西：《中国书院制度》，上海中华书局 1934 年版。

施璜编：《还古书院志》，道光二十三年刻本。

施璜、吴瞻泰编：《紫阳书院志》，雍正三年刻本。

石介：《徂徕石先生文集》，中华书局 1984 年版。

史致昌编：《彝山书院志》，道光二十六年刻本。

释文莹：《玉壶野史》，《文渊阁四库全书》，台湾商务印书馆 1986 年版。

司马光：《温国文正司马公文集》，绍熙年间刻本。

司马迁著，裴骃集解，司马贞索隐，张守节正义：《史记》，中华书局 1959 年版。

松林、何远鉴编：《施南府志》，同治十年刊本。

宋濂：《元史》，中华书局 1976 年版。

宋巧燕：《诂经精舍与学海堂两书院的文学教育研究》，齐鲁书社 2012 年版。

［苏联］苏霍姆林斯基：《苏霍姆林斯基选集》，教育科学出版社 2001 年版。

苏轼：《苏轼文集》，中华书局 1986 年版。

苏轼著，王文诰辑注，孔凡礼点校：《苏轼诗集》，中华书局 1982 年版。

苏轼著，邹同庆、王宗堂编年校注：《苏轼词编年校注》，中华书局 2002 年版。

孙锵鸣编：《惜阴书院东斋课艺》，光绪四年刻本。

孙慎行编：《虞山书院志》，万历年间刻本。

孙万春：《缙山书院文话》，光绪十一年刻本。

孙诒让著，孙启治点校：《墨子间诂》，中华书局 2001 年版。

孙中山：《孙中山选集》，人民出版社 1956 年版。

T

谭献编：《经心书院续集》，光绪二十一年刻本。

谭瑪编：《略阳县志》，光绪三十年刻本。

汤椿年编：《钟山书院志》，雍正年间刻本。

唐庚：《眉山唐先生文集》，《四部丛刊》三编，上海商务印书馆 1936 年版。

唐甄：《潜书》，中华书局 1963 年版。

唐治编：《东山书院志略》，咸丰二年刻本。

陶东风主编：《文学理论基本问题》，北京大学出版社 2005 年版。

陶澍：《陶文毅公全集》，道光二十年刻本。

同林、钟海、那军：《大学语文〈科学的春天〉多媒体教学例谈》，《宁波大学学报》（教育科学版）1999 年第 5 期。

屠倬编：《紫阳书院课艺》，道光四年刻本。

脱脱等：《宋史》，中华书局 1977 年版。

W

汪小洋、孔庆茂：《科举文体研究》，天津古籍出版社 2005 年版。

汪祚民：《〈古文辞类纂〉李刻本校勘原委与学术价值》，《安庆师范学院学报》（社会科学版）2009 年第 5 期。

王安石：《临川先生文集》，《四部丛刊》初编，上海商务印书馆 1922 年版。

王弼、韩康伯注，孔颖达等正义：《周易正义》，《十三经注疏》，中华书局 1980 年版。

王炳照：《中国古代书院》，商务印书馆 1998 年版。

王充：《论衡》，民国年间上海中华书局印本。

王达敏：《姚鼐与乾嘉学派》，学苑出版社 2007 年版。

王棻编：《经训书院文集》，光绪十年刻本。

王赓言、吴嵩梁编：《鹅湖书田志》，嘉庆十八年刻本。

王国维：《人间词话》，上海古籍出版社 1998 年版。

王会厘编：《问津书院志》，光绪三十一年刻本。

王畿：《王龙溪先生全集》，道光二年刻本。

王凯泰编：《应元书院志略》，同治九年刻本。

王凯泰编：《致用堂志略》，同治十二年刻本。

王兰荫编：《河北省书院志初稿》，《中国历代书院志》，江苏教育出版社 1995 年版。

王兰荫编：《山东省书院志初稿》，《中国历代书院志》，江苏教育出版社 1995 年版。

王利民：《流水高山万古心——〈南岳倡酬集〉论析》，《文学遗产》2003 年第 1 期。

王力主编：《古代汉语》，中华书局 1999 年版。

王壬秋：《尊经书院初集》，光绪十一年刻本。

王榕吉编：《定州续志》，咸丰十年刻本。

王阮：《义丰集》，《文渊阁四库全书》，台湾商务印书馆 1986 年版。

王守仁著，吴光、钱明、董平、姚延福编校：《王阳明全集》，上海古籍出版社 1992 年版。

王同编：《杭州三书院纪略》，《中国历代书院志》，江苏教育出版社
1995 年版。

王先谦著，沈啸寰、王星贤点校：《荀子集解》，中华书局 1988
年版。

王炎：《双溪类稿》，《文渊阁四库全书》，台湾商务印书馆 1986
年版。

王延熙、王树敏编：《皇清道咸同光奏议》，光绪二十八年上海久敬
斋印本。

王毅：《凤林书院体与"稼轩词风"辨析》，《江西社会科学》2009
年第 1 期。

王英志主编：《袁枚全集》，江苏古籍出版社 1993 年版。

王用舟编：《井陉县志料》，民国 23 年刻本。

王禹偁：《小畜集》，《文渊阁四库全书》，台湾商务印书馆 1986
年版。

王祖畬编：《太仓州志》，民国 8 年刻本。

魏了翁：《重校鹤山先生大全文集》，开庆元年刻本。

魏颂唐编：《敷文书院志略》，《中国历代书院志》，江苏教育出版社
1995 年版。

魏禧：《魏叔子文集》，清易堂刻本。

魏徵等：《隋书》，中华书局 1973 年版。

文天祥：《文天祥全集》，中国书店 1985 年版。

翁方纲：《复初斋文集》，清李彦章校刻本。

吴澄：《吴文正集》，《文渊阁四库全书》，台湾商务印书馆 1986
年版。

吴兰修编：《学海堂二集》，道光十八年刻本。

吴宓：《文学与人生》，清华大学出版社 1993 年版。

吴汝纶著，施培毅、徐寿凯校点：《吴汝纶全集》，黄山书社 2002
年版。

吴棠编：《崇实书院课艺》，同治二年刻本。

武小军：《大学语文课程体系与教学方法改革探略》，《高等教育研
究》（成都）2012 年第 4 期。

伍肇龄编：《尊经书院二集》，光绪十七年刻本。

X

萧穆：《敬孚类稿》，光绪三十三年刻本。

萧统辑、李善等注：《六臣注文选》，《四部丛刊》初编，上海商务印书馆 1922 年版。

萧振声编：《浏东狮山书院志》，光绪四年刻本。

徐成敀编：《增修甘泉县志》，光绪七年刻本。

徐复观：《中国文学精神》，上海世纪出版集团 2006 年版。

徐贯之、李无逸编：《虞乡县新志》，民国 9 年印本。

徐鋐、萧瑨编：《松桃厅志》，道光十六年刻本。

徐雁平：《清代东南书院与学术及文学》，安徽教育出版社 2007 年版。

徐元杰：《梅野集》，《文渊阁四库全书》，台湾商务印书馆 1986 年版。

徐中玉主编：《大学语文》，高等教育出版社 2004 年版。

徐梓：《元代书院研究》，社会科学文献出版社 2000 年版。

许结：《论清代书院与辞赋创作》，《湖北大学学报》（哲学社会科学版）2009 年第 5 期。

许慎：《说文解字》，中华书局 1963 年版。

许慎著，段玉裁注：《说文解字注》，上海古籍出版社 1988 年版。

许有壬：《至正集》，《文渊阁四库全书》，台湾商务印书馆 1986 年版。

薛时雨编：《惜阴书院西斋课艺》，光绪四年刻本。

Y

严毅编：《东林书院志》，康熙年间刻本。

严可均辑：《全上古三代秦汉三国六朝文》，中华书局 1958 年版。

严羽著，郭绍虞校释：《沧浪诗话校释》，人民文学出版社 2006 年版。

颜元：《习斋记余》，《丛书集成》初编，上海商务印书馆 1936 年版。

颜之推著，赵曦明注，卢文弨补注：《颜氏家训》，中华书局 1985

年版。

　　杨怀志主编：《清代文坛盟主桐城派》，安徽人民出版社 2002 年版。

　　杨文鼎、王大本编：《滦州志》，光绪二十四刻本。

　　杨延俊编：《鸾翔书院课艺》，光绪三年刻本。

　　杨毓健编：《南溪书院志》，同治九年刻本。

　　姚江书院弟子编：《姚江书院志略》，乾隆五十九年刻本。

　　姚勉：《雪坡集》，《文渊阁四库全书》，台湾商务印书馆 1986 年版。

　　姚鼐：《惜抱轩文集》，嘉庆三年刻本。

　　姚鼐：《姚惜抱尺牍》，上海新文化书社印本 1935 年版。

　　姚鼐编：《古文辞类纂》，光绪二十七年求要堂刻本。

　　姚杨编：《爨珠书院课艺》，光绪八年刻本。

　　姚莹：《东溟文集》，同治六年刻本。

　　叶德辉：《书林清话　书林余话》，岳麓书社 1999 年版。

　　叶钧编：《钟吾书院条规》，道光二十二年刻本。

　　叶适：《习学记言序目》，中华书局 1977 年版。

　　叶适：《叶适集》，中华书局 1961 年版。

　　叶小玲：《浅谈中学语文教学方法》，《文学教育》2011 年第 11 期。

　　叶燮、薛雪、沈德潜：《原诗　一瓢诗话　说诗晬语》，人民文学出版社 1979 年版。

　　［意］克罗齐：《美学原理　美学纲要》，朱光潜等译，人民文学出版社 1983 年版。

　　佚名：《象山书院章程》，《中国历代书院志》，江苏教育出版社 1995 年版。

　　佚名编：《草堂诗余》，《粤雅堂丛书》，咸丰三年刻本。

　　佚名编：《萃升书院藏书总目》，光绪十七年刻本。

　　佚名编：《龙山书院课艺》，清刻本。

　　佚名编：《鄞山书院志》，《中国历代书院志》，江苏教育出版社 1995 年版。

　　佚名编：《求志书院丁丑春季课艺》，光绪三年刻本。

　　佚名编：《求志书院丁丑夏季课艺》，光绪三年刻本。

　　佚名编：《求志书院戊寅春季课艺》，光绪四年刻本。

　　佚名编：《桐乡书院志》，清刻本。

佚名编：《致用书院文集》，光绪十五年刻本。

［英］莎士比亚：《莎士比亚戏剧集》，朱生豪译，作家出版社 1954 年版。

［英］王尔德：《王尔德全集》，荣如德等译，中国文学出版社 2000 年版。

［英］约翰·亨利·纽曼：《大学的理念》，高师宁等译，贵州教育出版社 2003 年版。

［英］约翰·洛克：《教育漫话》，傅任敢译，人民教育出版社 1985 年版。

永瑢、纪昀等：《四库全书总目》，中华书局 1965 年版。

游光绎编：《鳌峰书院志》，道光年间刻本。

余丽元编：《龙湖书院志》，光绪十四年刻本。

余英时：《人文与理性的中国》，何俊编，程嫩生、罗群等译，上海古籍出版社 2007 年版。

俞樾编：《诂经精舍八集》，光绪二十三年刻本。

俞樾编：《诂经精舍六集》，光绪十一年刻本。

俞樾编：《诂经精舍七集》，光绪二十一年刻本。

俞樾编：《诂经精舍三集》，同治六年至九年刻本。

俞樾编：《诂经精舍四集》，光绪五年刻本。

俞樾编：《诂经精舍五集》，光绪九年刻本。

元好问：《遗山先生文集》，《四部丛刊》初编，上海商务印书馆 1922 年版。

袁宏道著，钱伯城笺校：《袁宏道集笺校》，上海古籍出版社 1981 年版。

袁枚：《随园诗话》，乾隆十四年刻本。

袁枚：《随园随笔》，嘉庆十三年小仓山房刻本。

袁枚：《小仓山房诗集》，乾隆年间刻本。

袁枚：《小仓山房文集》，乾隆年间刻本。

袁行霈主编：《中国文学史》，高等教育出版社 2005 年版。

岳和声编：《共学书院志》，万历年间刻本。

Z

曾国藩：《曾文正公文集》，同治十三年刻本。

曾文君：《新形势下语文教学例谈》，《中国科技信息》2007 年第 12 期。

查铎：《楚中会条》，中华书局 1985 年版。

章安祺编订：《缪灵珠美学译文集》，中国人民大学出版社 1998 年版。

张伯行：《正谊堂文集》，中华书局 1985 年版。

张成权：《从清代前期学术流变看桐城派与"汉学"关系——"桐城派与汉宋学之争"札记二》，《合肥学院学报》（社会科学版）2007 年第 6 期。

张亨嘉编：《校经书院志略》，光绪十七年刻本。

章潢：《图书编》，《文渊阁四库全书》，台湾商务印书馆 1986 年版。

张睿编：《文正书院丙庚课艺录》，光绪二十六年刻本。

张培爵、周宗麟编：《大理县志稿》，民国 5 年印本。

张绍棠、萧穆编：《续纂句容县志》，光绪三十年刻本。

张栻：《南轩集》，《文渊阁四库全书》，台湾商务印书馆 1986 年版。

张廷玉等：《明史》，中华书局 1974 年版。

张维屏编：《学海堂三集》，咸丰九年刻本。

张新科：《古代中国文学教育的价值与意义》，《陕西师范大学学报》（哲学社会科学版）2006 年第 6 期。

张新颖主编：《大学语文实验教程》，复旦大学出版社 2007 年版。

张秀民：《中国印刷史》，上海人民出版社 1989 年版。

章学诚：《章学诚遗书》，文物出版社 1985 年版。

张綖：《诗余图谱》，万历二十七年谢天瑞刻本。

张养浩：《归田类稿》，《文渊阁四库全书》，台湾商务印书馆 1986 年版。

张鉴：《诂经精舍志初稿》，《中国历代书院志》，江苏教育出版社 1995 年版。

张裕钊：《濂亭文集》，光绪八年刻本。

张之洞：《张文襄公全集》，中国书店 1990 年版。

赵尔巽等：《清史稿》，中华书局 1998 年版。

赵敬襄编：《端溪书院课艺》，嘉庆二十一年刻本。

赵敏俐、吴相洲、刘怀荣、钟涛、方铭、沈松勤、陶允冀：《中国古代歌诗研究——从〈诗经〉到元曲的艺术生产史》，北京大学出版社 2005 年版。

赵宁编：《长沙府岳麓志》，康熙二十六年刻本。

赵岐注，孙奭疏：《孟子注疏》，《十三经注疏》，中华书局 1980 年版。

赵兴德、王鹤龄编：《义县志》，民国 19 年印本。

真德秀：《真西山先生集》，中华书局 1985 年版。

郑大进编：《正定府志》，乾隆二十七年刻本。

郑福照：《方仪卫先生年谱》，《新编中国名人年谱集成》，台湾商务印书馆 1978 年版。

郑福照：《姚惜抱先生年谱》，同治七年刻本。

郑梦玉、梁绍献编：《南海县志》，同治十一年刻本。

郑廷鹄编：《白鹿洞志》，嘉靖年间刻本。

郑玄注，贾公彦疏：《仪礼注疏》，《十三经注疏》，中华书局 1980 年版。

郑玄注，贾公彦疏：《周礼注疏》，《十三经注疏》，中华书局 1980 年版。

郑玄注，孔颖达等正义：《礼记正义》，《十三经注疏》，中华书局 1980 年版。

郑只恺编：《东明书院志》，《中国历代书院志》，江苏教育出版社 1995 年版。

郑之侨编：《鹅湖讲学会编》，乾隆九年刻本。

钟峰华：《高考作文评卷对"套作"的四种处理——以 2012 年浙江省高考作文阅卷为例》，《语文学习》2012 年第 10 期。

钟嵘著，曹旭集注：《诗品集注》，上海古籍出版社 1994 年版。

钟世桢编：《信江书院志》，同治六年刻本。

钟英编：《岳阳、慎修书院志》，《中国历代书院志》，江苏教育出版社 1995 年版。

周敦颐：《周濂溪集》，中华书局 1985 年版。

周广业：《蓬庐文钞》，《续修四库全书》，上海古籍出版社2002年版。

周銮书主编：《千年学府：白鹿洞书院》，江西人民出版社2003年版。

周玺编：《彰化县志》，道光十四年刻本。

周应合：《景定建康志》，《文渊阁四库全书》，台湾商务印书馆1986年版。

周远政：《〈古文辞类纂〉版本述略》，《古典文学知识》2003年第5期。

周在炽编：《玉潭书院志》，乾隆三十二年刻本。

朱琦编：《正谊书院小课》，道光十八年刻本。

朱光潜：《谈文学》，安徽教育出版社2006年版。

朱汉民主编：《中国书院》，湖南教育出版社1997年版。

朱汉民主编：《中国书院》第二辑，湖南教育出版社1998年版。

朱寿镛编：《创建豫南书院考略》，光绪十七年刻本。

朱泰修编：《蔚文书院课艺》，同治七年刻本。

朱熹：《晦庵先生朱文公文集》，《四部丛刊》初编，上海商务印书馆1922年版。

朱熹、张栻、林用中：《南岳倡酬集》，《文渊阁四库全书》，台湾商务印书馆1986年版。

朱燕：《明代书院唱诗觅踪》，中国音乐学院2008年硕士学位论文。

朱一深编：《新淦凝秀书院志》，乾隆二十六年刻本。

朱彝尊：《静志居诗话》，嘉庆二十四年刻本。

朱彝尊：《曝书亭集》，康熙五十三年刻本。

祝尚书：《宋代科举与文学考论》，大象出版社2006年版。

左东岭：《良知说与王阳明的诗学观念》，《文学遗产》2010年第4期。

左绍佐编：《经心书院集》，光绪十四年刻本。

后　记

　　在书稿杀青之际，我想通过后记来谈谈写作过程，叙叙写作中的点点滴滴。

　　2005 年 6 月，我在浙江大学博士毕业后进入南昌大学中文系工作，结束了紧张而忙碌的学习生活。经历半年多时间的休养生息后，我感觉在学术上还需继续努力，加之高校对科研工作的重视，促使我迫切转到学术研究的道路上来。我之前是做戴震的《诗经》学，学术视野不够开阔，因此需要调整研究思路。虽然做了一番苦思冥想，但是未能寻得佳途，于是想深造读博士后。郭英德先生是研究中国古代文学与中国古典文献的著名学者，成果丰硕，成就斐然，怀着惴惴不安的心情给他发了封邮件，令我欣喜的是，郭先生在很短的时间内作了答复，并给予我诸多鼓励与支持。

　　进站以后，首先面临的是选题问题。言及选题时，郭先生考虑我对书院感兴趣（我之前在南昌青苑书店看到《书院与科举关系研究》一作，随意翻阅，感觉有意思，因此购买了一本，没想到这次不经意的购书影响了我后来数年的研究），建议我从文学教育的角度对书院进行研究，他认为很有价值，值得尝试。确定选题后，接下来就是搜集资料。书院资料浩如烟海，但是文学教育方面的资料不容乐观。我最初在北师大图书馆翻阅《中国书院史资料》时，感觉充斥眼帘的是"道德""立志""科举""先器识后文艺"等诸如此类的词语，文学教育方面的资料少得可怜，当时觉得中国书院文学教育研究犹如一块烫手芋头，选题不错但很难下手，心里不免诚惶诚恐，能否胜任此项工作，没有多大把握。后来随着研读资料的增多，觉得这方面的研究还是能够做。2008 年，我以此为题申报了国家社科基金项目并荣幸立项，项目的获批更加坚定了我需要沿着这条道路继续前行的决心。

　　研究过程挫折重重，面临着很多问题，遇到不少绊脚石，最大的两个困难是：一是书院文学教育牵扯到文学、史学、哲学、教育学以及古代音乐学等多门学科，从事书院文学教育研究，学术视野需要极其开阔，我以前的学术视野有些狭窄，因此研究途中需要不断地储备能量，扩充学识。二是资料分布很不均匀，虽然明清书院文学教育的资料丰富，但是宋元书院文学教育的资料匮乏，因此要想对中国书院文学教育做出全面而系统的研究，有些棘手。完成这项研究颇为艰难，屡次出现黔驴技穷的窘况，或在章节的安排上殚精竭虑，或在理论的提升上搜肠刮肚，或在资料的选择上绞尽脑汁。书院教育的资料驳杂多变，时常碰到观点相反的资料，如研习学术是否有碍应举、应举失败是否源于所作的时文不合时风等，很多资料对这些问题的表述观点不一。具体研究时，不能简单地以书院文学教育的复杂性为由搪塞了事，应该仔细地研读这些相悖的资料，从中加以取舍，并继而做出合理的解释。有时研究某一问题，需要学养到位才能说清楚，如研究明清书院歌诗活动时，我阅读了古代音乐学方面的不少资料，才算把歌诗的有关问题弄懂。总之，在完成这项研究的过程中，我深刻体会到了学术的艰难以及著述的不易。备感欣慰的是，历经七年时间的磕磕碰碰，研究终于完成。在这次荆棘丛生的研究中，我的学术视野得以开阔（我在研究时阅读了诸多学科的大量资料，四百四十五种参考文献并非虚列，而是全部被我在文中引用），学术能力得以增强，收获良多，感慨良多。

　　读博士后阶段，郭英德先生以及左东岭教授、傅刚教授、蒋寅教授、张德建教授、李山教授、过常宝教授对我的开题报告以及出站报告提出了宝贵的意见。在项目申报的过程中，宋三平处长、王德保院长、詹世友院长、徐阳春主任、文师华主任、胡松柏教授、周平远教授等一些领导、专家对我的项目申请书进行了全面指导。在项目评审的过程中，外审专家以及会议组专家肯定了我的项目内容并批准立项。在项目结项的过程中，外审专家对我的书稿提出了中肯的建议。在具体研究的过程中，硕士导师杨应芹先生与博士导师何俊先生积极关注研究的进展情况，时时给予我有益的启示。在此，谨对各位领导、专家以及恩师表示衷心的感谢！尤其值得一提的是，在我撰写出站报告以及完成项目期间，郭先生教我谆谆，诱我循循，态度平易，言辞恳切，我近距离地感受到了他的名家风范与人格魅力，这些年我在学术上取得的重要收获，都与郭先生的无私帮助密不可分，心中唯有的是感激！

江西省社科规划办以及我校社科处、中文系尤其是社科处邓江锋老师、中文系徐苾滢老师在项目的管理上尽职尽责，南京图书馆古籍阅览室为我查寻资料带来了方便（该室规定每天借阅线装书不超过八种，考虑我来自外地且时间紧张，改变了这种常规），中文系胡建次教授为书稿出版提供了帮助，编辑部罗莉老师、陈奕玲老师仔细校阅书稿，文印室于小凤女士打印材料认真及时，爱人陈海燕老师为我修改了数篇论文，《文艺理论研究》《大学教育科学》《中州学刊》《江西社会科学》《宁夏社会科学》《青海社会科学》《内蒙古社会科学》《湖南大学学报》《海南大学学报》《江西社科规划要报》《南昌大学社科简讯》等报刊为本项目的阶段性成果以及最终成果简介提供了珍贵的版面，国家社科基金项目（批准号：08CZW013）以及南昌大学社科著作出版基金项目（批准号：12XCZ22）为本书稿的出版提供了经费支持，在此一并致谢！

时光荏苒，岁月不居。弹指挥间，年近四十。孔子云："三十而立，四十不惑。"四十之年能否做到事事不惑？我认为，不太可能。人生在世，难免遇到诸多问题，产生种种困惑，只不过随着年龄的增长以及阅历的丰富，困惑会有所减少，但事事不惑很难做到。孔子四十岁以后周游列国而不受重用，便反映了孔子还是有所惑，难以做到真正的超脱。在困惑问题上，圣人如此，凡夫俗子更是如此。学术与困惑是一对孪生兄弟，二者之间有着紧密的联系，选择学术研究这条道路，本身就注定了会面临无穷尽的困惑，今后自己所能做的，惟有通过各种途径摆脱困惑，走出无明。

2013 年 7 月 28 日记于南昌万达星城伴月庭